純損失の繰戻し還付請求の可否	本書掲載の事例番号
純損失の繰戻し還付できない	
令和1年分の純損失の繰戻し還付の検討	事例6、事例7
純損失の繰戻し還付できない	
令和2年分の純損失の繰戻し還付の検討	事例5
令和1年分の純損失の繰戻し還付の検討	事例3、事例4
純損失の繰戻し還付なし	
純損失の繰戻し還付なし	
令和1年分の純損失の繰戻し還付の検討	事例11、事例12
純損失の繰戻し還付なし	
令和2年分の純損失の繰戻し還付の検討	事例10
令和1年分の純損失の繰戻し還付の検討	事例8、事例9
純損失の繰戻し還付なし	
純損失の繰戻し還付なし	
令和2年分の純損失の繰戻し還付の検討	事例1、事例2、事例13〜22
純損失の繰戻し還付なし	

図解・表解

純損失の繰戻しによる還付請求書の記載チェックポイント

Withコロナ時代に知っておくべき還付請求手続

税理士 天池健治 著

税理士 佐々木信義 著

中央経済社

は じ め に

　新型コロナウイルスの影響により、多くの方々が事業所得等に多額の純損失が発生したり、廃業を余儀なくされたりしています。また、この新型コロナウイルスの影響は来年以降も続くと見込まれるため、純損失の金額を繰り越しても来年以降の所得から控除できるのかどうか不確かなことや廃業したためこの損失額を回収することは不可能だと考えている方も多くいらっしゃることと思います。

　事業所得等が赤字となり、純損失が生じたときは、その損失額を翌年以後3年間の各年分の所得から差し引くことができる「純損失の繰越し」制度はよく知られていますが、その損失額を前年分の所得に繰り戻して控除し、前年分の所得税の還付を受ける「純損失の繰戻し」制度があることはあまりよく知られていません。

　その理由としては、「純損失の繰戻し」制度についての詳しい説明や申告書等の記載の仕方などについて国税庁のホームページにも掲載がなく、リーフレットなどの印刷物もないことから、本制度を解説した市販の書籍も全くありませんでした。そして、ネット上では、「純損失の繰戻しを適用すると住民税の純損失の繰越しができなくなるので不利になる」とか「国民健康保険税や医療費の負担割合が増えてしまう」などといった誤った情報や憶測が拡散していたため、「純損失の繰戻し」の還付請求をする方がほとんどいない状況でした。

　「純損失の繰戻し」制度のメリットは、前年分の課税所得から任意の純損失額を控除し、純損失の残額を繰越すことができることから節税効果が高く、前年分の納めた所得税の還付金によりキャッシュを得ることができることや、廃業や事業譲渡をした場合には前年分の純損失額について前前年分の所得税から還付を受けることができるという点が挙げられます。

　本書が新型コロナウイルスなどにより経営的困難に直面されている方々の所得税の申告のお役に立つことができれば幸いです。

　なお、本文中意見にわたる部分は、執筆者の個人的見解であることをお断り申し上げます。

　特に、地方税法については「純損失の繰戻し」制度がないことから、住民税上は「純損失の繰越し」を適用するといった所得税とは異なる手続きとなるため、確定申告書にどのように記載すればよいのか、市区町村に対し特別な申し出が必要なのかどうかといった点に関し各自治体に問い合わせても明快な確答が得られず、私見により記載していますので、総務省などから統一見解などが明らかになりましたら中央経済社のホームページでお知らせいたします。

　最後になりましたが、本書の執筆にあたり永吉信次先生をはじめ多くの国税OBの方々に助言と提言をいただいたことに、この場を借りて御礼申し上げます。

　また、本書の発刊にあたり大変お世話になりました中央経済社税務編集部の牲川健志氏に心より御礼申し上げます。

　令和2年10月

天 池 健 治

CONTENTS

はじめに	3
本書の特徴・凡例	6

第1部　制度解説編	7
1　純損失の繰戻し制度の概要	8
2　純損失の繰戻し還付請求の手続等	10
3　事業の譲渡、廃止などの場合の純損失の繰戻し還付請求の特例	12
4　相続人等の純損失の繰戻し還付請求	14
5　純損失の繰戻し控除をする順序	17
6　「純損失の繰戻し」と「純損失の繰越し」の比較検討	20
7　純損失の繰戻しによる所得税の還付請求書の書き方	32
8　参考法令	35
9　参考裁決事例等	41

第2部　記載例編	43
記載例1　本年分の純損失の金額の全部を前年分に繰り戻す場合	44
記載例2　本年分の純損失の金額の一部を前年分に繰り戻して、残額を翌年分に繰り越す場合	52
記載例3　本年に事業を廃止し、総所得金額の計算上生じた純損失の金額の全部を前年分に繰り戻す場合	60
記載例4　本年に事業を廃止し、総所得金額の計算上生じた純損失の金額の一部を前年分に繰り戻して、残額を翌年分に繰り越す場合	68
記載例5　本年に事業を廃止し、本年分の純損失の金額は繰り越して、前年分の純損失の金額を前前年分に繰り戻す場合	76
記載例6　本年に事業を廃止し、前年分の純損失の金額を前前年分に一部繰り戻し、残額を本年分に繰り越した場合	88
記載例7　本年に事業を廃止し、前年分の残りの純損失の金額（既に前年分に一部繰戻し済み）を前前年分に繰り戻した場合	97
記載例8　本年に相続が開始し、総所得金額から生じた純損失の金額の全部を前年分に繰り戻す場合	108

記載例9	本年に相続が開始し、総所得金額から生じた純損失の金額の一部のみ前年分に繰り戻す場合	116
記載例10	本年に相続が開始し、本年分の所得が損失であるので、前年分の純損失の金額を前前年分に繰り戻す場合	124
記載例11	本年に相続が開始し、前年分の純損失の金額を前前年分に一部繰り戻し、残額を本年分に繰り越した場合	136
記載例12	本年に相続が開始し、前年分の純損失の金額（既に前年分に一部繰戻し済み）を前前年分に繰り戻した場合	147
記載例13	本年分の純損失の金額の全部を前年分に繰り戻す場合（上場株式等に係る譲渡所得等の金額がある場合）	161
記載例14	本年分の総所得金額及び山林所得金額に純損失の金額があり、全部を前年分に繰り戻す場合（上場株式等に係る譲渡所得等の金額がある場合）	171
記載例15	本年分の総所得金額の純損失の金額があり、全部を前年分に繰り戻す場合（前年分に退職所得の金額がある場合）	182
記載例16	本年分の純損失の金額の一部を前年分に繰り戻して、残額を翌年分に繰り越す場合（上場株式等の繰越損失がある場合）	191
記載例17	本年分の純損失の金額の一部を前年分に繰り戻して、残額を翌年分に繰り越す場合（前年分に配当控除がある場合）	203
記載例18	本年分の純損失の金額の一部を前年分に繰り戻して、残額を翌年分に繰り越す場合（災害により家財に損害を受けた場合）	213
記載例19	本年分の純損失の金額の一部を前年分に繰り戻し、残額及び雑損失の金額を翌年分に繰り越す場合（前年分に変動所得がある場合）	225
記載例20	本年分の純損失の金額の一部を前年分に繰り戻し、残額を翌年分に繰り越す場合（前年分に住宅借入金等特別控除がある場合）	235
記載例21	本年分の純損失の金額の一部を前年分に繰り戻し、残額を翌年分に繰り越す場合（本年分に特定居住用財産の譲渡損失の特例がある場合）	246
記載例22	本年分の純損失の金額の一部を前年分に繰り戻し、残額を翌年分に繰り越す場合（前年分に外国税額控除がある場合）	259

● 　第 1 部「制度解説編」では、「純損失の金額の繰戻し還付請求」の制度について、そもそもどういった制度かの解説をするとともに、その制度の適用手続と還付請求書の書き方についても図解により詳しく解説しました。

　さらに、「純損失の金額の繰戻し」をした場合と「純損失の金額の繰越し」をした場合の税額への影響を、次の 5 つのケースで比較検討しています。

事例 1	前年の課税総所得金額	＝	翌年の課税総所得金額
事例 2	前年の課税総所得金額	＜	翌年の課税総所得金額
事例 3	前年の課税総所得金額	＞	翌年の課税総所得金額
事例 4	前年の課税総所得金額	＜	（大幅に）翌年の課税総所得金額
事例 5	（大幅に）前年の課税総所得金額	＞	翌年の課税総所得金額

● 　第 2 部「記載例編」では、①一般的な純損失の金額の繰戻し還付の事例、②事業を「廃止」又は「譲渡」、「休止」した場合の事例、③事業者の死亡による事例、④退職所得や分離課税の課税所得がある場合、税額控除や平均課税がある場合などの特殊な事例について、純損失の金額の繰戻し還付請求を行う場合の「純損失の金額の繰戻し還付請求書」の記載手順と各年分の確定申告書等との関係をわかりやすく解説しています。

　本書に掲載した方がよいと思われる事例等がありましたら、　メール（info@chuokeizai.co.jp）にてご意見をいただけますでしょうか。改訂版の参考とさせていただきたいと考えております。

> 　申告書等の書式は、令和 2 年 8 月 31 日現在に公表されているもので解説しています。
> 　申告にあたっては、新書式等の公表・配布により本書の解説と異なる場合がありますのでご注意ください。

凡　例

所得税法	…………………………………………………………………………	所法
所得税法施行令	…………………………………………………………………	所令
所得税基本通達	…………………………………………………………………	所基通
租税特別措置法	…………………………………………………………………	措法

第1部

制度解説編

1 純損失の繰戻し制度の概要

　青色申告書を提出する居住者※1について生じた純損失の金額（損益通算の対象となる不動産所得、事業所得、山林所得又は総合課税の譲渡所得の金額の計算上生じた赤字の金額で、損益通算によって他の黒字の所得金額から差し引ききれなかった金額）※2については、その年の翌年以後3年間の各年分に順次繰り越して控除する純損失の繰越控除の適用を受けることができ（所法70①）ますが、前年分についても青色申告書を提出している場合には、純損失の金額を前年に繰り戻して、次の①から②の金額を差し引いた金額に相当する所得税額の還付を請求することができます（所法140①）。

> ①　前年分の課税総所得金額、課税退職所得金額及び課税山林所得金額に税率を適用して計算した所得税の額
> ②　前年分の課税総所得金額、課税退職所得金額及び課税山林所得金額からその年に生じた純損失の金額の全部又は一部を差し引いた金額に税率を適用して計算した所得税の額

　なお、①から②の金額を差し引いた金額が、その年の前年分の課税総所得金額、課税退職所得金額及び課税山林所得金額に係る所得税の額※3を超えるときは、還付の請求をすることができる金額は、当該所得税の額に相当する金額を限度とします（所法140②）。

　※1　非居住者についても青色申告の規定は適用されるので、純損失の金額の繰戻しによる所得税の還付請求をすることができます（所法165、166）。
　※2　「特定損失額」（居住用財産の買換え等の場合の譲渡損失の金額（措法41の5）又は特定居住用財産の譲渡損失の金額（措法41の5の2））がある場合、特定損失額は損益通算の対象になりますが、「特定純損失の金額」（純損失の金額のうち特定損失額に相当する部分の金額。図表1-1参照）は、純損失の繰越控除や繰戻し還付の対象から除かれます。
　※3　配当控除や外国税額控除（復興特別所得税に係る外国税額控除を除きます。）のほか租税特別措置法に規定する各種の税額控除の適用を受ける場合には、その控除後の金額（所基通140・141-2参照）をいいます。

図表1-1　特定純損失の金額のイメージ

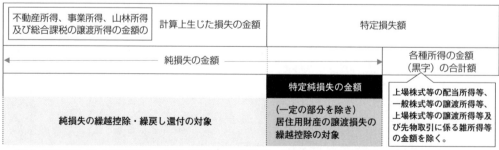

（注）特定損失額＜各種所得の金額（黒字）の合計額の場合は、特定純損失の金額は0となります。

図表1-2　純損失の繰戻し

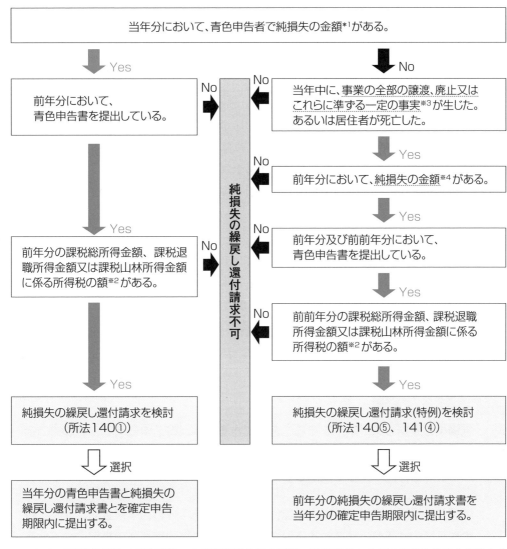

※1　不動産所得、事業所得、山林所得又は総合課税の譲渡所得の金額の計算上生じた損失の金額（特定損失額を含む。）のうち、損益通算によっても他の黒字の所得から引ききれなかった金額

※2　分離課税の土地建物等の長期（短期）譲渡所得の金額、上場株式等の配当所得等の金額、一般株式等の譲渡所得等の金額、上場株式等の譲渡所得等の金額及び先物取引に係る雑所得等の金額に係る税額を除き、各種の税額控除の適用がある場合にはその適用後の金額

※3　事業の全部の相当期間の休止又はその重要部分の譲渡で、その事実により純損失の繰越控除の適用が困難となると認められるもの

※4　当年分で繰越控除の対象とするもの及び既に繰戻し還付の対象となったものを除いた金額

1 純損失の繰戻し制度の概要
2 純損失の繰戻し還付請求の手続等
3 事業の廃止などの場合の繰戻し還付請求
4 相続人等の繰戻し還付請求
5 純損失の繰戻し控除をする順序
6 純損失の「繰戻し」と「繰越し」の比較検討
7 純損失の繰戻し還付請求書の書き方
8 参考法令
9 参考裁決事例

2　純損失の繰戻し還付請求の手続等

1　純損失の繰戻し還付請求書の提出

　純損失の繰戻し還付の請求は、原則として、純損失が生じた年分の青色申告書の提出と同時に行うことになっています（所法140①）。具体的には、その青色申告書とともに所定の「純損失の金額の繰戻しによる所得税の還付請求書」（以下「純損失の繰戻し還付請求書」という。）を提出する必要があります（所法142①）。

　（注）この純損失の繰戻し還付請求書の提出は還付申告とは異なり、これによりただちに還付が行われるわけではありません（次の2参照）。

2　税務署長による調査及び還付等の通知

　上記1の純損失の繰戻し還付請求書の提出があった場合、税務署長はその請求の基礎となった純損失の金額などにつき必要な事項の調査を行った上で、その調査により、請求者に対し、その還付請求書に記載された請求額の範囲で所得税を還付するか、請求の理由がない旨を書面により通知することになっています（所法142②）。

チェックポイント

□　純損失の繰戻し還付請求をすることができるのは、青色申告者で、純損失の金額が生じた年分の青色申告書を申告期限内に提出しており、かつ、その前年分についても青色申告書を提出していることです。

□　純損失の繰戻し還付請求による還付の対象は、前年分の総所得金額、退職所得金額又は山林所得金額に対する税額であり、租税特別措置法の規定による分離課税の所得に対する税額は対象外です。

　　☞この点は、純損失の繰越控除も同様です。

□　純損失の金額のうち、この繰戻し還付の計算の基礎となった部分の金額については、繰越控除の対象から除かれます（所法70①）。

　　☞特定純損失の金額（8頁の図表1-1参照）は、純損失の繰越控除と繰戻し還付のいずれの対象ともなりません。

□　純損失の繰戻し還付請求による還付の対象となるのは、所得税のみであり、復興特別所得税については対象外です。

　　☞純損失の繰越控除をした場合は、その繰越控除の効果は、復興特別所得税の額の計

算に反映されます。

□　地方税法については、純損失の繰戻しによる還付の制度がないので、青色申告
　者の純損失の金額については、すべて繰越控除の対象となります（地方税法32
　⑧、313⑧）。

1 純損失の繰戻し制度の概要

2 純損失の繰戻し還付請求の手続等

3 事業の廃止などの場合の繰戻し還付請求

4 相続人等の繰戻し還付請求

5 純損失の繰戻し控除をする順序

6 純損失の「繰戻し」と「繰越し」の比較検討

7 純損失の繰戻し還付請求書の書き方

8 参考法令

9 参考裁決事例

3　事業の譲渡、廃止などの場合の純損失の繰戻し還付請求の特例

1　事業の譲渡、廃止などの場合の繰戻し還付請求の特例の概要

　居住者につき「事業の全部の譲渡又は廃止や事業の全部の相当期間の休止又は重要部分の譲渡で、これらの事実が生じたことにより同項に規定する純損失の金額につき純損失の繰越控除の規定の適用を受けることが困難となると認められるもの」が生じた場合において、当該事実が生じた日の属する年の前年において生じた純損失の金額（純損失の繰越控除により同日の属する年において控除されたものや既に純損失の繰戻しによる還付の計算の対象とされたものを除きます。）があるときは、その者が前年分と前前年分の両方の所得税について青色申告書を提出している場合に限り、その損失を前前年に繰り戻して、次の①から②の金額を差し引いた金額に相当する所得税額の還付を請求することができます（所法140⑤、所令272①）。

> ①　当該事実が生じた日の属する年の前前年分の課税総所得金額、課税退職所得金額及び課税山林所得金額に税率を適用して計算した所得税の額
> ②　当該事実が生じた日の属する年の前前年分の課税総所得金額、課税退職所得金額及び課税山林所得金額から前年に生じた純損失の金額の全部又は一部を差し引いた金額に税率を適用して計算した所得税の額

2　事業の譲渡、廃止などの場合の繰戻し還付請求の特例の手続等

(1)　純損失の繰戻し還付請求書の提出

　事業の譲渡、廃止などの場合の純損失の繰戻し還付請求の特例に係る純損失の繰戻し還付の請求は、これらの事実が生じた年分の確定申告書の申告期限までに行うことになっています（所法140⑤）。具体的には、その確定申告書の申告期限までに所定の純損失の繰戻し還付請求書を提出する必要があります（所法142①）。

(2)　税務署長による調査及び還付等の通知

　上記(1)の純損失の繰戻し還付請求書の提出があった場合、税務署長はその請求の基礎となったその前年分の純損失の金額などについて必要な事項の調査を行った上で、その調査により、請求者に対し、その還付請求書に記載された請求額の範囲で所得税を還付するか、請求の理由がない旨を書面により通知することになっています（所法142②）。

チェックポイント

☐　この特例により、前前年分の課税総所得金額、課税退職所得金額及び課税山林所得金額に対する税額と前前年分の課税総所得金額、課税退職所得金額及び課税山林所得金額から前年分の純損失の金額のうち繰り戻すこととした金額を差し引いた金額に税率を適用して計算した税額との差額（前前年分の源泉徴収税額控除前の所得税の額が限度）の還付を受けられます。

　　☞　「前前年分の源泉徴収税額控除前の所得税の額」には、分離課税の土地建物等の長期（短期）譲渡所得など租税特別措置法の規定により申告分離課税とされている所得に係る税額は含まれません。また、復興特別所得税の額も除かれます。

☐　この特例の適用を受けられるのは、前年分及び前前年分について青色申告書を提出している人で、当年中に事業の全部の譲渡又は廃止等の事実が生じ、当年分の確定申告期限までに所定の純損失の繰戻し還付請求書を提出している人です。

　　なお、前年分及び前前年分について青色申告書を提出していれば、当年分が青色申告者でない人も適用可能です。

☐　この特例は、事業の全部の譲渡又は廃止等の事実が生じた年の前年分において生じた純損失の金額を前前年分に繰り戻すものであり、これらの事実が生じた年分において生じた純損失の金額を前前年分に繰り戻すことはできません。

　　これらの事実が生じた年分もその前年分もともに純損失の金額が生じている場合は、これらの事実が生じた年分の純損失の金額はその翌年以後の３年間の各年分に順次繰り越すことになります。

4　相続人等の純損失の繰戻し還付請求

1　相続人等の純損失の繰戻し還付請求の概要

　年の中途で死亡した居住者（青色申告者に限ります。）の準確定申告書を提出する相続人は、その準確定申告書に記載すべきその年において生じた純損失の金額がある場合には、その純損失の金額を前年分に繰り戻して、次の①から②の金額を差し引いた金額に相当する所得税額の還付を請求することができます（所法141①）。

---

①　死亡した居住者のその年の前年分の課税総所得金額、課税退職所得金額及び課税山林所得金額に税率を適用して計算した所得税の額

②　死亡した居住者のその年の前年分の課税総所得金額、課税退職所得金額及び課税山林所得金額から当該純損失の金額の全部又は一部を控除した金額に税率を適用して計算した所得税の額

2　相続人等の純損失の繰戻し還付請求の手続等

(1)　純損失の繰戻し還付請求書の提出

　相続人等の純損失の繰戻し還付請求は、相続人が、被相続人の年の中途の死亡に係る準確定申告書の提出と同時に行うことになっています（所法141①）。具体的には、相続人がその準確定申告書とともに所定の純損失の繰戻し還付請求書を提出する必要があります（所法142①）。

(2)　税務署長による調査及び還付等の通知

　上記(1)の純損失の繰戻し還付請求書の提出があった場合、税務署長はその請求の基礎となった純損失の金額などについて必要な事項の調査を行った上で、その調査により、請求者に対し、その還付請求書に記載された請求額の範囲で所得税を還付するか、請求の理由がない旨を書面により通知することになっています（所法142②）。

チェックポイント

□　この制度の適用を受けられるのは、被相続人の死亡の日の属する年分の準確定申告書（青色申告書）と所定の純損失の繰戻し還付請求書を申告書提出期限内に提出する相続人であり、被相続人がその死亡の日の属する年分の前年分について青色申告書を提出している必要があります。

☞1　相続人が青色申告者でなくても適用可能です。
　2　相続人が複数の場合、純損失の繰戻し還付請求書は、原則として、連名により一の書面で提出することになっていますが、他の相続人の氏名を記載した上で各別に提出することもできます（この場合、他の相続人に自らが提出した純損失の繰戻し還付請求書の記載事項の要領を通知しなければなりません）（所令273）。

3　相続人等の純損失の繰戻し還付請求の特例

　年の中途で死亡した居住者の死亡の日の属する年の前年分において生じた純損失の金額がある場合には、死亡した居住者がその前年分と前前年分の所得税につき青色申告書を提出しているときに限り、相続人がその前年分の純損失の金額を前前年分に繰り戻して、次の①から②の金額を差し引いた金額に相当する所得税額の還付を請求することができる特例があります（所法141④）。

①　当該事実が生じた日の属する年の前前年分の課税総所得金額、課税退職所得金額及び課税山林所得金額に税率を適用して計算した所得税の額
②　当該事実が生じた日の属する年の前前年分の課税総所得金額、課税退職所得金額及び課税山林所得金額から前年に生じた純損失の金額の全部又は一部を差し引いた金額に税率を適用して計算した所得税の額

4　相続人等の純損失の繰戻し還付請求の特例の手続等

⑴　純損失の繰戻し還付請求書の提出

　前記3の相続人等の純損失の繰戻し還付請求の特例は、相続人が被相続人の年の中途の死亡に係る準確定申告書の提出と同時に行うことになっています（所法141④）。具体的には、相続人がその準確定申告書の申告期限までに所定の純損失の繰戻し還付請求書を提出する必要があります（所法142①）。

⑵　税務署長による調査及び還付等の通知

　上記⑴の純損失の繰戻し還付請求書の提出があった場合、税務署長はその請求の基礎となったその前年分の純損失の金額などについて必要な事項の調査を行った上で、その調査により、請求者に対し、その還付請求書に記載された請求額の範囲で所得税を還付するか、請求の理由がない旨を書面により通知することになっています（所法142②）。

1　純損失の繰戻し制度の概要
2　純損失の繰戻し還付請求の手続等
3　事業の廃止などの場合の繰戻し還付請求
4　相続人等の繰戻し還付請求
5　純損失の繰戻し控除をする順序
6　純損失の「繰戻し」と「繰越し」の比較検討
7　純損失の繰戻し還付請求書の書き方
8　参考法令
9　参考裁決事例

チェックポイント

☐　この特例により、被相続人の前前年分の課税総所得金額、課税退職所得金額及び課税山林所得金額に対する税額と被相続人の前前年分の課税総所得金額、課税退職所得金額及び課税山林所得金額から前年分の純損失の金額のうち相続人が繰り戻すこととした金額を控除した金額に税率を適用して計算した税額との差額（前前年の源泉徴収税額控除前の所得税の額が限度）の還付を受けられます。

　　☞被相続人の純損失の金額は、相続人の所得税の計算上純損失の繰越控除の対象とすることはできません。

☐　この制度の適用を受けられるのは、死亡の日の属する年分の前年分及び前前年分の所得税について青色申告書を提出しており、かつ、前年分において純損失の金額がある被相続人の相続人です。

　　☞1　相続人が青色申告者でなくても適用可能です。

　　　2　相続人が複数の場合、純損失の繰戻し還付請求書は、原則として、連名により一の書面で提出することになっていますが、他の相続人の氏名を記載した上で各別に提出することもできます（この場合、他の相続人に自らが提出した純損失の繰戻し還付請求書の記載事項の要領を通知しなければなりません）（所令273）。

1 純損失の繰戻し制度の概要

2 純損失の繰戻し還付請求の手続等

3 事業の廃止などの場合の繰戻し還付請求

4 相続人等の繰戻し還付請求

5 純損失の繰戻し控除をする順序

6 純損失の「繰戻し」と「繰越し」の比較検討

7 純損失の繰戻し還付請求書の書き方

8 参考法令

9 参考裁決事例

5 純損失の繰戻し控除をする順序

　前年分の課税総所得金額、課税退職所得金額及び課税山林所得金額から純損失の金額の全部又は一部を控除した金額を計算する場合において、いずれから先に純損失の金額を控除するかについては、次のとおりです（所法140③、所令271一～五）。

> ① 控除しようとする純損失の金額のうちに総所得金額の計算上生じた損失の部分の金額がある場合には、これをまず前年分の課税総所得金額から控除します。
> ② 控除しようとする純損失の金額のうちに山林所得金額の計算上生じた損失の部分の金額がある場合には、これをまず前年分の課税山林所得金額から控除します。
> ③ ①による控除をしてもなお控除しきれない総所得金額の計算上生じた損失の部分の金額は、前年分の課税山林所得金額から控除し、次に課税退職所得金額から控除します。
> ④ ②による控除をしてもなお控除しきれない山林所得金額の計算上生じた損失の部分の金額は、前年分の課税総所得金額から控除し、次に課税退職所得金額から控除します。
> ⑤ ①又は③の場合において、総所得金額の計算上生じた損失の部分の金額のうちに、変動所得の損失の金額とその他の損失の金額とがあるときは、まずその他の損失の金額を控除し、次に変動所得の損失の金額を控除します。

　上記①～⑤の内容を整理すると次の表のとおりです。

図表1-5　純損失の繰戻しをする場合の計算順序

純損失の金額		前年の課税所得金額		
		課税総所得金額	課税山林所得金額	課税退職所得金額
総所得金額	変動所得	②	⑥	⑧
	その他	①	⑤	⑦
山林所得		④	③	⑨

※　当年分の純損失の金額を上表に示す○数字の順序で前年分の課税所得金額から差し引きます。

　なお、上記①又は④の場合において、前年分において変動所得及び臨時所得の平均課税の規定の適用があったときは、前年分の課税総所得金額から控除しようとする純損失

17

の金額のうち、変動所得の損失の金額は、まず同年分の平均課税対象金額から控除するものとし、当該変動所得以外の各種所得の金額の計算上生じた損失の部分の金額は、まず同年分の課税総所得金額のうち当該平均課税対象金額以外の部分の金額から控除します（所令271六）。

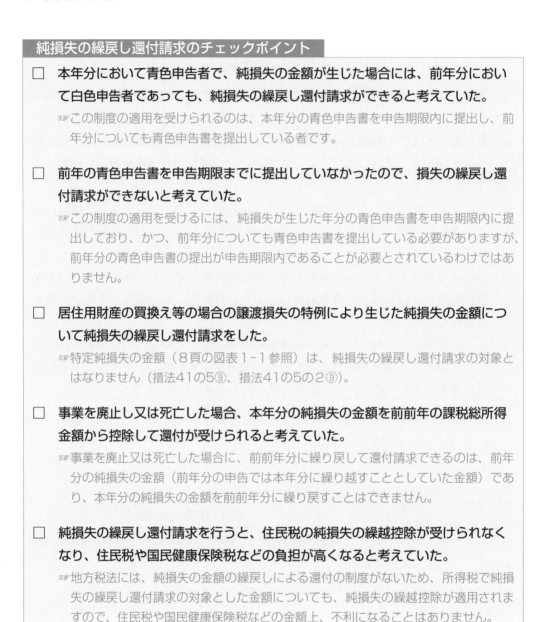

純損失の繰戻し還付請求のチェックポイント

☐ **本年分において青色申告者で、純損失の金額が生じた場合には、前年分において白色申告者であっても、純損失の繰戻し還付請求ができると考えていた。**

☞この制度の適用を受けられるのは、本年分の青色申告書を申告期限内に提出し、前年分についても青色申告書を提出している者です。

☐ **前年の青色申告書を申告期限までに提出していなかったので、損失の繰戻し還付請求ができないと考えていた。**

☞この制度の適用を受けるには、純損失が生じた年分の青色申告書を申告期限内に提出しており、かつ、前年分についても青色申告書を提出している必要がありますが、前年分の青色申告書の提出が申告期限内であることが必要とされているわけではありません。

☐ **居住用財産の買換え等の場合の譲渡損失の特例により生じた純損失の金額について純損失の繰戻し還付請求をした。**

☞特定純損失の金額（8頁の図表1-1参照）は、純損失の繰戻し還付請求の対象とはなりません（措法41の5⑨、措法41の5の2⑨）。

☐ **事業を廃止し又は死亡した場合、本年分の純損失の金額を前前年の課税総所得金額から控除して還付が受けられると考えていた。**

☞事業を廃止又は死亡した場合に、前前年分に繰り戻して還付請求できるのは、前年分の純損失の金額（前年分の申告では本年分に繰り越すこととしていた金額）であり、本年分の純損失の金額を前前年分に繰り戻すことはできません。

☐ **純損失の繰戻し還付請求を行うと、住民税の純損失の繰越控除が受けられなくなり、住民税や国民健康保険税などの負担が高くなると考えていた。**

☞地方税法には、純損失の金額の繰戻しによる還付の制度がないため、所得税で純損失の繰戻し還付請求の対象とした金額についても、純損失の繰越控除が適用されますので、住民税や国民健康保険税などの金額上、不利になることはありません。

□ 被相続人が死亡した日の属する年分で多額な純損失の金額が発生していたが、翌年分以降に繰り越すことができないことから、準確定申告期限までに申告する必要はないと考えていた。

　☞ 被相続人がその前年分において、青色申告書を提出しており、課税総所得金額などに係る所得税の額がある場合は、相続人が準確定申告書の提出期限までに準確定申告書（青色申告書）とともに、純損失の繰戻し還付請求をすることができます。

□ 来年以降、多額な所得が見込まれないのに、本年分の純損失の金額について純損失の繰戻し還付請求の検討を行わなかった。

　☞ 来年以降3年以内に相当の所得が見込まれない場合には、純損失の繰越控除に代えて純損失の繰戻し還付請求を行うべきか検討しておくべきです。

1 純損失の繰戻し制度の概要

2 純損失の繰戻し還付請求の手続等

3 事業の廃止などの場合の繰戻し還付請求

4 相続人等の繰戻し還付請求

5 純損失の繰戻し控除をする順序

6 純損失の「繰戻し」と「繰越し」の比較検討

7 純損失の繰戻し還付請求書の書き方

8 参考法令

9 参考裁決事例

6 「純損失の繰戻し」と「純損失の繰越し」の比較検討

　純損失の繰戻し還付請求と純損失の繰越控除のいずれを選択すべきかについては、いずれの税負担の軽減効果が大きいかが分かれば簡単なのですが、純損失が発生した年の翌年以後の所得がどうなるかは当然分かり得ないことですので、推測によるしかないことになります。

　また、翌年以後の税制改正により、例えば税率が現状と異なることとなる可能性もあります。

　なお、22頁以下の事例1〜5を一応の目安として参照してください。

　例えば、現在、事業を縮小しつつあり、所得の増加が見込まれない場合で、前年分における税負担が翌年分以後において見込まれるより相当大きいような場合には、繰戻し還付請求を選択した方がよいでしょう。ただし、翌年以後の所得としては、例えば、会社勤めをすることとした場合の給与所得や新たに受給することとなる公的年金等があるような場合には、これらの所得金額を考慮に入れる必要がありますので、ご注意ください。

　なお、相続人による純損失の繰戻し還付請求の特例についていえば、被相続人について生じていた純損失の金額を相続人の所得に繰り越すことはできませんので、この特例が適用できる場合には、適用した方が有利であることは間違いありません。これに対し、事業の全部譲渡や廃止などの事実により純損失の繰戻し還付請求の特例が適用できる場合であっても、翌年以後に事業所得以外の給与所得等を稼得されるようなときは、純損失の繰戻し還付請求の選択が必ずしも有利とは限りません。

　ここで、選択の判断に当たり、両者の特性を整理しておきましょう。

1　純損失の繰越控除は、翌年以後の年分における税負担の軽減が見込めるとはいえ、その効果が実際にあらわれるのは、翌年以後の年分の確定申告段階です。この点、純損失の繰戻し還付請求は前年分（廃業等の特例の場合は前前年分）において負担した所得税の額があれば、早期に還付を受けることができるというメリットがあります。

2　純損失の繰戻し還付請求は、前年分の課税総所得金額等から繰戻し額を差し引く制度であるため、繰戻し額をあらかじめ、前年分の課税総所得金額等の範囲内で請求できますが、純損失の繰越控除の場合、所得控除前の段階で繰越控除しますので、これを適用する翌年以後の年分などの所得控除の効果が受けられなくなってしまう

というデメリットがあります。

3 純損失の繰戻し還付請求は、所得税のみの制度であり、復興特別所得税の額は、繰
戻し還付の対象となりませんが、純損失の繰越控除は、これを適用する翌年以後の
年分における復興特別所得税の額及び地方税などの計算にも影響します。

4 純損失の繰越控除は、純損失の生じた年分において青色申告をしていれば、翌年
以後の年分で白色申告であっても適用できますが、純損失の繰戻し還付請求は、純
損失の生じた年分において青色申告をしているだけでなく、その前年分の所得税に
ついても青色申告をしていることが要件となっています。

(注) 1　相続の場合の純損失の繰戻し還付請求は、相続人が青色申告者でなくても適用できま
す。
2　事業の廃止等の場合の純損失の繰戻し還付請求の特例は、その前年分及び前前年分の
所得税について青色申告書を提出していれば、事業を廃止等した年分において青色申告
者でない場合も適用できます。

5 純損失の繰戻し還付請求の場合、純損失の金額を前年分の課税総所得金額及び課税
山林所得金額から差し引ききれなければ、前年分の課税退職所得金額から差し引く
こととなっていますが、前年分の退職所得（所法201①②適用分）について所得
税法第121条第2項の申告不要制度を適用して確定申告書に記載していなかった
場合に、純損失の繰戻し還付請求の対象とならないとする裁決例（42頁参照）が
あります。このような問題は純損失の繰越控除では起こり得ません。レアケースで
はありますが、青色申告者で、退職所得のある人が翌年分で純損失の生じる可能性
がある場合には、念のため、退職所得を確定申告するという方策を採った方が安全
です。

事例1　純損失発生年の前年と翌年の課税総所得金額が同額であるケース

A　繰越し・繰戻しをしなかった場合

	区　分	前　年	本　年	翌　年	合　計
①	所得金額	12,000,000	▲6,000,000	12,000,000	18,000,000
②	繰越控除額				0
③	所得控除	3,000,000	3,000,000	3,000,000	9,000,000
④	課税総所得金額	9,000,000	0	9,000,000	18,000,000
⑤	繰戻し控除額				0
⑥	改定課税総所得金額				0
⑦	所得税額	1,434,000	0	1,434,000	2,868,000
⑧	復興税額	30,114	0	30,114	60,228
⑨	所得税額・復興税額	1,464,100	0	1,464,100	Ⓐ2,928,200

B　純損失を全額繰り越した場合

	区　分	前　年	本　年	翌　年	合　計	Ⓑ－Ⓐ
①	所得金額	12,000,000	▲6,000,000	12,000,000	18,000,000	
②	繰越控除額			▲6,000,000	▲6,000,000	
③	所得控除	3,000,000	3,000,000	3,000,000	9,000,000	
④	課税総所得金額	9,000,000	0	3,000,000	12,000,000	
⑤	繰戻し控除額				0	
⑥	改定課税総所得金額				0	
⑦	所得税額	1,434,000	0	202,500	1,636,500	
⑧	復興税額	30,114	0	4,252	34,366	
⑨	所得税額・復興税額	1,464,100	0	206,700	Ⓑ1,670,800	▲1,257,400

C　純損失の一部を繰り戻した場合

	区　分	前　年	本　年	翌　年	合　計	Ⓒ－Ⓐ
①	所得金額	12,000,000	▲6,000,000	12,000,000	18,000,000	
②	繰越控除額			▲3,000,000	▲3,000,000	
③	所得控除	3,000,000	3,000,000	3,000,000	9,000,000	
④	課税総所得金額	9,000,000	0	6,000,000	15,000,000	
⑤	繰戻し控除額	▲3,000,000			▲3,000,000	
⑥	改定課税総所得金額	6,000,000			6,000,000	
⑦	所得税額	772,500	0	772,500	1,545,000	
⑧	復興税額	30,114	0	16,222	46,336	
⑨	所得税額・復興税額	802,600	0	788,700	Ⓒ1,591,300	▲1,336,900

D　純損失の全部を繰り戻した場合

	区　分	前　年	本　年	翌　年	合　計	Ⓓ－Ⓐ
①	所得金額	12,000,000	▲6,000,000	12,000,000	18,000,000	
②	繰越控除額				0	
③	所得控除	3,000,000	3,000,000	3,000,000	9,000,000	
④	課税総所得金額	9,000,000	0	9,000,000	18,000,000	
⑤	繰戻し控除額	▲6,000,000			▲6,000,000	
⑥	改定課税総所得金額	3,000,000			3,000,000	
⑦	所得税額	202,500	0	1,434,000	1,636,500	
⑧	復興税額	30,114	0	30,114	60,228	
⑨	所得税額・復興税額	232,600	0	1,464,100	Ⓓ1,696,700	▲1,231,500

【事例1の解説】 純損失発生年の前年と翌年の課税総所得金額が同額であるケース

A 純損失の繰越し・繰戻し前の前年と翌年の平均税率

年　分	①所得金額	⑨所得税等	平均税率（⑨÷①）
前　年	12,000,000円	1,464,100円	12.20％
翌　年	12,000,000円	1,464,100円	12.20％

B 純損失を全額繰り越した場合

　本年分の純損失の金額600万円（①）の全額を繰り越した場合、翌年分の課税総所得金額は300万円（④）となるため、所得税額と復興特別所得税額の合計額は206,700円（⑨）となり、繰越控除などをしなかった場合（Aの場合）と比較して▲1,257,400円減少します。

C 純損失の一部を繰り戻した場合

　本年分の純損失の金額600万円（①）の一部（300万円）を繰り戻し（⑤）、残額（300万円）を繰り越す（②）場合、前年分の改定課税総所得金額は600万円（⑥）となり、所得税額と復興特別所得税額の合計額は802,600円（⑨）となります。また、翌年分の課税総所得金額（④）は600万円となり、所得税額と復興特別所得税額の合計額は788,700円（⑨）となることから、Aの場合と比較して▲1,336,900円減少します。

　なお、復興特別所得税については純損失の繰戻し還付の対象にならないので、前年分の復興特別所得税額30,114円（⑧）については変わりません。

D 純損失を全額繰り戻した場合

　本年分の純損失の金額600万円（①）の全額を繰り戻した場合、前年分の改定課税総所得金額は300万円（⑥）となるため、所得税額と復興特別所得税額の合計額は232,600円（⑨）となり、Aの場合と比較して▲1,231,500円減少します。

　なお、Bの場合よりも所得税額と復興特別所得税額の合計額（⑨）が多いのは、復興特別所得税については純損失の繰戻し還付の対象にならないためです。

　以上の検討の結果、純損失の一部を繰り戻した場合（Cの場合）が所得税額と復興特別所得税額の合計額（⑨）が最も少なくなります。

　純損失の繰越控除にせよ繰戻し還付にせよ、純損失の金額は、課税総所得金額等のうち税率の高い部分から順に差し引くことになるので、この事例のような前提（平均税率が前年と翌年が同じ）の下では、繰越控除と繰戻し還付請求の対象に分散した方が有利になる場合が多いと考えられます。

1 純損失の繰戻し制度の概要

2 純損失の繰戻し還付請求の手続等

3 事業の廃止などの場合の繰戻し還付請求

4 相続人等の繰戻し還付請求

5 純損失の繰戻し、控除をする順序

6 純損失の「繰越し」と「繰戻し」の比較検討

7 純損失の繰戻し還付請求書の書き方

8 参考法令

9 参考裁決事例

事例2　純損失発生年の前年より翌年の課税総所得金額が多いケース

A　繰越し・繰戻しをしなかった場合

区分	前年	本年	翌年	合計
① 所得金額	10,000,000	▲6,000,000	14,000,000	18,000,000
② 繰越控除額				0
③ 所得控除	3,000,000	3,000,000	3,000,000	9,000,000
④ 課税総所得金額	7,000,000	0	11,000,000	18,000,000
⑤ 繰戻し控除額				0
⑥ 改定課税総所得金額				0
⑦ 所得税額	974,000	0	2,094,000	3,068,000
⑧ 復興税額	20,454	0	43,974	64,428
⑨ 所得税額・復興税額	994,400	0	2,137,900	Ⓐ3,132,300

B　純損失を全額繰り越した場合

区分	前年	本年	翌年	合計	
① 所得金額	10,000,000	▲6,000,000	14,000,000	18,000,000	
② 繰越控除額			▲6,000,000	▲6,000,000	
③ 所得控除	3,000,000	3,000,000	3,000,000	9,000,000	
④ 課税総所得金額	7,000,000	0	5,000,000	12,000,000	
⑤ 繰戻し控除額				0	
⑥ 改定課税総所得金額				0	
⑦ 所得税額	974,000	0	572,500	1,546,500	
⑧ 復興税額	20,454	0	12,022	32,476	Ⓑ－Ⓐ
⑨ 所得税額・復興税額	994,400	0	584,500	Ⓑ1,578,900	▲1,553,400

C　純損失の一部を繰り戻した場合

区分	前年	本年	翌年	合計	
① 所得金額	10,000,000	▲6,000,000	14,000,000	18,000,000	
② 繰越控除額			▲3,000,000	▲3,000,000	
③ 所得控除	3,000,000	3,000,000	3,000,000	9,000,000	
④ 課税総所得金額	7,000,000	0	8,000,000	15,000,000	
⑤ 繰戻し控除額	▲3,000,000			▲3,000,000	
⑥ 改定課税総所得金額	4,000,000			4,000,000	
⑦ 所得税額	372,500	0	1,204,000	1,576,500	
⑧ 復興税額	20,454	0	25,284	45,738	Ⓒ－Ⓐ
⑨ 所得税額・復興税額	392,900	0	1,229,200	Ⓒ1,622,100	▲1,510,200

D　純損失の全部を繰り戻した場合

区分	前年	本年	翌年	合計	
① 所得金額	10,000,000	▲6,000,000	14,000,000	18,000,000	
② 繰越控除額				0	
③ 所得控除	3,000,000	3,000,000	3,000,000	9,000,000	
④ 課税総所得金額	7,000,000	0	11,000,000	18,000,000	
⑤ 繰戻し控除額	▲6,000,000			▲6,000,000	
⑥ 改定課税総所得金額	1,000,000			1,000,000	
⑦ 所得税額	50,000	0	2,094,000	2,144,000	
⑧ 復興税額	20,454	0	43,974	64,428	Ⓓ－Ⓐ
⑨ 所得税額・復興税額	70,400	0	2,137,900	Ⓓ2,208,300	▲924,000

【事例2の解説】　純損失発生年の前年より翌年の課税総所得金額が多いケース

A　純損失の繰越し・繰戻し前の前年と翌年の平均税率

年　分	①所得金額	⑨所得税等	平均税率（⑨÷①）
前　年	10,000,000円	994,400円	9.94％
翌　年	14,000,000円	2,137,900円	15.27％

B　純損失を全額繰り越した場合

　本年分の純損失の金額600万円（①）の全額を繰り越した場合、翌年分の課税総所得金額は500万円（④）となるため、所得税額と復興特別所得税額の合計額は584,500円（⑨）となり、繰越控除などをしなかった場合（Aの場合）と比較して▲1,553,400円減少します。

C　純損失の一部を繰り戻した場合

　本年分の純損失の金額600万円（①）の一部（300万円）を繰り戻し（⑤）、残額（300万円）を繰り越す（②）場合、前年分の改定課税総所得金額は400万円（⑥）となり、所得税額と復興特別所得税額の合計額は392,900円（⑨）となります。また、翌年分の課税総所得金額（④）は800万円となり、所得税額と復興特別所得税額の合計額は1,229,200円（⑨）となることから、Aの場合と比較して▲1,510,200円減少します。

　なお、復興特別所得税については純損失の繰戻し還付の対象にならないので、前年分の復興特別所得税額20,454円（⑧）については変わりません。

D　純損失を全額繰り戻した場合

　本年分の純損失の金額600万円（①）の全額を繰り戻した場合、前年分の改定課税総所得金額は100万円（⑥）となるため、所得税額と復興特別所得税額の合計額は70,400円（⑨）となり、Aの場合と比較して▲924,000円減少します。

　なお、復興特別所得税については純損失の繰戻し還付の対象にならないので、前年分の復興特別所得税額20,454円（⑧）については変わりません。

　以上の検討の結果、純損失の全額を繰り越した場合（Bの場合）が所得税額と復興特別所得税額の合計額（⑨）が最も少なくなります。

　この事例では、翌年分における平均税率（15.27％）が前年分（9.94％）と比較して高いため、翌年分への繰越控除の方が税負担の減の効果が大きくなります。

事例3 純損失発生年の翌年より前年の課税総所得金額が多いケース

A 繰越し・繰戻しをしなかった場合

	区　分	前　年	本　年	翌　年	合　計
①	所得金額	14,000,000	▲6,000,000	10,000,000	18,000,000
②	繰越控除額				0
③	所得控除	3,000,000	3,000,000	3,000,000	9,000,000
④	課税総所得金額	11,000,000	0	7,000,000	18,000,000
⑤	繰戻し控除額				0
⑥	改定課税総所得金額				0
⑦	所得税額	2,094,000	0	974,000	3,068,000
⑧	復興税額	43,974	0	20,454	64,428
⑨	所得税額・復興税額	2,137,900	0	994,400	Ⓐ3,132,300

B 純損失を全額繰り越した場合

	区　分	前　年	本　年	翌　年	合　計	
①	所得金額	14,000,000	▲6,000,000	10,000,000	18,000,000	
②	繰越控除額			▲6,000,000	▲6,000,000	
③	所得控除	3,000,000	3,000,000	3,000,000	9,000,000	
④	課税総所得金額	11,000,000	0	1,000,000	12,000,000	
⑤	繰戻し控除額				0	
⑥	改定課税総所得金額				0	
⑦	所得税額	2,094,000	0	50,000	2,144,000	
⑧	復興税額	43,974	0	1,050	45,024	Ⓑ－Ⓐ
⑨	所得税額・復興税額	2,137,900	0	51,000	Ⓑ2,188,900	▲943,400

C 純損失の一部を繰り戻した場合

	区　分	前　年	本　年	翌　年	合　計	
①	所得金額	14,000,000	▲6,000,000	10,000,000	18,000,000	
②	繰越控除額			▲3,000,000	▲3,000,000	
③	所得控除	3,000,000	3,000,000	3,000,000	9,000,000	
④	課税総所得金額	11,000,000	0	4,000,000	15,000,000	
⑤	繰戻し控除額	▲3,000,000			▲3,000,000	
⑥	改定課税総所得金額	8,000,000			8,000,000	
⑦	所得税額	1,204,000	0	372,500	1,576,500	
⑧	復興税額	43,974	0	7,822	51,796	Ⓒ－Ⓐ
⑨	所得税額・復興税額	1,247,900	0	380,300	Ⓒ1,628,200	▲1,504,100

D 純損失の全部を繰り戻した場合

	区　分	前　年	本　年	翌　年	合　計	
①	所得金額	14,000,000	▲6,000,000	10,000,000	18,000,000	
②	繰越控除額				0	
③	所得控除	3,000,000	3,000,000	3,000,000	9,000,000	
④	課税総所得金額	11,000,000	0	7,000,000	18,000,000	
⑤	繰戻し控除額	▲6,000,000			▲6,000,000	
⑥	改定課税総所得金額	5,000,000			5,000,000	
⑦	所得税額	572,500	0	974,000	1,546,500	
⑧	復興税額	43,974	0	20,454	64,428	Ⓓ－Ⓐ
⑨	所得税額・復興税額	616,400	0	994,400	Ⓓ1,610,800	▲1,521,500

【事例3の解説】 純損失発生年の翌年より前年の課税総所得金額が多いケース

A 純損失の繰越し・繰戻し前の前年と翌年の平均税率

年　分	①所得金額	⑨所得税等	平均税率（⑨÷①）
前　年	14,000,000円	2,137,900円	15.27%
翌　年	10,000,000円	994,400円	9.94%

B 純損失を全額繰り越した場合

　本年分の純損失の金額600万円（①）の全額を繰り越した場合、翌年分の課税総所得金額は100万円（④）となるため、所得税額と復興特別所得税額の合計額は51,000円（⑨）となり、繰越控除などをしなかった場合（Aの場合）と比較して▲943,400円減少します。

C 純損失の一部を繰り戻した場合

　本年分の純損失の金額600万円（①）の一部（300万円）を繰り戻し（⑤）、残額（300万円）を繰り越す（②）場合、前年分の改定課税総所得金額は800万円（⑥）となり、所得税額と復興特別所得税額の合計額は1,247,900円（⑨）となります。また、翌年分の課税総所得金額（④）は400万円となり、所得税額と復興特別所得税額の合計額は380,300円（⑨）となることから、Aの場合と比較して▲1,504,100円減少します。

　なお、復興特別所得税については純損失の繰戻し還付の対象にならないので、前年分の復興特別所得税額43,974円（⑧）については変わりません。

D 純損失を全額繰り戻した場合

　本年分の純損失の金額600万円（①）の全額を繰り戻した場合、前年分の改定課税総所得金額は500万円（⑥）となるため、所得税額と復興特別所得税額の合計額は616,400円（⑨）となり、Aの場合と比較して▲1,521,500円減少します。

　なお、復興特別所得税については純損失の繰戻し還付の対象にならないので、前年分の復興特別所得税額43,974円（⑧）については変わりません。

　以上の検討の結果、純損失の全額を繰り戻した場合（Dの場合）が所得税額と復興特別所得税額の合計額（⑨）が最も少なくなります。

　この事例では、前年分における平均税率（15.27%）が翌年分（9.94%）と比較して高いため、前年分への繰戻し還付控除の方が税負担の減の効果が大きくなります。

1 純損失の繰戻し制度の概要
2 純損失の繰戻し還付請求の手続等
3 事業の廃止などの場合の繰戻し還付請求
4 相続人等の繰戻し還付請求
5 純損失の繰戻し控除をする順序
6 純損失の「繰戻し」と「繰越し」の比較検討
7 純損失の繰戻し還付請求書の書き方
8 参考法令
9 参考裁決事例

事例4　純損失発生年の前年より翌年の課税総所得金額が大幅に多いケース

A　繰越し・繰戻しをしなかった場合

	区　分	前　年	本　年	翌　年	合　計
①	所得金額	8,000,000	▲6,000,000	16,000,000	18,000,000
②	繰越控除額				0
③	所得控除	3,000,000	3,000,000	3,000,000	9,000,000
④	課税総所得金額	5,000,000	0	13,000,000	18,000,000
⑤	繰戻し控除額				0
⑥	改定課税総所得金額				0
⑦	所得税額	572,500	0	2,754,000	3,326,500
⑧	復興税額	12,022	0	57,834	69,856
⑨	所得税額・復興税額	584,500	0	2,811,800	Ⓐ3,396,300

B　純損失を全額繰り越した場合

	区　分	前　年	本　年	翌　年	合　計	
①	所得金額	8,000,000	▲6,000,000	16,000,000	18,000,000	
②	繰越控除額			▲6,000,000	▲6,000,000	
③	所得控除	3,000,000	3,000,000	3,000,000	9,000,000	
④	課税総所得金額	5,000,000	0	7,000,000	12,000,000	
⑤	繰戻し控除額				0	
⑥	改定課税総所得金額				0	
⑦	所得税額	572,500	0	974,000	1,546,500	
⑧	復興税額	12,022	0	20,454	32,476	Ⓑ－Ⓐ
⑨	所得税額・復興税額	584,500	0	994,400	Ⓑ1,578,900	▲1,817,400

C　純損失の一部を繰り戻した場合

	区　分	前　年	本　年	翌　年	合　計	
①	所得金額	8,000,000	▲6,000,000	16,000,000	18,000,000	
②	繰越控除額			▲3,000,000	▲3,000,000	
③	所得控除	3,000,000	3,000,000	3,000,000	9,000,000	
④	課税総所得金額	5,000,000	0	10,000,000	15,000,000	
⑤	繰戻し控除額	▲3,000,000			▲3,000,000	
⑥	改定課税総所得金額	2,000,000			2,000,000	
⑦	所得税額	102,500	0	1,764,000	1,866,500	
⑧	復興税額	12,022	0	37,044	49,066	Ⓒ－Ⓐ
⑨	所得税額・復興税額	114,500	0	1,801,000	Ⓒ1,915,500	▲1,480,800

D　純損失の全部を繰り戻した場合

	区　分	前　年	本　年	翌　年	合　計	
①	所得金額	8,000,000	▲6,000,000	16,000,000	18,000,000	
②	繰越控除額			▲1,000,000	▲1,000,000	
③	所得控除	3,000,000	3,000,000	3,000,000	9,000,000	
④	課税総所得金額	5,000,000	0	12,000,000	17,000,000	
⑤	繰戻し控除額	▲5,000,000			▲5,000,000	
⑥	改定課税総所得金額	0			0	
⑦	所得税額	0	0	2,424,000	2,424,000	
⑧	復興税額	12,022	0	50,904	62,926	Ⓓ－Ⓐ
⑨	所得税額・復興税額	12,000	0	2,474,900	Ⓓ2,486,900	▲909,400

【事例4の解説】 純損失発生年の前年より翌年の課税総所得金額が大幅に多いケース

A 純損失の繰越し・繰戻し前の前年と翌年の平均税率

年 分	①所得金額	⑨所得税等	平均税率（⑨÷①）
前 年	8,000,000円	584,500円	7.31%
翌 年	16,000,000円	2,811,800円	17.57%

B 純損失を全額繰り越した場合

　本年分の純損失の金額600万円（①）の全額を繰り越した場合、翌年分の課税総所得金額は700万円（④）となるため、所得税額と復興特別所得税額の合計額は994,400円（⑨）となり、繰越控除などをしなかった場合（Aの場合）と比較して▲1,817,400円減少します。

C 純損失の一部を繰り戻した場合

　本年分の純損失の金額600万円（①）の一部（300万円）を繰り戻し（⑤）、残額（300万円）を繰り越す（②）場合、前年分の改定課税総所得金額は200万円（⑥）となり、所得税額と復興特別所得税額の合計額は114,500円（⑨）となります。また、翌年分の課税総所得金額（④）は1,000万円となり、所得税額と復興特別所得税額の合計額は1,801,000円（⑨）となることから、Aの場合と比較して▲1,480,800円減少します。

　なお、復興特別所得税については純損失の繰戻し還付の対象にならないので、前年分の復興特別所得税額12,022円（⑧）については変わりません。

D 純損失を全額繰り戻した場合

　本年分の純損失の金額600万円（①）の全額を繰り戻した場合、前年分の課税総所得金額500万円（④）を超えてしまうので、500万円を繰り戻し（⑤）、残額（100万円）を繰り越す（②）ことになります。よって、前年分の改定課税総所得金額は０円（⑥）となり、所得税額と復興特別所得税額の合計額は12,000円（⑨）となります。また、翌年分の課税総所得金額（④）は1,200万円となり、所得税額と復興特別所得税額の合計額は2,474,900円（⑨）となることから、Aの場合と比較して▲909,400円減少します。

　以上の検討の結果、純損失の全額を繰り越した場合（Bの場合）が所得税額と復興特別所得税額の合計額（⑨）が最も少なくなります。

　この事例では、翌年分への繰越控除の方が税負担の減の効果（平均税率17.57%）が事例2（平均税率15.27%）よりさらに顕著です。このような想定が予測される場合には、繰戻し還付は控えることが望ましいと考えられます。

事例5　純損失発生年の翌年より前年の課税総所得金額が大幅に多いケース

A　繰越し・繰戻しをしなかった場合

	区　分	前　年	本　年	翌　年	合　計
①	所得金額	16,000,000	▲6,000,000	8,000,000	18,000,000
②	繰越控除額				0
③	所得控除	3,000,000	3,000,000	3,000,000	9,000,000
④	課税総所得金額	13,000,000	0	5,000,000	18,000,000
⑤	繰戻し控除額				0
⑥	改定課税総所得金額				0
⑦	所得税額	2,754,000	0	572,500	3,326,500
⑧	復興税額	57,834	0	12,022	69,856
⑨	所得税額・復興税額	2,811,800	0	584,500	Ⓐ3,396,300

B　純損失を全額繰り越した場合

	区　分	前　年	本　年	翌　年	合　計	
①	所得金額	16,000,000	▲6,000,000	8,000,000	18,000,000	
②	繰越控除額			▲6,000,000	▲6,000,000	
③	所得控除	3,000,000	3,000,000	3,000,000	9,000,000	
④	課税総所得金額	13,000,000	0	▲1,000,000	12,000,000	
⑤	繰戻し控除額				0	
⑥	改定課税総所得金額				0	
⑦	所得税額	2,754,000	0	0	2,754,000	
⑧	復興税額	57,834	0	0	57,834	Ⓑ－Ⓐ
⑨	所得税額・復興税額	2,811,800	0	0	Ⓑ2,811,800	▲584,500

C　純損失の一部を繰り戻した場合

	区　分	前　年	本　年	翌　年	合　計	
①	所得金額	16,000,000	▲6,000,000	8,000,000	18,000,000	
②	繰越控除額			▲3,000,000	▲3,000,000	
③	所得控除	3,000,000	3,000,000	3,000,000	9,000,000	
④	課税総所得金額	13,000,000	0	2,000,000	15,000,000	
⑤	繰戻し控除額	▲3,000,000			▲3,000,000	
⑥	改定課税総所得金額	10,000,000			10,000,000	
⑦	所得税額	1,764,000	0	102,500	1,866,500	
⑧	復興税額	57,834	0	2,152	59,986	Ⓒ－Ⓐ
⑨	所得税額・復興税額	1,821,800	0	104,600	Ⓒ1,926,400	▲1,469,900

D　純損失の全部を繰り戻した場合

	区　分	前　年	本　年	翌　年	合　計	
①	所得金額	16,000,000	▲6,000,000	8,000,000	18,000,000	
②	繰越控除額				0	
③	所得控除	3,000,000	3,000,000	3,000,000	9,000,000	
④	課税総所得金額	13,000,000	0	5,000,000	18,000,000	
⑤	繰戻し控除額	▲6,000,000			▲6,000,000	
⑥	改定課税総所得金額	7,000,000			7,000,000	
⑦	所得税額	974,000	0	572,500	1,546,500	
⑧	復興税額	57,834	0	12,022	69,856	Ⓓ－Ⓐ
⑨	所得税額・復興税額	1,031,800	0	584,500	Ⓓ1,616,300	▲1,780,000

【事例5の解説】 純損失発生年の翌年より前年の課税総所得金額が大幅に多いケース

A　純損失の繰越し・繰戻し前の前年と翌年の平均税率

年　分	①所得金額	⑨所得税等	平均税率（⑨÷①）
前　年	16,000,000円	2,811,800円	17.57％
翌　年	8,000,000円	584,500円	7.31％

B　純損失を全額繰り越した場合

　本年分の純損失の金額600万円（①）の全額を繰り越した場合、翌年分の課税総所得金額は▲100万円（④）となるため、所得税額と復興特別所得税額の合計額は0円（⑨）となり、繰越控除などをしなかった場合（Aの場合）と比較して▲584,500円減少します。

　なお、翌年分の課税所得金額が▲100万円であるということは、所得控除が100万円無駄になったことになります。

C　純損失の一部を繰り戻した場合

　本年分の純損失の金額600万円（①）の一部（300万円）を繰り戻し（⑤）、残額（300万円）を繰り越す（②）場合、前年分の改定課税総所得金額は1,000万円（⑥）となり、所得税額と復興特別所得税額の合計額は1,821,800円（⑨）となります。また、翌年分の課税総所得金額（④）は200万円となり、 所得税額と復興特別所得税額の合計額は104,600円（⑨）となることから、Aの場合と比較して▲1,469,900円減少します。

　なお、復興特別所得税については純損失の繰戻し還付の対象にならないので、前年分の復興特別所得税額57,834円（⑧）については変わりません。

D　純損失を全額繰り戻した場合

　本年分の純損失の金額600万円（①）の全額を繰戻した場合、前年分の改定課税総所得金額は700万円（⑥）となるため、所得税額と復興特別所得税額の合計額は1,031,800円（⑨）となり、Aの場合と比較して▲1,780,000円減少します。

　以上の検討の結果、純損失の全額を繰り戻した場合（Dの場合）が所得税額と復興特別所得税額の合計額（⑨）が最も少なくなります。

　この事例では、 前年分への繰戻し還付の方が税負担の減の効果（平均税率17.57％）が事例3（平均税率15.27％）よりさらに顕著です。このような想定が予測される場合には、繰戻し還付を選択する方が望ましいと考えられます。

1 純損失の繰戻し制度の概要

2 純損失の繰戻し還付請求の手続等

3 事業の廃止などの場合の繰戻し還付請求

4 相続人等の繰戻し還付請求

5 純損失の繰戻し控除をする順序

6 純損失の「繰戻し」と「繰越し」の比較検討

7 純損失の繰戻し還付請求書の書き方

8 参考法令

9 参考裁決事例

「純損失の繰戻しによる所得税の還付請求書」の各欄は、次のように記載します。

税務署受付印

純損失の金額の繰戻しによる所得税の還付請求書

住所 又は事業所・事務所・居所など	（〒 101 － 0051 東京都千代田区神田…1番2号	職業	自営業

神田 税務署長

令3 年 2 月 22 日提出

フリガナ 氏　名	チュウオウタロウ 中央太郎
個人番号	

手順2
事業の廃止等による特例（所法140⑤）や相続に伴う特例（所法141）の適用を受ける場合に該当項目を○で囲み、その事実の生じた日などを書きます。

手順1
純損失の金額の繰戻しによる所得税の還付について次のとお…

純損失の金額が生じた年分の年を書きます。

還付請求金額
（下の還付請求金額の計算書の㉒の金額）
722,500

純損失の金額の生じた年分	令2年分
純損失の金額を繰り戻す年分 （純損失の金額の生じた年の前年分を書きます。）	令1年分

還付の請求が、事業の廃止、相当期間の休止、事業の全部又は重要部分の譲渡、相続によるものである場合は右の欄に記入してください。

請求の事由（該当する文字を○で囲んでください。）

| 事業の | 廃　止
休　止
譲　渡 |
| 相　続 | |

左の事実の生じた年月日

| 廃　止
休　止期間
譲　渡 |

この純損失の金額について、既に繰戻しによる還付を受けた事実の有無

有・無

還付請求金額の計算書（　　　）

				金　額							金　額
令和2年分の	A純損失の金額	総所得	変動所得	①	円	Bに繰り戻す前年分金額	総所得	変動所得	④		円
			その他	②	△5,000,000※			その他	⑤		△5,000,000※
		山林所得		③			山林所得		⑥		
	C課税所得	総所得		⑦	6,000,000	E繰り戻される	総所得		⑮		1,000,000
		山林所得		⑧		戻し	山林所得		⑯		
手順3									⑰		
									⑱		50,000
									⑲		
									⑳		
									㉑		50,000
還付金の計算	源泉徴収税額を差し引く前の所得税額			⑭	772,500	純損失の金額の繰戻しによる還付金額 （「⑭－㉑」と⑱のいずれか少ない方の金額）			㉒		722,500

千円未満の端数は切り捨ててください。

手順3
純損失の金額の内訳を書きます。この場合、事業の廃止等の特例な事由により、その前年分に生じた純損失の金額を前々年分に繰戻しをしようとする方で、既にその一部を繰り戻した金額があるとき、又は廃止などした年分の所得金額から控除した金額があるときは、これらの金額を差し引いた残りの純損失の金額を書きます。

○申告書と一緒に提出してください。

税理士署名押印（電話番号）

手順4
「A純損失の金額」①〜③欄の純損失の金額のうち前年分に繰り戻す金額をそれぞれ書きます。なお、純損失の金額は、その全部を繰り戻さないで、一部を繰り戻し、残りを翌年以降3年間に繰り越して翌年以後の所得金額から差し引くこと（純損失の繰越控除）もできます。

還付される税金の受取場所	（銀行等の預金口座… 日本　　金庫・組合 農協・漁協 普通 預金

㊞

税務署整理欄	通信日付印の年月日	確認印		
	年　月　日			
	番号確認	身元確認	確　認　書　類	
		□ 済 □ 未済	個人番号カード／通知カード・運転免許証 その他（　　　　　）	

※記載例では分かりやすさの点から純損失の金額をマイナス表記しています。

純損失の金額の繰戻しによる所得税の還付請求書

税務署受付印

神田 税務署長

令3 年 2 月 22 日提出

住所 又は事業所・事務所・居所など	（〒 101 － 0051 ） 東京都千代田区神田神保町１丁目31番２号	職業	自営業
フリガナ 氏名	チュウオウタロウ 中央太郎 ㊞		
個人番号		電話番号	03 － 3333 － 1234

手順5

額の繰戻しによる所得税の還付について次のとおり請求します。

> 純損失の金額が生じた年の前年分の課税される所得金額（分離課税の上場株式等の配当所得等、分離課税の土地建物等の譲渡所得、一般株式等の譲渡所得等、上場株式等の譲渡所得等、分離課税の先物取引の雑所得等を除きます。また、既に純損失の一部について繰戻しをしている場合は、その繰り戻した金額を差し引いた金額）及びそれに対する算出税額の内訳を前年分の確定申告書の控えなどから転記するなどします。

純損失　　　　　　　　　　　　　　　　　　　する文字　左 の 事 実 の　この純損失の金
純損失　　　　　　　　　　　　　　　　　　　さい。）　　生じた年月日　額について、既
（純損失　　　　　　　　　　　　　　　　　　　　　　　　　　・・　　に繰戻しによる
　　　　　　　　　　　　　　　　　　　　　　　　　　　　　　休 止 期 間　還付を受けた事
　　　　　　　　　　　　　　　　　　　　　　　　　　　　　　　・・　　実の有無
　　　　　　　　　　　　　　　　　　　　　　　　　　　　　　　　　　　　有・無

○申告書と一緒に提出してください。

				金　額						金　額
A 純損失の金額	総所得	変 動 所 得	①	円	B Aに繰り戻す前年分の	総所得	変 動 所 得	④		円
		そ の 他	②	△5,000,000※			そ の 他	⑤		△5,000,000※
		山 林 所 得	③				山 林 所 得	⑥		
C 課税される所得金額		総 所 得	⑦	6,000,000	E 繰戻される所得金額後の課税		総 所 得	⑮		1,000,000
		山 林 所 得	⑧				山 林 所 得	⑯		
		退 職 所 得	⑨				退 職 所 得	⑰		
D Cに対する税額		⑦に対する税額	⑩	772,500	F Eに対する税額		⑮に対する税額	⑱		50,000
		⑧に対する税額	⑪				⑯に対する税額	⑲		
		⑨に対する税額	⑫				⑰に対する税額	⑳		
		計 （100 円未満の端数は切り捨ててください。）	⑬	772,500			計 （100 円未満の端数は切り捨ててください。）	㉑		50,000
		源泉徴収税額を差し引く前の所得税額	⑭	772,500			純損失の金額の繰戻しによる還付金額 （「⑬－㉑」と⑭のいずれか少ない方の金額）	㉒		722,500

純損失の金額の繰戻しによる所得税の還付金額の計算

令和2年分の純損失の金額の

前年分の税額

繰戻し控除後の税額

千円未満の端数は切り捨ててください。

税理士署名押印（電話番号）

㊞

手順6

> 純損失の金額が生じた年の前年分の源泉徴収税額を差し引く前の所得税額※（復興特別所得税の額を除きます。）を前年分の確定申告書の控えを参考に記載します。
> ※ 分離課税の上場株式等の配当所得等、分離課税の土地建物等の譲渡所得、一般株式等の譲渡所得等、上場株式等の譲渡所得等、分離課税の先物取引の雑所得等に対する税額を除きます。また、既に純損失の金額の一部について繰戻しによる所得税額の還付を受けている場合には、その還付金額を差し引いた金額になります。なお、税額控除額のうちに、外国税額控除額が含まれている場合は、外国税額控除及び源泉徴収税額を差し引く前の所得税額から所得税に係る外国税額控除額を差し引いた金額になります。

1 純損失の繰戻し制度の概要
2 純損失の繰戻し還付請求の手続等
3 事業の廃止などの場合の繰戻し還付請求
4 相続人等の繰戻し還付請求
5 純損失の繰戻し控除をする順序
6 純損失の「繰戻し」と「繰越し」の比較検討
7 純損失の繰戻し還付請求書の書き方
8 参考法令
9 参考裁決事例

税務署受付印

純損失の金額の繰戻しによる所得税の還付請求書

住所 （又は事業所・事務所・居所など）	（〒 101 － 0051 ） 東京都千代田区神田神保町１丁目31番２号	職業	自営業
神田 税務署長	フリガナ チュウオウタロウ		
令3年 2月 22日提出	氏名 中央太郎 ㊞	電話番号	03 － 3333 － 1234
	個人番号		

純損失の金額の繰戻しによる所得税の還付について次のとおり請求します。

還付請求金額 （下の還付請求金額の計算書の㉒の金額）	722,500 円

純損失の金額の生じた年分	**手順7**	付の請求が、事業の廃止、相当期間の休止、事…	請求の事由（該当する文字を○で囲んでください。） ①廃止	左の事実の生じた年月日	この純損失の金額について、既に繰戻しによる…た事… 有・無
純損失の金額を繰り戻す年分 （純損失の金額の生じた年の前年分を書きます。）	令1				

> 「C 課税される所得金額」⑦～⑨から「B Aのうち前年分に繰り戻す金額」④～⑥を差し引いた金額を書きます。

還付請求金額の計算書（ ）

				金額					金額
A 純損失の金額 令和2年分の	総所得	変動所得	①	円	B Aのうち前年分に繰り戻す金額	総所得	変動所得	④	円
		その他	②	△5,000,000※			その他	⑤	△5,000,000※
		山林所得	③				山林所得	⑥	
純損失の金額の前年分の税額	C 課税される所得金額	総所得	⑦	6,000,000	繰戻し控除後の税額	E 繰戻しされた後の課税総所得金額	総所得	⑮	1,000,000
		山林所得	⑧				山林所得	⑯	
		退職所得	⑨				退職所得	⑰	
	D Cに対する税額	⑦に対する税額	⑩	772,500		F Eに対する税額	⑮に対する税額	⑱	50,000
		⑧に対する税額	⑪				⑯に対する税額	⑲	
		⑨に対する税額	⑫				⑰に対する税額	⑳	
		計（100円未満の端数は切り捨てます。）**手順8**	⑬	772,500			計（100円未満の端数は切り捨てます。）	㉑	50,000
	源泉徴収税額を差し引く前の所…								

> 千円未満の端数は切り捨ててください。

> 「⑮」～「⑰」までの各欄の金額について、それぞれ純損失の生じた年の前年分の税額表などを適用して求めた算出税額を書きます。 なお、前年分の所得税について変動所得及び臨時所得の平均課税を受けている方は、平均課税の税額の計算書をご利用ください。

○申告書と一緒に提出してください。

税理士 署名押印 （電話番号）

還付される税金の受取場所	…
	普通 預金 口座番号 1234567

㊞

税務署整理欄	通信日付印の年月日	確認印	整理番号		一連番号
	年 月 日		0		
	番号確認	身元確認	確認書類		
		□ 済 □ 未済	個人番号カード／通知カード・運転免許証 その他（ ）		

純損失の繰戻し制度の概要 ❶

純損失の繰戻し還付請求の手続等 ❷

事業の廃止などの場合の繰戻し還付請求 ❸

相続人等の繰戻し還付請求 ❹

純損失の繰戻し控除をする順序 ❺

純損失の「繰戻し」と「繰越し」の比較検討 ❻

純損失の繰戻し還付請求書の書き方 ❼

参考法令 ❽

参考裁決事例 ❾

8　参考法令

所得税法

（純損失の繰戻しによる還付の請求）

第140条　青色申告書を提出する居住者は、その年において生じた純損失の金額がある場合には、当該申告書の提出と同時に、納税地の所轄税務署長に対し、第1号に掲げる金額から第2号に掲げる金額を控除した金額に相当する所得税の還付を請求することができる。

　一　その年の前年分の課税総所得金額、課税退職所得金額及び課税山林所得金額につき第3章第1節（税率）の規定を適用して計算した所得税の額

　二　その年の前年分の課税総所得金額、課税退職所得金額及び課税山林所得金額から当該純損失の金額の全部又は一部を控除した金額につき第3章第1節の規定に準じて計算した所得税の額

2　前項の場合において、同項に規定する控除した金額に相当する所得税の額がその年の前年分の課税総所得金額、課税退職所得金額及び課税山林所得金額に係る所得税の額（附帯税の額を除く。）をこえるときは、同項の還付の請求をすることができる金額は、当該所得税の額に相当する金額を限度とする。

3　第1項第2号に掲げる金額を計算する場合において、同号の課税総所得金額、課税退職所得金額又は課税山林所得金額のうちいずれから先に純損失の金額を控除するか、及び前年において第90条（変動所得及び臨時所得の平均課税）の規定の適用があつた場合において同条第3項に規定する平均課税対象金額と課税総所得金額から当該平均課税対象金額を控除した金額とのうちいずれから先に純損失の金額を控除するかについては、政令で定める。

4　第1項の規定は、同項の居住者がその年の前年分の所得税につき青色申告書を提出している場合であつて、その年分の青色申告書をその提出期限までに提出した場合（税務署長においてやむを得ない事情があると認める場合には、当該申告書をその提出期限後に提出した場合を含む。）に限り、適用する。

5　居住者につき事業の全部の譲渡又は廃止その他これらに準ずる事実で政令で定めるものが生じた場合において、当該事実が生じた日の属する年の前年において生じた純損失の金額（第70条第1項（純損失の繰越控除）の規定により同日の属する年において控除されたもの及び第142条第2項（純損失の繰戻しによる還付）の規定により還付を受けるべき金額の計算の基礎となつたものを除く。）があるときは、その者は、同日の属する年の前年分及び前前年分の所得税につき青色申告

書を提出している場合に限り、同日の属する年分の所得税に係る確定申告期限までに、納税地の所轄税務署長に対し、当該純損失の金額につき第1項から第3項までの規定に準じて政令で定めるところにより計算した金額に相当する所得税の還付を請求することができる。

（相続人等の純損失の繰戻しによる還付の請求）

第141条 第125条第1項、第3項又は第5項（年の中途で死亡した場合の確定申告）の規定に該当してこれらの規定に規定する申告書（青色申告書に限る。）を提出する者は、当該申告書に記載すべきその年において生じた純損失の金額がある場合には、政令で定めるところにより、当該申告書の提出と同時に、当該申告書に係る所得税の納税地の所轄税務署長に対し、第1号に掲げる金額から第2号に掲げる金額を控除した金額に相当する所得税の還付を請求することができる。

一　第125条第1項又は第3項に規定する死亡をした居住者のその年の前年分の課税総所得金額、課税退職所得金額及び課税山林所得金額につき第3章第1節（税率）の規定を適用して計算した所得税の額

二　前号に規定する死亡をした居住者のその年の前年分の課税総所得金額、課税退職所得金額及び課税山林所得金額から当該純損失の金額の全部又は一部を控除した金額につき第3章第1節の規定に準じて計算した所得税の額

2　前条第2項及び第3項の規定は、前項の場合について準用する。

3　第1項の規定は、同項第1号に規定する死亡をした居住者がその年の前年分の所得税につき青色申告書を提出している場合であつて、同項に規定する申告書を提出する者が当該申告書をその提出期限までに提出した場合（税務署長においてやむを得ない事情があると認める場合には、当該申告書をその提出期限後に提出した場合を含む。）に限り、適用する。

4　居住者が死亡した場合において、その死亡の日の属する年の前年において生じたその者に係る純損失の金額（第70条第1項（純損失の繰越控除）の規定により同日の属する年において控除されたもの及び次条第2項の規定により還付を受けるべき金額の計算の基礎となつたものを除く。）があるときは、その相続人は、その居住者の同日の属する年の前年分及び前前年分の所得税につき青色申告書が提出されている場合に限り、政令で定めるところにより、その居住者の同日の属する年分の所得税に係る確定申告期限までに、当該所得税の納税地の所轄税務署長に対し、当該純損失の金額につき第1項及び第2項の規定に準じて計算した金額に相当する所得税の還付を請求することができる。

（純損失の繰戻しによる還付の手続等）

第142条　前2条の規定による還付の請求をしようとする者は、その還付を受けよう
　　とする所得税の額、その計算の基礎その他財務省令で定める事項を記載した還付
　　請求書をこれらの規定に規定する税務署長に提出しなければならない。

2　税務署長は、前項の還付請求書の提出があつた場合には、その請求の基礎とな
　　つた純損失の金額その他必要な事項について調査し、その調査したところにより、
　　その請求をした者に対し、その請求に係る金額を限度として所得税を還付し、又
　　は請求の理由がない旨を書面により通知する。

3　前項の規定による還付金について還付加算金を計算する場合には、その計算の
　　基礎となる国税通則法第58条第1項（還付加算金）の期間は、前2条の規定によ
　　る還付の請求がされた日（第140条第1項（純損失の繰戻しによる還付の請求）又
　　は前条第1項の規定による還付の請求がされた日がこれらの規定に規定する申告
　　書の提出期限前である場合には、その提出期限）の翌日以後三月を経過した日か
　　らその還付のための支払決定をする日又はその還付金につき充当をする日（同日
　　前に充当をするのに適することとなつた日がある場合には、その適することとな
　　つた日）までの期間とする。

所得税法施行令

（純損失の繰戻しをする場合の計算）

第271条　法第140条第1項第2号（純損失の繰戻しによる還付の請求）又は第141条
　　第1項第2号（相続人等の純損失の繰戻しによる還付の請求）に掲げる金額を計
　　算する場合において、純損失の金額の全部又は一部を前年分の課税総所得金額、
　　課税退職所得金額及び課税山林所得金額から控除するときは、次に定めるところ
　　による。

　一　控除しようとする純損失の金額のうちに第201条第2号イ（純損失の繰越控除）
　　　に規定する総所得金額の計算上生じた損失の部分の金額がある場合には、これ
　　　をまず前年分の課税総所得金額から控除する。

　二　控除しようとする純損失の金額のうちに第201条第2号ロに規定する山林所得
　　　金額の計算上生じた損失の部分の金額がある場合には、これをまず前年分の課
　　　税山林所得金額から控除する。

　三　第1号の規定による控除をしてもなお控除しきれない総所得金額の計算上生
　　　じた損失の部分の金額は、前年分の課税山林所得金額（前号の規定による控除
　　　が行なわれる場合には、当該控除後の金額）から控除し、次に課税退職所得金
　　　額から控除する。

1　純損失の繰戻し制度の概要
2　純損失の繰戻し還付請求の手続等
3　事業の廃止などの場合の繰戻し還付請求
4　相続人等の繰戻し還付請求
5　純損失の繰戻し控除をする順序
6　純損失の「繰戻し」と「繰越し」の比較検討
7　純損失の繰戻し還付請求書の書き方
8　参考法令
9　参考裁決事例

四　第2号の規定による控除をしてもなお控除しきれない山林所得金額の計算上
　　生じた損失の部分の金額は、前年分の課税総所得金額（第1号の規定による控
　　除が行なわれる場合には、当該控除後の金額）から控除し、次に課税退職所得
　　金額（前号の規定による控除が行なわれる場合には、当該控除後の金額）から
　　控除する。

五　第1号又は第3号の場合において、総所得金額の計算上生じた損失の部分の
　　金額のうちに、第199条（変動所得の損失等の損益通算）に規定する変動所得
　　の損失の金額とその他の損失の金額とがあるときは、まずその他の損失の金額
　　を控除し、次に変動所得の損失の金額を控除する。

六　第1号又は第4号の場合において、前年に法第90条第1項（変動所得及び臨
　　時所得の平均課税）の規定の適用があつたときは、同年分の課税総所得金額か
　　ら控除しようとする純損失の金額のうち、第199条に規定する変動所得の損失
　　の金額は、まず同年分の法第90条第3項に規定する平均課税対象金額から控除
　　するものとし、当該変動所得以外の各種所得の金額の計算上生じた損失の部分
　　の金額は、まず同年分の課税総所得金額のうち当該平均課税対象金額以外の部
　　分の金額から控除するものとする。

（事業の廃止等に準ずる事実等）

第272条　法第140条第5項（事業の全部譲渡等の場合の純損失の繰戻しによる還付
　　の請求）に規定する政令で定める事実は、事業の全部の相当期間の休止又は重要
　　部分の譲渡で、これらの事実が生じたことにより同項に規定する純損失の金額に
　　つき法第70条第1項（純損失の繰越控除）の規定の適用を受けることが困難とな
　　ると認められるものとする。

2　法第140条第5項又は第141条第4項（相続人等による純損失の繰戻しによる還
　　付の請求）の規定により還付を請求することができる金額は、これらの規定に規
　　定する事実が生じた日の属する年の前前年分の課税総所得金額、課税退職所得金
　　額及び課税山林所得金額並びにこれらにつき法第2編第3章第1節（税率）の規
　　定を適用して計算した所得税の額並びに同日の属する年の前年において生じたこ
　　れらの条に規定する純損失の金額を基礎とし、法第140条第1項から第3項まで及
　　び第141条第1項から第3項まで並びに前条の規定に準じて計算した金額とする。
　　この場合において、既に当該前前年分の所得税につき法第140条第1項又は第141
　　条第1項の規定の適用があつたときは、当該前前年分の課税総所得金額、課税退
　　職所得金額及び課税山林所得金額に相当する金額からその適用に係る純損失の金
　　額を控除した金額をもつて当該課税総所得金額、課税退職所得金額及び課税山林
　　所得金額とみなし、かつ、当該前前年分の所得税の額に相当する金額からその適
　　用により還付された金額を控除した金額をもつて当該所得税の額とみなす。

（相続人等による還付の請求）

第273条　法第141条第1項又は第4項（相続人等の純損失の繰戻しによる還付の請求）の規定による還付の請求をする場合において、相続人が二人以上あるときは、当該請求に係る法第142条第1項（純損失の繰戻しによる還付の手続等）の規定による還付請求書は、各相続人が連署による一の書面で提出しなければならない。ただし、他の相続人の氏名を附記して各別に提出することを妨げない。

2　前項ただし書の方法により同項の請求書を提出した相続人は、遅滞なく、他の相続人に対し、当該請求書に記載した事項の要領を通知しなければならない。

所得税基本通達

（青色申告書を提出する居住者の意義）

140・141-1　法第140条第1項に規定する「青色申告書を提出する居住者」には、法第124条第1項又は第2項《確定申告書を提出すべき者等が死亡した場合の確定申告》の規定に該当して青色申告書を提出する相続人も含まれることに留意する。この場合において、当該相続人が提出する法第142条第1項《純損失の繰戻しによる還付の手続等》に規定する還付請求書（以下142-1までにおいて「還付請求書」という。）の記載事項等については、令第273条《相続人等による還付の請求》及び規則第54条第2項《純損失の繰戻しによる還付請求書の記載事項》の規定に準ずるものとする。

（還付金の限度額となる前年分の所得税の額）

140・141-2　法第140条第1項各号に掲げる所得税の額は、各種の税額控除前の所得税の額をいうのであるが、同条第2項に規定する還付金の限度額となる前年分の所得税の額（附帯税を除く。）は、法第120条第1項第3号《確定所得申告》に掲げる各種の税額控除後の所得税の額をいうことに留意する。

（繰戻しによる還付請求書が青色申告書と同時に提出されなかった場合）

140・141-3　還付請求書が青色申告書と同時に提出されなかった場合でも、同時に提出されなかったことについて税務署長においてやむを得ない事情があると認めるときは、これを同時に提出されたものとして法第140条第1項又は第141条第1項の規定を適用して差し支えない。

1 純損失の繰戻し制度の概要
2 純損失の繰戻し還付請求の手続等
3 事業の廃止などの場合の繰戻し還付請求
4 相続人等の繰戻し還付請求
5 純損失の繰戻し控除をする順序
6 純損失の「繰戻し」と「繰越し」の比較検討
7 純損失の繰戻し還付請求書の書き方
8 参考法令
9 参考裁決事例

（端数計算）

140・141－4　法第140条第1項各号又は第141条第1項各号に掲げる所得税の額を計算するに当たっては、通則法第118条第1項《国税の課税標準の端数計算等》及び第119条第1項《国税の確定金額の端数計算等》の規定を準用する。

（その年分に生じた純損失の金額又は前年分の総所得金額等が異動した場合）

142－1　法第142条第2項の規定により所得税の額を還付した後において、その年分に生じた純損失の金額又は前年分の課税総所得金額、課税退職所得金額若しくは課税山林所得金額に異動が生じた場合には、次に掲げる場合に応じ、それぞれ次によるものとする。この場合において、還付すべき税額を増額し又は減額するときは、還付請求書について更正することに留意する。

(1)　その年分に生じた純損失の金額が異動した場合

　イ　純損失の金額が増加した場合

　　当該増加した部分の純損失の金額は繰戻しをすることができないものとし、当該金額については、法第70条第1項《純損失の繰越控除》の規定を適用する。

　ロ　純損失の金額が減少した場合

　　既に還付した金額のうち、当該減少した部分の純損失の金額に対応する部分の金額を徴収する。ただし、純損失の金額の一部を繰り戻している場合には、まず、法第70条第1項の規定により繰越控除の対象となる純損失の金額を減額し、なお減額しきれない部分の金額があるときに限り、当該減額しきれない部分の金額に対応する還付金の額を徴収する。

(2)　前年分の課税総所得金額、課税退職所得金額又は課税山林所得金額が異動した場合

　イ　所得金額が増加した場合

　　当該増加した後の所得金額及び既に還付した金額の計算の基礎とされた純損失の金額を基として、法第140条第1項から第3項まで《純損失の繰戻しによる還付の請求》及び第141条第1項から第3項まで《相続人等の純損失の繰戻しによる還付の請求》の規定により計算した金額と既に還付した金額との差額を還付する。

　ロ　所得金額が減少した場合

　　当該減少した後の所得金額及び既に還付した金額の計算の基礎とされた純損失の金額を基として、法第140条第1項から第3項まで又は第141条第1項から第3項までの規定により計算した金額と既に還付した金額との差額を徴収する。この場合において、当該差額を徴収することにより繰戻しの利益を受けないこととなった部分の純損失の金額については、法第70条第1項の規定を適用する。

純損失の繰戻し制度の概要

純損失の繰戻し還付請求の手続等

事業の廃止などの場合の繰戻し還付請求

相続人等の繰戻し還付請求

純損失の繰戻し控除をする順序

純損失の「繰戻し」と「繰越し」の比較検討

純損失の繰戻し還付請求書の書き方

参考法令

参考裁決事例

9 参考裁決事例等

純損失の繰戻しによる還付請求書が確定申告書と同時に提出されなかったことについて、「やむ得ない事情」があったとは認められないとした事例

　所得税法第140条第1項は、青色申告書を提出する居住者は、その年において生じた純損失の金額がある場合には、当該申告書の提出と同時に、所得税の還付を請求することができる旨規定し、この規定に関し、基本通達140・141-3では、還付請求書が青色申告書と同時に提出されなかった場合でも、同時に提出されなかったことについて税務署長においてやむを得ない事情があると認めるときは、これを同時に提出されたものとして所得税法第140条第1項の規定を適用して差し支えない旨定めている。　この通達にいう「やむ得ない事情」とは、納税者の責めに帰すことのできないような特別な事情により、青色申告書の提出と同時に還付請求をなし得なかったと合理的に認められるような例外的な場合をいうのであって、いわゆる法の不知を含まないものと解するのが相当である。

　ところで、請求人は、［1］純損失の繰戻しによる還付請求が可能な期間を5年間であると考えていたこと及び［2］平成3年12月26日から平成4年4月上旬までA国に滞在していたため、平成3年分の確定申告期間中は日本国内にいなかったことから、還付請求書を同時に提出できなかったのであり、基本通達にいう「やむ得ない事情」に該当すると主張する。

　しかしながら、還付請求が可能な期間を5年間であると考えていたという請求人の法の不知は、上記のとおり「やむ得ない事情」に当たらず、また、上記の期間A国に滞在していたため、平成3年分の確定申告期間中は日本国内にいなかったという事情についても、請求人は、長男Cから純損失の繰戻しによる還付の制度があること、また、その制度の適用を受けるためには確定申告と同時に還付請求書を提出しなければならない旨の連絡を受けていながら、何らの確認や問い合せもしなかったことが認められるから、請求人の責めに帰すことのできないような特別な事情とは認められない。（平成6年10月17日裁決）

青色申告の対象となる業務を行っていない年分の譲渡損失は、純損失の繰戻しによる還付請求は認められないとした事例

　請求人は、青色申告の承認を受けているのに平成5年中に青色申告の対象となる所得を生ずべき業務を行っていなかったことのみをもって、純損失の繰戻しによる還付請求を認めないのは不合理であり、還付すべきである旨主張する。

　しかし、請求人の平成5年分以後の所得税については、平成5年中に賃貸用不動産を譲渡した後は不動産所得を生ずべき業務を行っていた事実はなく、また、同年末日までに事業所得等に係る業務を開始した事実も認められないことから、請求人の青色申告の承認は平成5年分以後その効力は失われており、同年分の純損失につき繰戻しによる還付請求をすることは認められない。（平成8年2月7日裁決）

※　平成16年分以降、不動産の譲渡損失は他の課税総所得金額と通算できなくなりました。

前年分の確定申告書に記載されていない退職所得に係る所得税の額を、純損失の繰戻しによる還付金の額の計算の対象とすることはできないとした事例

　請求人は、所得税法第140条《純損失の繰戻しによる還付の請求》は、純損失の繰戻しによる還付金の額の計算の対象となる所得税の額について、純損失が生じた前年分の確定申告書に記載した所得に係るものであることを要件とはしていないことから、前年分の確定申告書に記載されていない退職所得に係る所得税の額も対象となる旨主張する。

　しかしながら、純損失が生じた前年分の確定申告について青色申告書の提出が要件とされていることからすると、当該青色申告書に記載されていない退職所得に係る所得税の額を純損失の繰戻しによる還付金の額の計算の対象とすることはできない。（平成27年12月18日裁決）

第 2 部

記載例編

※　記載例編の表記上の留意事項

（注１）　地方税法には、純損失の金額の繰戻しによる還付の制度がないことから、記載例におきましては、理解しやすいように申告書第四表（二）「３　翌年以後に繰り越す損失額」の㉙欄を利用して、上段に住民税に係る純損失の金額で翌年以後に繰り越す損失額、下段に所得税に係る純損失の金額で翌年以後に繰り越す損失額（前年等に繰り戻した純損失の金額を差し引いた後の残額）を記載することとしております。

　　　　なお、e-Taxを利用して確定申告をされる場合は、㉙欄の２段書きの入力はできませんので、下段の所得税に係る純損失の金額を入力してください。

　　　　また、本事例に係る住民税に関する申告書等への記載の仕方につきましては、現時点において当局による例示等が認められないことから、当該㉙欄を利用して上段に記載した住民税に係る純損失の金額が翌年の住民税に反映されているか、住民税の「税額決定・納税通知書」等によるご確認をお勧めいたします。

（注２）　申告書第二表は、記載の仕方の参考となる場合（事例18）を除き、紙面の関係上もあり記載例を掲載していませんのでご了承ください。

（注３）　「純損失の金額の繰戻し還付請求書」の純損失の金額欄は、マイナス（△）を付けないとの見解もありますが、繰戻し控除後の所得金額を計算する際の分かりやすさの点からマイナス（△）で表記しています。

令和 1 年分の確定申告の概要

(1) 課税標準		
① 総所得金額		7,530,000円
イ 事業所得の金額	5,190,000円	
ロ 給与所得の金額	2,340,000円	
(2) 所得控除額		1,530,000円
(3) 課税総所得金額等		6,000,000円
① 課税総所得金額		6,000,000円
(4) 各種所得の税額		772,500円
(5) 復興特別所得税		16,222円
(6) 所得税及び復興特別所得税の額		788,722円
(7) 源泉徴収税額		565,000円
(8) 納付税額		223,700円

令和 2 年分の申告所得の概要

(1) 課税標準		
① 総所得金額		△5,000,000円（純損失の金額）
イ 事業所得の金額	△7,020,000円	
ロ 給与所得の金額	2,020,000円	
(2) 所得控除額		480,000円
(3) 課税総所得金額等		0円
(4) 各種所得の税額		0円
(5) 復興特別所得税		0円
(6) 所得税及び復興特別所得税の額		0円
(7) 源泉徴収税額		450,000円
(8) 還付税額		450,000円

【申告書作成手順】

手順１　令和２年分の確定申告書の作成（47～49頁）

1　申告所得の内容に従って、申告書第一表、申告書第二表を作成します。

2　所得金額を計算すると500万円の純損失の金額が生じるので、申告書第四表を作成します。

前年分に課税される所得金額（以下「課税総所得金額」）が600万円あるので、純損失の金額の全額500万円について純損失の繰戻しによる還付の請求をするものとします。

3　翌年以降に繰り越す純損失の金額はないので、申告書第四表㈡の(79)欄の下段には０円と記載します。

なお、地方税法には純損失の繰戻しによる還付の制度がないので、純損失の金額が全額翌年に繰り越され、(79)欄の上段には（住民税△500万円）と記載します。

手順２　純損失の金額の繰戻しによる所得税の還付請求書の作成（50頁）

1　本年分の純損失の金額500万円を②欄に転記し、前年分に繰り戻す金額500万円を⑤欄に記載します。

2　前年分の課税総所得金額600万円を⑦欄、それに対する税額772,500円を⑩欄、源泉徴収税額を差し引く前の所得税額772,500円を⑭欄にそれぞれ転記します。

3　前年分の課税総所得金額600万円⑦から前年分に繰り戻す金額500万円⑤を差し引いた金額100万円を⑮欄、それに対する税額５万円を⑱欄に記載します（「繰戻控除計算用」51頁を参照）。

4　⑬欄－㉑欄と⑭欄の少ない方の金額722,500円を㉒欄に記載します。

5　還付請求金額欄に722,500円を転記します。

令和 2 年 3 月 10 日　令和 01 年分の 所得税及び復興特別所得税 の 確定 申告書Ｂ

神田　税務署長

〒 101-0051

FA0125

個人番号

ナ　チュウオウタロウ

中央太郎

職業　自営業　屋号・雅号　世帯主の氏名　世帯主との続柄　本人

3 29.01.03

電話番号　自宅・勤務先・携帯

整理番号 1 2 3 4 5 6 7 8

第一表（令和元年分以降用）

復興特別所得税額の記入をお忘れなく。

手順2-2
課税総所得金額及びそれに対する税額を「繰戻し還付請求書」（50頁）の⑦欄、⑩欄に転記。

（単位は円）

収入金額等	事業	営業等	⑦	35000000		課税される所得金額（⑨-㉕）又は第三表	㉖	6000000
		農業	⑦		税金の計算	上の㉖に対する税額又は第三表の⑧	㉗	772500
	不動産		⑦			配当控除	㉘	
	利子		㊤			（特定増改築等）住宅借入金等特別控除	㉚	00
	配当		㊦			政党等寄附金等特別控除	㉛~㉝	
	給与		㊨	36000000		住宅耐震改修特別控除等	㉞~㊲	
	雑	公的年金等	㊩			差引所得税額（⑱-⑲-⑳-㉑-㉒-㉓-㉔-㉕）	㊳	772500
		その他	㊪			災害減免額	㊴	
	総合譲渡	短期	㊫			再差引所得税額（基準所得税額）（㊳-㊴）	㊵	772500
		長期	㊬			復興特別所得税額（㊵×2.1%）	㊶	16222
	一時		㊭			所得税及び復興特別所得税の額（㊵+㊶）	㊷	788722
所得金額	事業	営業等	①	5190000		外国税額控除	㊸	
		農業	②			源泉徴収税額	㊹	565000
	不動産		③			申告納税額（㊷-㊸-㊹）	㊺	223700
	利子		④			予定納税額（第1期分・第2期分）	㊻	0
	配当		⑤			第3期分の税額（㊺-㊻）　納める税金	㊼	223700
	給与		⑥	2340000		還付される税金	㊽	
	雑		⑦			配偶者の合計所得金額	㊾	
	総合譲渡・一時⑦+{(㊫+㊬)×½}		⑧			専従者給与（控除）額の合計額	㊿	
	合計		⑨	7530000		青色申告特別控除額	�51	650000
所得から差し引かれる金額	社会保険料控除		⑩	680000				
	小規模企業共済等掛金控除		⑪					
	生命保険料控除		⑫					
	地震保険料控除		⑬					
	寡婦、寡夫控除		⑭			変動・臨時所得金額	56	
	勤労学生、障害者控除		⑮~⑯	0000		申告期限までに納付する金額	57	00
	配偶者（特別）控除		⑰~⑱	380000		延納届出額	58	000
	扶養控除		⑲	0000				
	基礎控除		⑳	380000				
	⑩から⑳までの計		㉑	1530000				
	雑損控除		㉒					
	医療費控除		㉓					
	寄附金控除		㉔					
	合計（㉑+㉒+㉓+㉔）		㉕	1530000				

手順2-2
源泉徴収税額控除前の税額㊵を「繰戻し還付請求書」（50頁）の⑭欄に転記。

銀行・金庫・組合・農協・漁協　本店・支店・出張所・本所・支所

郵便局名等　預金種類　普通 当座 納税準備 貯蓄

口座番号記号番号

整理欄 | A | B | C | D | E | F | G | H | I | J | K |

記載例1
記載例2
記載例3
記載例4
記載例5
記載例6
記載例7
記載例8
記載例9
記載例10
記載例11

FA2200

神田　税務署長
令和 3 年 2 月 22 日　令和 02 年分の 所得税及び復興特別所得税の 確定申告書B

第一表（令和二年分以降用）

| 住所 | 〒101-0051 | 個人番号 | | 生年月日 3 29.01.03 |

又は事業所事務所居所など
東京都千代田区神田神保町１丁目31番２号

フリガナ　チュウオウタロウ
氏名　中央太郎

令和 3 年 1 月 1 日の住所　同上

職業　自営業　屋号・雅号　　世帯主の氏名　　世帯主との続柄　本人

（単位は円）

種類　青 分離 国出 損 修正　特農の表示　特農

整理番号 1 2 3 4 5 6 7 8　電話番号　自宅・勤務先・携帯

収入金額等

事業	営業等	㋐	2 0 0 0 0 0 0 0
	農業	㋑	
不動産		㋒	
利子		㋓	
配当		㋔	
給与 区分		㋕	3 0 0 0 0 0 0
雑	公的年金等	㋖	
	業務 区分	㋗	
	その他	㋘	
総合譲渡	短期	㋙	
	長期	㋚	
一時		㋛	

所得金額等

事業	営業等	①	△ 7 0 2 0 0 0 0
	農業	②	
不動産		③	
利子		④	
配当		⑤	
給与 区分		⑥	2 0 2 0 0 0 0
雑	公的年金等	⑦	
	業務	⑧	
	その他	⑨	
⑦から⑨までの計		⑩	
総合譲渡・一時 ③+{(⑨+㋚)×½}		⑪	
合計 （①から⑥までの計+⑩+⑪）		⑫	

所得から差し引かれる金額

社会保険料控除		⑬	
小規模企業共済等掛金控除		⑭	
生命保険料控除		⑮	
地震保険料控除		⑯	
寡婦、ひとり親控除 区分		⑰~⑱	0 0 0 0
勤労学生、障害者控除		⑲~⑳	0 0 0 0
配偶者（特別）控除 区分1 区分2		㉑~㉒	0 0 0 0
扶養控除		㉓	0 0 0 0
基礎控除		㉔	4 8 0 0 0 0
⑬から㉔までの計		㉕	4 8 0 0 0 0
雑損控除		㉖	
医療費控除 区分		㉗	
寄附金控除		㉘	
合計 （㉕+㉖+㉗+㉘）		㉙	4 8 0 0 0 0

税金の計算

課税される所得金額 （⑫-㉙）又は第三表		㉚	0 0 0
上の㉚に対する税額 又は第三表の�91		㉛	0
配当控除		㉜	
	区分	㉝	
（特定増改築等）住宅借入金等特別控除 区分		㉞	0 0
政党等寄附金等特別控除		㉟~㊲	
住宅耐震改修特別控除等 区分		㊳~㊵	
差引所得税額 （㉛-㉜-㉝-㉞-㉟-㊱-㊲-㊵）		㊶	0
災害減免額		㊷	
再差引所得税額（基準所得税額）（㊶-㊷）		㊸	0
復興特別所得税額 （㊸×2.1%）		㊹	0
所得税及び復興特別所得税の額 （㊸+㊹）		㊺	0
外国税額控除等 区分		㊻~㊼	
源泉徴収税額		㊽	4 5 0 0 0 0
申告納税額 （㊺-㊻-㊼-㊽）		㊾	△ 4 5 0 0 0 0
予定納税額 （第1期分・第2期分）		㊿	
第3期分の税額 納める税金		51	0 0
（㊾-㊿） 還付される税金		52	△ 4 5 0 0 0 0

(44)(45)(49)(51)又は(52)の記入をお忘れなく。

その他

公的年金等以外の合計所得金額	53	
配偶者の合計所得金額	54	
専従者給与（控除）額の合計額	55	
青色申告特別控除額	56	0
雑所得・一時所得等の源泉徴収税額の合計額	57	
未納付の源泉徴収税額	58	
本年分で差し引く繰越損失額	59	
平均課税対象金額	60	
変動・臨時所得金額 区分	61	
延届納出 申告期限までに納付する金額	62	0 0
延納届出額	63	0 0 0

還付される税金の受取場所
銀行・金庫・組合・農協・漁協　本店・支店・出張所・本所・支所
郵便局 名等
預金 種類 普通 当座 納税準備 貯蓄
口座番号記号番号

整理欄
区分 A B C D E F G H I J K
異動
管理 名簿
補完　確認

納管　事業　住民　資産　股合　分離　検索　通信日付印　年月日　一連号

税理士署名押印
電話番号

税理士法書面提出 30条 33条の2

令和 [0][2] 年分の 所得税及び復興特別所得税 の 確定 申告書（損失申告用）　[F A 0 0 5 4]

住所又は事業所事務所居所など	東京都千代田区神田神保町1丁目31番2号	フリガナ 氏　名	チュウオウタロウ 中央太郎

整理番号 [1][2][3][4][5][6][7][8]　一連番号

1 損失額又は所得金額

A	経 常 所 得　（申告書B第一表の①から⑥までの計＋⑩の合計額）							⑭	△5,000,000 円

	所得の種類	区分等	所得の生ずる場所等	Ⓐ 収 入 金 額	Ⓑ 必要経費等	Ⓒ 差 引 金 額（Ⓐ－Ⓑ）	Ⓓ 特別控除額	Ⓔ 損失額又は所得金額	
B	譲渡 短期 分離譲渡			円	円	㋦ 円		㉕	
	総合譲渡					㋧	円	㉖	
	長期 分離譲渡			円	円	㋨		㉗	
	総合譲渡					㋩	円	㉘	
	一　時							㉙	
C	山　林			円				㉚	
D	退　職				円	円		㉛	
E	一般株式等の譲渡							㉜	
	上場株式等の譲渡							㉝	
	上場株式等の配当等					円	円	㉞	
F	先物取引							㉟	

㊱ 分離課税の譲渡所得の特別控除額の合計額	円	㊲ 上場株式等の譲渡所得等の源泉徴収税額の合計額	円	特例適用条文	

2 損益の通算

	所 得 の 種 類		Ⓐ 通 算 前	Ⓑ 第1次通算後	Ⓒ 第2次通算後	Ⓓ 第3次通算後	Ⓔ 損失額又は所得金額
A	経 常 所 得	⑭	△5,000,000 円	△5,000,000 円	△5,000,000 円	△5,000,000 円	△5,000,000 円
B	譲渡 短期 総合譲渡	㉖		第1次	第2	第3	
	長期 分離譲渡（特定損失額）	㉗	△				
	総合譲渡	㉘					
	一　時	㉙			算	算	
C	山　林		→ ㉚		算		㋠
D	退　職		→ ㉛		算		
	損失額又は所得金額の合計額					㊳	△5,000,000

手順2-1
総所得金額の純損失の金額△500万円を「繰戻し還付請求書」（50頁）の②欄に転記。

資産		整理欄	

記載例1
記載例2
記載例3
記載例4
記載例5
記載例6
記載例7
記載例8
記載例9
記載例10
記載例11

令和2年確定申告分　　　令和2年分　確定申告書　第四表（二）

令和 ⓪② 年分の 所得税及び復興特別所得税 の 確定 申告書（損失申告用）　FA0059

第四表（二）（令和二年分以降用）

3 翌年以後に繰り越す損失額

整理番号 1 2 3 4 5 6 7 8　一連番号

青 色 申 告 者 の 損 失 の 金 額	⑲	（住民税△5,000,000）円 0
居 住 用 財 産 に 係 る 通 算 後 譲 渡 損 失 の 金 額	⑳	
変 動 所 得 の 損 失 額	㉑	

被災事業用資産の損失額		所得の種類	被災事業用資産の種類など	損害の原因	損害年月日	Ⓐ 損害金額	Ⓑ 保険金などで補填される金額	Ⓒ 差引損失額 （Ⓐ－Ⓑ）
	山林以外	営業等・農業			・ ・	円	㉒	円
		不 動 産			・ ・		㉓	
	山 林				・ ・		㉔	
山 林 所 得 に 係 る 被 災 事 業 用 資 産 の 損 失 額							㉕	円
山 林 以 外 の 所 得 に 係 る 被 災 事 業 用 資 産 の 損 失 額							㉖	

4 繰越損失を差し引く計算

年分		損 失 の 種 類		Ⓐ前年分までに引ききれなかった損失額	Ⓑ本年分で差し引く損失額	Ⓒ翌年分以後に繰り越して差し引かれる損失額（Ⓐ－Ⓑ）
A 29 年 （3年前）	純損失	29 年が青色の場合	山林以外の所得の損失	円	円	円
			山林所得の損失			
		29 年が白色の場合				
		居住用財産に				
	雑					
B 30 年 （2年前）	純損失	30 年が青色の場合	山林以外の所得の損失			
			山林所得の損失			
		30 年が白色の場合	変動所得の損失			
			被災事業用資産の損失	山林以外			
				山 林		
		居住用財産に係る通算後譲渡損失の金額				
	雑	損	失			
C 1 年 （前年）	純損失	1 年が青色の場合	山林以外の所得の損失			
			山林所得の損失			
		1 年が白色の場合	変動所得の損失			
			被災事業用資産の損失	山林以外			
				山 林		
		居住用財産に係る通算後譲渡損失の金額				
	雑	損	失			

> **手順1-3**
> ⑲欄（翌年以降に繰り越す純損失の金額）には、純損失の金額の繰戻し額500万円を差し引いた金額0円を下段に記載。
> なお、住民税の翌年に繰り越す純損失の金額は、500万円なので（住民税△500万円）と上段に記載。

本年分の一般株式等及び上場株式等に係る譲渡所得等から差し引く損失額	㊼	円
本年分の上場株式等に係る配当所得等から差し引く損失額	㊽	円
本年分の先物取引に係る雑所得等から差し引く損失額	㊾	円

雑損控除、医療費控除及び寄附金控除の計算で使用する所得金額の合計額	⑩	0 円

5 翌年以後に繰り越される本年分の雑損失の金額	⑪	円
6 翌年以後に繰り越される株式等に係る譲渡損失の金額	⑫	円
7 翌年以後に繰り越される先物取引に係る損失の金額	⑬	円

○第四表は、申告書Bの第一表・第二表と一緒に提出してください。

資産		整理欄	

純損失の金額の繰戻しによる所得税の還付請求書

税務署受付印 ◯

住所 又は事業所・事務所・居所など	（〒 101 － 0051 ） 東京都千代田区神田神保町1丁目31番2号	職業	自営業
フリガナ 氏名	チュウオウタロウ 中央太郎 ㊞	電話番号	03 - 3333 - 1234
個人番号			

神田 税務署長

令3 年 2 月 22 日提出

手順2-1
本年分の「申告書第四表（一）」（48頁）の純損失の金額㊼を②欄に転記。

よる所得税の還付について次のとおり請求します。

還付請求金額 （下の還付請求金額の計算書の㉒の金額）	722,500	円

手順2-5
㉒欄の金額を転記。

純損失の金額の生じた年分	令2年分	還付の請求が、事業の廃止、相当期間の休止、事業の全部又は重要部分の譲渡、相続によるものである場合は右の欄に記入してください。	請求の事由（該当する文字を◯で囲んでください。） 事業の { 廃止 休止 譲渡	左の事実の生じた年月日 休止期間	この純損失の金額について、既に繰戻しによる還付を受けた事実の有無 有　無
純損失の金額を繰り戻す年分 （純損失の金額の生じた年の前年分を書きます。）	令1年分				

手順2-1
本年分の純損失の金額で繰り戻す金額500万円（49頁）を⑤欄に記載。

還付請求金額の計算

◯申告書と一緒に提出してください。

税理士 署名押印（電話番号） ㊞

				金　額					円
令和2年分の純損失の金額	A 純損失の金額	総所得	変動所得	①	円	B Aに繰り戻す金額のうち前年分	総所得	変動所得	④
			その他	②	△5,000,000※			その他	⑤	△5,000,000※
			山林所得	③				山林所得	⑥
純損失の金額の繰戻しによる所得税 前年分の税	C 課税される所得金額	総所得		⑦	6,000,000	E 繰戻し控除後の所得税 繰戻される所得金額	総所得		⑮	1,000,000
		山林所得		⑧			山林所得		⑯
		退職所得		⑨			退職所得		⑰
	D Cに対する税	⑦に対する税額		⑩	772,500	F Eに対する税額	⑮に対する税額		⑱	50,000
		⑧に対する税額		⑪			⑯に対する税額		⑲
		⑨に対する税額		⑫			⑰に対する税額		⑳
				⑬	772,500		計 （100円未満の端数は切り捨ててください。）		㉑	50,000
				⑭	772,500	純損失の金額の繰戻しによる還付金額 「⑬-㉑」と⑭のいずれか少ない方の金額			㉒	722,500

※千円未満の端数は切り捨ててください。

手順2-2
前年分の「申告書第一表」（46頁）から課税総所得金額㉖を⑦欄、その税額を⑩欄、源泉徴収税額を差し引く前の所得税額㊵を⑭欄に順次転記。

手順2-3
「繰戻控除計算用」（51頁）で計算した金額㉖、㉗を⑮欄、⑱欄に転記。

手順2-4
⑬-㉑と⑭の少ない方の金額722,500円を㉒欄に記載。

還付される税金の受取場所 （銀行等）（ゆうちょ銀行の口座に振込みを希望する場合）貯金口座の記号番号 （郵便局等の窓口受取りを希望する場合）

日本 ㊞ 普通

税務署整理欄	通信日付印の年月日		確認印	整　理　番　号	
	年　月　日			0	
	番号確認	身元確認	確　認　書　類		
		□ 済 □ 未済	個人番号カード／通知カード・運転免許証 その他（　　　　　）		

※記載例では分かりやすさの点から純損失の金額をマイナス表記しています。

繰戻控除計算用	令和 1 年分 確定申告書 第一表

税務署長
令和___年___月___日 令和 **01** 年分の 所得税及び復興特別所得税 の 確定 申告書B

FA0125

〒 1 0 1 - 0 0 5 1

個人番号

フリガナ チュウオウタロウ

氏 名 中央太郎

性別 男 女　職業 自営業　屋号・雅号　世帯主の氏名　世帯主との続柄 本人

生年月日 3 2 9 . 0 1 . 0 3　電話番号 自宅・勤務先・携帯

第一表 （令和元年分以降用）

> 手順2-3
> 前年分の課税総所得金額から繰り戻した純損失の金額を差し引いた金額100万円を還付請求書の⑮欄に、それに対する税額5万円を⑱欄に転記。

繰戻控除計算用

繰戻控除後の金額

収入金額等	事 営 業 等	㋐	3 5 0 0 0 0 0 0		課税される所得金額（⑨−㉕）又は第三表 ㉖	1 0 0 0 0 0 0
	業 農 業	㋑			上の㉖に対する税額又は第三表の㊾ ㉗	5 0 0 0 0
	不 動 産	㋒		税	配 当 控 除 ㉘	
	利 子	㋓		金	㉙	
	配 当	㋔			（特定増改築等）住宅借入金等特別控除 ㉚	0 0
	給 与	㋕	3 6 0 0 0 0 0		政党等寄附金等特別控除 ㉛〜㉝	
	雑 公的年金等	㋖			住宅耐震改修特別控除等 ㉞〜㊲	
	その他	㋗			差 引 所 得 税 額（㉗−㉘−㉙−㉚−㉛−㉝−㉞−㉟−㊱−㊲） ㊳	5 0 0 0 0
	総合譲渡 短 期	㋘				5 0 0 0 0
	長 期	㋙				1 0 5 0
	一 時	㋚		計	所得税及び復興特別所得税の額（㊵＋㊶） ㊷	5 1 0 5 0
所得金額等	事 営 業 等	①	5 1 9 0 0 0 0		外国税額控除 ㊸	
	業 農 業	②		算	源泉徴収税額 ㊹	5 6 5 0 0 0
	不 動 産	③			申告納税額（㊷−㊸−㊹） ㊺	△ 5 1 3 9 5 0
	利 子	④			予定納税額（第1期分・第2期分） ㊻	0
	配 当	⑤			第3期分の税額 納める税金 ㊼	0 0
	給与	⑥	2 3 4 0 0 0 0		（㊺−㊻） 還付される税金 ㊽	△ 5 1 3 9 5 0
	雑	⑦				
	総合譲渡・一時 ㋘＋｛（㋙＋㋚）×½｝	⑧		その他	配偶者の合計所得金額 ㊾	
	合 計	⑨	7 5 3 0 0 0 0		専従者給与（控除）額の合計額 ㊿	
所得から差し引かれる金額	社会保険料控除	⑩	6 8 0 0 0 0		青色申告特別控除額 51	6 5 0 0 0 0
	小規模企業共済等掛金控除	⑪			雑所得・一時所得等の源泉徴収税額の合計額 52	
	生命保険料控除	⑫	4 0 0 0 0		未納付の源泉徴収税額 53	
	地震保険料控除	⑬	5 0 0 0 0		本年分で差し引く繰越損失額 54	
	寡婦、寡夫控除	⑭	0 0 0 0		平均課税対象金額 55	
	勤労学生、障害者控除	⑮〜⑯	0 0 0 0		変動・臨時所得金額 56	
	配偶者（特別）控除	⑰〜⑱	3 8 0 0 0 0	延届納の出	申告期限までに納付する金額 57	0 0
	扶 養 控 除	⑲	0 0 0 0		延 納 届 出 額 58	0 0 0
	基 礎 控 除	⑳	3 8 0 0 0 0	還受け取る税金の場所	銀行 金庫・組合 農協・漁協	本店・支店 出張所 本所・支所
	⑩から⑳までの計	㉑	1 5 3 0 0 0 0		郵便局 名等	
	雑 損 控 除	㉒			預金 種類 普通 当座 納税準備 貯蓄 ○ ○ ○ ○	
	医療費控除	㉓			口座番号 記号番号	
	寄附金控除	㉔				
	合 計（㉑＋㉒＋㉓＋㉔）	㉕	1 5 3 0 0 0 0			

税理士署名押印 電話番号

税理士法書面提出 30条 33条の2

整理欄 区分 異動 管理 補完

A B C D E F G H I J K
名簿
確認

復興特別所得税額の記入をお忘れなく。

前領 事業 住民 資産 総合 分離 検算 通信日付印 年月日 一連

本年分の純損失の金額の一部を前年分に繰り戻して、残額を翌年分に
繰り越す場合

令和1年分の確定申告の概要

(1)	課税標準		
	① 総所得金額		5,200,000円
	イ 事業所得	2,860,000円	
	ロ 給与所得	2,340,000円	
(2)	所得控除額		1,530,000円
(3)	課税総所得金額等		3,670,000円
	① 課税総所得金額		3,670,000円
(4)	各種所得の税額		306,500円
(5)	復興特別所得税		6,436円
(6)	所得税及び復興特別所得税の額		312,936円
(7)	源泉徴収税額		565,000円
(8)	還付税額		△252,064円

令和2年分の申告所得の概要

(1)	課税標準		
	① 総所得金額		△7,000,000円（純損失の金額）
	イ 事業所得	△9,020,000円	
	ロ 給与所得	2,020,000円	
(2)	所得控除額		480,000円
(3)	課税総所得金額等		0円
(4)	各種所得の税額		0円
(5)	復興特別所得税		0円
(6)	所得税及び復興特別所得税の額		0円
(7)	源泉徴収税額		450,000円
(8)	還付税額		△450,000円

【申告書作成手順】

手順1　令和2年分の確定申告書の作成（55〜57頁）

1　申告所得の内容に従って、申告書第一表、申告書第二表を作成します。

2　所得金額を計算すると700万円の純損失の金額が生じるので、申告書第四表を作成します。

前年分に課税総所得金額が367万円あるので、純損失の金額の一部367万円について純損失の繰戻しによる還付の請求をするものとします。

3　翌年以降に繰り越す純損失の金額333万円を申告書第四表㈡の㊾欄の下段に記載します。

なお、地方税法には純損失の繰戻しによる還付の制度がないので、純損失の金額が全額翌年に繰り越され、㊾欄の上段には（住民税△700万円）と記載します。

手順2　純損失の金額の繰戻しによる所得税の還付請求書の作成（58頁）

1　本年分の純損失の金額700万円を②欄に転記し、そのうち前年分に繰り戻す金額367万円を⑤欄に記載します。

2　前年分の課税総所得金額367万円を⑦欄、それに対する税額306,500円を⑩欄、源泉徴収税額を差し引く前の所得税額306,500円を⑭欄にそれぞれ転記します。

3　前年分の課税総所得金額367万円⑦から前年分に繰り戻す金額367万円⑤を差し引いた金額0円を⑮欄に記載し、それに対する税額0円を⑱欄に記載します（「繰戻控除計算用」59頁を参照）。

4　⑬欄−㉑欄と⑭欄の少ない方の金額306,500円を㉒欄に記載します。

5　還付請求金額欄に306,500円を転記します。

記載例1

記載例2

記載例3

記載例4

記載例5

記載例6

記載例7

記載例8

記載例9

記載例10

記載例11

神田　税務署長

令和_2_年_3_月_10_日　令和 **01** 年分の 所得税及び復興特別所得税 の 確定 申告書B

FA0125

〒 **1 0 1 - 0 0 5 1**

個人番号

フリガナ　チュウオウタロウ

氏名　**中央太郎**

職業　自営業　　屋号・雅号　　　世帯主の氏名　世帯主との続柄　本人

3 **29.01.03**　電話番号　自宅・勤務先・携帯

整理番号　**1 2 3 4 5 6 7 8**

> **手順2-2**
> 課税総所得金額及びそれに対する税額を「繰戻し還付請求書」(58頁)の⑦欄、⑩欄に転記。

第一表（令和元年分以降用）

復興特別所得税額の記入をお忘れなく。

				金額
収入金額等	事業	営 業 等	㋐	3 5 0 0 0 0 0 0
		農 業	㋑	
	不 動 産		㋒	
	利 子		㋓	
	配 当		㋔	
	給 与		㋕	3 6 0 0 0 0 0
	雑	公的年金等	㋖	
		その他	㋗	
	総合譲渡	短 期	㋘	
		長 期	㋙	
	一 時		㋚	
所得金額	事業	営 業 等	①	2 8 6 0 0 0 0
		農 業	②	
	不 動 産		③	
	利 子		④	
	配 当		⑤	
	給 与 区分		⑥	2 3 4 0 0 0 0
	雑		⑦	
	総合譲渡・一時 ㋗+{(㋙+㋚)×½}		⑧	
	合 計		⑨	5 2 0 0 0 0 0
所得から差し引かれる金額	社会保険料控除		⑩	6 8 0 0 0 0
	小規模企業共済等掛金控除		⑪	
	生命保険料控除		⑫	4 0 0 0 0
	地震保険料控除		⑬	5 0 0 0 0
	寡婦、寡夫控除		⑭	0 0 0 0
	勤労学生、障害者控除		⑮〜⑯	0 0 0 0
	配偶者(特別)控除 区分		⑰〜⑱	3 8 0 0 0 0
	扶 養 控 除		⑲	0 0 0 0
	基 礎 控 除		⑳	3 8 0 0 0 0
	⑩から⑳までの計		㉑	1 5 3 0 0 0 0
	雑 損 控 除		㉒	
	医療費控除 区分		㉓	
	寄 附 金 控 除		㉔	
	合 計 ㉑+㉒+㉓+㉔		㉕	1 5 3 0 0 0 0

			金額
税金の計算	課税される所得金額 (⑨−㉕)又は第三表	㉖	3 6 7 0 0 0 0
	上の㉖に対する税額 又は第三表の⑨	㉗	3 0 6 5 0 0
	配 当 控 除	㉘	
	区分	㉙	
	(特定増改築等)住宅借入金等特別控除 区分	㉚	0 0
	政党等寄附金等特別控除	㉛〜㉝	
	住宅耐震改修特別控除 住宅特定改修・認定住宅 新築等特別税額控除	㉞〜㊲	
	差引所得税額 (㉗−㉘−㉙−㉚−㉛−㉞−㉟)	㊳	3 0 6 5 0 0
	災 害 減 免 額	�39	
	再差引所得税額(基準所得税額) (㊳−�39)	�40	3 0 6 5 0 0
	復興特別所得税額 (�40×2.1%)	�41	6 4 3 6
	所得税及び復興特別所得税の額 (�40+�41)	�42	3 1 2 9 3 6
	外国税額控除 区分	�43	
	源泉徴収税額	�44	5 6 5 0 0 0
	申告納税額 (�42−�43−�44)	�45	△ 2 5 2 0 6 4
	予定納税額 (第1期分・第2期分)	�46	0
	第3期分の税額 (�45−�46) 納める税金	�47	0 0
	還付される税金	�48	2 5 2 0 6 4
その他	配偶者の合計所得金額	�49	
	専従者給与(控除)額の合計額	�50	
	青色申告特別控除額	�51	6 5 0 0 0 0

> **手順2-2**
> 源泉徴収税額控除前の税額�40を「繰戻し還付請求書」(58頁)の⑭欄に転記。

		金額
	変動・臨時所得金額 区分	㊴
延納の届出	申告期限までに納付する金額	㊵ 0 0
	延 納 届 出 額	㊶ 0 0 0

還付される税金の受取場所

銀行・金庫・組合 農協・漁協

郵便局 名等

預金種類　普通　当座　納税準備　貯蓄

口座番号 記号番号

本店・支店 出張所 本所・支所

整理欄　区分 A B C D E F G H I J K

異動

管理　名簿

補完　確認

税理士署名押印 電話番号

印

税理士法書面提出 30条 33条の2

54

令和２年確定申告分　　　　令和２年分 確定申告書　第一表

記載例1
記載例2
記載例3
記載例4
記載例5
記載例6
記載例7
記載例8
記載例9
記載例10
記載例11

神田　税務署長
令和 3 年 2 月 22 日　令和 ０２ 年分の 所得税及び復興特別所得税 の 確定申告書B

FA2200

第一表（令和二年分以降用）

住所	〒 101-0051　個人番号		生年月日 3 29.01.03
又は事業所事務所居所など	東京都千代田区神田神保町１丁目31番２号	フリガナ チュウオウタロウ 氏名 中央太郎	

令和3年1月1日の住所　同上
職業 自営業　屋号・雅号　世帯主の氏名　世帯主との続柄 本人

（単位は円）　種類 〇 分離 国出 〇 損 修正　特農の表示 特農　整理番号 1 2 3 4 5 6 7 8　電話番号 自宅・勤務先・携帯

収入金額等

事業	営業等	㋐	20000000
業	農業	㋑	
不動産		㋒	
利子		㋓	
配当		㋔	
給与 区分		㋕	3000000
雑	公的年金等	㋖	
	業務 区分	㋗	
	その他	㋘	
総合譲渡	短期	㋙	
	長期	㋚	
一時		㋛	

所得金額等

事業	営業等	①	△9020000
業	農業	②	
不動産		③	
利子		④	
配当		⑤	
給与 区分		⑥	2020000
雑	公的年金等	⑦	
	業務	⑧	
	その他	⑨	
	⑦から⑨までの計	⑩	
総合譲渡・一時 ③＋{(㋙＋㋚)×½}		⑪	
合計 (①から⑥までの計＋⑩＋⑪)		⑫	

所得から差し引かれる金額

社会保険料控除	⑬	
小規模企業共済等掛金控除	⑭	
生命保険料控除	⑮	
地震保険料控除	⑯	
寡婦、ひとり親控除 区分	⑰～⑲	0000
勤労学生、障害者控除	⑲～⑳	0000
配偶者(特別)控除 区分	㉑～㉒	0000
扶養控除 区分	㉓	0000
基礎控除	㉔	480000
⑬から㉔までの計	㉕	480000
雑損控除	㉖	
医療費控除 区分	㉗	
寄附金控除	㉘	
合計 (㉕＋㉖＋㉗＋㉘)	㉙	480000

税金の計算

課税される所得金額 (⑫－㉙)又は第三表	㉚	000
上の㉚に対する税額 又は第三表の㉟	㉛	0
配当控除	㉜	
区分	㉝	
(特定増改築等)住宅借入金等特別控除 区分1 区分2	㉞	00
政党等寄附金等特別控除	㉟～㊲	
住宅耐震改修特別控除等 区分	㊳～㊵	
差引所得税額 (㊱－㉞－㉟－㊲－㊳－㊴)	㊶	0
災害減免額	㊷	
再差引所得税額(基準所得税額) (㊶－㊷)	㊸	0
復興特別所得税額 (㊸×2.1%)	㊹	0
所得税及び復興特別所得税の額 (㊸＋㊹)	㊺	0
外国税額控除等 区分	㊻～㊼	
源泉徴収税額	㊽	450000
申告納税額 (㊺－㊻－㊼－㊽)	㊾	△450000
予定納税額 (第1期分・第2期分)	㊿	
第3期分の税額 (㊾－㊿) 納める税金	51	00
還付される税金	52	△450000

⑰・㊺・㊾・51 又は52 の記入をお忘れなく。

その他

公的年金等以外の合計所得金額	53	
配偶者の合計所得金額	54	
専従者給与(控除)額の合計額	55	
青色申告特別控除額	56	0
雑所得・一時所得等の源泉徴収税額の合計額	57	
未納付の源泉徴収税額	58	
本年分で差し引く繰越損失額	59	
平均課税対象金額	60	
変動・臨時所得金額 区分	61	

延納の届出

申告期限までに納付する金額	62	00
延納届出額	63	00

還付される税金の受取場所

銀行・金庫・組合・農協・漁協　本店・支店・出張所・本所・支所
郵便局名等
預金種類 普通 当座 納税準備 貯蓄
口座番号記号番号

整理欄 区分 A B C D E F G H I J K 異動 管理 補完 名簿 確認

税理士署名押印 電話番号　税理士法書面提出 30条 33条の2

55

令和 [0][2] 年分の 所得税及び復興特別所得税 の 確定 申告書 （損失申告用）　[F A 0 0 5 4]

住所又は事業所事務所居所など	東京都千代田区神田神保町１丁目31番２号	フリガナ 氏 名	チュウオウタロウ 中央太郎

整理番号 [1][2][3][4][5][6][7][8]　一連番号

第四表（一）（令和二年分以降用）

1 損失額又は所得金額

A	経常所得 （申告書Ｂ第一表の①から⑥までの計＋⑩の合計額）						⑭	△7,000,000

所得の種類			区分等	所得の生ずる場所等	Ⓐ 収入金額	Ⓑ 必要経費等	Ⓒ 差引金額（Ⓐ－Ⓑ）	Ⓓ 特別控除額	Ⓔ 損失額又は所得金額
B 譲渡	短期	分離譲渡			円	円	㋐ 円	円	㉕ 円
		総合譲渡					㋛	円	㉖
	長期	分離譲渡			円	円	㋜		㉗
		総合譲渡					㋝	円	㉘
	一　時								㉙
C	山　林				円				㉚
D	退　職					円	円		㉛
E	一般株式等の譲渡								㉜
	上場株式等の譲渡								㉝
	上場株式等の配当等					円	円		㉞
F	先物取引								㉟

⑯ 分離課税の譲渡所得の特別控除額の合計額	円	⑰ 上場株式等の譲渡所得等の源泉徴収税額の合計額	円	特例適用条文

2 損益の通算

所得の種類				Ⓐ 通 算 前		Ⓑ 第１次通算後		Ⓒ 第２次通算後		Ⓓ 第３次通算後	Ⓔ 損失額又は所得金額
A	経常所得		⑭	△7,000,000 円	第1次	△7,000,000 円	第2	△7,000,000 円	第3	△7,000,000 円	△7,000,000 円
B 譲渡	短期	総合譲渡	㉖								
	長期	分離譲渡（特定損失額）	㉗	△							
		総合譲渡	㉘								
	一　時		㉙								
C	山　林				㉚		算				㋡
D	退　職				㉛			算			
損失額又は所得金額の合計額									㊳		△7,000,000

手順2-1
総所得金額の純損失の金額△700万円を「繰戻し還付請求書（58頁）の②欄に転記。

資産		整理欄	

令和 **02** 年分の 所得税及び復興特別所得税 の 確定 申告書 (損失申告用)　　**FA0059**

3 翌年以後に繰り越す損失額

整理番号　**1 2 3 4 5 6 7 8**　一連番号

青 色 申 告 者 の 損 失 の 金 額	⑦	（住民税△7,000,000）円 △3,330,000
居住用財産に係る通算後譲渡損失の金額	⑧	円
変 動 所 得 の 損 失 額	⑧	円

被災事業用資産の損失額		所得の種類	被災事業用資産の種類など	損害の原因	損害年月日	Ⓐ 損害金額	Ⓑ 保険金などで補填される金額	Ⓒ 差引損失額 （Ⓐ－Ⓑ）
	山林以外	営業等・農業			・　・	円	円	㊷ 円
		不 動 産			・　・			㊸
	山 林				・　・			㊹
山 林 所 得 に 係 る 被 災 事 業 用 資 産 の 損 失 額							㊺	円
山 林 以 外 の 所 得 に 係 る 被 災 事 業 用 資 産 の 損 失 額							㊻	

4 繰越損失を差し引く計算

年分		損 失 の 種 類		Ⓐ前年分までに引ききれなかった損失額	Ⓑ本年分で差し引く損失額	Ⓒ翌年分以後に繰り越して差し引かれる損失額（Ⓐ－Ⓑ）
A	純損失	29 年が青色の場合	山林以外の所得の損失	円	円	円
			山林所得の損失			
29 年 (3年前)		29 年が白色の場合				
		居住用財産に				
	雑					
B	純損失	30 年が青色の場合	山林以外の所得の損失			
			山林所得の損失			
30 年 (2年前)		30 年が白色の場合	変動所得の損失			
			被災事業用資産の損失 山林以外			
			山 林			
		居住用財産に係る通算後譲渡損失の金額				
	雑	損 失				
C	純損失	1 年が青色の場合	山林以外の所得の損失			
			山林所得の損失			
1 年 (前年)		1 年が白色の場合	変動所得の損失			
			被災事業用資産の損失 山林以外			
			山 林			
		居住用財産に係る通算後譲渡損失の金額				
	雑	損 失				

（吹き出し）
手順1-3
⑦欄（翌年以降に繰り越す純損失の金額）には、純損失の金額の繰戻し額367万円を差し引いた金額△333万円を下段に記載。
なお、住民税の翌年に繰り越す純損失の金額は、700万円なので（住民税△700万円）と上段に記載。

○第四表は、申告書Bの第一表・第二表と一緒に提出してください。

本年分の一般株式等及び上場株式等に係る譲渡所得等から差し引く損失額	㊼	円
本年分の上場株式等に係る配当所得等から差し引く損失額	㊽	円
本年分の先物取引に係る雑所得等から差し引く損失額	㊾	円
雑損控除、医療費控除及び寄附金控除の計算で使用する所得金額の合計額	⑩	0 円

5 翌年以後に繰り越される本年分の雑損失の金額

⑪　円

6 翌年以後に繰り越される株式等に係る譲渡損失の金額

⑫　円

7 翌年以後に繰り越される先物取引に係る損失の金額

⑬　円

資産	整理欄	

記載例1　記載例2　記載例3　記載例4　記載例5　記載例6　記載例7　記載例8　記載例9　記載例10　記載例11

純損失の金額の繰戻しによる所得税の還付請求書

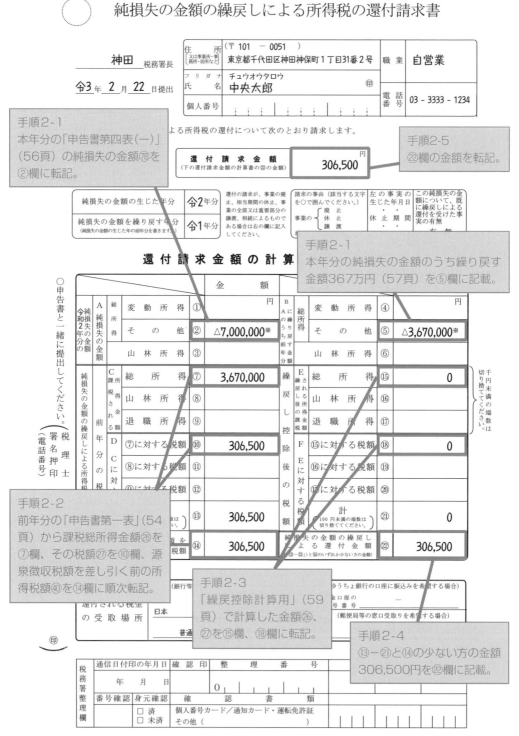

※記載例では分かりやすさの点から純損失の金額をマイナス表記しています。

記載例 1
記載例 2
記載例 3
記載例 4
記載例 5
記載例 6
記載例 7
記載例 8
記載例 9
記載例 10
記載例 11

繰戻控除計算用	令和1年分 確定申告書　第一表

税務署長

令和＿＿年＿＿月＿＿日　令和 [0][1] 年分の 所得税及び復興特別所得税 の 確定 申告書B

FA0125

〒 [1][0][1] - [0][0][5][1]

個人番号

フリガナ　チュウオウタロウ

氏　名　中央太郎

性別（男）女　職業　自営業　屋号・雅号　世帯主の氏名　世帯主との続柄　本人

生年月日 [3] [2][9] . [0][1] . [0][3]　電話番号　自宅・勤務先・携帯

手順2-3
前年分の課税総所得金額から繰り戻した純損失の金額を差し引いた金額0円を還付請求書の⑮欄に、それに対する税額0円を⑱欄に転記。

第一表 （令和元年分以降用）

分離　国出　損失　修正　特農の表示　特農　整理番号

繰戻控除後の金額

収入金額等

事	営 業 等	⑦	3 5 0 0 0 0 0
業	農 業	⑦	
不	動 産	⑦	
利	子	⑦	
配	当	⑦	
給	与	⑦	3 6 0 0 0 0 0
雑	公的年金等	⑦	
	その他	⑦	
総合譲渡	短 期	⑦	
	長 期	⑦	
	一 時	⑦	

所得金額

事	営 業 等	①	2 8 6 0 0 0 0
業	農 業	②	
不	動 産	③	
利	子	④	
配	当	⑤	
給与　区分		⑥	2 3 4 0 0 0 0
雑		⑦	
総合譲渡・一時 ⑦+{(⑦+⑦)×½}		⑧	
合	計	⑨	5 2 0 0 0 0 0

所得から差し引かれる金額

社会保険料控除	⑩	6 8 0 0 0 0
小規模企業共済等掛金控除	⑪	
生命保険料控除	⑫	4 0 0 0 0
地震保険料控除	⑬	5 0 0 0 0
寡婦、寡夫控除	⑭	0 0 0 0
勤労学生、障害者控除	⑮~⑯	0 0 0 0
配偶者（特別）控除 区分	⑰~⑱	3 8 0 0 0 0
扶 養 控 除	⑲	0 0 0 0
基 礎 控 除	⑳	3 8 0 0 0 0
⑩から⑳までの計	㉑	1 5 3 0 0 0 0
雑 損 控 除	㉒	
医療費控除 区分	㉓	
寄 附 金 控 除	㉔	
合 計 ㉑+㉒+㉓+㉔	㉕	1 5 3 0 0 0 0

税理士署名押印電話番号　＿　＿　㊞

繰戻控除計算用

税金の計算

課税される所得金額 （⑨-㉕）又は第三表	㉖	0 0 0
上の㉖に対する税額 又は第三表の⑨	㉗	0
配 当 控 除	㉘	
区分	㉙	
（特定増改築等）住宅借入金等特別控除 区分	㉚	0 0
政党等寄附金等特別控除	㉛~㉝	
住宅耐震改修特別控除住宅特定改修・認定住宅新築等特別税額控除	㉞~㊱	
差 引 所 得 税 額 （㉗-㉘-㉙-㉚-㉛-㉞）	㊳	
（㊵×2.1%）		
所得税及び復興特別所得税の額 （㊵+㊶）	㊷	
外国税額控除 区分	㊸	
源 泉 徴 収 税 額	㊹	5 6 5 0 0 0
申 告 納 税 額 （㊷-㊸-㊹）	㊺	△ 5 6 5 0 0 0
予 定 納 税 額 （第1期分・第2期分）	㊻	0
第3期分の税額 納める税金 （㊺-㊻）	㊼	0 0
	還付される税金	㊽	△ 5 6 5 0 0 0

その他

配偶者の合計所得金額	㊾	
専従者給与（控除）額の合計額	㊿	
青色申告特別控除額	⑤⑥	6 5 0 0 0 0
雑所得・一時所得等の源泉徴収税額の合計額	㊺②	
未納付の源泉徴収税額	㊺③	
本年分で差し引く繰越損失額	㊺④	
平均課税対象金額	㊺⑤	
変動・臨時所得金額 区分	㊺⑥	

延納の届出

申告期限までに納付する金額	㊺⑦	0 0
延 納 届 出 額	㊺⑧	0 0 0

還付される税金の受取場所

銀行・金庫・組合・農協・漁協　本店・支店出張所　本所・支所

郵便局名等

預金種類　普通 当座 納税準備 貯蓄

口座番号記号番号

整理欄

区分	A	B	C	D	E	F	G	H	I	J	K
異動											
管理							名簿				
補完										確認	

復興特別所得税額の記入をお忘れなく。 ←

納税・還付・住民・資産・保在・分離・修繕・通信日付印・年月日・通番

59

　本年に事業を廃止し、総所得金額の計算上生じた純損失の金額の全部を前年分に繰り戻す場合

令和1年分の確定申告の概要

(1)	課税標準		
	① 総所得金額		7,530,000円
	イ 事業所得	5,190,000円	
	ロ 給与所得	2,340,000円	
(2)	所得控除額		1,530,000円
(3)	課税総所得金額等		6,000,000円
	① 課税総所得金額		6,000,000円
(4)	各種所得の税額		772,500円
(5)	復興特別所得税		16,222円
(6)	所得税及び復興特別所得税の額		788,722円
(7)	源泉徴収税額		565,000円
(8)	納付税額		223,700円

令和2年分の申告所得の概要

(1)	課税標準		
	① 総所得金額		△5,000,000円（純損失の金額）
	イ 事業所得	△7,020,000円	
	ロ 給与所得	2,020,000円	
(2)	所得控除額		480,000円
(3)	課税総所得金額等		0円
(4)	各種所得の税額		0円
(5)	復興特別所得税		0円
(6)	所得税及び復興特別所得税の額		0円
(7)	源泉徴収税額		450,000円
(8)	還付税額		△450,000円

【申告書作成手順】

手順1　令和2年分の確定申告書の作成（63〜65頁）

1　申告所得の内容に従って、申告書第一表、申告書第二表を作成します。

2　所得金額を計算すると500万円の純損失の金額が生じるので、申告書第四表を作成します。

前年分に課税総所得金額が600万円あるので、純損失の金額の全部500万円について純損失の繰戻しによる還付の請求をするものとします。

3　翌年以降に繰り越す純損失の金額はないので、申告書第四表㈡の㉙欄下段には、0円と記載します。

なお、地方税法には純損失の繰戻しによる還付の制度がないので、純損失の金額が全額翌年に繰り越され、㉙欄の上段には（住民税△500万円）と記載します。

手順2　純損失の金額の繰戻しによる所得税の還付請求書の作成（66頁）

1　請求の事由欄の「廃止」を○で囲み、事業廃止年月日を記載します。

本年分の純損失の金額500万円を②欄に転記し、前年分に繰り戻す金額500万円を⑤欄に記載します。

2　前年分の課税総所得金額600万円を⑦欄、それに対する税額772,500円を⑩欄、源泉徴収税額を差し引く前の所得税額772,500円を⑭欄にそれぞれ転記します。

3　前年分の課税総所得金額600万円⑦から前年分に繰り戻す金額500万円⑤を差し引いた金額100万円を⑮欄に記載し、それに対する税額5万円を⑱欄に記載します（「繰戻控除計算用」67頁を参照）。

4　⑬欄−㉑欄と⑭欄の少ない方の金額722,500円を㉒欄に記載します。

5　還付請求金額欄に722,500円を転記します。

記載例1
記載例2
記載例3
記載例4
記載例5
記載例6
記載例7
記載例8
記載例9
記載例10
記載例11

神田　税務署長
令和 2 年 3 月 10 日

令和 01 年分の所得税及び復興特別所得税の確定申告書B

FA0125

住所	〒101-0051
個人番号	
フリガナ	チュウオウタロウ
氏名	中央太郎
職業	自営業
屋号・雅号	
世帯主の氏名	
世帯主との続柄	本人
生年月日	3 29.01.03
電話番号	自宅・勤務先・携帯　－　－
整理番号	12345678

手順2-2
課税総所得金額及びそれに対する税額を「繰戻し還付請求書」（66頁）の⑦欄、⑩欄に転記。

区分	項目		番号	金額
収入金額等	事業	営業等	㋐	35000000
		農業	㋑	
	不動産		㋒	
	利子		㋓	
	配当		㋔	
	給与		㋕	3600000
	雑	公的年金等	㋖	
		その他	㋗	
	総合譲渡	短期	㋘	
		長期	㋙	
	一時		㋚	
所得金額	事業	営業等	①	5190000
		農業	②	
	不動産		③	
	利子		④	
	配当		⑤	
	給与	区分	⑥	2340000
	雑		⑦	
	総合譲渡・一時 ㋘＋{(㋙＋㋚)×½}		⑧	
	合計		⑨	7530000
所得から差し引かれる金額	社会保険料控除		⑩	680000
	小規模企業共済等掛金控除		⑪	
	生命保険料控除		⑫	40000
	地震保険料控除		⑬	50000
	寡婦、寡夫控除		⑭	0000
	勤労学生、障害者控除		⑮～⑯	0000
	配偶者(特別)控除	区分	⑰～⑱	380000
	扶養控除		⑲	0000
	基礎控除		⑳	380000
	⑩から⑳までの計		㉑	1530000
	雑損控除		㉒	
	医療費控除	区分	㉓	
	寄附金控除		㉔	
	合計 (㉑＋㉒＋㉓＋㉔)		㉕	1530000

区分	項目		番号	金額
税金の計算	課税される所得金額 (⑨－㉕)又は第三表		㉖	6000000
	上の㉖に対する税額又は第三表の㊱		㉗	772500
	配当控除		㉘	
		区分	㉙	
	(特定増改築等)住宅借入金等特別控除	区分	㉚	00
	政党等寄附金等特別控除		㉛～㉝	
	住宅耐震改修特別控除 住宅特定改修・認定住宅新築等特別税額控除	区分	㉞～㊲	
	差引所得税額 (㉗－㉘－㉙－㉚－㉛－㉜－㉝－㉞－㉟－㊱－㊲)		㊳	772500
	災害減免額		㊴	
	再差引所得税額(基準所得税額) (㊳－㊴)		㊵	772500
	復興特別所得税額 (㊵×2.1%)		㊶	16222
	所得税及び復興特別所得税の額 (㊵＋㊶)		㊷	788722
	外国税額控除	区分	㊸	
	源泉徴収税額		㊹	565000
	申告納税額 (㊷－㊸－㊹)		㊺	223700
	予定納税額 (第1期分・第2期分)		㊻	0
	第3期分の税額 (㊺－㊻)	納める税金	㊼	223700
		還付される税金	㊽	△
その他	配偶者の合計所得金額		㊾	
	専従者給与(控除)額の合計額		㊿	
	青色申告特別控除額		(51)	650000
	変動・臨時所得金額	区分	(56)	
延届納の出	申告期限までに納付する金額		(57)	00
	延納届出額		(58)	000

←復興特別所得税額の記入をお忘れなく。

手順2-2
源泉徴収税額控除前の税額㊵を「繰戻し還付請求書」（66頁）の⑭欄に転記。

還付される税金の受取場所：銀行・金庫・組合・農協・漁協　本店・支店・出張所・本所・支所
郵便局名等　預金種類　普通　当座　納税準備　貯蓄
口座番号・記号番号

整理欄：区分 A B C D E F G H I J K　異動 年 月 日 L　管理　名簿　補完　確認

税理士署名押印・電話番号　－　－　㊞　税理士法書面提出 30条 33条の2

第一表（令和元年分以降用）

記載例 1
記載例 2
記載例 3
記載例 4
記載例 5
記載例 6
記載例 7
記載例 8
記載例 9
記載例 10
記載例 11

令和2年確定申告分	令和2年分 確定申告書 第一表

神田 税務署長
令和 3 年 2 月 22 日　令和 [0 2] 年分の 所得税及び復興特別所得税 の 確定 申告書B　FA2200

第一表 （令和二年分以降用）

住所	〒 101-0051	個人番号		生年月日	3 29.01.03

又は事業所事務所居所など　東京都千代田区神田神保町1丁目31番2号

フリガナ　チュウオウタロウ
氏名　中央太郎 ㊞

令和 3 年 1 月 1 日の住所　同上
（単位は円）

職業　自営業　屋号・雅号　世帯主の氏名　世帯主との続柄 本人

種類 ○ 分離 国出 ○ 修正　特農の表示 特農　整理番号 1 2 3 4 5 6 7 8　電話番号 自宅・勤務先・携帯 — —

収入金額等	事業	営 業 等	⑦	2 0 0 0 0 0 0 0
		農 業	⑦	
	不 動 産		⑦	
	利 子		⑦	
	配 当		⑦	
	給 与 区分		⑦	3 0 0 0 0 0 0
	雑	公的年金等	⑦	
		業務 区分	⑦	
		そ の 他	⑦	
	総合譲渡	短 期	⑦	
		長 期	⑦	
	一 時		⑦	

所得金額等	事業	営 業 等	①	△ 7 0 2 0 0 0 0
		農 業	②	
	不 動 産		③	
	利 子		④	
	配 当		⑤	
	給与 区分		⑥	2 0 2 0 0 0 0
	雑	公的年金等	⑦	
		業 務	⑧	
		そ の 他	⑨	
		⑦から⑨までの計	⑩	
	総合譲渡・一時 ⑪+{(⑦+⑫)×½}		⑪	
	合 計 (①から⑥までの計+⑩+⑪)		⑫	

所得から差し引かれる金額	社会保険料控除	⑬	
	小規模企業共済等掛金控除	⑭	
	生命保険料控除	⑮	
	地震保険料控除	⑯	
	寡婦、ひとり親控除 区分	⑰~⑱	0 0 0 0
	勤労学生、障害者控除	⑲~⑳	0 0 0 0
	配偶者（特別）控除 区分	㉑~㉒	0 0 0 0
	扶養控除 区分	㉓	0 0 0 0
	基 礎 控 除	㉔	4 8 0 0 0 0
	⑬から㉔までの計	㉕	4 8 0 0 0 0
	雑 損 控 除	㉖	
	医療費控除 区分	㉗	
	寄 附 金 控 除	㉘	
	合 計 (㉕+㉖+㉗+㉘)	㉙	4 8 0 0 0 0

税金の計算	課税される所得金額 (⑫-㉙)又は第三表	㉚	0 0 0
	上の㉚に対する税額 又は第三表の㉛	㉛	0
	配 当 控 除	㉜	
	区分	㉝	
	(特定増改築等)住宅借入金等特別控除 区分1 区分2	㉞	0 0
	政党等寄附金等特別控除	㉟~㊲	
	住宅耐震改修特別控除等 区分	㊳~㊴	
	差引所得税額 (㊴-㉝-㉞-㉟-㊱-㊲-㊳)	㊶	0
	災 害 減 免 額	㊷	
	再差引所得税額（基準所得税額）(㊶-㊷)	㊸	0
	復興特別所得税額 (㊸×2.1%)	㊹	0
	所得税及び復興特別所得税の額 (㊸+㊹)	㊺	0
	外国税額控除等 区分	㊻~㊼	
	源泉徴収税額	㊽	4 5 0 0 0 0
	申告納税額 (㊺-㊻-㊼-㊽)	㊾	△ 4 5 0 0 0 0
	予定納税額 (第1期分・第2期分)	㊿	
	第3期分の税額 (㊾-㊿) 納める税金	51	0 0
	還付される税金	52	△ 4 5 0 0 0 0

㊹・㊺・㊾・51 又は52 の記入をお忘れなく。

その他	公的年金等以外の合計所得金額	53	
	配偶者の合計所得金額	54	
	専従者給与(控除)額の合計額	55	
	青色申告特別控除額	56	0
	雑所得・一時所得等の源泉徴収税額の合計額	57	
	未納付の源泉徴収税額	58	
	本年分で差し引く繰越損失額	59	
	平均課税対象金額	60	
	変動・臨時所得金額 区分	61	

延納の届出	申告期限までに納付する金額	62	0 0
	延 納 届 出 額	63	0 0

還付される税金の受取場所
銀行・金庫・組合・農協・漁協　本店・支店 出張所 本所・支所
郵便局 名等
預金種類　普通 当座 納税準備 貯蓄
口座番号記号番号

整理欄 区分 A B C D E F G H I J K　異動
管理 補完　名簿　確認

税理士署名押印 電話番号 — — ㊞
税理士法書面提出 30条 33条の2

63

令和 02 年分の所得税及び復興特別所得税の 確定 申告書（損失申告用）

FＡ００５４

第四表(一)（令和二年分以降用）

住所又は事業所事務所居所など	東京都千代田区神田神保町１丁目31番２号	フリガナ 氏名	チュウオウタロウ 中央太郎

整理番号	12345678	一連番号	

1 損失額又は所得金額

A	経常所得（申告書Ｂ第一表の①から⑥までの計＋⑩の合計額）	(64)	△5,000,000 円

所得の種類			区分等	所得の生ずる場所等	Ⓐ収入金額	Ⓑ必要経費等	Ⓒ差引金額（Ⓐ−Ⓑ）	Ⓓ特別控除額		Ⓔ損失額又は所得金額
B 譲渡	短期	分離譲渡			円	円	㋜ 円		(65)	円
		総合譲渡					㋝	円	(66)	
	長期	分離譲渡			円	円	㋞		(67)	
		総合譲渡					㋟	円	(68)	
	一時								(69)	
C 山林					円				(70)	
D 退職						円	円		(71)	
E	一般株式等の譲渡								(72)	
	上場株式等の譲渡								(73)	
	上場株式等の配当等					円	円		(74)	
F 先物取引									(75)	

(76) 分離課税の譲渡所得の特別控除額の合計額	円	(77) 上場株式等の譲渡所得等の源泉徴収税額の合計額	円	特例適用条文	

2 損益の通算

所得の種類				Ⓐ通算前		Ⓑ第１次通算後		Ⓒ第２次通算後		Ⓓ第３次通算後	Ⓔ損失額又は所得金額
A 経常所得			(64)	△5,000,000 円	第１次通算	△5,000,000 円	第２次通算	△5,000,000 円	第３次通算	△5,000,000 円	△5,000,000 円
B 譲渡	短期	総合譲渡	(66)								
	長期	分離譲渡（特定損失額）	(67)	△							
		総合譲渡	(68)								
	一時		(69)								
C 山林				------→	(70)						㋠
D 退職				------		------→	(71)				
損失額又は所得金額の合計額										(78)	△5,000,000

手順2-1
総所得金額の純損失の金額△500万円を「繰戻し還付請求書」（66頁）の②欄に転記。

資産		整理欄	

令和 02 年分の 所得税及び復興特別所得税 の 確定 申告書（損失申告用）　FA0059

3 翌年以後に繰り越す損失額

整理番号 12345678 一連番号

第四表（二）（令和二年分以降用）

青 色 申 告 者 の 損 失 の 金 額	⑦⑨	(住民税△5,000,000) 0
居住用財産に係る通算後譲渡損失の金額	⑧⓪	
変 動 所 得 の 損 失 額	⑧①	

被災事業用資産の損失額	所得の種類	被災事業用資産の種類など	損害の原因	損害年月日	Ⓐ 損害金額	Ⓑ 保険金などで補填される金額	Ⓒ 差引損失額 (Ⓐ-Ⓑ)
	山林以外 営業等・農業			・・	円		円 ⑧②
	山林以外 不動産			・・			⑧③
	山 林						⑧④

| 山林所得に係る被災事業用資産の損失額 | ⑧⑤ | 円 |
| 山林以外の所得に係る被災事業用資産の損失額 | ⑧⑥ | |

4 繰越損失を差し引く計算

年分	損 失 の 種 類		Ⓐ前年分までに引ききれなかった損失額	Ⓑ本年分で差し引く損失額	Ⓒ翌年分以後に繰り越して差し引かれる損失額(Ⓐ-Ⓑ)
A 29年 (3年前)	純損失	29年が青色の場合 山林以外の所得の損失	円	円	円
		山林所得の損失			
		29年が白色の場合			
		居住用財産			
	雑				
B 30年 (2年前)	純損失	30年が青色の場合			
		変動所得の損失			
		30年が白色の場合 被災事業用資産の損失 山林以外			
		山 林			
		居住用財産に係る通算後譲渡損失の金額			
	雑	損 失			
C 1年 (前年)	純損失	1年が青色の場合 山林以外の所得の損失			
		山林所得の損失			
		1年が白色の場合 変動所得の損失			
		被災事業用資産の損失 山林以外			
		山 林			
		居住用財産に係る通算後譲渡損失の金額			
	雑	損 失			

手順1-3
⑦⑨欄（翌年以降に繰り越す純損失の金額）には、純損失の金額の繰戻し額500万円を差し引いた金額0円を下段に記載。
なお、住民税の翌年に繰り越す純損失の金額は、500万円なので（住民税△500万円）と上段に記載。

○第四表は、申告書Bの第一表・第二表と一緒に提出してください。

本年分の一般株式等及び上場株式等に係る譲渡所得等から差し引く損失額	⑧⑦	円
本年分の上場株式等に係る配当所得等から差し引く損失額	⑧⑧	円
本年分の先物取引に係る雑所得等から差し引く損失額	⑧⑨	円

| 雑損控除、医療費控除及び寄附金控除の計算で使用する所得金額の合計額 | ⑨⓪ | 0 円 |

5 翌年以後に繰り越される本年分の雑損失の金額	⑨①	円
6 翌年以後に繰り越される株式等に係る譲渡損失の金額	⑨②	円
7 翌年以後に繰り越される先物取引に係る損失の金額	⑨③	円

| 資産 | | 整理欄 | |

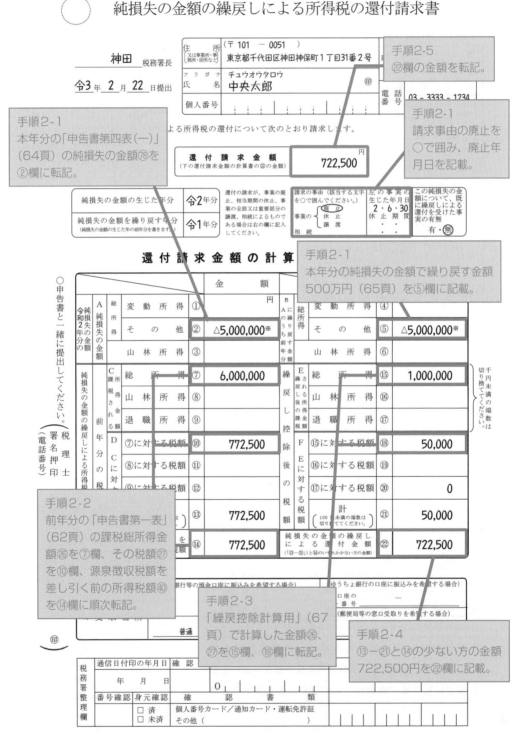

純損失の金額の繰戻しによる所得税の還付請求書

税務署受付印

_____神田_____税務署長

令3年 2 月 22 日提出

住所（又は事業所・事務所・居所など）	（〒 101 － 0051 ）東京都千代田区神田神保町1丁目31番2号
フリガナ	チュウオウタロウ
氏名	中央太郎 ㊞
個人番号	
電話番号	03－3333－1234

手順2-5
㉒欄の金額を転記。

手順2-1
本年分の「申告書第四表（一）」（64頁）の純損失の金額㋘を②欄に転記。

手順2-1
請求事由の廃止を〇で囲み、廃止年月日を記載。

による所得税の還付について次のとおり請求します。

| 還付請求金額（下の還付請求金額の計算書の㉒の金額） | 722,500 | 円 |

| 純損失の金額の生じた年分 | 令2年分 |
| 純損失の金額を繰り戻す年分（純損失の金額の生じた年の前年分を書きます） | 令1年分 |

還付の請求が、事業の廃止、相当期間の休止、事業の全部又は重要部分の譲渡、相続によるものである場合は右の欄に記入してください。

| 請求の事由（該当する文字を〇で囲んでください。） | 左の事実の生じた年月日 | この純損失の金額について、既に繰戻しによる還付を受けた事実の有無 |
| 事業の ㊡廃止　休止　譲渡　相続 | 2・6・30　休止期間：・・～・・ | 有・無 |

手順2-1
本年分の純損失の金額で繰り戻す金額500万円（65頁）を⑤欄に記載。

還付請求金額の計算

〇申告書と一緒に提出してください。

				金　額						金　額
純損失の金額令和2年分の	A総所得	変動所得	①	円	Bに繰り戻す金額うち前年分	総所得	変動所得	④		
		その他	②	△5,000,000※			その他	⑤	△5,000,000※	
		山林所得	③				山林所得	⑥		
純損失の金額の前年分の税	C課税される所得金額	総所得	⑦	6,000,000	E繰戻しされる後の所得の課税金額	総所得	⑮	1,000,000	
		山林所得	⑧			山林所得	⑯		
		退職所得	⑨			退職所得	⑰		
	D Cに対する税	⑦に対する税額	⑩	772,500	F Eに対する税額	⑮に対する税額	⑱	50,000	
		⑧に対する税額	⑪			⑯に対する税額	⑲		
		⑨に対する税額	⑫			⑰に対する税額	⑳	0	
		計	⑬	772,500		計（100円未満の端数は切り捨ててください。）	㉑	50,000	
			⑭	772,500	純損失の金額の繰戻しによる還付金額（「⑬-㉑」と⑭のいずれか少ない方の金額）	㉒	722,500	

千円未満の端数は切り捨ててください。

税理士署名押印（電話番号）㊞

手順2-2
前年分の「申告書第一表」（62頁）の課税総所得金額㉖を⑦欄、その税額㉗を⑩欄、源泉徴収税額を差し引く前の所得税額㊵を⑭欄に順次転記。

手順2-3
「繰戻控除計算用」（67頁）で計算した金額㉖、㉗を⑮欄、⑱欄に転記。

手順2-4
⑬-㉑と⑭の少ない方の金額722,500円を㉒欄に記載。

（銀行等の預金口座に振込みを希望する場合）
（ゆうちょ銀行の口座に振込みを希望する場合）
口座の番号

普通
（郵便局等の窓口受取りを希望する場合）

税務署整理欄	通信日付印の年月日		確認						
	年　月　日		0						
	番号確認	身元確認	確　認　書　類						
		□ 済□ 未済	個人番号カード／通知カード・運転免許証その他（　　　）						

※記載例では分かりやすさの点から純損失の金額をマイナス表記しています。

FA0125

______税務署長
令和____年____月____日

令和 01 年分の所得税及び復興特別所得税の確定申告書B

第一表（令和元年分以降用）

> 手順2-3
> 前年分の課税総所得金額から繰り戻した純損失の金額を差し引いた金額100万円を還付請求書の⑮欄に、それに対する税額5万円を⑱欄に転記。

項目	内容
個人番号	
フリガナ	チュウオウタロウ
氏名	中央太郎
性別	男
職業	自営業
屋号・雅号	
世帯主の氏名	
世帯主との続柄	本人
生年月日	3 29.01.03
電話番号	自宅・勤務先・携帯　－　－

（単位は円）　種類　整番　繰戻控除後の金額

区分	項目	記号	金額
収入金額等	事業 営業等	㋐	35000000
	事業 農業	㋑	
	不動産	㋒	
	利子	㋓	
	配当	㋔	
	給与	㋕	3600000
	雑 公的年金等	㋖	
	雑 その他	㋗	
	総合譲渡 短期	㋘	
	総合譲渡 長期	㋙	
	一時	㋚	
所得金額	事業 営業等	①	5190000
	事業 農業	②	
	不動産	③	
	利子	④	
	配当	⑤	
	給与 区分	⑥	2340000
	雑	⑦	
	総合譲渡・一時 ㋘＋{(㋙＋㋚)×½}	⑧	
	合計	⑨	7530000
所得から差し引かれる金額	社会保険料控除	⑩	680000
	小規模企業共済等掛金控除	⑪	
	生命保険料控除	⑫	40000
	地震保険料控除	⑬	50000
	寡婦、寡夫控除	⑭	0000
	勤労学生、障害者控除	⑮～⑯	0000
	配偶者(特別)控除 区分	⑰～⑱	380000
	扶養控除	⑲	0000
	基礎控除	⑳	380000
	⑩から⑳までの計	㉑	1530000
	雑損控除	㉒	
	医療費控除 区分	㉓	
	寄附金控除	㉔	
	合計 (㉑＋㉒＋㉓＋㉔)	㉕	1530000

区分	項目	記号	金額
税金の計算	課税される所得金額 (⑨－㉕)又は第三表	㉖	1000000
	上の㉖に対する税額 又は第三表の㊻	㉗	50000
	配当控除	㉘	
	区分	㉙	
	(特定増改築等)住宅借入金等特別控除 区分	㉚	00
	政党等寄附金等特別控除	㉛～㉝	
	住宅耐震改修特別控除 住宅特定改修・認定住宅新築等特別税額控除 区分	㉟～㊲	
	差引所得税額 (㉗－㉘－㉙－㉚－㉛－㉜－㉝－㉞－㉟－㊱－㊲)	㊳	50000
			50000
	(㊵×2.1%)		1050
	所得税及び復興特別所得税の額 (㊵＋㊶)	㊷	51050
	外国税額控除 区分	㊸	
	源泉徴収税額	㊹	565000
	申告納税額 (㊷－㊸－㊹)	㊺	△513950
	予定納税額 (第1期分・第2期分)	㊻	0
	第3期分の税額 (㊺－㊻) 納める税金	㊼	00
	第3期分の税額 (㊺－㊻) 還付される税金	㊽	△513950
その他	配偶者の合計所得金額	㊾	
	専従者給与(控除)額の合計額	㊿	
	青色申告特別控除額	51	650000
	雑所得・一時所得等の源泉徴収税額の合計額	52	
	未納付の源泉徴収税額	53	
	本年分で差し引く繰越損失額	54	
	平均課税対象金額	55	
	変動・臨時所得金額 区分	56	
延納の届出	申告期限までに納付する金額	57	00
	延納届出額	58	000

← 復興特別所得税額の記入をお忘れなく。

還付される税金の受取場所：銀行・金庫・組合・農協・漁協　本店・支店・出張所・本所・支所　郵便局名等　預金種類（普通・当座・納税準備・貯蓄）　口座番号・記号番号

整理欄：区分 A B C D E F G H I J K　異動 年 月 日　L　管理　名簿　補完　確認

税理士署名押印・電話番号　－　－　㊞　税理士法書面提出 30条 33条の2

納管　事業　住民　資産　総合　分離　検算　通信日付印　年月日　一連番号

繰戻控除計算用

本年に事業を廃止し、総所得金額の計算上生じた純損失の金額の一部を前年分に繰り戻して、残額を翌年分に繰り越す場合

令和 1 年分の確定申告の概要

(1)	課税標準		
	① 総所得金額		5,200,000円
	イ 事業所得	2,860,000円	
	ロ 給与所得	2,340,000円	
(2)	所得控除額		1,530,000円
(3)	課税総所得金額等		3,670,000円
	① 課税総所得金額		3,670,000円
(4)	各種所得の税額		306,500円
(5)	復興特別所得税		6,436円
(6)	所得税及び復興特別所得税の額		312,936円
(7)	源泉徴収税額		565,000円
(8)	還付税額		△252,064円

令和 2 年分の申告所得の概要

(1)	課税標準		
	① 総所得金額		△7,000,000円（純損失の金額）
	イ 事業所得	△9,020,000円	
	ロ 給与所得	2,020,000円	
(2)	所得控除額		480,000円
(3)	課税総所得金額等		0 円
(4)	各種所得の税額		0 円
(5)	復興特別所得税		0 円
(6)	所得税及び復興特別所得税の額		0 円
(7)	源泉徴収税額		450,000円
(8)	還付税額		△450,000円

【申告書作成手順】

手順１　令和２年分の確定申告書の作成（71～73頁）

1　申告所得の内容に従って、申告書第一表、申告書第二表を作成します。

2　所得金額を計算すると700万円の純損失の金額が生じるので、申告書第四表を作成します。

前年分に課税総所得金額が367万円あるので、純損失の金額の一部367万円について純損失の繰戻しによる還付の請求をするものとします。

3　翌年以降に繰り越す純損失の金額333万円を申告書第四表㈡の(79)欄の下段に記載します。

なお、地方税法には純損失の繰戻しによる還付の制度がないので、純損失の金額が全額翌年に繰り越され、(79)欄の上段には（住民税△700万円）と記載します。

手順２　純損失の金額の繰戻しによる所得税の還付請求書の作成（74頁）

1　請求の事由欄の「廃止」を○で囲み、事業廃止年月日を記載します。

本年分の純損失の金額700万円を②欄に転記し、そのうち前年分に繰り戻す金額367万円を⑤欄に記載します。

2　前年分の課税総所得金額367万円を⑦欄、それに対する税額306,500円を⑩欄、源泉徴収税額を差し引く前の所得税額306,500円を⑭欄にそれぞれ転記します。

3　前年分の課税総所得金額367万円⑦から前年分に繰り戻す金額367万円⑤を差し引いた金額０円を⑮欄に記載し、それに対する税額０円を⑱欄に記載します（「繰戻控除計算用」75頁を参照）。

4　⑬欄－㉑欄と⑭欄の少ない方の金額306,500円を㉒欄に記載します。

5　還付請求金額欄に306,500円を転記します。

神田　税務署長

令和 2 年 3 月 10 日　令和 01 年分の 所得税及び 復興特別所得税 の 確定 申告書B

FA0125

〒 101-0051

住所

フリガナ　チュウオウタロウ

氏名　中央太郎

職業　自営業　　屋号・雅号　　世帯主の氏名　世帯主との続柄　本人

生年月日 3 29.01.03

電話番号 自宅・勤務先・携帯

整理番号 1 2 3 4 5 6 7 8

第一表（令和元年分以降用）

手順2-2
課税総所得金額及びそれに対する税額を「繰戻し還付請求書」（74頁）の⑦欄、⑩欄に転記。

収入金額等				
事業	営業等	㋐	35000000
	農業	㋑	
不動産		㋒	
利子		㋓	
配当		㋔	
給与		㋕	36000000
雑	公的年金等	㋖	
	その他	㋗	
総合譲渡	短期	㋘	
	長期	㋙	
一時		㋚	

所得金額			
事業	営業等	①	28600000
	農業	②	
不動産		③	
利子		④	
配当		⑤	
給与	区分	⑥	23400000
雑		⑦	
総合譲渡・一時 ㋗+{(㋘+㋙)×½}		⑧	
合計		⑨	52000000

所得から差し引かれる金額			
社会保険料控除		⑩	680000
小規模企業共済等掛金控除		⑪	
生命保険料控除		⑫	40000
地震保険料控除		⑬	50000
寡婦、寡夫控除		⑭	0000
勤労学生、障害者控除		⑮～⑯	0000
配偶者(特別)控除	区分	⑰～⑱	380000
扶養控除		⑲	0000
基礎控除		⑳	380000
⑩から⑳までの計		㉑	1530000
雑損控除		㉒	
医療費控除	区分	㉓	
寄附金控除		㉔	
合計 ㉑+㉒+㉓+㉔		㉕	1530000

税理士署名押印電話番号　　　—　　　—　㊞

税金の計算			
課税される所得金額 (⑨-㉕)又は第三表		㉖	3670000
上の㉖に対する税額 又は第三表の⑩		㉗	306500
配当控除		㉘	
	区分	㉙	
(特定増改築等) 住宅借入金等特別控除	区分	㉚	00
政党等寄附金等特別控除		㉛～㉝	
住宅耐震改修特別控除 住宅特定改修・認定住宅 新築等特別税額控除		㉞～㊲	
差引所得税額 (㉗-㉘-㉙-㉚-㉛-㉝-㉞-㊲)		㊳	306500
災害減免額		㊴	
再差引所得税額(基準所得税額) (㊳-㊴)		㊵	306500
復興特別所得税額 (㊵×2.1%)		㊶	6436
所得税及び復興特別所得税の額 (㊵+㊶)		㊷	312936
外国税額控除	区分	㊸	
源泉徴収税額		㊹	565000
申告納税額 (㊷-㊸-㊹)		㊺	△252064
予定納税額 (第1期分・第2期分)		㊻	0
第3期分の税額 (㊺-㊻)	納める税金	㊼	00
	還付される税金	㊽	252064

その他			
配偶者の合計所得金額		㊾	
専従者給与(控除)額の合計額		㊿	
青色申告特別控除額		51	650000

手順2-2
源泉徴収税額控除前の税額㊵を「繰戻し還付請求書」（74頁）の⑭欄に転記。

変動・臨時所得金額	区分	56	
申告期限までに納付する金額		57	00
延納届出額		58	000

受付される税金の場所
銀行・金庫・組合・農協・漁協　本店・支店 出張所 本所・支所
郵便局名等
預金種類　普通 当座 納税準備 貯蓄
口座番号記号番号

整理欄
区分 A B C D E F G H I J K
異動
管理 L 名簿
補完　　確認

復興特別所得税額の記入をお忘れなく。

納管　署番　住民　分離　検算　通信日付印　年月日　整理番号

記載例1
記載例2
記載例3
記載例4
記載例5
記載例6
記載例7
記載例8
記載例9
記載例10
記載例11

神田　税務署長
令和 3 年 2 月 22 日

令和 **02** 年分の 所得税及び 復興特別所得税 の 確定 申告書B

FA2200

第一表 （令和二年分以降用）

| 住所 | 〒 **101-0051** 個人番号 | | 生年月日 | 3 **29.01.03** |

又は事業所事務所居所など　東京都千代田区神田神保町１丁目31番２号

フリガナ　チュウオウタロウ
氏名　中央太郎

令和 3 年 1 月 1 日 の 住所　同上

職業　自営業　　屋号・雅号　　世帯主の氏名　　世帯主との続柄　本人

（単位は円）　受付印

種類 ○ 青 ○ 分離 国出 ○ 損失 修正　特農の表示　特農　整理番号 **1 2 3 4 5 6 7 8**　電話番号 自宅・勤務先・携帯

収入金額等	事業	営 業 等	⑦	2 0 0 0 0 0 0 0
		農 業	⑦(イ)	
	不 動 産		⑦(ウ)	
	利 子		⑦(エ)	
	配 当		⑦(オ)	
	給 与 区分		⑦(カ)	3 0 0 0 0 0
雑	公 的 年 金 等		⑦(キ)	
	業 務 区分		⑦(ク)	
	そ の 他		⑦(ケ)	
総合譲渡	短 期		⑦(コ)	
	長 期		⑦(サ)	
一 時			⑦(シ)	
所得金額等	事業	営 業 等	①	△ 9 0 2 0 0 0 0
		農 業	②	
	不 動 産		③	
	利 子		④	
	配 当		⑤	
	給 与 区分		⑥	2 0 2 0 0 0 0
雑	公 的 年 金 等		⑦	
	業 務		⑧	
	そ の 他		⑨	
	⑦から⑨までの計		⑩	
総合譲渡・一時 ⑪+｛(⑦+⑨)×½｝			⑪	
合 計 (①から⑥までの計+⑩+⑪)			⑫	
所得から差し引かれる金額	社会保険料控除		⑬	
	小規模企業共済等掛金控除		⑭	
	生命保険料控除		⑮	
	地震保険料控除		⑯	
	寡婦、ひとり親控除 区分		⑰~⑲	0 0 0 0
	勤労学生、障害者控除		⑲~⑳	0 0 0 0
	配偶者(特別)控除 区分		㉑~㉒	0 0 0 0
	扶 養 控 除 区分		㉓	0 0 0 0
	基 礎 控 除		㉔	4 8 0 0 0 0
	⑬から㉔までの計		㉕	4 8 0 0 0 0
	雑 損 控 除		㉖	
	医療費控除 区分		㉗	
	寄 附 金 控 除		㉘	
	合 計 (㉕+㉖+㉗+㉘)		㉙	4 8 0 0 0 0

税金の計算	課税される所得金額 (⑫-㉙)又は第三表	㉚	0 0 0
	上の㉚に対する税額 又は第三表の㊽	㉛	0
	配 当 控 除	㉜	
	区分	㉝	
	(特定増改築等)住宅借入金等特別控除 区分	㉞	0 0
	政党等寄附金等特別控除	㉟~㊲	
	住宅耐震改修特別控除等 区分	㊳~㊵	
	差引所得税額 (㉛-㉜-㉝-㊱-㉟-㊲-㊳-㊵)	㊶	0
	災 害 減 免 額	㊷	0
	再差引所得税額(基準所得税額) (㊶-㊷)	㊸	0
	復興特別所得税額 (㊸×2.1%)	㊹	0
	所得税及び復興特別所得税の額 (㊸+㊹)	㊺	0
	外国税額控除等 区分	㊻~㊼	
	源泉徴収税額	㊽	4 5 0 0 0 0
	申告納税額 (㊺-㊻-㊼-㊽)	㊾	△ 4 5 0 0 0 0
	予定納税額 (第1期分・第2期分)	㊿	
	第3期分の税額 (㊾-㊿) 納める税金	�51	0 0
	還付される税金	�52	△ 4 5 0 0 0 0
その他	公的年金等以外の合計所得金額	�53	
	配偶者の合計所得金額	�54	
	専従者給与(控除)額の合計額	�55	
	青色申告特別控除額	�56	0
	雑所得・一時所得等の源泉徴収税額の合計額	�57	
	未納付の源泉徴収税額	�58	
	本年分で差し引く繰越損失額	�59	
	平均課税対象金額	�60	
	変動・臨時所得金額 区分	�61	
延納の届出	申告期限までに納付する金額	�62	0 0
	延 納 届 出 額	�63	0 0

㊹・㊺・㊾・㊿又は㉒の記入をお忘れなく。

還付される税金の受取場所

銀行・金庫・組合・農協・漁協　本店・支店 出張所 本所・支店
郵便局 名等
預金種類 普通 当座 納税準備 貯蓄
口座番号 記号番号

整理欄	区分	A	B	C	D	E	F	G	H	I	J	K
	異動			年		月		日		L	
	管理補完				名簿			確認	

税理士署名押印 電話番号 - - 印
税理士法書面提出 30集 33条の2

71

令和 [0][2] 年分の _{所得税及び}_{復興特別所得税} の 確定 申告書（損失申告用）　　[F A 0 0 5 4]

住 所 又 は （事業所 事務所 居所など）	東京都千代田区神田神保町１丁目31番２号	フリガナ 氏　名	チュウオウタロウ 中央太郎

整理番号 [1][2][3][4][5][6][7][8]　一連番号 [　]

1 損失額又は所得金額

A	経 常 所 得 （申告書Ｂ第一表の①から⑥までの計＋⑩の合計額）								⑭	△7,000,000

	所得の種類	区分等	所得の生ずる場所等	Ⓐ 収 入 金 額	Ⓑ 必要経費等	Ⓒ 差 引 金 額 （Ⓐ－Ⓑ）	Ⓓ 特別控除額	Ⓔ 損失額又は所得金額		
B	譲 渡 短期 分離譲渡			円	円	㋠ 円	円	⑥		円
	短期 総合譲渡					㋡	円	⑥		
	長期 分離譲渡			円	円	㋣		⑥		
	長期 総合譲渡					㋤	円	⑥		
	一　時							⑥		
C	山　林			円				⑦		
D	退　職			円	円			⑦		
E	一般株式等の譲渡							⑦		
	上場株式等の譲渡							⑦		
	上場株式等の配当等				円	円		⑦		
F	先物取引							⑦		

⑦ 分離課税の譲渡所得の 特別控除額の合計額	円	⑦ 上場株式等の譲渡所得等の 源泉徴収税額の合計額	円	特例適用条文	

2 損益の通算

	所 得 の 種 類		Ⓐ 通 算 前		Ⓑ 第１次通算後		Ⓒ 第２次通算後		Ⓓ 第３次通算後	Ⓔ 損失額又は所得金額
A	経 常 所 得	⑭	△7,000,000 円	第1次通算	△7,000,000 円	第2次通算	△7,000,000 円	第3次通算	△7,000,000 円	△7,000,000 円
B	譲渡 短期 総合譲渡	⑥								
	長期 分離譲渡（特定損失額）	⑥	△							
	長期 総合譲渡	⑥								
	一　時	⑥								
C	山　林			⑦		算			㋖	
D	退　職			⑦		算				
	損失額又は所得金額の合計額								⑦	△7,000,000

手順2-1
総所得金額の純損失の金額△700万円を「繰戻し還付請求書」（74頁）の②欄に転記。

資産		整理欄	

令和 ⓪② 年分の 所得税及び復興特別所得税 の 確定 申告書（損失申告用）　F A 0 0 5 9

3　翌年以後に繰り越す損失額

整理番号　１２３４５６７８　一連番号

青 色 申 告 者 の 損 失 の 金 額	⑦⑨	（住民税△7,000,000）円 △3,330,000
居 住 用 財 産 に 係 る 通 算 後 譲 渡 損 失 の 金 額	⑧⓪	
変 動 所 得 の 損 失 額	⑧①	

被災資産の損失額事業用	所得の種類		被災事業用資産の種類など	損害の原因	損害年月日	Ⓐ 損害金額	Ⓑ 保険金などで補填される金額		Ⓒ 差引損失額 （Ⓐ－Ⓑ）
	山林以外	営業等・農業			・　・	円	円	⑧②	円
		不 動 産			・　・			⑧③	
	山　　林				・　・			⑧④	
山 林 所 得 に 係 る 被 災 事 業 用 資 産 の 損 失 額								⑧⑤	
山 林 以 外 の 所 得 に 係 る 被 災 事 業 用 資 産 の 損 失 額								⑧⑥	

4　繰越損失を差し引く計算

年分		損　失　の　種　類		Ⓐ前年分までに引ききれなかった損失額	Ⓑ本年分で差し引く損失額	Ⓒ翌年分以後に繰り越して差し引かれる損失額(Ⓐ－Ⓑ)
A	純損失	29 年が青色の場合	山林以外の所得の損失	円	円	円
			山林所得の損失			
29 年 (3年前)		29 年が白色の場合				
		居住用財産に				
	雑					
B	純損失	30 年が青色の場合				
			変動所得の損失			
30 年 (2年前)		30 年が白色の場合	被災事業用資産の損失	山林以外		
				山 林		
		居住用財産に係る通算後譲渡損失の金額				
	雑		損　　失			
C	純損失	1 年が青色の場合	山林以外の所得の損失			
			山林所得の損失			
1 年 (前年)		1 年が白色の場合	変動所得の損失			
			被災事業用資産の損失	山林以外		
				山 林		
		居住用財産に係る通算後譲渡損失の金額				
	雑		損　　失			

本 年 分 の 一 般 株 式 等 及 び 上 場 株 式 等 に 係 る 譲 渡 所 得 等 か ら 差 し 引 く 損 失 額	⑧⑦	円
本 年 分 の 上 場 株 式 等 に 係 る 配 当 所 得 等 か ら 差 し 引 く 損 失 額	⑧⑧	円
本 年 分 の 先 物 取 引 に 係 る 雑 所 得 等 か ら 差 し 引 く 損 失 額	⑧⑨	円

| 雑損控除、医療費控除及び寄附金控除の計算で使用する所得金額の合計額 | ⑨⓪ | 0 円 |

5　翌年以後に繰り越される本年分の雑損失の金額	⑨①	円
6　翌年以後に繰り越される株式等に係る譲渡損失の金額	⑨②	円
7　翌年以後に繰り越される先物取引に係る損失の金額	⑨③	円

| 資産 | | 整理欄 | |

第四表(二)（令和二年分以降用）

○第四表は、申告書Bの第一表・第二表と一緒に提出してください。

手順1-3
⑦⑨欄（翌年以降に繰り越す純損失の金額）には、純損失の金額の繰戻し額367万円を差し引いた金額△333万円を下段に記載。
なお、住民税の翌年に繰り越す純損失の金額は、700万円なので（住民税△700万円）と上段に記載。

記載例 1
記載例 2
記載例 3
記載例 4
記載例 5
記載例 6
記載例 7
記載例 8
記載例 9
記載例 10
記載例 11

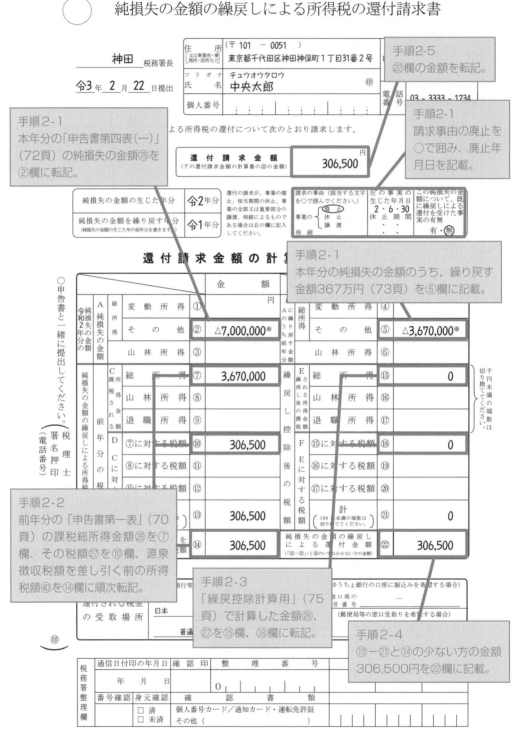

※記載例では分かりやすさの点から純損失の金額をマイナス表記しています。

手順2-3
前年分の課税総所得金額から繰り戻した純損失の金額を差し引いた金額0円を還付請求書の⑮欄に転記し、それに対する税額0円を⑱欄に転記。

繰戻控除計算用

FA0125

税務署長　令和＿年＿月＿日

令和 01 年分の所得税及び復興特別所得税の確定申告書B

第一表（令和元年分以降用）

〒	101-0051
個人番号	
フリガナ	チュウオウタロウ
氏名	中央太郎
性別	男
職業	自営業
屋号・雅号	
世帯主の氏名	
世帯主との続柄	本人
生年月日	3 29.01.03
電話番号	自宅・勤務先・携帯　－　－

収入金額等

区分		番号	金額
事業	営業等	㋐	35000000
事業	農業	㋑	
不動産		㋒	
利子		㋓	
配当		㋔	
給与		㋕	3600000
雑	公的年金等	㋖	
雑	その他	㋗	
総合譲渡	短期	㋘	
総合譲渡	長期	㋙	
一時		㋚	

所得金額

区分		番号	金額
事業	営業等	①	2860000
事業	農業	②	
不動産		③	
利子		④	
配当		⑤	
給与（区分）		⑥	2340000
雑		⑦	
総合譲渡・一時 ㋘＋{(㋙＋㋚)×½}		⑧	
合計		⑨	5200000

所得から差し引かれる金額

区分	番号	金額
社会保険料控除	⑩	680000
小規模企業共済等掛金控除	⑪	
生命保険料控除	⑫	40000
地震保険料控除	⑬	50000
寡婦、寡夫控除	⑭	0000
勤労学生、障害者控除	⑮～⑯	0000
配偶者（特別）控除（区分）	⑰～⑱	380000
扶養控除	⑲	0000
基礎控除	⑳	380000
⑩から⑳までの計	㉑	1530000
雑損控除	㉒	
医療費控除（区分）	㉓	
寄附金控除	㉔	
合計（㉑＋㉒＋㉓＋㉔）	㉕	1530000

税金の計算

区分	番号	繰戻控除後の金額
課税される所得金額（⑨－㉕）又は第三表	㉖	000
上の㉖に対する税額又は第三表の(86)	㉗	0
配当控除	㉘	
（区分）	㉙	
（特定増改築等）住宅借入金等特別控除（区分）	㉚	00
政党等寄附金等特別控除	㉛～㉝	
住宅耐震改修特別控除 住宅特定改修・認定住宅新築等特別税額控除（区分）	㉟～㊲	
差引所得税額（㉗－㉘－㉙－㉚－㉛－㉜－㉝－㉟－㊱－㊲）	㊳	0
		0
（㊵×2.1％）		
所得税及び復興特別所得税の額（㊵＋㊶）	㊷	
外国税額控除（区分）	㊸	
源泉徴収税額	㊹	565000
申告納税額（㊷－㊸－㊹）	㊺	△565000
予定納税額（第１期分・第２期分）	㊻	
第３期分の税額（㊺－㊻） 納める税金	㊼	00
第３期分の税額（㊺－㊻） 還付される税金	㊽	△565000

復興特別所得税額の記入をお忘れなく。

その他

区分	番号	金額
配偶者の合計所得金額	㊾	
専従者給与（控除）額の合計額	㊿	
青色申告特別控除額	(51)	650000
雑所得・一時所得等の源泉徴収税額の合計額	(52)	
未納付の源泉徴収税額	(53)	
本年分で差し引く繰越損失額	(54)	
平均課税対象金額	(55)	
変動・臨時所得金額（区分）	(56)	

延納の届出

区分	番号	金額
申告期限までに納付する金額	(57)	00
延納届出額	(58)	000

還付される税金の受取場所：銀行・金庫・組合・農協・漁協　本店・支店・出張所・本所・支所　郵便局名等　預金種類（普通・当座・納税準備・貯蓄）　口座番号・記号番号

整理欄：区分 A B C D E F G H I J K　異動 年 月 日 L　管理　名簿　補完　確認

納　管　事業　住民　資産　総合　分離　検算　通信日付印　年月日　一連番号

税理士署名押印・電話番号　－　－　㊞　税理士法書面提出 30条 33条の2

本年に事業を廃止し、本年分の純損失の金額は繰り越して、前年分の純損失の金額を前前年分に繰り戻す場合

平成30年分の確定申告の概要

(1)	課税標準		
	① 総所得金額		8,340,000円
	イ 事業所得	6,000,000円	
	ロ 給与所得	2,340,000円	
(2)	所得控除額		1,070,000円
(3)	課税総所得金額等		7,270,000円
	① 課税総所得金額		7,270,000円
(4)	各種所得の税額		1,036,100円
(5)	復興特別所得税		21,758円
(6)	所得税及び復興特別所得税の額		1,057,858円
(7)	源泉徴収税額		250,000円
(8)	納付税額		807,800円

令和1年分の確定申告の概要

(1)	課税標準		
	① 総所得金額		△3,000,000円（純損失の金額）
	イ 事業所得	△5,340,000円	
	ロ 給与所得	2,340,000円	
(2)	所得控除額		380,000円
(3)	課税総所得金額等		0円
(4)	各種所得の税額		0円
(5)	復興特別所得税		0円
(6)	所得税及び復興特別所得税の額		0円
(7)	源泉徴収税額		565,000円
(8)	還付税額		△565,000円

記載例
1

記載例
2

記載例
3

記載例
4

記載例
5

記載例
6

記載例
7

記載例
8

記載例
9

記載例
10

記載例
11

令和２年分の申告所得の概要

(1)	課税標準		
	① 総所得金額		△7,000,000円（純損失の金額）
	イ 事業所得	△9,020,000円	
	ロ 給与所得	2,020,000円	
(2)	所得控除額		480,000円
(3)	課税総所得金額等		0円
(4)	各種所得の税額		0円
(5)	復興特別所得税		0円
(6)	所得税及び復興特別所得税の額		0円
(7)	源泉徴収税額		450,000円
(8)	還付税額		△450,000円

【申告書作成手順】

手順１　令和２年分の確定申告書の作成（83～85頁）

1　申告所得の内容に従って、申告書第一表、申告書第二表を作成します。

2　所得金額を計算すると700万円の純損失の金額が生じるので、申告書第四表を作成します。前年分も純損失の金額が生じているので、本年分の純損失の金額を全額繰り越します。

なお、事業廃止により翌年以降これまでと同様の所得が見込まれないので、前年分の純損失の金額については純損失の繰戻しによる還付の請求をするものとします※。

※　前年分の純損失の金額を前前年分に繰り戻すことができるのは、事業の廃業、相続等が発生した場合に限られることに留意してください。

3　翌年以降に繰り越す純損失の金額700万円を申告書第四表㈡の㊱欄に記載します。また、前年分から繰り越された純損失の金額欄（「４繰越損失を差し引く計算」Ｃの④～⑥）には、前年分の純損失の金額を全部前前年に繰り戻したので記載しません。

なお、地方税法には純損失の繰戻しによる還付の制度がないので、前年分までに引ききれなかった損失額欄（Ｃの④～⑥）には、（住民税300万円）と記載します。

なお、本年分の純損失の金額700万円は、前前年分に繰り戻すことはできません。

手順２　純損失の金額の繰戻しによる所得税の還付請求書の作成（86頁）

1　請求の事由欄の「廃止」を○で囲み、事業廃止年月日を記載します。

前年分の純損失の金額300万円を②欄に転記し、前前年分（平成30年分）に繰り戻す金額300万円を⑤欄に記載します。

2　前前年分の課税総所得金額727万円を⑦欄、それに対する税額1,036,100円を⑩欄、前前年分の源泉徴収税額を差し引く前の所得税額1,036,100円を⑭欄にそれぞれ転記します。

3　前前年分の課税総所得金額727万円⑦から前前年分に繰り戻す金額300万円⑤を差し引いた427万円を⑮欄に記載し、それに対する税額426,500円を⑱欄に記載します（「繰戻控除計算用」87頁を参照）。

4　⑬欄−㉑欄と⑭欄の少ない方の金額609,600円を㉒欄に記載します。

5　還付請求金額欄に609,600円を転記します。

神田　税務署長
31 年 3 月 11 日

平成 **30** 年分の 所得税及び復興特別所得税 の 確定 申告書B

FA0124

〒 1 0 1 - 0 0 5 1

個人番号

フリガナ　チュウオウタロウ
氏名　中央太郎

性別 男 女　職業 自営業　屋号・雅号　　世帯主の氏名　　世帯主との続柄 本人

生年月日 3 29.01.03

電話番号 自宅・勤務先・携帯

整理番号 1 2 3 4 5 6 7 8

第一表（平成三十年分以降用）

復興特別所得税額の記入をお忘れなく。

手順2-2
課税総所得金額及びそれに対する税額を「繰戻し還付請求書」（86頁）の⑦欄、⑩欄に転記。

			（単位は円）
収入金額等	事 営 業 等	㋐	1 8 0 0 0 0 0 0
	業 農 業	㋑	
	不 動 産	㋒	
	利 子	㋓	
	配 当	㋔	
	給 与	㋕	3 6 0 0 0 0 0
	雑 公的年金等	㋖	
	その他	㋗	
	総合譲渡 短 期	㋘	
	長 期	㋙	
	一 時	㋚	
所得金額	事 営 業 等	①	6 0 0 0 0 0 0
	業 農 業	②	
	不 動 産	③	
	利 子	④	
	配 当	⑤	
	給与 区分	⑥	2 3 4 0 0 0 0
	雑	⑦	
	総合譲渡・一時 ㋗＋{(㋙＋㋚)×½}	⑧	
	合 計	⑨	8 3 4 0 0 0 0
所得から差し引かれる金額	雑 損 控 除	⑩	
	医療費控除 区分	⑪	
	社会保険料控除	⑫	2 3 5
	小規模企業共済等掛金控除	⑬	
	生命保険料控除	⑭	4 0
	地震保険料控除	⑮	3 5 0 0 0
	寄附金控除	⑯	
	寡婦、寡夫控除	⑱	0 0 0 0
	勤労学生、障害者控除	⑲〜⑳	0 0 0 0
	配偶者(特別)控除 区分	㉑〜㉒	0 0 0 0
	扶 養 控 除	㉓	3 8 0 0 0 0
	基 礎 控 除	㉔	3 8 0 0 0 0
	合 計	㉕	1 0 7 0 0 0 0

税金の計算	課税される所得金額 (⑨−㉕)又は第三表	㉖	7 2 7 0 0 0 0
	上の㉖に対する税額 又は第三表の㉙	㉗	1 0 3 6 1 0 0
	配 当 控 除	㉘	
	区分	㉙	
	(特定増改築等)住宅借入金等特別控除 区分	㉚	0 0
	政党等寄附金等特別控除	㉛〜㉝	
	住宅耐震改修特別控除住宅特定改修・認定住宅新築等特別税額控除	㉞〜㊱	
	差 引 所 得 税 額 (㉗−㉘−㉙−㉚−㉛−㉝−㉞−㊱)	㊳	1 0 3 6 1 0 0
	災 害 減 免 額	㊴	
	再差引所得税額(基準所得税額)(㊳−㊴)	㊵	1 0 3 6 1 0 0
	復興特別所得税額 (㊵×2.1%)	㊶	2 1 7 5 8
	所得税及び復興特別所得税の額 (㊵＋㊶)	㊷	1 0 5 7 8 5 8
	外国税額控除 区分	㊸	
	所得税及び復興特別所得税の源泉徴収税額	㊹	2 5 0 0 0 0
	所得税及び復興特別所得税の申告納税額 (㊷−㊸−㊹)	㊺	8 0 7 8 0 0
	所得税及び復興特別所得税の予定納税額 (第1期分・第2期分)	㊻	0
	所得税及び復興特別所得税の第3期分の税額 納める税金 (㊺−㊻)	㊼	8 0 7 8 0 0
	還付される税金	㊽	
そ	配偶者の合計所得金額	㊾	
	専従者給与(控除)額の合計額	㊿	
	青色申告特別控除額	51	6 5 0 0 0 0
	変動・臨時所得金額 区分	56	
延納の届出	申告期限までに納付する金額	57	0 0
	延 納 届 出 額	58	0 0 0

手順2-2
源泉徴収税額控除前の税額㊵を「繰戻し還付請求書」（86頁）の⑭欄に転記。

還付される税金の受取場所

銀行・金庫・組合・農協・漁協　本店・支店・出張所・本所・支所
郵便局 名等
預金種類 普通 当座 納税準備 貯蓄
口座番号 記号番号

税理士署名押印　電話番号 　　 － 　　 － 　　 ㊞

税理士法第30条の書面提出有　　税理士法第33条の2の書面提出有

整理欄 区分 A B C D E F G H I J K L
異動　名簿　確認

神田　税務署長
令和 ２ 年 ３ 月 10 日

令和 ⓪１ 年分の 所得税及び復興特別所得税 の 確定 申告書B

FA0125

第一表　（令和元年分以降用）

住所 又は 事業所 事務所 居所など	〒 101-0051　東京都千代田区神田神保町１丁目31番２号
令和 ２ 年 １ 月 １ 日 の 住所	同上

個人番号

フリガナ　チュウオウタロウ
氏名　中央太郎　㊞

性別 ㊚女	職業 自営業	屋号・雅号	世帯主の氏名	世帯主との続柄 本人

生年月日 ３ 29.01.03

電話番号 自宅・勤務先・携帯

整理番号 1 2 3 4 5 6 7 8

（単位は円）
種類　⓪分離⓪出⓪ ⓪修正　特農の表示　特農

			金額
収入金額等	事 業	営 業 等 ㋐	3 5 0 0 0 0 0 0
		農 業 ㋑	
	不 動 産 ㋒		
	利 子 ㋓		
	配 当 ㋔		
	給 与 ㋕		3 6 0 0 0 0 0
	雑	公 的 年 金 等 ㋖	
		そ の 他 ㋗	
	総合譲渡	短 期 ㋘	
		長 期 ㋙	
	一 時 ㋚		
所得金額	事 業	営 業 等 ①	△ 5 3 4 0 0 0 0
		農 業 ②	
	不 動 産 ③		
	利 子 ④		
	配 当 ⑤		
	給与 区分 ⑥		2 3 4 0 0 0 0
	雑 ⑦		
	総合譲渡・一時 ㋘+{(㋙+㋚)×½} ⑧		
	合 計 ⑨		
所得から差し引かれる金額	社 会 保 険 料 控 除 ⑩		
	小規模企業共済等掛金控除 ⑪		
	生 命 保 険 料 控 除 ⑫		
	地 震 保 険 料 控 除 ⑬		
	寡婦、寡夫控除 ⑭		0 0 0 0
	勤労学生、障害者控除 ⑮~⑯		0 0 0 0
	配偶者(特別)控除 区分 ⑰~⑱		0 0 0 0
	扶 養 控 除 ⑲		0 0 0 0
	基 礎 控 除 ⑳		3 8 0 0 0 0
	⑩から⑳までの計 ㉑		3 8 0 0 0 0
	雑 損 控 除 ㉒		
	医療費控除 区分 ㉓		
	寄 附 金 控 除 ㉔		
	合 計 (㉑+㉒+㉓+㉔) ㉕		3 8 0 0 0 0

税金の計算

			金額
課税される所得金額 (⑨-㉕) 又は第三表 ㉖			0 0 0
上の㉖に対する税額 又は第三表の⑨ ㉗			0
配 当 控 除 ㉘			
区分 ㉙			
(特定増改築等) 住宅借入金等特別控除 区分 ㉚			0 0
政党等寄附金等特別控除 ㉛~㉝			
住宅耐震改修特別控除等 住宅特定改修・認定住宅 新築等特別税額控除 ㉞~㊱			
差引所得税額 (㉗-㉘-㉙-㉚-㉛-㉞-㉟-㊱) ㊳			0
災 害 減 免 額 ㊴			0
再差引所得税額 (基準所得税額) (㊳-㊴) ㊵			0
復興特別所得税額 (㊵×2.1%) ㊶			0
所得税及び復興特別所得税の額 (㊵+㊶) ㊷			0
外国税額控除 区分 ㊸			
源 泉 徴 収 税 額 ㊹			5 6 5 0 0 0
申 告 納 税 額 (㊷-㊸-㊹) ㊺			△ 5 6 5 0 0 0
予 定 納 税 額 (第1期分・第2期分) ㊻			0
第3期分の税額 (㊺-㊻) 納める税金 ㊼			0 0
還付される税金 ㊽		△	5 6 5 0 0 0

その他

		金額
配偶者の合計所得金額 ㊾		
専従者給与(控除)額の合計額 ㊿		
青色申告特別控除額 51		0
雑所得・一時所得等の源泉徴収税額の合計額 52		
未納付の源泉徴収税額 53		
本年分で差し引く繰越損失額 54		
平均課税対象金額 55		
変動・臨時所得金額 区分 56		
延納の届出	申告期限までに納付する金額 57	0 0
	延 納 届 出 額 58	0 0 0

還付される税金の受取場所

銀行・金庫・組合 農協・漁協　本店・支店 出張所 本所・支所

郵便局 名 等		預金種類 普通 当座 納税準備 貯蓄 ◯ ◯ ◯ ◯
口座番号 記号番号		

税理士署名押印 電話番号 ㊞

税理士法書面提出 30条 33条の2

整理欄
区分	A	B	C	D	E	F	G	H	I	J	K
異動											

管理					名簿	
補完						確認

復興特別所得税額の記入をお忘れなく。

防管　事業　住民　国保　総合　分離　損益　通信日付印　年月日　整理番号

受付印

令和 01 年分の所得税及び復興特別所得税の確定申告書（損失申告用）

FA0054

第四表(一)（令和元年分以降用）

住所（又は事業所事務所居所など）	東京都千代田区神田神保町１丁目31番２号	フリガナ 氏名	チュウオウタロウ 中央太郎

整理番号 12345678　一連番号

1 損失額又は所得金額

A 経常所得（申告書B第一表の①から⑦までの合計額）							(59)	△3,000,000円

所得の種類	区分等	所得の生ずる場所	Ⓐ収入金額	Ⓑ必要経費等	Ⓒ差引金額（Ⓐ－Ⓑ）	Ⓓ特別控除額		Ⓔ損失額又は所得金額
B 譲渡 短期 分離譲渡			円	円	㋛ 円		(60)	円
B 譲渡 短期 総合譲渡					㋜	円	(61)	
B 譲渡 長期 分離譲渡			円	円	㋝		(62)	
B 譲渡 長期 総合譲渡					㋞	円	(63)	
B 一時							(64)	
C 山林			円				(65)	
D 退職				円	円		(66)	
E 一般株式等の譲渡							(67)	
E 上場株式等の譲渡							(68)	
E 上場株式等の配当等				円	円		(69)	
F 先物取引							(70)	

特例適用条文

2 損益の通算

所得の種類		Ⓐ通算前		Ⓑ第１次通算後		Ⓒ第２次通算後		Ⓓ第３次通算後	Ⓔ損失額又は所得金額
A 経常所得	(59)	△3,000,000円	第1次通算	△3,000,000円	第2次通算	△3,000,000円	第3次通算	△3,000,000円	△3,000,000円
B 譲渡 短期 総合譲渡	(61)								
B 譲渡 長期 分離譲渡（特定損失額）	(62)	△							
B 譲渡 長期 総合譲渡	(63)								
B 一時	(64)								
C 山林		→	(65)						㋟
D 退職				→	(66)				
損失額又は所得金額の合計額								(71)	△3,000,000

手順2-1
総所得金額の純損失の金額△300万円を「繰戻し還付請求書」（86頁）の②欄に転記。

資産　整理欄

令和 [0][1] 年分の 所得税及び復興特別所得税 の 確定 申告書（損失申告用）　[F A 0 0 5 9]

3 翌年以後に繰り越す損失額

整理番号 [1][2][3][4][5][6][7][8] 一連番号

青 色 申 告 者 の 損 失 の 金 額	⑫	△3,000,000 円
居住用財産に係る通算後譲渡損失の金額	⑬	
変 動 所 得 の 損 失 額	⑭	

被災資産の損失額事業用		所 得 の 種 類	被災事業用資産の種類など	損害の原因	損害年月日	Ⓐ 損害金額	Ⓑ 保険金などで補塡される金額	Ⓒ 差引損失額（Ⓐ－Ⓑ）
	山林以外	営業等・農業			・・	円	円	⑮ 円
		不 動 産			・・			⑯
	山　　林				・・			⑰
山 林 所 得 に 係 る 被 災 事 業 用 資 産 の 損 失 額							⑱	円
山 林 以 外 の 所 得 に 係 る 被 災 事 業 用 資 産 の 損 失 額							⑲	

4 繰越損失を差し引く計算

年分		損　失　の　種　類		Ⓐ前年分までに引ききれなかった損失額	Ⓑ本年分で差し引く損失額	Ⓒ翌年分以後に繰り越して差し引かれる損失額（Ⓐ－Ⓑ）
A 28年（3年前）	純損失	28年が青色の場合	山林以外の所得の損失	円	円	円
			山林所得の損失			
		28年が白色の場合	変動所得の損失			
			被災事業用資産の損失 山林以外			
			被災事業用資産の損失 山林			
		居住用財産に係る通算後譲渡損失の金額				
	雑　損　失					
B 29年（2年前）	純損失	29年が青色の場合	山林以外の所得の損失			
			山林所得の損失			
		29年が白色の場合	変動所得の損失			
			被災事業用資産の損失 山林以外			
			被災事業用資産の損失 山林			
		居住用財産に係る通算後譲渡損失の金額				
	雑　損　失					
C 30年（前年）	純損失	30年が青色の場合	山林以外の所得の損失			
			山林所得の損失			
		30年が白色の場合	変動所得の損失			
			被災事業用資産の損失 山林以外			
			被災事業用資産の損失 山林			
		居住用財産に係る通算後譲渡損失の金額				
	雑　損　失					

手順1-2
令和２年分に繰り越すことにしていた純損失の金額300万円を平成30年分に繰戻し請求します。

本年分の一般株式等及び上場株式等に係る譲渡所得等から差し引く損失額	⑳	円
本年分の上場株式等に係る配当所得等から差し引く損失額	㉑	円
本年分の先物取引に係る雑所得等から差し引く損失額	㉒	円

雑損控除、医療費控除及び寄附金控除の計算で使用する所得金額の合計額	㉓	0 円

5 翌年以後に繰り越される本年分の雑損失の金額	㉔	円
6 翌年以後に繰り越される株式等に係る譲渡損失の金額	㉕	円
7 翌年以後に繰り越される先物取引に係る損失の金額	㉖	円

資産		整理欄	

令和2年確定申告分	令和2年分 確定申告書　第一表

神田　税務署長
令和 3 年 2 月 22 日

令和 **02** 年分の 所得税及び復興特別所得税 の 確定申告書B

FA2200

第一表（令和二年分以降用）

住所 〒 1 0 1 - 0 0 5 1　個人番号
又は事業所事務所居所など　東京都千代田区神田神保町1丁目31番2号

生年月日 3 29.01.03

フリガナ　チュウオウタロウ
氏名　中央太郎

令和3年1月1日の住所　同上
（単位は円）

職業　自営業　　屋号・雅号　　世帯主の氏名　　世帯主との続柄　本人

種類 ○分○離○国出○○修正　特農の表示 特農　整理番号 1 2 3 4 5 6 7 8　電話番号 自宅・勤務先・携帯 ー ー

収入金額等	事業	営業等	⑦	2 0 0 0 0 0 0 0
		農業	⑦	
	不動産		⑦	
	利子		⑦	
	配当		⑦	
	給与 区分		⑦	3 0 0 0 0 0 0
	雑	公的年金等	⑦	
		業務 区分	⑦	
		その他	⑦	
	総合譲渡	短期	⑦	
		長期	⑦	
	一時		⑦	

所得金額等	事業	営業等	①	△ 9 0 2 0 0 0 0
		農業	②	
	不動産		③	
	利子		④	
	配当		⑤	
	給与 区分		⑥	2 0 2 0 0 0 0
	雑	公的年金等	⑦	
		業務	⑧	
		その他	⑨	
		⑦から⑨までの計	⑩	
	総合譲渡・一時 ⑦+{(⑦+⑦)×½}		⑪	
	合計 (①から⑥までの計+⑩+⑪)		⑫	

所得から差し引かれる金額	社会保険料控除	⑬	
	小規模企業共済等掛金控除	⑭	
	生命保険料控除	⑮	
	地震保険料控除	⑯	
	寡婦、ひとり親控除 区分	⑰~⑱	0 0 0 0
	勤労学生、障害者控除	⑲~⑳	0 0 0 0
	配偶者(特別)控除 区分1 区分2	㉑~㉒	0 0 0 0
	扶養控除	㉓	0 0 0 0
	基礎控除	㉔	4 8 0 0 0 0
	⑬から㉔までの計	㉕	4 8 0 0 0 0
	雑損控除	㉖	
	医療費控除 区分	㉗	
	寄附金控除	㉘	
	合計 (㉕+㉖+㉗+㉘)	㉙	4 8 0 0 0 0

税金の計算	課税される所得金額 (⑫-㉙)又は第三表	㉚	0 0 0
	上の㉚に対する税額 又は第三表の㉛	㉛	0
	配当控除	㉜	
	区分	㉝	
	(特定増改築等)住宅借入金等特別控除 区分1 区分2	㉞	0 0
	政党等寄附金等特別控除	㉟~㊲	
	住宅耐震改修特別控除等 区分	㊳~㊵	
	差引所得税額 (㉛-㉜-㉝-㉞-㉟-㊳)	㊶	0
	災害減免額	㊷	
	再差引所得税額(基準所得税額) (㊶-㊷)	㊸	0
	復興特別所得税額 (㊸×2.1%)	㊹	0
	所得税及び復興特別所得税の額 (㊸+㊹)	㊺	0
	外国税額控除等 区分	㊻~㊼	
	源泉徴収税額	㊽	4 5 0 0 0 0
	申告納税額 (㊺-㊻-㊼-㊽)	㊾	△ 4 5 0 0 0 0
	予定納税額 (第1期分・第2期分)	㊿	
	第3期分の税額 (㊾-㊿) 納める税金	51	0 0
	還付される税金	52	△ 4 5 0 0 0 0

その他	公的年金等以外の合計所得金額	53	
	配偶者の合計所得金額	54	
	専従者給与(控除)額の合計額	55	
	青色申告特別控除額	56	0
	雑所得・一時所得等の源泉徴収税額の合計額	57	
	未納付の源泉徴収税額	58	
	本年分で差し引く繰越損失額	59	
	平均課税対象金額	60	
	変動・臨時所得金額 区分	61	

延納の届出	申告期限までに納付する金額	62	0 0
	延納届出額	63	0 0 0

㊸・㊺・㊾・51又は52の記入をお忘れなく。

受取場所 還付される税金の所
銀行・金庫・組合・農協・漁協　本店・支店・出張所・本所・支所
郵便局名等
預金種類 普通 当座 納税準備 貯蓄
口座番号記号番号

整理欄 区分 A B C D E F G H I J K　異動　管理　補完　名簿　確認

税理士署名押印 電話番号 ー ー

税理士法書面提出 30条 33条の2

83

令和 [0][2] 年分の 所得税及び の 確定 申告書（損失申告用）　[F A 0 0 5 4]
　　　　　　　　　　復興特別所得税

第四表（一）（令和二年分以降用）

| 住所又は事業所事務所居所など | 東京都千代田区神田神保町１丁目31番２号 | フリガナ
氏　名 | チュウオウタロウ
中央太郎 |

整理番号 [1][2][3][4][5][6][7][8]　一連番号

1 損失額又は所得金額

A	経 常 所 得 （申告書Ｂ第一表の①から⑥までの計＋⑩の合計額）						⑭	△7,000,000 円

	所得の種類	区分等	所得の生ずる場所等	Ⓐ 収入金額	Ⓑ 必要経費等	Ⓒ 差引金額（Ⓐ－Ⓑ）	Ⓓ 特別控除額	Ⓔ 損失額又は所得金額
B 譲渡	短期 分離譲渡			円	円	㋜ 円		⑮ 円
	短期 総合譲渡					㋣	円	⑯
	長期 分離譲渡			円	円	㋘		⑰
	長期 総合譲渡					㋟	円	⑱
	一　時							⑲
C	山　　林			円				⑳
D	退　　職				円	円		㉑
E	一般株式等の譲渡							㉒
	上場株式等の譲渡							㉓
	上場株式等の配当等				円	円		㉔
F	先物取引							㉕

| ㉖ 分離課税の譲渡所得の特別控除額の合計額 | 円 | ㉗ 上場株式等の譲渡所得等の源泉徴収税額の合計額 | 円 | 特例適用条文 | |

2 損益の通算

	所 得 の 種 類		Ⓐ 通　算　前	Ⓑ 第１次通算後	Ⓒ 第２次通算後	Ⓓ 第３次通算後	Ⓔ 損失額又は所得金額
A	経 常 所 得	⑭	△7,000,000 円	△7,000,000 円	△7,000,000 円	△7,000,000 円	△7,000,000 円
B 譲渡	短期 総合譲渡	⑯		第	第	第	
	長期 分離譲渡（特定損失額）	⑰	△	1	2	3	
	長期 総合譲渡	⑱		次通算	次通算	次通算	
	一　時	⑲					
C	山　　林	⑳					㋠
D	退　　職	㉑					
	損 失 額 又 は 所 得 金 額 の 合 計 額				㉘	△7,000,000	

資産 | 　 | 整理欄 | 　 |

令和 [0][2] 年分の 所得税及び復興特別所得税 の 確定 申告書（損失申告用） [F A 0 0 5 9]

第四表（二）（令和二年分以降用）

整理番号 [1][2][3][4][5][6][7][8] 一連番号

3 翌年以後に繰り越す損失額

青 色 申 告 者 の 損 失 の 金 額	⑦⑨	△7,000,000
居 住 用 財 産 に 係 る 通 算 後 譲 渡 損 失 の 金 額	⑧⑩	
変 動 所 得 の 損 失 額	⑧①	

被災事業用資産の損失額	所得の種類	被災事業用資産の種類など	損害の原因	損害年月日	④ 損害金額	⑧ 保険金などで補填される金額	ⓒ 差引損失額 （④－⑧）
	山林以外	営業等・農業			・ ・	円	円
		不 動 産			・ ・		
	山 林				・ ・		

手順1-3
翌年以降に繰り越す純損失の金額
△700万円を⑦⑨欄に記載。

| 山 林 所 得 に 係 る 被 災 事 業 用 資 産 の 損 | | | | | | | 円 |
| 山 林 以 外 の 所 得 に 係 る 被 災 事 業 用 資 産 の 損 失 額 | | | | | | ⑧⑥ | |

4 繰越損失を差し引く計算

年分		損 失 の 種 類		④前年分までに引ききれなかった損失額	⑧本年分で差し引く損失額	ⓒ翌年分以後に繰り越して差し引かれる損失額（④－⑧）
A 29年 (3年前)	純損失	29年が青色の場合	山林以外の所得の損失	円	円	円
			山林所得の損失			
		29年が白色の場合				
		居住用財産に				
	雑					
B 30年 (2年前)	純損失	30年が青色の場合	山林所得の損失			
		30年が白色の場合	変動所得の損失			
			被災事業用資産の損失 山林以外			
			山 林			
		居住用財産に係る通算後譲渡損失の金額				
	雑	損 失				
C 1年 (前年)	純損失	1年が青色の場合	山林以外の所得の損失	（住民税3,000,000）	0	（住民税3,000,000）
			山林所得の損失			
		1年が白色の場合	変動所得の損失			
			被災事業用資産の損失 山林以外			
			山 林			
		居住用財産に係る通算後譲渡損失の金額				
	雑	損 失				

手順1-3
前年の純損失の金額を全額繰り戻すので、前年までに引ききれなかった損失額は記載しません。なお、住民税は純損失の繰戻しによる還付の制度がないので（住民税300万円）と記載する。

○ 第四表は、申告書Bの第一表・第二表と一緒に提出してください。

本年分の一般株式等及び上場株式等に係る譲渡所得等から差し引く損失額	⑧⑦	円
本年分の上場株式等に係る配当所得等から差し引く損失額	⑧⑧	円
本年分の先物取引に係る雑所得等から差し引く損失額	⑧⑨	円

雑損控除、医療費控除及び寄附金控除の計算で使用する所得金額の合計額	⑨⓪	0 円

5 翌年以後に繰り越される本年分の雑損失の金額	⑨①	円
6 翌年以後に繰り越される株式等に係る譲渡損失の金額	⑨②	円
7 翌年以後に繰り越される先物取引に係る損失の金額	⑨③	円

| 資産 | | 整理欄 | |

記載例1 記載例2 記載例3 記載例4 記載例5 記載例6 記載例7 記載例8 記載例9 記載例10 記載例11

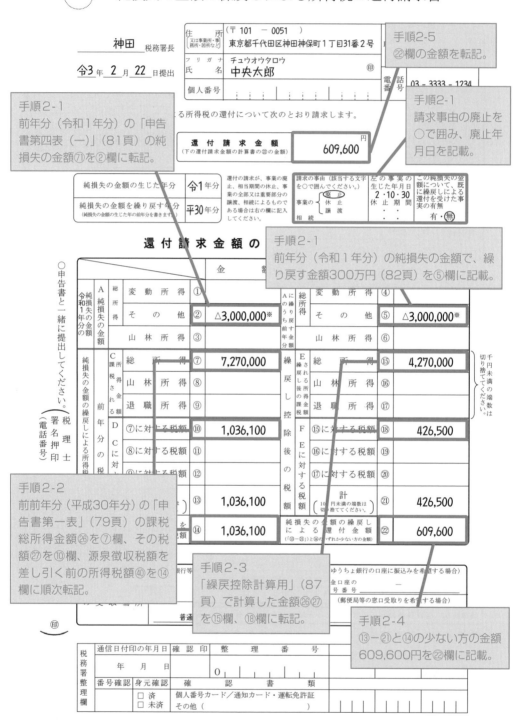

純損失の金額の繰戻しによる所得税の還付請求書

税務署受付印

住所（又は事業所・事務所・居所など）　（〒101 － 0051　）　東京都千代田区神田神保町１丁目31番２号

神田 _税務署長

令3 年 2 月 22 日提出

フリガナ　チュウオウタロウ
氏　名　中央太郎 ㊞

個人番号

電話番号　03 － 3333 － 1234

手順2-5
㉒欄の金額を転記。

手順2-1
前年分（令和１年分）の「申告書第四表（一）」（81頁）の純損失の金額⑦を②欄に転記。

手順2-1
請求事由の廃止を○で囲み、廃止年月日を記載。

る所得税の還付について次のとおり請求します。

還付請求金額（下の還付請求金額の計算書の㉒の金額）　609,600 円

純損失の金額の生じた年分	令1年分
純損失の金額を繰り戻す年分（純損失の金額の生じた年の前年分を書きます）	平30年分

還付の請求が、事業の廃止、相当期間の休止、事業の全部又は重要部分の譲渡、相続によるものである場合は右の欄に記入してください。

請求の事由（該当する文字を○で囲んでください。）	左の事実の生じた年月日	この純損失の金額について、既に繰戻しによる還付を受けた事実の有無
事業の　廃止　休止　譲渡	2 ・10・30 休止期間	有・無
相続		

手順2-1
前年分（令和１年分）の純損失の金額で、繰り戻す金額300万円（82頁）を⑤欄に記載。

還付請求金額の

○申告書と一緒に提出してください。

税理士署名押印（電話番号）　㊞

				金　　額						金　　額
令和１年分の純損失の金額	A純損失の金額	総所得	変動所得	①		Aのうち繰り戻す金額前年分	総所得	変動所得	④	
			その他	②	△3,000,000※			その他	⑤	△3,000,000※
		山林所得		③			山林所得		⑥	
純損失の金額の繰戻しによる所得税前年分の税	C課税される所得金額	総所得		⑦	7,270,000	繰戻される後の所得金額の課税	E総所得		⑮	4,270,000
		山林所得		⑧			山林所得		⑯	
		退職所得		⑨			退職所得		⑰	
	DCに対する税	⑦に対する税額		⑩	1,036,100	FEに対する税額	⑮に対する税額		⑱	426,500
		⑧に対する税額		⑪			⑯に対する税額		⑲	
		⑨に対する税額		⑫			⑰に対する税額		⑳	
		計		⑬	1,036,100		計（10円未満の端数は切り捨ててください。）		㉑	426,500
				⑭	1,036,100	純損失の金額の繰戻しによる還付金額（「⑬－㉑」と㉑のいずれか少ない方の金額）			㉒	609,600

千円未満の端数は切り捨ててください。

手順2-2
前前年分（平成30年分）の「申告書第一表」（79頁）の課税総所得金額㉖を⑦欄、その税額㉗を⑩欄、源泉徴収税額を差し引く前の所得税額㊵を⑭欄に順次転記。

手順2-3
「繰戻控除計算用」（87頁）で計算した金額㉖㉗を⑮欄、⑱欄に転記。

手順2-4
⑬－㉑と⑭の少ない方の金額609,600円を㉒欄に記載。

銀行等　ゆうちょ銀行の口座に振込みを希望する場合
金口座の号番号
（郵便局等の窓口受取りを希望する場合）

㊞　普通

税務署整理欄	通信日付印の年月日	確認印	整　理　番　号				
	年　月　日		0				
	番号確認　身元確認	確　認　書　類					
	□ 済　□ 未済	個人番号カード／通知カード・運転免許証　その他（　　　　　）					

※記載例では分かりやすさの点から純損失の金額をマイナス表記しています。

FA0124

_____税務署長　　平成 **30** 年分の 所得税及び／復興特別所得税 の 確定 申告書B

〒 1 0 1 - 0 0 5 1

個人番号	
フリガナ	チュウオウタロウ
氏　名	中央太郎 ㊞

性別 男・女　職業 自営業　屋号・雅号　世帯主の氏名　世帯主との続柄 本人

生年月日 3 29.01.03　電話番号 自宅・勤務先・携帯

> 手順2-3
> 前前年分の課税総所得金額から繰り戻した純損失の金額を差し引いた金額427万円を還付請求書の⑮欄に、それに対する税額426,500円を⑱欄に転記。

繰戻控除後の金額

分離　国出　損失　修正　特農　特農
の表示

	課税される所得金額（⑨−㉕）又は第三表	㉖	4 2 7 0 0 0 0	
	上の㉖に対する税額又は第三表の㉗	㉗	4 2 6 5 0 0	

収入金額等	事　業	営　業	㋐		
		農　業	㋑		
	不　動　産		㋒		
	利　子		㋓		
	配　当		㋔		
	給　与		㋕	3 6 0 0 0 0 0	
	雑	公的年金等	㋖		
		その他	㋗		
	総合譲渡	短　期	㋘		
		長　期	㋙		
	一　時		㋚		

繰戻控除計算用

税金の計算			
配　当　控　除	㉘		
	㉙ 区分		
（特定増改築等）住宅借入金等特別控除	㉚ 区分	0 0	
政党等寄附金等特別控除	㉛〜㉝ 区分		
住宅耐震改修特別控除 住宅特定改修・認定住宅新築等特別税額控除	㉞〜㊱ 区分		
	㊲	4 2 6 5 0 0	
（㉗−㉘）（㊲）	㊳	4 2 6 5 0 0	
復興特別所得税額（㊵×2.1%）	㊶	8 9 5 6	
所得税及び復興特別所得税の額（㊵+㊶）	㊷	4 3 5 4 5 6	
外国税額控除	㊸ 区分		
所得税及び復興特別所得税の源泉徴収税額	㊹		
所得税及び復興特別所得税の申告納税額（㊷−㊹）	㊺	4 3 5 4 0 0	
所得税及び復興特別所得税の予定納税額（第1期分・第2期分）	㊻	2 5 0 0 0 0	
所得税及び復興特別所得税の第3期分の税額（㊺−㊻）納める税金	㊼	1 8 5 4 0 0	
還付される税金	㊽	△	

所得金額	事	営業等	①	6 0 0 0 0 0 0
	業	農業	②	
	不　動　産		③	
	利　子		④	
	配　当		⑤	
	給与	区分	⑥	2 3 4 0 0 0 0
	雑		⑦	
	総合譲渡・一時 ㋘+{(㋙+㋚)×½}		⑧	
	合　　計		⑨	8 3 4 0 0 0 0

その他			
配偶者の合計所得金額	㊾		
専従者給与（控除）額の合計額	㊿		
青色申告特別控除額	51		
雑所得・一時所得等の所得税及び復興特別所得税の源泉徴収税額の合計額	52		
未納付の所得税及び復興特別所得税の源泉徴収税額	53		
本年分で差し引く繰越損失額	54		
平均課税対象金額	55		
変動・臨時所得金額 区分	56		

所得から差し引かれる金額	雑　損　控　除	⑩	
	医療費控除 区分	⑪	
	社会保険料控除	⑫	2 3 5 0 0 0
	小規模企業共済等掛金控除	⑬	
	生命保険料控除	⑭	4 0 0 0 0
	地震保険料控除	⑮	3 5 0 0 0
	寄附金控除	⑯	
	寡婦、寡夫控除	⑱	0 0 0 0
	勤労学生、障害者控除	⑲〜⑳	0 0 0 0
	配偶者（特別）控除 区分	㉑〜㉒	0 0 0 0
	扶　養　控　除	㉓	3 8 0 0 0 0
	基　礎　控　除	㉔	3 8 0 0 0 0
	合　　計	㉕	1 0 7 0 0 0 0

延納の届出	申告期限までに納付する金額	57	0 0
	延納届出額	58	0 0 0

還付される税金の受取場所

銀行・金庫・組合・農協・漁協　本店・支店・出張所・本所・支所

郵便局名等　預金種類 普通・当座・納税準備・貯蓄

口座番号記号番号

税理士署名押印		㊞
電話番号		

税理士法第30条の書面提出有　　税理士法第33条の2の書面提出有

整理欄	区分	A	B	C	D	E	F	G	H	I	J	K
	異動		年		月		日	L				
	管理							名簿				
	補完							確認				

記載例1　記載例2　記載例3　記載例4　記載例5　記載例6　記載例7　記載例8　記載例9　記載例10　記載例11

納番　事業　住民　資産　総合　分離　譲渡　通信日付印　年月日　一連号

本年に事業を廃止し、前年分の純損失の金額を前前年分に一部繰り戻し、残額を本年分に繰り越した場合

平成30年分の確定申告の概要

(1)	課税標準		
	① 総所得金額		8,340,000円
	イ 事業所得	6,000,000円	
	ロ 給与所得	2,340,000円	
(2)	所得控除額		1,070,000円
(3)	課税総所得金額等		7,270,000円
	① 課税総所得金額		7,270,000円
(4)	各種所得の税額		1,036,100円
(5)	復興特別所得税		21,758円
(6)	所得税及び復興特別所得税の額		1,057,858円
(7)	源泉徴収税額		250,000円
(8)	納付税額		807,800円

令和１年分の確定申告の概要

(1)	課税標準		
	① 総所得金額		△6,000,000円（純損失の金額）
	イ 事業所得	△6,000,000円	
(2)	所得控除額		380,000円
(3)	課税総所得金額等		0円
(4)	各種所得の税額		0円
(5)	復興特別所得税		0円
(6)	所得税及び復興特別所得税の額		0円
(7)	源泉徴収税額		215,000円
(8)	還付税額		△215,000円

記載例 1
記載例 2
記載例 3
記載例 4
記載例 5
記載例 6
記載例 7
記載例 8
記載例 9
記載例 10
記載例 11

令和2年分の申告所得の概要

(1)	課税標準	
	① 総所得金額	4,000,000円（前年分の純損失の一部繰越額300万円を控除後の金額）
	イ 事業所得 7,000,000円	
(2)	所得控除額	1,300,000円
(3)	課税総所得金額等	2,700,000円
(4)	各種所得の税額	172,500円
(5)	復興特別所得税	3,622円
(6)	所得税及び復興特別所得税の額	176,122円
(7)	源泉徴収税額	0円
(8)	納付税額	176,100円

【申告書作成手順】

手順1　令和2年分の確定申告書の作成（94頁）

1　申告所得の内容に従って、申告書第一表、申告書第二表を作成します。

2　前年分の純損失の金額600万円のうち300万円を前前年分に繰戻しによる還付請求をし、残額の300万円を本年分の所得から差し引くものとします※。

※　前年分の純損失の金額を前前年分に繰り戻すことができるのは、事業の廃業、相続等が発生した場合に限られることに留意してください。

3　本年分で差し引く繰越損失額300万円を申告書第一表の㊾欄に記載し、総所得金額700万円から同額を控除した金額400万円を⑫欄に記載します。

手順2　純損失の金額の繰戻しによる所得税の還付請求書の作成（95頁）

1　請求の事由欄の「廃止」を○で囲み、事業廃止年月日を記載します。
前年分（令和1年分）の純損失の金額600万円を②欄に転記し、そのうち前前年分（平成30年分）に繰り戻す金額300万円を⑤欄に記載します。

2　前前年分の課税総所得金額727万円を⑦欄、それに対する税額1,036,100円を⑩欄、源泉徴収税額を差し引く前の所得税額1,036,100円を⑭欄にそれぞれ転記します。

3　前前年分の課税総所得金額727万円⑦から前前年分に繰り戻す金額300万円⑤を差し引いた金額427万円を⑮欄に記載し、それに対する税額426,500円を⑱欄に記載します（「繰戻控除計算用」96頁を参照）。

4　⑬欄−㉑欄と⑭欄の少ない方の金額609,600円を㉒欄に記載します。

5　還付請求金額欄に609,600円を転記します。

神田　税務署長
31 年 3 月 11 日 平成 **30** 年分の 所得税及び 復興特別所得税 の 確定 申告書B

F A 0 1 2 4

〒 1 0 1 - 0 0 5 1

個人番号

フリガナ　チュウオウタロウ

氏 名　中央太郎

手順2-2
前前年分の課税総所得金額及びそれに対する税額を「繰戻し還付請求書」（95頁）の⑦欄、⑩欄に転記。

性別　職業　　　　　屋号・雅号　　　世帯主の氏名　世帯主との続柄
男 **女**　自営業　　　　　　　　　　　　　　　　　　　本人
生年月日　3 29.01.03　電話番号　自宅・勤務先・携帯

整理番号 1 2 3 4 5 6 7 8

			収入金額等	
事業	営 業 等	㋐	1 8 0 0 0 0 0 0	
	農 業	㋑		
不 動 産		㋒		
利 子		㋓		
配 当		㋔		
給 与		㋕	3 6 0 0 0 0 0	
雑	公的年金等	㋖		
	その他	㋗		
総合譲渡	短 期	㋘		
	長 期	㋙		
一 時		㋚		

			所得金額	
事業	営 業 等	①	6 0 0 0 0 0 0	
	農 業	②		
不 動 産		③		
利 子		④		
配 当		⑤		
給与 区分		⑥	2 3 4 0 0 0 0	
雑		⑦		
総合譲渡・一時 ㋗+{(㋘+㋙)×½}		⑧		
合 計		⑨	8 3 4 0 0 0 0	

			所得から差し引かれる金額	
雑 損 控 除		⑩		
医療費控除 区分		⑪		
社会保険料控除		⑫	2 3 5	
小規模企業共済等掛金控除		⑬		
生命保険料控除		⑭	4 0	
地震保険料控除		⑮	3 5 0 0 0	
寄附金控除		⑯		
寡婦、寡夫控除		⑱	0 0 0 0	
勤労学生、障害者控除		⑲~⑳	0 0 0 0	
配偶者(特別)控除 区分		㉑~㉒	0 0 0 0	
扶 養 控 除		㉓	3 8 0 0 0 0	
基 礎 控 除		㉔	3 8 0 0 0 0	
合 計		㉕	1 0 7 0 0 0 0	

		税金の計算	
課税される所得金額 (⑨-㉕)又は第三表	㉖	7 2 7 0 0 0 0	
上の㉖に対する税額 又は第三表の㉚	㉗	1 0 3 6 1 0 0	
配 当 控 除	㉘		
区分	㉙		
(特定増改築等) 住宅借入金等特別控除 区分	㉚	0 0	
政党等寄附金等特別控除	㉛~㉝		
住宅耐震改修特別控除 住宅特定改修・認定住宅 新築等特別税額控除	㉞~㊱		
差引所得税額 (㉖-㉘-㉙-㉚-㉛-㉝-㉞-㊱)	㊳	1 0 3 6 1 0 0	
災害減免額	㊴		
再差引所得税額 (基準所得税額) (㊳-㊴)	㊵	1 0 3 6 1 0 0	
復興特別所得税額 (㊵×2.1%)	㊶	2 1 7 5 8	
所得税及び復興特別所得税の額 (㊵+㊶)	㊷	1 0 5 7 8 5 8	
外国税額控除 区分	㊸		
所得税及び復興特別所得税の源泉徴収税額	㊹	2 5 0 0 0 0	
所得税及び復興特別所得税の申告納税額 (㊷-㊸-㊹)	㊺	8 0 7 8 0 0	
所得税及び復興特別所得税の予定納税額 (第1期分・第2期分)	㊻		
所得税及び復興特別所得税の第3期分の税額 納める税金 (㊺-㊻)	㊼	8 0 7 8 0 0	
還付される税金	㊽		

		そ	
配偶者の合計所得金額	㊾		
専従者給与(控除)額の合計額	㊿		
青色申告特別控除額	51	6 5 0 0 0 0	

手順2-2
源泉徴収税額控除前の税額㊵を「繰戻し還付請求書」（95頁）の⑭欄に転記。

変動・臨時所得金額 区分		56	
延納の届出	申告期限までに納付する金額	57	0 0
	延納届出額	58	0 0 0

受取される税金の所
還付場所
銀行・金庫・組合・農協・漁協　本店・支店・出張所・本所・支所
郵便局 名 等
預金種類　普通・当座・納税準備・貯蓄 ○
口座番号記号番号

第一表 （平成三十年分以降用）

復興特別所得税額の記入をお忘れなく。

納管
事業
住民
資産
総合
分離
検算
通信日付印
年月日
整理欄

区分	A	B	C	D	E	F	G	H	I	J	K
異動											
管理											
補完										L	名簿

税理士署名押印電話番号
㊞
税理士法第30条の書面提出有　税理士法第33条の2の書面提出有
確認

令和1年確定申告分	令和1年分 確定申告書 第一表

神田　税務署長

令和_2_年_3_月_10_日　令和 **01** 年分の 所得税及び 復興特別所得税 の 確定 申告書B

FA0125

第一表（令和元年分以降用）

住所　又は事業所事務所居所など	〒 101-0051 東京都千代田区神田神保町1丁目31番2号	個人番号	
		フリガナ	チュウオウタロウ
		氏名	中央太郎

令和2年1月1日の住所　同上

性別	職業	屋号・雅号	世帯主の氏名	世帯主との続柄
㊚女	自営業			本人

生年月日 3 29.01.03　電話番号 自宅・勤務先・携帯

受付印　（単位は円）　種類 ○○ 分離 国出 ○○ 修正 特農の表示 特農　整理番号 1 2 3 4 5 6 7 8

復興特別所得税額の記入をお忘れなく。

収入金額等	事	営業等	㋐	35000000	税金の計算	課税される所得金額（⑨-㉕）又は第三表	㉖	000
	業	農業	㋑			上の㉖に対する税額又は第三表の㊼	㉗	0
	不動産		㋒			配当控除	㉘	
	利子		㋓			区分	㉙	
	配当		㋔			（特定増改築等）住宅借入金等特別控除 区分	㉚	00
	給与		㋕			政党等寄附金等特別控除	㉛~㉝	
	雑	公的年金等	㋖			住宅耐震改修特別控除等 区分	㉞~㊲	
		その他	㋗			差引所得税額（㉗-㉘-㉙-㉚-㉛-㉞）	㊳	0
	総合譲渡	短期	㋘			災害減免額	㊴	
		長期	㋙			再差引所得税額（基準所得税額）（㊳-㊴）	㊵	0
	一時		㋚			復興特別所得税額（㊵×2.1%）	㊶	0
所得金額	事	営業等	①	△6000000		所得税及び復興特別所得税の額（㊵+㊶）	㊷	0
	業	農業	②			外国税額控除 区分	㊸	
	不動産		③			源泉徴収税額	㊹	215000
	利子		④			申告納税額（㊷-㊸-㊹）	㊺	△215000
	配当		⑤			予定納税額（第1期分・第2期分）	㊻	
	給与 区分		⑥			第3期分の税額（㊺-㊻）　納める税金	㊼	00
	雑		⑦			還付される税金	㊽	△215000
	総合譲渡・一時㋙+{(㋚+㋛)×½}		⑧		その他	配偶者の合計所得金額	㊾	
	合計		⑨			専従者給与（控除）額の合計額	㊿	
所得から差し引かれる金額	社会保険料控除		⑩			青色申告特別控除額	�51	0
	小規模企業共済等掛金控除		⑪			雑所得・一時所得等の源泉徴収税額の合計額	�52	
	生命保険料控除		⑫			未納付の源泉徴収税額	�53	
	地震保険料控除		⑬			本年分で差し引く繰越損失額	�54	
	寡婦、寡夫控除		⑭	0000		平均課税対象金額	�55	
	勤労学生、障害者控除		⑮~⑯	0000		変動・臨時所得金額 区分	�56	
	配偶者（特別）控除 区分		⑰~⑱	0000	延納の届出	申告期限までに納付する金額	�57	00
	扶養控除		⑲	0000		延納届出額	㊺8	000
	基礎控除		⑳	380000				
	⑩から⑳までの計		㉑	380000				
	雑損控除		㉒					
	医療費控除 区分		㉓					
	寄附金控除		㉔					
	合計（㉑+㉒+㉓+㉔）		㉕	380000				

還付される税金の受取場所　銀行 金庫・組合 農協・漁協　本店・支店 出張所 本所・支所

郵便局名等　預金種類 普通 当座 納税準備 貯蓄 ○○○○○

口座番号記号番号

整理欄	区分	A	B	C	D	E	F	G	H	I	J	K
	異動				年		月		日	L		
	管理補完								名簿			確認

税理士署名押印電話番号　―　―　㊞　税理士法30条 33条の2 ○○○

納管　事業　住民　資産　総合　分離　検算　通信日付印　年月日　一連

91

令和 01 年分の 所得税及び復興特別所得税 の 確定 申告書（損失申告用）　F A 0 0 5 4

第四表(一)（令和元年分以降用）

住所（又は事業所事務所居所など）	東京都千代田区神田神保町１丁目31番２号	フリガナ 氏名	チュウオウタロウ 中央太郎

整理番号 12345678　一連番号

1 損失額又は所得金額

A	経常所得（申告書B第一表の①から⑦までの合計額）							(59)	△6,000,000円

所得の種類			区分等	所得の生ずる場所	Ⓐ収入金額	Ⓑ必要経費等	Ⓒ差引金額（Ⓐ－Ⓑ）	Ⓓ特別控除額	Ⓔ損失額又は所得金額
B 譲渡	短期	分離譲渡			円	円	㋛ 円		(60) 円
		総合譲渡					㋜	円	(61)
	長期	分離譲渡			円	円	㋝		(62)
		総合譲渡					㋞	円	(63)
	一時								(64)
C	山林				円				(65)
D	退職					円	円		(66)
E	一般株式等の譲渡								(67)
	上場株式等の譲渡								(68)
	上場株式等の配当等					円	円		(69)
F	先物取引								(70)

特例適用条文

2 損益の通算

所得の種類				Ⓐ通算前		Ⓑ第１次通算後		Ⓒ第２次通算後		Ⓓ第３次通算後	Ⓔ損失額又は所得金額
A	経常所得		(59)	△6,000,000円	第1次通算	△6,000,000円	第2次通算	△6,000,000円	第3次通算	△6,000,000円	△6,000,000円
B 譲渡	短期	総合譲渡	(61)								
	長期	分離譲渡（特定損失額）	(62)	△							
		総合譲渡	(63)								
	一時		(64)								
C	山林			………→	(65)						㋟
D	退職			………→			(66)				
損失額又は所得金額の合計額										(71)	△6,000,000

手順2-1
総所得金額の純損失の金額△600万円を「繰戻し還付請求書」（95頁）の②欄に転記。

資産　整理欄

令和 [0][1] 年分の 所得税及び復興特別所得税 の 確定 申告書（損失申告用）　FA0059

整理番号	[1][2][3][4][5][6][7][8]	一連番号

第四表（二）（令和元年分以降用）

3 翌年以後に繰り越す損失額

青色申告者の損失の金額	⑦	△6,000,000 円
居住用財産に係る通算後譲渡損失の金額	⑦	
変動所得の損失額	⑦	

被災事業用資産の損失額	所得の種類	被災事業用資産の種類など	損害の原因	損害年月日	Ⓐ 損害金額	Ⓑ 保険金などで補填される金額		Ⓒ 差引損失額（Ⓐ－Ⓑ）
	山林以外	営業等・農業		・・	円	円	⑦	円
		不動産		・・			⑦	
	山林			・・			⑦	

山林所得に係る被災事業用資産の損失額	⑦	
山林以外の所得に係る被災事業用資産の損失額	⑦	

○第四表は、申告書Ｂの第一表・第二表と一緒に提出してください。

4 繰越損失を差し引く計算

年分		損失の種類		Ⓐ前年分までに引ききれなかった損失額	Ⓑ本年分で差し引く損失額	Ⓒ翌年分以後に繰り越して差し引かれる損失額(Ⓐ-Ⓑ)
A 28年（3年前）	純損失	28年が青色の場合	山林以外の所得の損失	円	円	円
			山林所得の損失			
		28年が白色の場合	変動所得の損失			
			被災事業用資産の損失 山林以外			
			被災事業用資産の損失 山林			
		居住用財産に係る通算後譲渡損失の金額				
	雑損失					
B 29年（2年前）	純損失	29年が青色の場合	山林以外の所得の損失			
			山林所得の損失			
		29年が白色の場合	変動所得の損失			
			被災事業用資産の損失 山林以外			
			被災事業用資産の損失 山林			
		居住用財産に係る通算後譲渡損失の金額				
	雑損失					
C 30年（前年）	純損失	30年が青色の場合	山林以外の所得の損失			
			山林所得の損失			
		30年が白色の場合	変動所得の損失			
			被災事業用資産の損失 山林以外			
			被災事業用資産の損失 山林			
		居住用財産に係る通算後譲渡損失の金額				
	雑損失					

手順1-3
翌年に繰り越すこととしていた純損失の金額600万円のうち300万円を前前年に繰り戻します。

本年分の一般株式等及び上場株式等に係る譲渡所得等から差し引く損失額	⑧	円
本年分の上場株式等に係る配当所得等から差し引く損失額	⑧	円
本年分の先物取引に係る雑所得等から差し引く損失額	⑧	円

雑損控除、医療費控除及び寄附金控除の計算で使用する所得金額の合計額	⑧	0 円

5 翌年以後に繰り越される本年分の雑損失の金額	⑧	円
6 翌年以後に繰り越される株式等に係る譲渡損失の金額	⑧	円
7 翌年以後に繰り越される先物取引に係る損失の金額	⑧	円

資産		整理欄	

記載例1
記載例2
記載例3
記載例4
記載例5
記載例6
記載例7
記載例8
記載例9
記載例10
記載例11

FA2200

神田　税務署長
令和 3 年 2 月 22 日　令和 02 年分の 所得税及び復興特別所得税 の 確定 申告書B

第一表（令和二年分以降用）

住所 〒 101-0051　個人番号　　　　　　生年月日 3 29.01.03
又は事業所事務所居所など　東京都千代田区神田神保町１丁目31番２号
フリガナ　チュウオウタロウ
氏名　中央太郎

令和 3 年 1 月 1 日の住所　同上
職業　自営業　屋号・雅号　世帯主の氏名　世帯主との続柄 本人

（単位は円）　種類 ○分離 国出 損失 修正 特農の表示 特農
整理番号 1 2 3 4 5 6 7 8　電話番号 自宅・勤務先・携帯

収入金額等	事業	営業等	㋐	2 0 0 0 0 0 0 0
		農業	㋑	
	不動産		㋒	
	利子		㋓	
	配当		㋔	
	給与	区分	㋕	
	雑	公的年金等	㋖	
		業務 区分	㋗	
		その他	㋘	
	総合譲渡	短期	㋙	
		長期	㋚	
	一時		㋛	

所得金額等	事業	営業等	①	7 0 0 0 0 0 0
		農業	②	
	不動産		③	
	利子		④	
	配当		⑤	
	給与	区分	⑥	
	雑	公的年金等	⑦	
		業務	⑧	
		その他	⑨	
		⑦から⑨までの計	⑩	
	総合譲渡・一時 ㋙+{(㋚+㋛)×½}		⑪	
	合計 (①から⑥までの計+⑩+⑪)		⑫	4 0 0 0 0 0 0

所得から差し引かれる金額	社会保険料控除	⑬	3 9 0 0 0 0
	小規模企業共済等掛金控除	⑭	
	生命保険料控除	⑮	4 0 0 0 0
	地震保険料控除	⑯	1 0 0 0 0
	寡婦、ひとり親控除 区分	⑰~⑱	0 0 0 0
	勤労学生、障害者控除	⑲~⑳	0 0 0 0
	配偶者 (特別)控除 区分1 区分2	㉑~㉒	3 8 0 0 0 0
	扶養控除 区分	㉓	0 0 0 0
	基礎控除	㉔	4 8 0 0 0 0
	⑬から㉔までの計	㉕	1 3 0 0 0 0 0
	雑損控除	㉖	
	医療費控除 区分	㉗	
	寄附金控除	㉘	
	合計 (㉕+㉖+㉗+㉘)	㉙	1 3 0 0 0 0 0

税金の計算	課税される所得金額 (⑫-㉙)又は第三表	㉚	2 7 0 0 0 0 0
	上の㉚に対する税額又は第三表の㉛	㉛	1 7 2 5 0 0
	配当控除	㉜	
	区分	㉝	
	(特定増改築等) 住宅借入金等特別控除 区分1 区分2	㉞	0 0
	政党等寄附金等特別控除	㉟~㊲	
	住宅耐震改修特別控除等	㊳~㊵	
	差引所得税額 (㉛-㉜-㉝-㉞-㉟-㊲-㊳)	㊶	1 7 2 5 0 0
	災害減免額	㊷	
	再差引所得税額(基準所得税額) (㊶-㊷)	㊸	1 7 2 5 0 0
	復興特別所得税額 (㊸×2.1%)	㊹	3 6 2 2
	所得税及び復興特別所得税の額 (㊸+㊹)	㊺	1 7 6 1 2 2
	外国税額控除等	㊻~㊼	
	源泉徴収税額	㊽	
	申告納税額 (㊺-㊻-㊼-㊽)	㊾	1 7 6 1 0 0
	予定納税額 (第1期分・第2期分)	㊿	
	第3期分の税額 (㊾-㊿) 納める税金	�51	1 7 6 1 0 0
	還付される税金	㊿	△

㊸ ㊹ ㊼ ㊿又は㊿の記入をお忘れなく。

その他	公的・配偶・専従・青色・雑・源泉…		
	未納付の源泉徴収税額	㊿	
	本年分で差し引く繰越損失額	㊿	3 0 0 0 0 0 0
	平均課税対象金額	㉍	
	変動・臨時所得金額	㉎	
延納の届出	申告期限までに納付する金額	㉏	0 0
	延納届出額	㉐	0 0 0

還付される税金の受取場所　銀行・金庫・組合・農協・漁協　本店・支店・出張所・本所・支所
郵便局　預金 普通 当座 納税準備 貯蓄

手順1-3
総所得金額700万円から㊿欄の本年で差し引く繰越損失額を差し引いた金額400万円を⑫欄に記載。

手順1-3
前年分の純損失の金額600万円から前前年分に繰り戻した300万円を差し引いた金額300万円を㊿欄に記載。

税理士署名押印 電話番号
㊞
税理士法書面提出 30条 33条の2

記載例 1
記載例 2
記載例 3
記載例 4
記載例 5
記載例 6
記載例 7
記載例 8
記載例 9
記載例 10
記載例 11

令和 2 年確定申告分	純損失の金額の繰戻しによる所得税の還付請求書

税務署受付印

純損失の金額の繰戻しによる所得税の還付請求書

____神田____ 税務署長

令3年 2月 22日提出

住所（又は事業所・事務所・居所など）	（〒 101 － 0051 ）東京都千代田区神田神保町1丁目31番2号
フリガナ 氏名	チュウオウタロウ 中央太郎 ㊞
個人番号	電話番号 03－3333－1234

手順2-5
㉒欄の金額を転記。

手順2-1
前年分の「申告書第四表（一）」（92頁）の純損失の金額⑦を②欄に転記。

による所得税の還付について次のとおり請求します。

還付請求金額（下の還付請求金額の計算書の㉒の金額）	609,600 円

手順2-1
請求事由の廃止を〇で囲み、廃止年月日を記載。

純損失の金額の生じた年分	令1年分
純損失の金額を繰り戻す年分（純損失の金額の生じた年の前年分を書きます）	平30年分

還付の請求が、事業の廃止、相当期間の休止、事業の全部又は重要部分の譲渡、相続によるものである場合は右の欄に記入してください。

請求の事由（該当する文字を〇で囲んでください。）	左の事実の生じた年月日	この純損失の金額について、既に繰戻しによる還付を受けた事実の有無
事業の {廃止 休止 譲渡} 相続	2 ・10・30 休止期間 ・ ・ ・ ・	有・無

還付請求金額の

手順2-1
前年分（令和1年分）の純損失の金額のうち、繰り戻す金額300万円（93頁）を⑤欄に記載。

〇申告書と一緒に提出してください。

税理士 署名押印
（電話番号）

				金						
令和1年分の純損失の金額の	A 純損失の金額	総所得	変動所得	①		Aにうりのち戻年す前金分額	総所得	変動所得	④	
			その他	②	△6,000,000			その他	⑤	△3,000,000
		山林所得		③				山林所得	⑥	
純損失の金額の繰戻しによる所得 前年分の税	C 課税される所得金額	総所得		⑦	7,270,000	E 繰戻しされる後の所得の課税額	総所得		⑮	4,270,000
		山林所得		⑧			山林所得		⑯	
		退職所得		⑨			退職所得		⑰	
	D Cに対する税	⑦に対する税額		⑩	1,036,100	F Eに対する税額	⑮に対する税額		⑱	426,500
		⑧に対する税額		⑪			⑯に対する税額		⑲	
		⑨に対する税額		⑫			⑰に対する税額		⑳	
		計		⑬	1,036,100		計（10円未満の端数は切り捨ててください。）		㉑	426,500
				⑭	1,036,100	純損失の金額の繰戻しによる還付金額（（⑬－㉑）と⑭のいずれか少ない方の金額）			㉒	609,600

（千円未満の端数は切り捨ててください。）

手順2-2
前前年分（平成30年分）の「申告書第一表」（90頁）の課税総所得金額㉖を⑦欄、その税額㉗を⑩欄、源泉徴収税額を差し引く前の所得税額㊵を⑭欄に順次転記。

手順2-3
「繰戻控除計算用」（96頁）で計算した金額㉖、㉗を⑮欄、⑱欄に転記。

手順2-4
⑬－㉑と⑭の少ない方の金額609,600円を㉒欄に記載。

銀行等 ゆうちょ銀行の口座に振込みを希望する場合）
預金口座の記号番号 ＿
（郵便局等の窓口受取りを希望する場合）

㊞ 普通

税務署整理欄	通信日付印の年月日	確認印	整理番号						
	年 月 日	0							
	番号確認	身元確認	確認書類						
		□ 済 □ 未済	個人番号カード／通知カード・運転免許証 その他（ ）						

※記載例では分かりやすさの点から純損失の金額をマイナス表記しています。

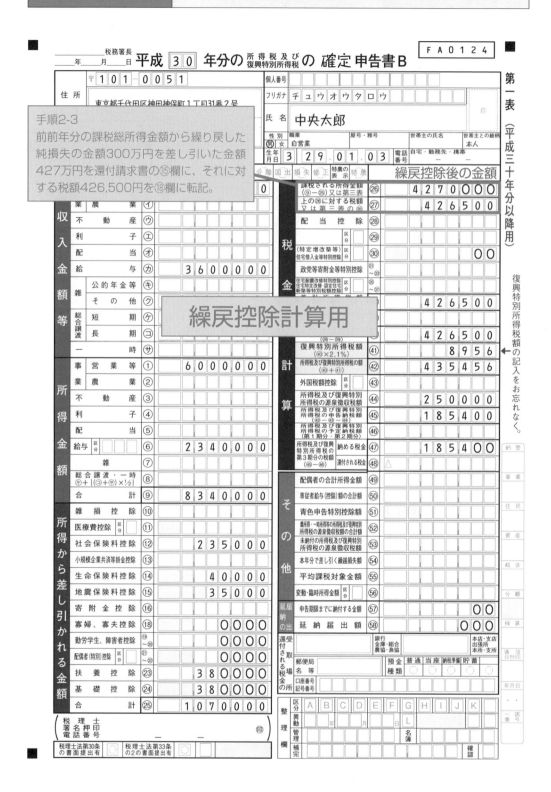

税務署長
＿＿年＿＿月＿＿日　平成 **30** 年分の 所得税及び 復興特別所得税 の 確定 申告書Ｂ　　FA0124

第一表（平成三十年分以降用）

〒 **101-0051**

住所　東京都千代田区神田神保町１丁目31番２号

個人番号

フリガナ　チュウオウタロウ

氏名　中央太郎　㊞

性別　男・女　職業　自営業　屋号・雅号　世帯主の氏名　世帯主との続柄　本人

生年月日　3 **29.01.03**

電話番号　自宅・勤務先・携帯

手順2-3
前前年分の課税総所得金額から繰り戻した純損失の金額300万円を差し引いた金額427万円を還付請求書の⑮欄に、それに対する税額426,500円を⑱欄に転記。

分離　国出　損失　修正　特農の表示　特農　　**繰戻控除後の金額**

課税される所得金額（⑨−㉕）又は第三表	㉖	4 2 7 0 0 0 0
上の㉖に対する税額又は第三表の⑨	㉗	4 2 6 5 0 0
配当控除	㉘	
（区分）	㉙	
（特定増改築等）住宅借入金等特別控除 区分	㉚	0 0
政党等寄附金等特別控除	㉛〜㉝	
住宅耐震改修特別控除等	㉞〜㊲	
差引所得税額		4 2 6 5 0 0
（㉗−㉘−㉙−㉚−㉛−㉞）		4 2 6 5 0 0
復興特別所得税額（㊵×2.1%）	㊶	8 9 5 6
所得税及び復興特別所得税の額（㊵＋㊶）	㊷	4 3 5 4 5 6
外国税額控除 区分	㊸	
所得税及び復興特別所得税の源泉徴収税額	㊹	2 5 0 0 0 0
所得税及び復興特別所得税の申告納税額（㊷−㊸−㊹）	㊺	1 8 5 4 0 0
所得税及び復興特別所得税の予定納税額（第1期分・第2期分）	㊻	
所得税及び復興特別所得税の第3期分の税額（㊺−㊻） 納める税金	㊼	1 8 5 4 0 0
還付される税金	㊽ △	

復興特別所得税額の記入をお忘れなく。

収入金額等

営業 農業	㋐	
不動産	㋑	
利子	㋒	
配当	㋓	
給与	㋔	3 6 0 0 0 0 0
雑 公的年金等	㋕	
その他	㋖	
総合譲渡 短期	㋗	
長期	㋘	
一時	㋙	

繰戻控除計算用

所得金額

事業 営業等	①	6 0 0 0 0 0 0
農業	②	
不動産	③	
利子	④	
配当	⑤	
給与 区分	⑥	2 3 4 0 0 0 0
雑	⑦	
総合譲渡・一時⑦＋{(㋘＋㋙)×½}	⑧	
合計	⑨	8 3 4 0 0 0 0

所得から差し引かれる金額

雑損控除	⑩	
医療費控除 区分	⑪	
社会保険料控除	⑫	2 3 5 0 0 0
小規模企業共済等掛金控除	⑬	
生命保険料控除	⑭	4 0 0 0 0
地震保険料控除	⑮	3 5 0 0 0
寄附金控除	⑯	
寡婦、寡夫控除	⑱	0 0 0 0
勤労学生、障害者控除	⑲〜⑳	0 0 0 0
配偶者(特別)控除 区分	㉑〜㉒	0 0 0 0
扶養控除	㉓	3 8 0 0 0 0
基礎控除	㉔	3 8 0 0 0 0
合計	㉕	1 0 7 0 0 0 0

その他

配偶者の合計所得金額	㊾	
専従者給与(控除)額の合計額	㊿	
青色申告特別控除額	51	
雑所得・一時所得等の所得税及び復興特別所得税の源泉徴収税額の合計額	52	
未納付の所得税及び復興特別所得税の源泉徴収税額	53	
本年分で差し引く繰越損失額	54	
平均課税対象金額	55	
変動・臨時所得金額 区分	56	

延納の届出

申告期限までに納付する金額	57	0 0
延納届出額	58	0 0 0

還付される税金の受取場所

銀行・金庫・組合・農協・漁協　本店・支店・出張所・本所・支所

郵便局名等

預金種類　普通　当座　納税準備　貯蓄

口座番号記号番号

整理欄　区分　A B C D E F G H I J K　異動　L

管理　名簿　補完　確認

税理士署名押印 電話番号　㊞

税理士法第30条の書面提出有　税理士法第33条の2の書面提出有

記載例1

記載例2

記載例3

記載例4

記載例5

記載例6

記載例7

記載例8

記載例9

記載例10

記載例11

記載例7	本年に事業を廃止し、前年分の残りの純損失の金額（既に前年分に一部繰戻し済み）を前前年分に繰り戻した場合

平成30年分の確定申告の概要

(1) 課税標準
　① 総所得金額　　　　　　　　　　　　　　　　8,340,000円
　　イ 事業所得　　　　　　　　　6,000,000円
　　ロ 給与所得　　　　　　　　　2,340,000円
(2) 所得控除額　　　　　　　　　　　　　　　　1,070,000円
(3) 課税総所得金額等　　　　　　　　　　　　　7,270,000円
　① 課税総所得金額　　　　　　　　　　　　　7,270,000円
(4) 各種所得の税額　　　　　　　　　　　　　　1,036,100円
(5) 復興特別所得税　　　　　　　　　　　　　　　21,758円
(6) 所得税及び復興特別所得税の額　　　　　　　1,057,858円
(7) 源泉徴収税額　　　　　　　　　　　　　　　　250,000円
(8) 納付税額　　　　　　　　　　　　　　　　　　807,800円

令和1年分の確定申告の概要

(1) 課税標準
　① 総所得金額　　　　　　　　　　　△6,000,000円（純損失の金額）
　　イ 事業所得　　　　　　　　△6,000,000円
(2) 所得控除額　　　　　　　　　　　　　　380,000円
(3) 課税総所得金額等　　　　　　　　　　　　　　0円
(4) 各種所得の税額　　　　　　　　　　　　　　　0円
(5) 復興特別所得税　　　　　　　　　　　　　　　0円
(6) 所得税及び復興特別所得税の額　　　　　　　　0円
(7) 源泉徴収税額　　　　　　　　　　　　　　215,000円
(8) 還付税額　　　　　　　　　　　　　　△215,000円

　なお、上記の純損失の金額600万円のうち300万円について、平成30年分の所得税から繰戻し還付請求により還付を受けているので、繰り越された純損失の金額は300万円となっている（103頁の純損失の金額の繰戻しによる所得税の還付請求書を参照）。

令和２年分の申告所得の概要

(1)	課税標準	
①	総所得金額	3,000,000円
イ	事業所得 3,000,000円	
(2)	所得控除額	2,000,000円
(3)	課税総所得金額等	1,000,000円
(4)	各種所得の税額	50,000円
(5)	復興特別所得税	1,050円
(6)	所得税及び復興特別所得税の額	51,050円
(7)	源泉徴収税額	0円
(8)	納付税額	51,000円

【申告書作成手順】

手順１　令和２年分の確定申告書の作成（105頁）

1　申告所得の内容に従って、申告書第一表、申告書第二表を作成します。

2　前年分の純損失の金額600万円のうち300万円は前前年分への繰戻しを受けているので、本年分の所得から差し引くことができる純損失の金額は300万円であるが、本年分の所得金額が少額であることから前年分の純損失の残額300万円について，再度純損失の金額の繰戻しによる還付請求をするものとします※。

　※　前年分の純損失の金額を前前年分に繰り戻すことができるのは、事業の廃業、相続等が発生した場合に限られることに留意してください。

手順２　純損失の金額の繰戻しによる所得税の還付請求書の作成（106頁）

1　請求の事由欄の「廃止」を○で囲み、事業廃止年月日の記載及び「この純損失の金額に……還付を受けた事実の有無」欄の「有」を○で囲みます。
前年分の純損失の金額300万円（前年分の申告で行った純損失の繰戻し還付請求後の残額）を②欄に転記し、前前年分に繰り戻す金額300万円を⑤欄に記載します。

2　同じく前年分の申告で行った純損失の繰戻し還付請求後の前前年分の課税総所得金額427万円を⑦欄、それに対する税額426,500円を⑩欄、源泉徴収税額を差し引く前の所得税額426,500円を⑭欄にそれぞれ転記します（前年分の申告で行った純損失の繰戻し還付請求時に作成した「繰戻控除計算用」104頁を参照）。

3　前前年分の課税総所得金額427万円⑦から前前年分に繰り戻す金額300万円を差し引いた金額127万円を⑮欄に、それに対する税額63,500円を⑱欄に記載します（「繰戻控除計算用」107頁を参照）。

4　⑬欄－㉑欄と⑭欄の少ない方の金額363,000円を㉒欄に記載します。

5　還付請求金額欄に363,000円を転記します。

記載例1
記載例2
記載例3
記載例4
記載例5
記載例6
記載例7
記載例8
記載例9
記載例10
記載例11

神田　税務署長
31 年 3 月 11 日　平成 30 年分の 所得税及び 復興特別所得税 の 確定 申告書B

FA0124

第一表（平成三十年分以降用）

住所 又は 事業所 事務所 居所など	〒 101-0051　東京都千代田区神田神保町1丁目31番2号

個人番号

フリガナ チュウオウタロウ
氏名 中央太郎

性別 男 女　職業 自営業　屋号・雅号　世帯主の氏名　世帯主との続柄 本人

平成31年1月1日の住所 同上

生年月日 3 29.01.03

電話番号 自宅・勤務先・携帯

整理番号 1 2 3 4 5 6 7 8

復興特別所得税額の記入をお忘れなく。

（単位は円）　種類 ○ 分離 国出 損失 修正　特農の表示 特農

収入金額等	事 営 業 等	㋐	1 8 0 0 0 0 0
	業 農 業	㋑	
	不 動 産	㋒	
	利 子	㋓	
	配 当	㋔	
	給 与	㋕	3 6 0 0 0 0 0
雑	公 的 年 金 等	㋖	
	そ の 他	㋗	
総合譲渡	短 期	㋘	
	長 期	㋙	
	一 時	㋚	

所得金額	事 営 業 等	①	6 0 0 0 0 0 0
	業 農 業	②	
	不 動 産	③	
	利 子	④	
	配 当	⑤	
	給与 区分	⑥	2 3 4 0 0 0 0
	雑	⑦	
	総合譲渡・一時 ㋗＋{(㋘＋㋙)×½}	⑧	
	合 計	⑨	8 3 4 0 0 0 0

所得から差し引かれる金額	雑 損 控 除	⑩	
	医療費控除 区分	⑪	
	社会保険料控除	⑫	2 3 5 0 0 0
	小規模企業共済等掛金控除	⑬	
	生命保険料控除	⑭	4 0 0 0 0
	地震保険料控除	⑮	3 5 0 0 0
	寄附金控除	⑯	
	寡婦、寡夫控除	⑱	0 0 0 0
	勤労学生、障害者控除	⑲〜⑳	0 0 0 0
	配偶者（特別）控除 区分	㉑〜㉒	0 0 0 0
	扶 養 控 除	㉓	3 8 0 0 0 0
	基 礎 控 除	㉔	3 8 0 0 0 0
	合 計	㉕	1 0 7 0 0 0 0

税金の計算	課税される所得金額（⑨−㉕）又は第三表	㉖	7 2 7 0 0 0 0
	上の㉖に対する税額 又は第三表の㊾	㉗	1 0 3 6 1 0 0
	配 当 控 除	㉘	
	区分	㉙	
	（特定増改築等）住宅借入金等特別控除 区分	㉚	0 0
	政党等寄附金等特別控除	㉛〜㉝	
	住宅耐震改修特別控除 住宅特定改修・認定住宅 新築等特別税額控除	㉞〜㊲	
	差引所得税額（㉗−㉘−㉙−㉚−㉛−㉞−㉟−㊱−㊲）	㊳	1 0 3 6 1 0 0
	災 害 減 免 額	㊴	
	再差引所得税額（基準所得税額）（㊳−㊴）	㊵	1 0 3 6 1 0 0
	復興特別所得税額（㊵×2.1%）	㊶	2 1 7 5 8	←
	所得税及び復興特別所得税の額（㊵＋㊶）	㊷	1 0 5 7 8 5 8
	外 国 税 額 控 除 区分	㊸	
	所得税及び復興特別所得税の源泉徴収税額	㊹	2 5 0 0 0 0
	所得税及び復興特別所得税の申告納税額（㊷−㊸−㊹）	㊺	8 0 7 8 0 0
	所得税及び復興特別所得税の予定納税額（第1期分・第2期分）	㊻	
	所得税及び復興特別所得税の第3期分の税額 納める税金（㊺−㊻）	㊼	8 0 7 8 0 0
	還付される税金	㊽	

その他	配偶者の合計所得金額	㊾	
	専従者給与（控除）額の合計額	㊿	
	青色申告特別控除額	51	6 5 0 0 0 0
	雑所得・一時所得等の所得税及び復興特別所得税の源泉徴収税額の合計額	52	
	未納付の所得税及び復興特別所得税の源泉徴収税額	53	
	本年分で差し引く繰越損失額	54	
	平均課税対象金額	55	
	変動・臨時所得金額 区分	56	

| 延納の届出 | 申告期限までに納付する金額 | 57 | 0 0 |
| | 延 納 届 出 額 | 58 | 0 0 0 |

還付される税金の受取場所	銀行 金庫・組合 農協・漁協		本店・支店 出張所 本所・支所
	郵便局 名等		預金種類 普通 当座 納税準備 貯蓄
	口座番号 記号番号		

整理欄
| 区分 | A | B | C | D | E | F | G | H | I | J | K |

異動
管理 名簿
補完　確認

税理士署名押印　電話番号　㊞

税理士法第30条の書面提出有　　税理士法第33条の2の書面提出有

納税　事業　住民　資産　紹合　分離　検算　通信日付印　年月日　番号

99

神田　税務署長

令和 2 年 3 月 10 日　令和 [01] 年分の 所得税及び 復興特別所得税 の 確定 申告書Ｂ

FA0125

第一表（令和元年分以降用）

住所 又は事業所事務所居所など	〒 101-0051　東京都千代田区神田神保町1丁目31番2号

令和 2 年 1 月 1 日 の住所　同上

個人番号

フリガナ　チュウオウタロウ

氏名　中央太郎　㊞

性別　㊔ 女　職業　自営業　屋号・雅号　世帯主の氏名　世帯主との続柄　本人

生年月日　3 29.01.03

電話番号　自宅・勤務先・携帯　− −

（単位は円）　種類　○分 ○離 ○国出 ○損 ○修正　特農の表示　特農　整理番号 1 2 3 4 5 6 7 8

収入金額等	事業	営業 等	㋐	3 5 0 0 0 0 0 0
		農 業	㋑	
	不 動 産		㋒	
	利 子		㋓	
	配 当		㋔	
	給 与		㋕	
	雑	公的年金等	㋖	
		そ の 他	㋗	
	総合譲渡	短 期	㋘	
		長 期	㋙	
	一 時		㋚	

所得金額	事業	営業 等	①	△ 6 0 0 0 0 0 0
		農 業	②	
	不 動 産		③	
	利 子		④	
	配 当		⑤	
	給与 区分		⑥	
	雑		⑦	
	総合譲渡・一時 ⑦＋{(㋘＋㋙)×½}		⑧	
	合 計		⑨	

所得から差し引かれる金額	社会保険料控除	⑩	
	小規模企業共済等掛金控除	⑪	
	生命保険料控除	⑫	
	地震保険料控除	⑬	
	寡婦、寡夫控除	⑭	0 0 0 0
	勤労学生、障害者控除 ⑮〜⑯		0 0 0 0
	配偶者(特別)控除 区分 ⑰〜⑱		0 0 0 0
	扶 養 控 除	⑲	0 0 0 0
	基 礎 控 除	⑳	3 8 0 0 0 0
	⑩から⑳までの計	㉑	3 8 0 0 0 0
	雑 損 控 除	㉒	
	医療費控除 区分	㉓	
	寄 附 金 控 除	㉔	
	合 計 ㉑＋㉒＋㉓＋㉔	㉕	3 8 0 0 0 0

税金の計算	課税される所得金額 (⑨−㉕) 又は第三表	㉖	0 0 0
	上の㉖に対する税額 又は第三表の㉙	㉗	0
	配 当 控 除	㉘	
	区分	㉙	
	(特定増改築等) 区分 住宅借入金等特別控除	㉚	0 0
	政党等寄附金等特別控除 ㉛〜㉝		
	住宅耐震改修特別控除 住宅特定改修・認定住宅 新築等特別税額控除 区分	㉞〜㊱	
	差引所得税額 (㉗−㉘−㉙−㉚−㉛−㉝−㊱)	㊳	0
	災 害 減 免 額	㊴	
	再差引所得税額 (基準所得税額) (㊳−㊴)	㊵	0
	復興特別所得税額 (㊵×2.1%)	㊶	0
	所得税及び復興特別所得税の額 (㊵＋㊶)	㊷	0
	外国税額控除 区分	㊸	
	源泉徴収税額	㊹	2 1 5 0 0 0
	申告納税額 (㊷−㊸−㊹)	㊺	△ 2 1 5 0 0 0
	予定納税額 (第1期分・第2期分)	㊻	0
	第3期分 の税額 (㊺−㊻) 納める税金	㊼	0 0
	還付される税金	㊽	△ 2 1 5 0 0 0

その他	配偶者の合計所得金額	㊾	
	専従者給与(控除)額の合計額	㊿	
	青色申告特別控除額	51	0
	雑所得・一時所得等の源泉徴収税額の合計額	52	
	未納付の源泉徴収税額	53	
	本年分で差し引く繰越損失額	54	
	平均課税対象金額	55	
	変動・臨時所得金額 区分	56	

延納の届出	申告期限までに納付する金額	57	0 0
	延 納 届 出 額	58	0 0 0

還付される税金の受取場所	銀行・金庫・組合 農協・漁協	本店・支店 出張所 本所・支所
	郵便局 名 等	預金種類 普通 当座 納税準備 貯蓄 ○○○○
	口座番号 記号番号	

整理欄	区分	A	B	C	D	E	F	G	H	I	J	K
	異動				年				月		日	L
	管理								名簿			
	補完									確認		

税理士署名押印 電話番号　− −　㊞

復興特別所得税額の記入をお忘れなく。

納質 事業 住民 資産 総合 分離 検額 通信日付印 年月日 整理番号 一連

令和 01 年分の 所得税及び復興特別所得税 の 確定 申告書（損失申告用）　FA0054

第四表（一）

（令和元年分以降用）

住所又は事業所事務所居所など	東京都千代田区神田神保町1丁目31番2号	フリガナ　氏名	チュウオウタロウ　中央太郎

整理番号 1 2 3 4 5 6 7 8　一連番号

1 損失額又は所得金額

A	経 常 所 得 （申告書B第一表の①から⑦までの合計額）								⑤⑨	△6,000,000

	所得の種類		区分等	所得の生ずる場所	Ⓐ 収入金額	Ⓑ 必要経費等	Ⓒ 差引金額（Ⓐ－Ⓑ）	Ⓓ 特別控除額		Ⓔ 損失額又は所得金額
B 譲渡	短期	分離譲渡			円	円	㋛ 円		⑥⓪	
		総合譲渡					㋜	円	⑥①	
	長期	分離譲渡			円	円	㋝		⑥②	
		総合譲渡					㋞	円	⑥③	
	一　時								⑥④	
C	山　　林				円				⑥⑤	
D	退　　職				円	円			⑥⑥	
E	一般株式等の譲渡								⑥⑦	
	上場株式等の譲渡								⑥⑧	
	上場株式等の配当等				円	円			⑥⑨	
F	先物取引								⑦⓪	

特例適用条文

2 損益の通算

	所得の種類			Ⓐ 通算前	Ⓑ 第1次通算後	Ⓒ 第2次通算後	Ⓓ 第3次通算後	Ⓔ 損失額又は所得金額
A	経常所得		⑤⑨	△6,000,000 円	△6,000,000 円	△6,000,000 円	△6,000,000 円	△6,000,000 円
B 譲渡	短期	総合譲渡	⑥①	第1次通算	第2次通算	第3次通算	
	長期	分離譲渡（特定損失額）	⑥②	△				
		総合譲渡	⑥③					
	一　時		⑥④					
C	山　　林		→⑥⑤				㋠	
D	退　　職		→⑥⑥					
	損失額又は所得金額の合計額						⑦①	△6,000,000

資産　　整理欄

101

令和 01 年分の 所得税及び復興特別所得税 の 確定 申告書（損失申告用）　FA0059

3 翌年以後に繰り越す損失額

整理番号 1 2 3 4 5 6 7 8　一連番号

青 色 申 告 者 の 損 失 の 金 額						⑦	(住民税△6,000,000)円 △3,000,000
居住用財産に係る通算後譲渡損失の金額						⑦	
変 動 所 得 の 損 失 額						⑦	

被災事業用資産の損失額		所 得 の 種 類	被災事業用資産の種類など	損害の原因	損害年月日	Ⓐ 損 害 金 額	Ⓑ 保険金などで補塡される金額	Ⓒ 差引損失額 (Ⓐ－Ⓑ)
	山林以外	営業等・農業			・ ・	円		⑦
		不 動 産			・ ・			⑦
	山	林			・ ・			⑦
山 林 所 得 に 係 る 被 災 事 業 用 資 産 の 損 失 額								⑦
山 林 以 外 の 所 得 に 係 る 被 災 事 業 用 資 産 の 損 失 額								⑦

4 繰越損失を差し引く計算

年分		損 失 の 種 類		Ⓐ前年分までに引ききれなかった損失額	Ⓑ本年分で差し引く損失額	Ⓒ翌年分以後に繰り越して差し引かれる損失額(Ⓐ－Ⓑ)
A 28 年 (3年前)	純損失	28 年が青色の場合	山林以外の所得の損失	円	円	円
		28 年が白色の場合				
		居住用財産に係る				
	雑					

手順1-2参照
純損失の金額のうち300万円を前前年分に繰り戻しているので、本年分に繰り越される金額は300万円となっているが、その金額を前前年分に再度繰り戻す。
なお、住民税は純損失の繰戻しによる還付の制度がないので、本年分に繰り越される金額は600万円（住民税△600万円）と上段に記載されている。

年分		損 失 の 種 類		Ⓐ	Ⓑ	Ⓒ
B 29 年 (2年前)	純損失	29 年が青色の場合	山林所得の損失			円
		29 年が白色の場合	変動所得の損失			
			被災事業用資産の損失 山林以外			
			山 林			
		居住用財産に係る通算後譲渡損失の金額				
	雑	損	失			
C 30 年 (前年)	純損失	30 年が青色の場合	山林以外の所得の損失			
			山林所得の損失			
		30 年が白色の場合	変動所得の損失			
			被災事業用資産の損失 山林以外			
			山 林			
		居住用財産に係る通算後譲渡損失の金額				
	雑	損	失			

本年分の一般株式等及び上場株式等に係る譲渡所得等から差し引く損失額	⑧		円
本年分の上場株式等に係る配当所得等から差し引く損失額	⑧		円
本年分の先物取引に係る雑所得等から差し引く損失額	⑧		円
雑損控除、医療費控除及び寄附金控除の計算で使用する所得金額の合計額	⑧	0	円

5 翌年以後に繰り越される本年分の雑損失の金額　⑧　円

6 翌年以後に繰り越される株式等に係る譲渡損失の金額　⑧　円

7 翌年以後に繰り越される先物取引に係る損失の金額　⑧　円

資産　　整理欄

第四表(二)（令和元年分以降用）

○第四表は、申告書Bの第一表・第二表と一緒に提出してください。

記載例 1
記載例 2
記載例 3
記載例 4
記載例 5
記載例 6
記載例 7
記載例 8
記載例 9
記載例 10
記載例 11

令和1年確定申告分	純損失の金額の繰戻しによる所得税の還付請求書

純損失の金額の繰戻しによる所得税の還付請求書

税務署受付印

神田 税務署長

令2年 3月 10日提出

住所 又は事業所・事務所・居所など	（〒 101 － 0051 ） 東京都千代田区神田神保町1丁目31番2号	職業	自営業
フリガナ 氏 名	チュウオウタロウ 中央太郎 ㊞		
個人番号			

㉒欄の金額から転記されている。

……による所得税の還付について次のとおり請求します。

還 付 請 求 金 額 （下の還付請求金額の計算書の㉒の金額）	609,600	円

「申告書第四表（一）」（101頁）の純損失の金額㉑から転記されている。

純損失の金額の生じた年分	令1年分	還付の請求が、事業の廃止、相当期間の休止、事業の全部又は重要部分の譲渡、相続によるものである場合は右の欄に記入してください。	請求の事由（該当する文字を○で囲んでください。） 事業の　廃　　止 　　　　休　　止 　　　　譲　　渡 相　続	左の事実の生じた年月日 ・　・ 休止期間 ・　・	この純損失の金額について、既に繰戻しによる還付を受けた事実の有無 有・無
純損失の金額を繰り戻す年分 （純損失の金額の生じた年の前年分を書きます）	平30年分				

還付請求金額の計算書（…）

令和1年分の純損失の金額のうち、繰り戻した金額300万円が記載されている。

○申告書と一緒に提出してください。

				金　　　額						
純損失の金額の繰戻しによる所得税の還付金	令和1年分の純損失の金額の	A 総所得	変 動 所 得	①	円	Bに繰り戻すうち前年分金額	総所得	変 動 所 得	④	
			そ の 他	②	△6,000,000※			そ の 他	⑤	△3,000,000※
			山 林 所 得	③				山 林 所 得	⑥	
	前年分の税額	C 課税される金額	総 所 得	⑦	7,270,000	E 繰戻しされる所得金額の課税額	繰戻し控除後の課税額	総 所 得	⑮	4,270,000
			山 林 所 得	⑧				山 林 所 得	⑯	
			退 職 所 得	⑨				退 職 所 得	⑰	
		D Cに対する税額	⑦に対する税額	⑩	1,036,100	F 繰戻し控除後の税額	⑮に対する税額		⑱	426,500
			⑧に対する税額	⑪			⑯に対する税額		⑲	
			⑨に対する税額	⑫			⑰に対する税額		⑳	
			計（100円未満の端数は）	⑬	1,036,100		計（100円未満の端数は切り捨ててください。）		㉑	426,500
				⑭	1,036,100	純損失の金額の繰戻しによる還付金額（⑬－㉑）と⑭のいずれか少ない方の金額			㉒	609,600

税理士署名押印（電話番号）

千円未満の端数は切り捨ててください。

平成30年分の「申告書第一表」（99頁）の課税総所得金額㉖、それに対する税額㉗、源泉徴収税額を差し引く前の所得税額㊵から転記されている。

「繰戻控除計算用」（104頁）で計算した金額㉖、㉗が転記されている。

⑬－㉑と⑭の少ない方の金額609,600円が記載されている。

（ゆうちょ銀行の口座に振込みを希望する場合）号口座の番号

（郵便局等の窓口受取りを希望する場合）

の受取場所 ㊞ 普通 預金 口座番号 123456

税務署整理欄	通信日付印の年月日		確認印	整 理 番 号				
	年 月 日		0					
	番号確認	身元確認	確 認 書 類					
		□ 済 □ 未済	個人番号カード／通知カード・運転免許証 その他（					

※記載例では分かりやすさの点から純損失の金額をマイナス表記しています。

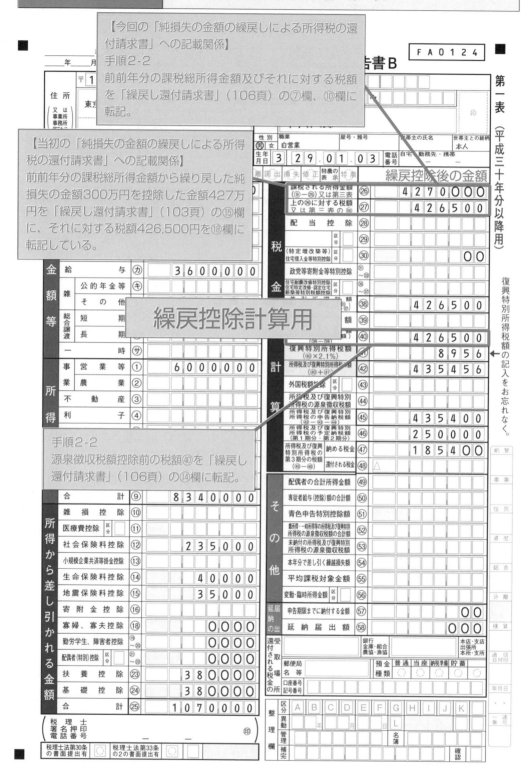

FA0124

【今回の「純損失の金額の繰戻しによる所得税の還付請求書」への記載関係】
手順2-2
前前年分の課税総所得金額及びそれに対する税額を「繰戻し還付請求書」（106頁）の⑦欄、⑩欄に転記。

【当初の「純損失の金額の繰戻しによる所得税の還付請求書」への記載関係】
前前年分の課税総所得金額から繰り戻した純損失の金額300万円を控除した金額427万円を「繰戻し還付請求書」（103頁）の⑮欄に、それに対する税額426,500円を⑱欄に転記している。

第一表 （平成三十年分以降用）

世帯主の氏名　世帯主との続柄
本人

性別　職業　屋号・雅号
男／女　自営業

生年月日　3　29.01.03
電話番号　自宅・勤務先・携帯

復興特別所得税額の記入をお忘れなく。

繰戻控除後の金額

			繰戻控除後の金額
課税される所得金額（⑨-㉕）又は第三表	㉖		4 2 7 0 0 0 0
上の㉖に対する税額又は第三表の㉘	㉗		4 2 6 5 0 0
配当控除	㉘		
（特定増改築等）住宅借入金等特別控除	㉚		0 0
政党等寄附金等特別控除	㉛～㉝		
住宅耐震改修特別控除等	㊱～㊳		
差引所得税額（㊳-㊴）	㊳		4 2 6 5 0 0
災害減免額	㊴		
再差引所得税額（㊳-㊴）	㊵		4 2 6 5 0 0
復興特別所得税額（㊵×2.1%）	㊶		8 9 5 6
所得税及び復興特別所得税の額（㊵+㊶）	㊷		4 3 5 4 5 6
外国税額控除	㊸		
所得税及び復興特別所得税の源泉徴収税額	㊹		
所得税及び復興特別所得税の申告納税額（㊷-㊸-㊹）	㊺		4 3 5 4 0 0
所得税及び復興特別所得税の予定納税額（第1期分・第2期分）	㊻		2 5 0 0 0 0
納める税金	㊼		1 8 5 4 0 0
還付される税金	㊽		

繰戻控除計算用

手順2-2
源泉徴収税額控除前の税額㊵を「繰戻し還付請求書」（106頁）の⑭欄に転記。

金額等	給与	㋔	3 6 0 0 0 0 0
	公的年金等	㋖	
雑	その他	㋗	
総合譲渡	短期		
	長期		
	一時	㋚	
所得	事業 営業等	①	6 0 0 0 0 0 0
	農業	②	
	不動産	③	
	利子	④	
	合計	⑨	8 3 4 0 0 0 0

所得から差し引かれる金額	雑損控除	⑩	
	医療費控除	⑪	
	社会保険料控除	⑫	2 3 5 0 0 0
	小規模企業共済等掛金控除	⑬	
	生命保険料控除	⑭	4 0 0 0 0
	地震保険料控除	⑮	3 5 0 0 0
	寄附金控除	⑯	
	寡婦、寡夫控除	⑱	0 0 0 0
	勤労学生、障害者控除	⑲～⑳	0 0 0 0
	配偶者（特別）控除	㉑～㉒	0 0 0 0
	扶養控除	㉓	3 8 0 0 0 0
	基礎控除	㉔	3 8 0 0 0 0
	合計	㉕	1 0 7 0 0 0 0

その他	配偶者の合計所得金額	㊾	
	専従者給与（控除）額の合計額	㊿	
	青色申告特別控除額	51	
	雑所得・一時所得等の所得税及び復興特別所得税の源泉徴収税額の合計額	52	
	未納付の所得税及び復興特別所得税の源泉徴収税額	53	
	本年分で差し引く繰越損失額	54	
	平均課税対象金額	55	
	変動・臨時所得金額	56	

延納の届出	申告期限までに納付する金額	57	0 0
	延納届出額	58	0 0 0

104

記載例1
記載例2
記載例3
記載例4
記載例5
記載例6
記載例7
記載例8
記載例9
記載例10
記載例11

令和2年確定申告分　　令和2年分 確定申告書　第一表

神田　税務署長

令和 3 年 2 月 22 日　令和 [0 2] 年分の 所得税及び 復興特別所得税 の 確定 申告書B

FA2200

第一表 （令和二年分以降用）

住所 又は 事業所 事務所 居所など	〒 1 0 1 - 0 0 5 1　個人番号		生年 月日	3 29.01.03
	東京都千代田区神田神保町1丁目31番2号	フリガナ	チュウオウタロウ	
		氏名	中央太郎	印

令和 3年 1月1日 の住所	同上	職業 自営業	屋号・雅号	世帯主の氏名	世帯主との続柄 本人

（単位は円）　種類 ○ 分離 国出 損失 修正　特農の表示　特農　整理番号 1 2 3 4 5 6 7 8　電話番号 自宅・勤務先・携帯

受付印

				金額
収入金額等	事業	営業等	㋐	2 0 0 0 0 0 0
		農業	㋑	
	不動産		㋒	
	利子		㋓	
	配当		㋔	
	給与 区分		㋕	
	雑	公的年金等	㋖	
		業務 区分	㋗	
		その他	㋘	
	総合譲渡	短期	㋙	
		長期	㋚	
	一時		㋛	
所得金額等	事業	営業等	①	3 0 0 0 0 0 0
		農業	②	
	不動産		③	
	利子		④	
	配当		⑤	
	給与 区分		⑥	
	雑	公的年金等	⑦	
		業務	⑧	
		その他	⑨	
		⑦から⑨までの計	⑩	
	総合譲渡・一時 ③＋{(㋛＋②)×½}		⑪	
	合計 (①から⑥までの計＋⑩＋⑪)		⑫	3 0 0 0 0 0 0
所得から差し引かれる金額	社会保険料控除		⑬	3 9 0 0 0 0
	小規模企業共済等掛金控除		⑭	6 2 0 0 0 0
	生命保険料控除		⑮	8 0 0 0 0
	地震保険料控除		⑯	5 0 0 0 0
	寡婦、ひとり親控除 区分		⑰～⑱	0 0 0 0
	勤労学生、障害者控除		⑲～⑳	0 0 0 0
	配偶者 (特別)控除 区分1 区分2		㉑～㉒	3 8 0 0 0 0
	扶養控除 区分		㉓	0 0 0 0
	基礎控除		㉔	4 8 0 0 0 0
	⑬から㉔までの計		㉕	2 0 0 0 0 0 0
	雑損控除		㉖	
	医療費控除 区分		㉗	
	寄附金控除		㉘	
	合計 (㉕＋㉖＋㉗＋㉘)		㉙	2 0 0 0 0 0 0

				金額
税金の計算	課税される所得金額 (⑫－㉙)又は第三表		㉚	1 0 0 0 0 0
	上の㉚に対する税額 又は第三表の�91		㉛	5 0 0 0
	配当控除		㉜	
	区分		㉝	
	(特定増改築等) 住宅借入金等特別控除 区分1 区分2		㉞	0 0
	政党等寄附金等特別控除		㉟～㊲	
	住宅耐震改修特別控除等 区分		㊳～㊵	
	差引所得税額 (㉛－㉜－㉝－㉞－㉟－㊱－㊲－㊳)		㊶	5 0 0 0 0
	災害減免額		㊷	
	再差引所得税額(基準所得税額) (㊶－㊷)		㊸	5 0 0 0 0
	復興特別所得税額 (㊸×2.1%)		㊹	1 0 5 0
	所得税及び復興特別所得税の額 (㊸＋㊹)		㊺	5 1 0 5 0
	外国税額控除等 区分		㊻～㊼	
	源泉徴収税額		㊽	
	申告納税額 (㊺－㊻－㊼－㊽)		㊾	5 1 0 5 0
	予定納税額 (第1期分・第2期分)		㊿	
	第3期分の税額 (㊾－㊿)	納める税金	51	5 1 0 0 0
		還付される税金	52	△
その他	公的年金等以外の合計所得金額		53	
	配偶者の合計所得金額		54	
	専従者給与(控除)額の合計額		55	
	青色申告特別控除額		56	6 5 0 0 0 0
	雑所得・一時所得等の源泉徴収税額の合計額		57	
	未納付の源泉徴収税額		58	
	本年分で差し引く繰越損失額		59	
	平均課税対象金額		60	
	変動・臨時所得金額 区分		61	
延納の届出	申告期限までに納付する金額		62	0 0
	延納届出額		63	0 0 0

㊹・㊺・㊾・51又は52の記入をお忘れなく。

還付される税金の受取場所	銀行・金庫・組合 農協・漁協	本店・支店 出張所 本所・支所
	郵便局 名等	預金 種類 普通 当座 納税準備 貯蓄
	口座番号 記号番号	

整理欄	区分	A	B	C	D	E	F	G	H	I	J	K
	異動					月		日	L			
	管理						名簿					
	補完							確認				

税理士署名押印 電話番号　－　－　印
税理士法書面提出 ㉚条の書 ㉝条の2

105

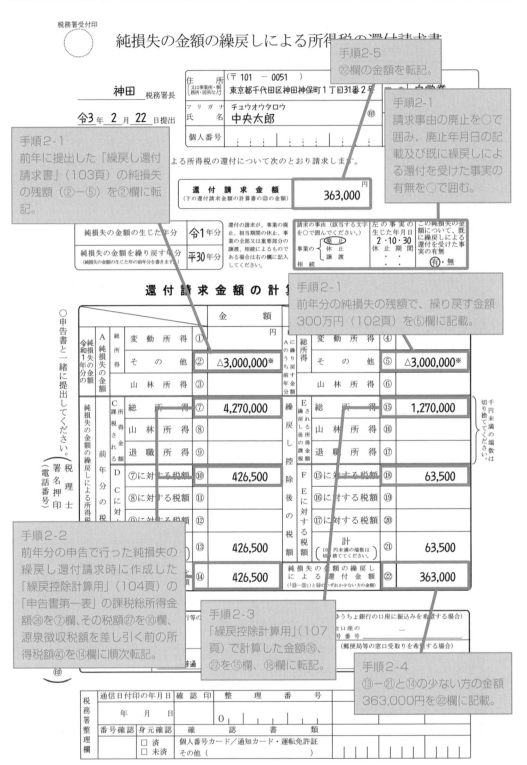

純損失の金額の繰戻しによる所得税の還付請求書

税務署受付印

手順2-5
㉒欄の金額を転記。

手順2-1
請求事由の廃止を○で囲み、廃止年月日の記載及び既に繰戻しによる還付を受けた事実の有無を○で囲む。

住所（又は事業所・事務所・居所など）（〒 101 － 0051 　）
東京都千代田区神田神保町１丁目31番2号

フリガナ　チュウオウタロウ
氏名　中央太郎

個人番号

職業　自営業

神田　税務署長
令3年 2月 22日提出

による所得税の還付について次のとおり請求します。

手順2-1
前年に提出した「繰戻し還付請求書」（103頁）の純損失の残額（②－⑤）を②欄に転記。

還付請求金額（下の還付請求金額の計算書の㉒の金額）　363,000　円

純損失の金額の生じた年分	令1年分	還付の請求が、事業の廃止、相当期間の休止、事業の全部又は重要部分の譲渡、相続によるものである場合は右の欄に記入してください。	請求の事由（該当する文字を○で囲んでください。）事業の 廃止 休止 譲渡 相続	左の事実の生じた年月日 2・10・30 休止期間 ・・ ・・	この純損失の金額について、既に繰戻しによる還付を受けた事実の有無 有・無
純損失の金額を繰り戻す年分（純損失の金額の生じた年の前年分を書きます）	平30年分				

手順2-1
前年分の純損失の残額で、繰り戻す金額300万円（102頁）を⑤欄に記載。

還付請求金額の計算書

○申告書と一緒に提出してください。

手順2-2
前年分の申告で行った純損失の繰戻し還付請求時に作成した「繰戻控除計算用」（104頁）の「申告書第一表」の課税総所得金額㉖を⑦欄、その税額㉗を⑩欄、源泉徴収税額を差し引く前の所得税額㊵を⑭欄に順次転記。

手順2-3
「繰戻控除計算用」（107頁）で計算した金額㉖、㉗を⑮欄、⑱欄に転記。

手順2-4
⑬－㉑と⑭の少ない方の金額363,000円を㉒欄に記載。

				金額						金額
純損失の金額の令和1年分の	A純損失の金額の	総所得	変動所得	①	円	Aに繰り戻す前年分金額	総所得	変動所得	④	
			その他	②	△3,000,000※			その他	⑤	△3,000,000※
			山林所得	③				山林所得	⑥	
純損失の金額の繰戻しによる所得税の前年分の税	C課税される金額	総所得		⑦	4,270,000	E繰戻し控除後の所得金額の課税	総所得		⑮	1,270,000
		山林所得		⑧			山林所得		⑯	
		退職所得		⑨			退職所得		⑰	
	D C に対する税	⑦に対する税額		⑩	426,500	F E に対する税額	⑮に対する税額		⑱	63,500
		⑧に対する税額		⑪			⑯に対する税額		⑲	
		⑨に対する税額		⑫			⑰に対する税額		⑳	
				⑬	426,500		計（10円未満の端数は切り捨てます。）		㉑	63,500
				⑭	426,500	純損失の金額の繰戻しによる還付金額（（⑬－㉑）と⑭のいずれか少ない方の金額）			㉒	363,000

千円未満の端数は切り捨ててください。

税理士署名押印（電話番号）

還付される税金の受取場所（ゆうちょ銀行の口座に振込みを希望する場合）
（郵便局等の窓口受取りを希望する場合）

税務署整理欄	通信日付印の年月日		確認印	整理番号				
	年　月　日		0					
	番号確認	身元確認	確認書類					
		□済 □未済	個人番号カード／通知カード・運転免許証 その他（　　　）					

※記載例では分かりやすさの点から純損失の金額をマイナス表記しています。

記載例 1
記載例 2
記載例 3
記載例 4
記載例 5
記載例 6
記載例 7
記載例 8
記載例 9
記載例 10
記載例 11

繰戻控除計算用	令和1年分 確定申告書　第一表

＿＿＿＿税務署長
＿＿年＿＿月＿＿日 平成 **30** 年分の 所得税及び復興特別所得税 の 確定 申告書B

〒 1 0 1 - 0 0 5 1

個人番号

フリガナ　チュウオウタロウ

氏　名　**中央太郎**　　　㊞

性別 ㊚ 女　職業 自営業　屋号・雅号　　世帯主の氏名　世帯主との続柄 本人

生年月日 3 29.01.03

電話番号 自宅・勤務先・携帯

第一表（平成三十年分以降用）

手順2-3
前前年分（平成30年分）の課税総所得金額（前年で繰り戻した後の金額（103頁⑮参照））から再度本年でに繰り戻した純損失の金額300万円を控除した金額127万円を「繰戻し還付請求書」（106頁）の⑮欄、それに対する税額63,500円を⑱欄に転記。

整理番号 1 2 3 4 5 6 7 8

課税される所得金額 ㉖			1 2 7 0 0 0 0	
上の㉖に対する税額 又は第三表の㊿ ㉗			6 3 5 0 0	

収入金額等

利　子	㋐	
配　当	㋑	
給　与	㋕	3 6 0 0 0 0 0
雑 公的年金等	㋖	
その他	㋗	
総合譲渡 短期	㋘	
長期	㋙	
一時	㋚	

繰戻控除計算用

所得金額

事 業 営業等	①	6 0 0 0 0 0 0
農業	②	
不　動　産	③	
利　子	④	
配　当	⑤	
給与 区分	⑥	2 3 4 0 0 0 0
雑	⑦	
総合譲渡・一時 ㋘＋{(㋙＋㋚)×½}	⑧	
合　計	⑨	8 3 4 0 0 0 0

所得から差し引かれる金額

雑 損 控 除	⑩	
医療費控除 区分	⑪	
社会保険料控除	⑫	2 3 5 0 0 0
小規模企業共済等掛金控除	⑬	
生命保険料控除	⑭	4 0 0 0 0
地震保険料控除	⑮	3 5 0 0 0
寄附金控除	⑯	
寡婦、寡夫控除	⑱	0 0 0 0
勤労学生、障害者控除	⑲～⑳	0 0 0 0
配偶者(特別)控除 区分	㉑～㉒	0 0 0 0
扶 養 控 除	㉓	3 8 0 0 0 0
基 礎 控 除	㉔	3 8 0 0 0 0
合　計	㉕	1 0 7 0 0 0 0

税金の計算

配 当 控 除	㉘	
	㉙	
(特定増改築等) 住宅借入金等特別控除 区分	㉚	0 0
政党等寄附金等特別控除	㉛～㉝	
住宅耐震改修特別控除 住宅特定改修・認定住宅 新築等特別税額控除	㉞～㊱	
	㊳	6 3 5 0 0
	㊴	6 3 5 0 0
復興特別所得税額 (㊵×2.1%)	㊶	1 3 3 3
所得税及び復興特別所得税の額 (㊵＋㊶)	㊷	6 4 8 3 3
外国税額控除 区分	㊸	
所得税及び復興特別所得税の源泉徴収税額	㊹	2 5 0 0 0 0
所得税及び復興特別所得税の申告納税額	㊺	6 4 8 0 0
所得税及び復興特別所得税の予定納税額 (第1期分・第2期分)	㊻	△ 1 8 5 1 6 7
所得税及び復興特別所得税の第3期分の税額 (㊺－㊻) 納める税金	㊼	0 0
還付される税金	㊽	△ 1 8 5 1 6 7

その他

配偶者の合計所得金額	㊾	
専従者給与(控除)額の合計額	㊿	
青色申告特別控除額	�51	
雑所得・一時所得等の所得税及び復興特別所得税の源泉徴収税額の合計額	㊽	
未納付の所得税及び復興特別所得税の源泉徴収税額	㊾	
本年分で差し引く繰越損失額	㊿	
平均課税対象金額		
変動・臨時所得金額 区分		

延納の届出 申告期限までに納付する金額	㊹	0 0
延 納 届 出 額	㊺	0 0 0

還付される税金の受取場所

銀行・金庫・組合・農協・漁協 本店・支店 出張所 本所・支所
郵便局 名 等
預金種類 普通 当座 納税準備 貯蓄
口座番号 記号番号

| 整理欄 | 区分 | A | B | C | D | E | F | G | H | I | J | K |

税理士署名押印
電話番号

復興特別所得税額の記入をお忘れなく。

本年に相続が開始し、総所得金額から生じた純損失の金額の全部を前年分に繰り戻す場合

令和1年分の確定申告の概要

(1)	課税標準		
	① 総所得金額		7,530,000円
	イ 事業所得	5,190,000円	
	ロ 給与所得	2,340,000円	
(2)	所得控除額		1,530,000円
(3)	課税総所得金額等		6,000,000円
	① 課税総所得金額		6,000,000円
(4)	各種所得の税額		772,500円
(5)	復興特別所得税		16,222円
(6)	所得税及び復興特別所得税の額		788,722円
(7)	源泉徴収税額		565,000円
(8)	納付税額		223,700円

令和2年分の申告所得の概要

(1)	課税標準		
	① 総所得金額		△5,000,000円（純損失の金額）
	イ 事業所得	△7,020,000円	
	ロ 給与所得	2,020,000円	
(2)	所得控除額		860,000円
(3)	課税総所得金額等		0円
(4)	各種所得の税額		0円
(5)	復興特別所得税		0円
(6)	所得税及び復興特別所得税の額		0円
(7)	源泉徴収税額		450,000円
(8)	還付税額		△450,000円

記載例1

記載例2

記載例3

記載例4

記載例5

記載例6

記載例7

記載例8

記載例9

記載例10

記載例11

【申告書作成手順】

手順1　令和2年分の準確定申告書の作成（111頁）

1　被相続人の申告所得の内容に従って、申告書第一表、申告書第二表を作成します。

2　所得金額を計算すると500万円の純損失の金額が生じますが相続のため繰り越せませんので、純損失の金額500万円について純損失の繰戻しによる還付の請求をするものとします。

なお、地方税法には純損失の金額の繰戻しによる還付の制度がないので純損失の金額は繰り戻せません。

3　申告書付表には、各相続人が承継する本年分の所得税の還付金額などを記載します。

手順2　純損失の金額の繰戻しによる所得税の還付請求書の作成（113頁）

1　請求の事由欄の「相続」を○で囲み、相続開始日を記載します。

本年分の純損失の金額500万円を②欄に転記し、前年分に繰り戻す金額500万円を⑤欄に記載します。

2　前年分の課税総所得金額600万円を⑦欄、それに対する税額772,500円を⑩欄、源泉徴収税額を差し引く前の所得税額772,500円を⑭欄にそれぞれ転記します。

3　前年分の課税総所得金額600万円⑦から前年に繰り戻す金額500万円⑤を差し引いた金額100万円を⑮欄に記載し、それに対する税額5万円を⑱欄に記載します（「繰戻控除計算用」114頁を参照）。

4　⑬欄－㉑欄と⑭欄の少ない方の金額722,500円を㉒欄に記載します。

5　還付請求金額欄に722,500円を転記します。

6　準確定申告書の付表を利用して純損失の金額の繰戻しによる所得税の還付請求書付表（115頁）に、各相続人が承継する所得税の還付金額などを記載します。

神田　税務署長
令和 2 年 3 月 10 日　令和 01 年分の 所得税及び 復興特別所得税 の 確定 申告書B

FA0125

〒 101-0051
個人番号
フリガナ　チュウオウタロウ
中央太郎

職業　自営業　　屋号・雅号　　世帯主の氏名　　世帯主との続柄 本人
3 29.01.03　電話番号　自宅・勤務先・携帯

第一表（令和元年分以降用）

整理番号 1 2 3 4 5 6 7 8

手順2-2
課税総所得金額及びそれに対する税額を「繰戻し還付請求書」（113頁）の⑦欄、⑩欄に転記。

収入金額等				
事 営 業 等	㋐	3 5 0 0 0 0 0 0
業 農 業	㋑	
不 動 産	㋒	
利 子	㋓	
配 当	㋔	
給 与	㋕	3 6 0 0 0 0 0
雑 公的年金等	㋖	
その他	㋗	
総合譲渡 短 期	㋘	
長 期	㋙	
一 時	㋚	

所得金額等				
事 営 業 等	①	5 1 9 0 0 0 0
業 農 業	②	
不 動 産	③	
利 子	④	
配 当	⑤	
給与 区分	⑥	2 3 4 0 0 0 0
雑	⑦	
総合譲渡・一時 ㋗+{(㋘+㋙)×½}	⑧	
合 計	⑨	7 5 3 0 0 0 0

所得から差し引かれる金額				
社会保険料控除	⑩	
小規模企業共済等掛金控除	⑪	
生命保険料控除	⑫	
地震保険料控除	⑬	
寡婦、寡夫控除	⑭	0 0 0 0
勤労学生、障害者控除	⑮〜⑯	0 0 0 0
配偶者（特別）控除 区分	⑰〜⑱	3 8 0 0 0 0
扶 養 控 除	⑲	0 0 0 0
基 礎 控 除	⑳	3 8 0 0 0 0
⑩から⑳までの計	㉑	1 5 3 0 0 0 0
雑 損 控 除	㉒	
医療費控除 区分	㉓	
寄 附 金 控 除	㉔	
合 計 ㉑+㉒+㉓+㉔	㉕	1 5 3 0 0 0 0

税理士署名押印 電話番号

税金の計算				
課税される所得金額（⑨−㉕）又は第三表	㉖	6 0 0 0 0 0 0
上の㉖に対する税額又は第三表の㋙	㉗	7 7 2 5 0 0
配 当 控 除	㉘	
区分	㉙	
（特定増改築等）住宅借入金等特別控除 区分	㉚	0 0
政党等寄附金等特別控除 ㉛〜㉝		
住宅耐震改修特別控除等 ㉞〜㊲		
差引所得税額（㉖−㉘−㉙−㉚−㉛−㉜−㉝−㉞−㉟−㊱−㊲）	㊳	7 7 2 5 0 0
災 害 減 免 額	㊴	
再差引所得税額（基準所得税額）（㊳−㊴）	㊵	7 7 2 5 0 0
復興特別所得税額（㊵×2.1%）	㊶	1 6 2 2 2
所得税及び復興特別所得税の額（㊵+㊶）	㊷	7 8 8 7 2 2
外国税額控除 区分	㊸	
源 泉 徴 収 税 額	㊹	5 6 5 0 0 0
申告納税額（㊷−㊸−㊹）	㊺	2 2 3 7 0 0
予定納税額（第1期分・第2期分）	㊻	
第3期分の税額（㊺−㊻） 納める税金	㊼	2 2 3 7 0 0
還付される税金	㊽	

その他				
配偶者の合計所得金額	㊾	
専従者給与（控除）額の合計額	㊿	
	51	6 5 0 0 0 0
平均課税対象金額	55	
変動・臨時所得金額 区分	56	
申告期限までに納付する金額	57	0 0
延納届出額	58	0 0 0

手順2-2
源泉徴収税額控除前の税額㊵を「繰戻し還付請求書」（113頁）の⑭欄に転記。

復興特別所得税額の記入をお忘れなく。

延納の届出　還付される税金の受取場所

銀行・金庫・組合　農協・漁協　本店・支店 出張所 本所・支所
郵便局名等
預金種類 普通 当座 納税準備 貯蓄
口座番号記号番号

整理欄	A	B	C	D	E	F	G	H	I	J	K
区分異動								L			
管理補完							名簿				

納管　準備　住民　資産　照合　分離　検算　通信日付印　年月日　確認

神田　税務署長
令和 3 年 2 月 22 日

令和 02 年分の所得税及び復興特別所得税の準確定申告書B

FA2200

第一表（令和二年分以降用）

住所	〒101-0051
個人番号	
生年月日	3 29.01.03
住所（又は事業所事務所居所など）	東京都千代田区神田神保町１丁目31番２号
フリガナ	チュウオウタロウ
氏名	中央太郎
令和3年1月1日の住所	
職業	自営業
屋号・雅号	
世帯主の氏名	
世帯主との続柄	本人
種類	青色 分離 国出 損失 修正
特農の表示	
整理番号	12345678
電話番号	自宅・勤務先・携帯　－　－

（単位は円）

受付印

区分	項目		金額
収入金額等	事業 営業等	㋐	20000000
	事業 農業	㋑	
	不動産	㋒	
	利子	㋓	
	配当	㋔	
	給与（区分）	㋕	3000000
	雑 公的年金等	㋖	
	雑 業務（区分）	㋗	
	雑 その他	㋘	
	総合譲渡 短期	㋙	
	総合譲渡 長期	㋚	
	一時	㋛	
所得金額等	事業 営業等	①	△7020000
	事業 農業	②	
	不動産	③	
	利子	④	
	配当	⑤	
	給与（区分）	⑥	2020000
	雑 公的年金等	⑦	
	雑 業務	⑧	
	雑 その他	⑨	
	雑 ⑦から⑨までの計	⑩	
	総合譲渡・一時 ㋙＋{(㋚＋㋛)×½}	⑪	
	合計（①から⑥までの計＋⑩＋⑪）	⑫	△5000000
所得から差し引かれる金額	社会保険料控除	⑬	
	小規模企業共済等掛金控除	⑭	
	生命保険料控除	⑮	
	地震保険料控除	⑯	
	寡婦、ひとり親控除（区分）	⑰～⑱	0000
	勤労学生、障害者控除	⑲～⑳	0000
	配偶者（特別）控除（区分1・区分2）	㉑～㉒	380000
	扶養控除（区分）	㉓	0000
	基礎控除	㉔	480000
	⑬から㉔までの計	㉕	860000
	雑損控除	㉖	
	医療費控除（区分）	㉗	
	寄附金控除	㉘	
	合計（㉕＋㉖＋㉗＋㉘）	㉙	860000

区分	項目		金額
税金の計算	課税される所得金額（⑫－㉙）又は第三表	㉚	000
	上の㉚に対する税額又は第三表の㉛	㉛	0
	配当控除	㉜	
	（区分）	㉝	
	(特定増改築等)住宅借入金等特別控除（区分1・区分2）	㉞	00
	政党等寄附金等特別控除	㉟～㊲	
	住宅耐震改修特別控除等（区分）	㊳～㊵	
	差引所得税額（㉛－㉜－㉝－㉞－㉟－㊱－㊲－㊳－㊴－㊵）	㊶	0
	災害減免額	㊷	
	再差引所得税額（基準所得税額）（㊶－㊷）	㊸	0
	復興特別所得税額（㊸×2.1％）	㊹	0
	所得税及び復興特別所得税の額（㊸＋㊹）	㊺	0
	外国税額控除等（区分）	㊻～㊼	
	源泉徴収税額	㊽	450000
	申告納税額（㊺－㊻－㊼－㊽）	㊾	△450000
	予定納税額（第1期分・第2期分）	㊿	
	第3期分の税額（㊾－㊿） 納める税金	(51)	00
	第3期分の税額（㊾－㊿） 還付される税金	(52)	△450000
その他	公的年金等以外の合計所得金額	(53)	
	配偶者の合計所得金額	(54)	
	専従者給与（控除）額の合計額	(55)	
	青色申告特別控除額	(56)	0
	雑所得・一時所得等の源泉徴収税額の合計額	(57)	
	未納付の源泉徴収税額	(58)	
	本年分で差し引く繰越損失額	(59)	
	平均課税対象金額	(60)	

㊹・㊺・㊾・(51)又は(52)の記入をお忘れなく。

延納の出 …

還付される税金の受取場所：郵便局名等／預金種類（普通・当座・納税準備・貯蓄）／口座番号記号番号

整理欄：区分 A B C D E F G H I J K／異動 年 月 日 L／管理／名簿／補完／確認

税理士署名押印電話番号　－　－　㊞

税理士法書面提出 30条 33条の2

納管／事業／住民／資産／通信日付印／年月日／一連番号

手順2-1
純損失の金額500万円を「繰戻し還付請求書」（113頁）の②欄に転記。

記載例1 記載例2 記載例3 記載例4 記載例5 記載例6 記載例7 記載例8 記載例9 記載例10 記載例11

死亡した者の令和 _2_ 年分の所得税及び復興特別所得税の確定申告書付表
（兼相続人の代表者指定届出書）

（受付印）

1	死亡した者の住所・氏名等					
住所	（〒101－0051　）東京都千代田区神田神保町１丁目31番２号			氏名 フリガナ チュウオウタロウ 中央太郎		死亡年月日 令和 2 年 11 月 11 日

2	死亡した者の納める税金又は還付される税金	第３期分の税額	還付される税金のときは頭部に△印を付けてください。	△450,000 円 … A

3	相続人等の代表者の指定	代表者を指定されるときは、右にその代表者の氏名を書いてください。	相続人等の代表者の氏名　中央一郎

4	限定承認の有無	相続人等が限定承認をしているときは、右の「限定承認」の文字を○で囲んでください。	限定承認

5 相続人等に関する事項

(1) 住所	（〒101－0051　）千代田区神田1-31-2	（〒101－0051　）千代田区神田1-31-2	（〒　－　　）	（〒　－　　）
(2) 氏名	フリガナ 中央花子　㊞	フリガナ 中央一郎　㊞	フリガナ	フリガナ
(3) 個人番号	1234567890123	9112225410		
(4) 職業及び被相続人との続柄	職業 無職　続柄 妻	職業 会社員　続柄 子		
(5) 生年月日	明・大・㊻・平・令 30 年 7 月 5 日	明・大・㊻・平・令 58 年 7 月 7 日		
(6) 電話番号	00 － 000 － 0000	00 － 000 － 0000		
(7) 相続分 … B	㊕・指定 1/2	㊕・指定 1/2	法定・指定 ────	法定・指定 ────
(8) 相続財産の価額	円	円	円	円

手順1-3
準確定申告による所得税の還付税額45万円（111頁）をAに転記し各相続人の還付税額を記載。

6 納める税金等

Aが黒字のとき 各人の納付税額 A × B 各人の100円未満の端数切捨て	円	円	00 円	00 円
Aが赤字のとき 各人の還付金額 各人の1円未満の端数切捨て	225,000 円	225,000 円	円	円

7 還付される税金の受取場所

振込みを希望する場合 銀行等の預金口座に	銀行名等	日本　銀行・金庫・組合・農協・漁協	日本　銀行・金庫・組合・農協・漁協	銀行・金庫・組合・農協・漁協	銀行・金庫・組合・農協・漁協
	支店名等	本店・支店・出張所・本所・支所	本店・支店・出張所・本所・支所	本店・支店・出張所・本所・支所	本店・支店・出張所・本所・支所
	預金の種類	普通 預金	普通 預金	預金	預金
	口座番号	0000000	0000000		
希望する場合 ゆうちょ銀行の口座に振込みを希望する場合	貯金口座の記号番号	－	－	－	－
郵便局等の窓口で受取りを希望する場合	郵便局名等				

（注）　「5 相続人等に関する事項」以降については、相続を放棄した人は記入の必要はありません。

税務署整理欄	整理番号	0	0	0	0	一連番号
	番号確認　身元確認	□ 済　□ 未済	□ 済　□ 未済	□ 済　□ 未済	□ 済　□ 未済	

（平成二十九年分以降用）　○この付表は、申告書と一緒に提出してください。

令和2年準確定申告分	純損失の金額の繰戻しによる所得税の還付請求書

純損失の金額の繰戻しによる所得税の還付請求書

税務署受付印 ○

住　所
（又は事業所・事務所・居所など）
（〒 101 － 0051 ）
東京都千代田区神田神保町1丁目31番2号

神田　税務署長

令3年 2 月 22 日提出

フリガナ　チュウオウタロウ
氏　名　中央太郎　㊞

個人番号

電話番号　03 － 3333 － 1234

> **手順2-5**
> ㉒欄の金額を転記。

> **手順2-1**
> 本年分の申告書第一表（111頁）の純損失の金額を②欄に転記。

> **手順2-1**
> 請求事由の相続を○で囲み、相続開始日を記載。

による所得税の還付について次のとおり請求します。

還付請求金額 （下の還付請求金額の計算書の㉒の金額）	722,500	円

純損失の金額の生じた年分	令2年分
純損失の金額を繰り戻す年分 （純損失の金額の生じた年の前年分を書きます）	令1年分

還付の請求が、事業の廃止、相当期間の休止、事業の全部又は重要部分の譲渡、相続によるものである場合は右の欄に記入してください。

請求の事由（該当する文字を○で囲んでください。）	左の事実の生じた年月日	この純損失の金額について、既に繰戻しによる還付を受けた事実の有無
事業の ｛ 廃　止 / 休　止 / 譲　渡 ㊞	2 ・11・11 休止期間 ・ ： ・	有・無

> **手順2-1**
> 本年分の純損失の金額で繰り戻す金額500万円（113頁）を⑤欄に記載。

還付請求金額の計算書

○申告書と一緒に提出してください。

税理士署名押印（電話番号）㊞

			金　額				金　額
令和2年分の純損失の金額の	A 純損失の金額	総所得	変　動　所　得 ①	円	Aに繰り戻す金額のうち前年分の	総所得	変　動　所　得 ④	
			その　他 ②	△5,000,000※			その　他 ⑤	△5,000,000※
		山　林　所　得 ③				山　林　所　得 ⑥	
純損失の金額の繰戻しによる所得税 前年分の税額	C 課税される所得金額	総　所　得 ⑦	6,000,000	E 繰戻しされる後の課税される所得税 繰戻し控除後の税額	総　所　得 ⑮	1,000,000
		山　林　所　得 ⑧			山　林　所　得 ⑯	
		退　職　所　得 ⑨			退　職　所　得 ⑰	
	D C に対する税	⑦に対する税額 ⑩	772,500	F E に対する税額	⑮に対する税額 ⑱	50,000
		⑧に対する税額 ⑪			⑯に対する税額 ⑲	
		⑨に対する税額 ⑫			⑰に対する税額 ⑳	
		⑬	772,500		計（10円未満の端数は切り捨ててください。） ㉑	50,000
		⑭	772,500		純損失の金額の繰戻しによる還付金額（⑬－㉑）と⑭のいずれか少ない方の金額 ㉒	722,500

千円未満の端数は切り捨ててください。

> **手順2-2**
> 前年分の「申告書第一表」（110頁）の課税総所得金額㉖を⑦欄、その税額㉗を⑩欄、源泉徴収税額を差し引く前の所得税額㊵を⑭欄に順次転記。

> **手順2-3**
> 「繰戻控除計算用」（114頁）で計算した金額㉖、㉗を⑮欄、⑱欄に転記。

> **手順2-4**
> ⑬－㉑と⑭の少ない方の金額722,500円を㉒欄に記載。

還付される税金の受取場所
銀行等の（ゆうちょ銀行の口座に振込みを希望する場合）
日本　口座の記号番号
（郵便局等の窓口受取りを希望する場合）
㊞　普通

税務署整理欄	通信日付印の年月日	確認印	整　理　番　号	
	年　月　日		0	
	番号確認 身元確認	確　認　書　類		
	□ 済 / □ 未済	個人番号カード／通知カード・運転免許証 その他（　　　　）		

※記載例では分かりやすさの点から純損失の金額をマイナス表記しています。

＿＿＿＿＿＿税務署長
令和＿＿年＿＿月＿＿日　令和 01 年分の 所得税及び 復興特別所得税 の 確定 申告書B

FA0125

第一表 （令和元年分以降用）

個人番号				
フリガナ	チュウオウタロウ			
氏 名	中央太郎			印
性別 男・女	職業 自営業	屋号・雅号	世帯主の氏名	世帯主との続柄 本人
生年月日	3 29.01.03	電話番号	自宅・勤務先・携帯	

手順2-3
前年分の課税総所得金額から繰り戻した純損失の金額を差し引いた金額100万円を「繰戻し還付請求書」（113頁）の⑮欄に、それに対する税額5万円を⑱欄に転記。

分離 国出 損失 修正 | 特農の表示 特農 | 整番 | 繰戻控除後の金額

繰戻控除計算用

収入金額等

事業	営 業 等	⑦	35000000
事業	農 業	⑦	
不 動 産		⑦	
利 子		⑦	
配 当		⑦	
給 与		⑦	3600000
雑	公的年金等	⑦	
雑	その他	⑦	
総合譲渡	短 期	⑦	
総合譲渡	長 期	⑦	
一 時		⑦	

所得金額

事業	営 業 等	①	5190000
事業	農 業	②	
不 動 産		③	
利 子		④	
配 当		⑤	
給与 区分		⑥	2340000
雑		⑦	
総合譲渡・一時 ⑦＋｛（㋙＋㋚）×½｝		⑧	
合 計		⑨	7530000

所得から差し引かれる金額

社会保険料控除	⑩	680000
小規模企業共済等掛金控除	⑪	
生命保険料控除	⑫	40000
地震保険料控除	⑬	50000
寡婦、寡夫控除	⑭	0000
勤労学生、障害者控除	⑮～⑯	0000
配偶者（特別）控除 区分	⑰～⑱	380000
扶 養 控 除	⑲	
基 礎 控 除	⑳	380000
⑩から⑳までの計	㉑	1530000
雑 損 控 除	㉒	
医療費控除 区分	㉓	
寄 附 金 控 除	㉔	
合 計 ㉑＋㉒＋㉓＋㉔	㉕	1530000

税金の計算

課税される所得金額 （⑨－㉕）又は第三表	㉖	1000000
上の㉖に対する税額 又は第三表の㊾	㉗	50000
配 当 控 除	㉘	
区分	㉙	
（特定増改築等）住宅借入金等特別控除 区分	㉚	00
政党等寄附金等特別控除	㉛～㉝	
住宅耐震改修特別控除 住宅特定改修・認定住宅 新築等特別税額控除	㉞～㊱	
差引所得税額 （㉗－㉘－㉙－㉚－㉛－㉜－㉝－㉞）	㊲	50000
	㊳	50000
㊴×2.1%		1050
所得税及び復興特別所得税の額 （㊴＋㊵）	㊶	51050
外国税額控除 区分	㊸	
源 泉 徴 収 税 額	㊹	565000
申告納税額 （㊶－㊸－㊹）	㊺	△ 513950
予定納税額 （第1期分・第2期分）	㊻	0
第3分 納める税金	㊼	00
の税額 （㊺－㊻） 還付される税金	㊽	△ 513950

その他

配偶者の合計所得金額	㊾	
専従者給与（控除）額の合計額	㊿	
青色申告特別控除額	51	650000
雑所得・一時所得等の源泉徴収税額の合計額	52	
未納付の源泉徴収税額	53	
本年分で差し引く繰越損失額	54	
平均課税対象金額	55	
変動・臨時所得金額 区分	56	
申告期限までに納付する金額	57	00
延 納 届 出 額	58	000

復興特別所得税額の記入をお忘れなく。

114

純損失の金額の繰戻しによる所得税の還付請求

死亡した者の令和＿＿＿年分の所得税及び復興特別所得税の確定申告書付表
（兼相続人の代表者指定届出書）

（平成二十九年分以降用）

〇この付表は、申告書と一緒に提出してください。

1　死亡した者の住所・氏名等

住所	（〒 101 - 0051 ） 東京都千代田区神田神保町１丁目31番２号	氏名	フリガナ　チュウオウタロウ 中央太郎	死亡年月日	令和 2 年 11 月 11 日

2　死亡した者の納める税金又は還付される税金　　第３期分の税額　　（還付される税金のときは頭部に△印を付けてください。）　　**△722,500** 円…Ａ

3　相続人等の代表者の指定　（代表者を指定されるときは、右にその代表者の氏名を書いてください。）　相続人等の代表者の氏名　**中央一郎**

4　限定承認の有無　（相続人等が限定承認をしているときは、右の「限定承認」の文字を〇で囲んでください。）　限定承認

5　相続人等に関する事項

(1) 住所	（〒 101 - 0051 ） 千代田区神田1-31-2	（〒 101 - 0051 ） 千代田区神田1-31-2	（〒 － ）	（〒 － ）
(2) 氏名	フリガナ 中央花子　㊞	フリガナ 中央一郎　㊞	フリガナ　㊞	フリガナ　㊞
(3) 個人番号	1 2 3 4 5 6 7 8 9 0 1 2	9 9 1 1 2 2 2 5 4 1 0		
(4) 職業及び被相続人との続柄	職業 無職　続柄 妻	職業 会社員　続柄 子		
(5) 生年月日	明・大・昭・平・令 30 年 7 月 5 日	明・大・昭・平・令 58 年 7 月 7 日	明・大・昭・平・令	明・大・昭・平・令
(6) 電話番号	00 － 000 － 0000	00 － 000 － 0000	－ －	－ －
(7) 相続分…Ｂ	法定・指定 1/2	法定・指定 1/2	法定・指定 ＿＿	法定・指定 ＿＿
(8) 相続財産の価額	円	円	円	円

6　納める税金等

各人の納付税額　Ａ×Ｂ（Ａが黒字のとき）（各人の100円未満の端数切捨て）	円	円	00 円	00 円
各人の還付金額（Ａが赤字のとき）（各人の１円未満の端数切捨て）	361,250 円	361,250 円	円	円

7　還付される税金の受取場所

銀行等の預金口座に振込みを希望する場合	銀行名等	日本　銀行・金庫・組合・農協・漁協	日本　銀行・金庫・組合・農協・漁協	銀行・金庫・組合・農協・漁協	銀行・金庫・組合・農協・漁協
	支店名等	本店・支店・出張所・本所・支店	本店・支店・出張所・本所・支店	本店・支店・出張所・本所・支店	本店・支店・出張所・本所・支店
	預金の種類	普通　預金	普通　預金	預金	預金
	口座番号	0000000	0000000		
ゆうちょ銀行の口座に振込みを希望する場合	貯金口座の記号番号	－	－		
郵便局等の窓口受取りを希望する場合	郵便局名等				

（注）　「5　相続人等に関する事項」以降については、相続を放棄した人は記入の必要はありません。

税務署整理欄	整理番号	0		0		0		0		一連番号
	番号確認・身元確認	□ 済 □ 未済		□ 済 □ 未済		□ 済 □ 未済		□ 済 □ 未済		

> 手順2-5
> 純損失の金額の繰戻しによる所得税の還付請求額722,500円（113頁）をＡに転記し各相続人の還付税額を記載。

| 記載例9 | 本年に相続が開始し、総所得金額から生じた純損失の金額の一部のみ前年分に繰り戻す場合 |

令和1年分の確定申告の概要

(1)	課税標準	
	① 総所得金額	5,200,000円
	イ 事業所得	2,860,000円
	ロ 給与所得	2,340,000円
(2)	所得控除額	1,530,000円
(3)	課税総所得金額等	3,670,000円
	① 課税総所得金額	3,670,000円
(4)	各種所得の税額	306,500円
(5)	復興特別所得税	6,436円
(6)	所得税及び復興特別所得税の額	312,936円
(7)	源泉徴収税額	565,000円
(8)	還付税額	△252,064円

令和2年分の申告所得の概要

(1)	課税標準	
	① 総所得金額	△7,000,000円（純損失の金額）
	イ 事業所得	△9,020,000円
	ロ 給与所得	2,020,000円
(2)	所得控除額	860,000円
(3)	課税総所得金額等	0円
(4)	各種所得の税額	0円
(5)	復興特別所得税	0円
(6)	所得税及び復興特別所得税の額	0円
(7)	源泉徴収税額	450,000円
(8)	還付税額	△450,000円

記載例1

記載例2

記載例3

記載例4

記載例5

記載例6

記載例7

記載例8

記載例9

記載例10

記載例11

【申告書作成手順】

手順1　令和2年分の準確定申告書の作成（119頁）

1　被相続人の申告所得の内容に従って、申告書第一表、申告書第二表を作成します。

2　所得金額を計算すると700万円の純損失の金額が生じますが相続のため繰り越せませんので、前年分の課税総所得金額367万円と同額の純損失の金額（適用可能金額全額）について純損失の繰戻しによる還付の請求をするものとします。なお、地方税法には純損失の金額の繰戻しによる還付の制度がないので、純損失の金額は繰り戻せません。

3　申告書付表には、各相続人が承継する本年分の所得税の還付金額などを記載します。

手順2　純損失の金額の繰戻しによる所得税の還付請求書の作成（121頁）

1　請求の事由欄の「相続」を○で囲み、相続開始日を記載します。
本年分の純損失の金額700万円を②欄に転記し、そのうち前年分に繰り戻す金額367万円を⑤欄に記載します。

2　前年分の課税総所得金額367万円を⑦欄、それに対する税額306,500円を⑩欄、源泉徴収税額を差し引く前の所得税額306,500円を⑭欄にそれぞれ転記します。

3　前年分の課税総所得金額367万円⑦から前年分に繰り戻す367万円⑤を差し引いた金額0円を⑮欄に記載し、それに対する税額0円を⑱欄に記載します（「繰戻控除計算用」122頁を参照）。

4　⑬欄－㉑欄と⑭欄の少ない方の金額306,500円を㉒欄に記載します。

5　還付請求金額欄に306,500円を転記します。

6　準確定申告書の付表を利用して、純損失の金額の繰戻しによる所得税の還付請求書付表（123頁）に、各相続人が承継する所得税の還付金額などを記載します。

神田　　税務署長
令和 2 年 3 月 10 日　令和 01 年分の 所得税及び 復興特別所得税 の 確定 申告書B

FA0125

〒 101-0051

個人番号

フリガナ　チュウオウタロウ

氏名　中央太郎

職業　自営業　屋号・雅号　　世帯主の氏名　世帯主との続柄　本人

3 29.01.03　電話番号 自宅・勤務先・携帯

整理番号 1 2 3 4 5 6 7 8

第一表（令和元年分以降用）

手順2-2
課税総所得金額及びそれに対する税額を「繰戻し還付請求書」（121頁）の⑦欄、⑩欄に転記。

収入金額等	事業	営 業 等	㋐	3 5 0 0 0 0 0 0
		農 業	㋑	
	不 動 産		㋒	
	利 子		㋓	
	配 当		㋔	
	給 与		㋕	3 6 0 0 0 0 0
	雑	公 的 年 金 等	㋖	
		そ の 他	㋗	
	総合譲渡	短 期	㋘	
		長 期	㋙	
	一 時		㋚	

所得金額	事業	営 業 等	①	2 8 6 0 0 0 0
		農 業	②	
	不 動 産		③	
	利 子		④	
	配 当		⑤	
	給与 区分		⑥	2 3 4 0 0 0 0
	雑		⑦	
	総合譲渡・一時 ㋗+{(㋘+㋙)×½}		⑧	
	合 計		⑨	5 2 0 0 0 0 0

所得から差し引かれる金額	社 会 保 険 料 控 除	⑩	6 8 0 0 0 0
	小規模企業共済等掛金控除	⑪	
	生 命 保 険 料 控 除	⑫	4 0 0 0 0
	地 震 保 険 料 控 除	⑬	5 0 0 0 0
	寡婦、寡夫控除	⑭	0 0 0 0
	勤労学生、障害者控除	⑮~⑯	0 0 0 0
	配偶者(特別)控除 区分	⑰~⑱	3 8 0 0 0 0
	扶 養 控 除	⑲	0 0 0 0
	基 礎 控 除	⑳	3 8 0 0 0 0
	⑩から⑳までの計	㉑	1 5 3 0 0 0 0
	雑 損 控 除	㉒	
	医療費控除 区分	㉓	
	寄 附 金 控 除	㉔	
	合 計 ㉑+㉒+㉓+㉔	㉕	1 5 3 0 0 0 0

税理士署名押印
電話番号

税金の計算	課税される所得金額 (⑨-㉕)又は第三表	㉖	3 6 7 0 0 0 0
	上の㉖に対する税額 又は第三表の⑲	㉗	3 0 6 5 0 0
	配 当 控 除	㉘	
	区分	㉙	
	(特定増改築等) 住宅借入金等特別控除 区分	㉚	0 0
	政党等寄附金等特別控除	㉛~㉝	
	住宅耐震改修特別控除 住宅特定改修・認定住宅 新築等特別税額控除	㉞~㊲	
	差 引 所 得 税 額 (㉖-㉘-㉙-㉚-㉛-㉝-㉞-㉟-㊱)	㊳	3 0 6 5 0 0
	災 害 減 免 額	㊴	
	再差引所得税額 (基準所得税額) (㊳-㊴)	㊵	3 0 6 5 0 0
	復興特別所得税額 (㊵×2.1%)	㊶	6 4 3 6
	所得税及び復興特別所得税の額 (㊵+㊶)	㊷	3 1 2 9 3 6
	外国税額控除 区分	㊸	
	源 泉 徴 収 税 額	㊹	5 6 5 0 0 0
	申 告 納 税 額 (㊷-㊸-㊹)	㊺	△ 2 5 2 0 6 4
	予 定 納 税 額 (第1期分・第2期分)	㊻	0
	第3期分の税額 (㊺-㊻) 納める税金	㊼	0 0
	還付される税金	㊽	2 5 2 0 6 4
	配偶者の合計所得金額	㊾	
	専従者給与(控除)額の合計額	㊿	

手順2-2
源泉徴収税額控除前の税額㊵を「繰戻し還付請求書」（121頁）の⑭欄に転記。

その他			0 0
	平均課税対象金額	㊺	
	変動・臨時所得金額 区分	㊻	
延納の届出	申告期限までに納付する金額	㊼	0 0
	延 納 届 出 額	㊽	0 0 0
還付される税金の受取場所	銀行・金庫・組合 農協・漁協		本店・支店 出張所 本所・支所
	郵便局 名等	預金種類 普通 当座 納税準備 貯蓄	
	口座番号 記号番号		

整理欄　区分 A B C D E F G H I J K
異動
管理　　名簿
補完　　　　確認

復興特別所得税額の記入をお忘れなく。

納　管
事　業
住　民
資　産
総　合
分　離
柜　簿
通信日付印
年月日
一　通

記載例 1
記載例 2
記載例 3
記載例 4
記載例 5
記載例 6
記載例 7
記載例 8
記載例 9
記載例 10
記載例 11

令和２年準確定申告分	令和２年分 準確定申告書　第一表

第一表（令和二年分以降用）

FA2200

神田　税務署長
令和 3 年 2 月 22 日　令和 **02** 年分の 所得税及び復興特別所得税 の準確定申告書B

住所 〒 **101-0051**　個人番号　　　　　　　生年月日 **3 29.01.03**
又は事業所事務所居所など　東京都千代田区神田神保町１丁目31番２号
フリガナ　チュウオウタロウ
氏名　**中央太郎**
令和3年1月1日の住所
職業　自営業　屋号・雅号　　世帯主の氏名　　世帯主との続柄 **本人**

（単位は円）　種類　〇分 離 国 出 〇 損 〇 修 正　特農の表示 特農　整理番号 **1 2 3 4 5 6 7 8**　電話番号 自宅・勤務先・携帯　－　－

収入金額等

事業	営業等	⑦	20000000
	農業	⑦	
不動産		⑦	
利子		⑦	
配当		⑦	
給与 区分		⑦	3000000
雑	公的年金等	⑦	
	業務 区分	⑦	
	その他	⑦	
総合譲渡	短期	⑦	
	長期	⑦	
	一時	⑦	

所得金額等

事業	営業等	①	△ 9020000
	農業	②	
不動産		③	
利子		④	
配当		⑤	
給与 区分		⑥	2020000
雑	公的年金等	⑦	
	業務	⑧	
	その他	⑨	
	⑦から⑨までの計	⑩	
総合譲渡・一時 ⑦+｛(⑦+⑦)×½｝		⑪	
合計 （①から⑥までの計+⑩+⑪）		⑫	△ 7000000

所得から差し引かれる金額

社会保険料控除	⑬	
小規模企業共済等掛金控除	⑭	
生命保険料控除	⑮	
地震保険料控除	⑯	
寡婦、ひとり親控除 区分	⑰~⑱	0000
勤労学生、障害者控除 区分	⑲~⑳	0000
配偶者(特別)控除 区分1 区分2	㉑~㉒	380000
扶養控除 区分	㉓	0000
基礎控除	㉔	480000
⑬から㉔までの計	㉕	860000
雑損控除	㉖	
医療費控除 区分	㉗	
寄附金控除	㉘	
合計 （㉕+㉖+㉗+㉘）	㉙	860000

税金の計算

課税される所得金額 (⑫-㉙) 又は第三表	㉚	000
上の㉚に対する税額 又は第三表の㉛	㉛	0
配当控除	㉜	
区分	㉝	
(特定増改築等) 住宅借入金等特別控除 区分1 区分2	㉞	00
政党等寄附金等特別控除	㉟~㊲	
住宅耐震改修特別控除等 区分	㊳~㊵	
差引所得税額	㊶	0
災害減免額	㊷	
再差引所得税額(基準所得税額) (㊶-㊷)	㊸	0
復興特別所得税額 (㊸×2.1%)	㊹	0
所得税及び復興特別所得税の額 (㊸+㊹)	㊺	0
外国税額控除等 区分	㊻~㊼	
源泉徴収税額	㊽	450000
申告納税額 (㊺-㊻-㊼-㊽)	㊾	△ 450000
予定納税額 (第1期分・第2期分)	㊿	
第3期分の税額 (㊾-㊿) 納める税金	51	00
還付される税金	52	△ 450000

㊹・㊺・㊾・51又は52の記入をお忘れなく。

その他

公的年金等以外の合計所得金額	53	
配偶者の合計所得金額	54	
専従者給与(控除)額の合計額	55	
青色申告特別控除額	56	0
雑所得・一時所得等の源泉徴収税額の合計額	57	
未納付の源泉徴収税額	58	
本年分で差し引く繰越損失額	59	
平均課税対象金額	60	

手順2-1
純損失の金額700万円を「繰戻し還付請求書」（121頁）の②欄に転記。

郵便局名等　種類　普通 当座 納税準備 貯蓄
口座番号記号番号

区分 A B C D E F G H I J K　異動
管理　名簿
補完　確認

税理士署名押印　電話番号　－　－　㊞　税理士法書面提出 30条 33条の2

死亡した者の令和＿２＿年分の所得税及び復興特別所得税の確定申告書付表
（兼相続人の代表者指定届出書）

（平成二十九年分以降用）　○この付表は、申告書と一緒に提出してください。

受付印

1 死亡した者の住所・氏名等			
住所 （〒 101 - 0051 ） 東京都千代田区神田神保町１丁目31番２号	氏名 フリガナ チュウオウタロウ 中央太郎	死亡年月日	令和　２年　11月　11日

2 死亡した者の納める税金又は還付される税金	［第３期分の税額］［還付される税金のときは頭部に△印を付けてください。］	△450,000　円…A

3 相続人等の代表者の指定	［代表者を指定されるときは、右にその代表者の氏名を書いてください。］	相続人等の代表者の氏名	中央一郎

4 限定承認の有無	［相続人等が限定承認をしているときは、右の「限定承認」の文字を○で囲んでください。］	限定承認

5 相続人等に関する事項					
(1) 住　所	（〒 101 - 0051 ） 千代田区神田1-31-2	（〒 101 - 0051 ） 千代田区神田1-31-2	（〒 － ）	（〒 － ）
(2) 氏　名	フリガナ 中央花子　　㊞	フリガナ 中央一郎　　㊞	フリガナ　　㊞	フリガナ　　㊞
(3) 個人番号	1 2 3 4 5 6 7 8 9 0 1 2	9 9 1 1 2 2 2 2 5 4 1 0		
(4) 職業及び被相続人との続柄	職業 無職　続柄 妻	職業 会社員　続柄 子		
(5) 生年月日	明・大・㊐・平・令 30 年 7 月 5 日	明・大・㊐・平・令 58 年 7 月 7 日	明・大・昭・平・令	明・大・昭・平・令
(6) 電話番号	00 － 000 － 0000	00 － 000 － 0000	－ －	－ －
(7) 相続分…B	㊐定 指定 $\frac{1}{2}$	㊐定 指定 $\frac{1}{2}$	法定・指定	法定・指定
(8) 相続財産の価額	円	円	円	円

手順2-5
準確定申告による所得税の還付税額45万円
（119頁）をAに転記し各相続人の還付税額
を記載。

6 納める税金等	各人の納付税額 A × B ［各人の100円未満の端数切捨て］	円	円	00 円	00 円
	各人の還付金額 ［各人の１円未満の端数切捨て］	225,000 円	225,000 円	円	円

7 還付される税金の受取場所	銀行等への振込みを希望する場合の預金口座に	銀行名等	日本 銀行・金庫・組合・農協・漁協	日本 銀行・金庫・組合・農協・漁協	銀行・金庫・組合・農協・漁協	銀行・金庫・組合・農協・漁協
		支店名等	本店・支店・出張所・本所・支所	本店・支店・出張所・本所・支所	本店・支店・出張所・本所・支所	本店・支店・出張所・本所・支所
		預金の種類	普通 預金	普通 預金	預金	預金
		口座番号	0000000	0000000		
	ゆうちょ銀行の貯金口座に振込みを希望する場合	貯金口座の記号番号	－	－		
	郵便局等の窓口での受取りを希望する場合	郵便局名等				

（注）　「5　相続人等に関する事項」以降については、相続を放棄した人は記入の必要はありません。

税務署整理欄	整理番号	0		0		0		0	
	番号確認 身元確認		□ 済 □ 未済		□ 済 □ 未済		□ 済 □ 未済		□ 済 □ 未済

一連番号

令和2年準確定申告分	純損失の金額の繰戻しによる所得税の還付請求書

税務署受付印

純損失の金額の繰戻しによる所得税の還付請求書

___神田___ 税務署長

令3年 2月 22日提出

住所 又は事業所・事務所・居所など	(〒 101 － 0051) 東京都千代田区神田神保町1丁目31番2号	
フリガナ 氏 名	チュウオウタロウ 中央太郎 ㊞	電話番号 03 - 3333 - 1234
個人番号		

手順2-5
㉒欄の金額を転記。

手順2-1
本年分の「申告書第一表」（119頁）の純損失の金額を②欄に転記。

手順2-1
請求事由の相続を○で囲み、相続開始日を記載。

...による所得税の還付について次のとおり請求します。

還付請求金額 （下の還付請求金額の計算の㉒の金額）	306,500 円

純損失の金額の生じた年分	令2年分
純損失の金額を繰り戻す年分 （純損失の金額の生じた年の前年分を書きます）	令1年分

還付の請求が、事業の廃止、相当期間の休止、事業の全部又は重要部分の譲渡、相続によるものである場合は右の欄に記入してください。

請求の事由（該当する文字を○で囲んでください。） 事業の　廃　止 　　　　休　止 　　　　譲　渡 （相　続）	左の事実の生じた年月日 2・11・11 休止期間 　・　・ 　・　・	この純損失の金額について、既に繰戻しによる還付を受けた事実の 有・無

手順2-1
本年分の純損失の金額のうち繰り戻す金額367万円（121頁）を⑤欄に記載。

還付請求金額の計算

○申告書と一緒に提出してください。

				金 額						金 額
令和2年分の純損失の金額	A純損失の金額	総所得	変動所得	①	円	Aに繰り戻す前年分	総所得	変動所得	④	円
			その他	②	△7,000,000※			その他	⑤	△3,670,000※
			山林所得	③				山林所得	⑥	
純損失の金額の繰戻しによる所得税	前年分の税	C課税される所得金額	総所得	⑦	3,670,000	繰戻し控除後の税額	E繰戻しした後の所得金額の課税	総所得	⑮	0
			山林所得	⑧				山林所得	⑯	
			退職所得	⑨				退職所得	⑰	
		D⑦に対する税額		⑩	306,500		F⑮に対する税額		⑱	0
		⑧に対する税額		⑪			Eに対する税額 ⑯に対する税額		⑲	
		⑨に対する税額		⑫			⑰に対する税額		⑳	
				⑬	306,500		計		㉑	0
				⑭	306,500	純損失の金額の繰戻しによる還付金額 （「⑬－㉑」と⑭のいずれか少ない方の金額）			㉒	306,500

千円未満の端数は切り捨ててください。

100円未満の端数は切り捨ててください。

手順2-2
前年分の「申告書第一表」（118頁）の課税総所得金額㉖を⑦欄、その税額㉗を⑩欄、源泉徴収税額を差し引く前の所得税額㊵を⑭欄に順次転記。

手順2-3
「繰戻控除計算用」（122頁）で計算した金額㉖、㉗を⑮欄、⑱欄に転記。

手順2-4
⑬－㉑と⑭の少ない方の金額306,500円を㉒欄に記載。

税理士署名押印（電話番号）

還付される税金の受取場所	日本	...銀行等の...	...うちょ銀行の口座に振込みを希望する場合 口座の記号番号 －
		普通	（郵便局等の窓口受取りを希望する場合）

㊞

税務署整理欄	通信日付印の年月日 　年　月　日	確認印	整 理 番 号 0		
	番号確認	身元確認	確 認 書 類		
		□ 済 □ 未済	個人番号カード／通知カード・運転免許証 その他（　　　　　　　　）		

※記載例では分かりやすさの点から純損失の金額をマイナス表記しています。

121

令和＿＿年＿＿月＿＿日　＿＿＿＿＿税務署長

令和 01 年分の 所得税及び復興特別所得税 の 確定 申告書B

F A 0 1 2 5

第一表 （令和元年分以降用）

個人番号

フリガナ　チュウオウタロウ

氏 名　中央太郎

性別　男・女　職業　自営業　屋号・雅号　　世帯主の氏名　　世帯主との続柄　本人

生年月日　3 29.01.03

電話番号　自宅・勤務先・携帯

手順2-3
前年分の課税総所得金額から繰り戻した純損失の金額を差し引いた金額0円を「繰戻し還付請求書」（121頁）の⑮欄に、それに対する税額0円を⑱欄に転記。

種類　〇　分離　国出　損失　修正　　特農の表示　特農　整番

繰戻控除後の金額

繰戻控除計算用

復興特別所得税額の記入をお忘れなく。

収入金額等			金額
事業	営 業 等	㋐	3 5 0 0 0 0 0
	農 業	㋑	
不 動 産		㋒	
利 子		㋓	
配 当		㋔	
給 与		㋕	3 6 0 0 0 0 0
雑	公的年金等	㋖	
	そ の 他	㋗	
総合譲渡	短 期	㋘	
	長 期	㋙	
一 時		㋚	

所得金額			
事業	営 業 等	①	2 8 6 0 0 0 0
	農 業	②	
不 動 産		③	
利 子		④	
配 当		⑤	
給与 区分		⑥	2 3 4 0 0 0 0
雑		⑦	
総合譲渡・一時 ㋘+｛(㋙+㋚)×½｝		⑧	
合 計		⑨	5 2 0 0 0 0 0

所得から差し引かれる金額			
社会保険料控除		⑩	6 8 0 0 0 0
小規模企業共済等掛金控除		⑪	
生命保険料控除		⑫	4 0 0 0 0
地震保険料控除		⑬	5 0 0 0 0
寡婦、寡夫控除		⑭	0 0 0 0
勤労学生、障害者控除		⑮~⑯	0 0 0 0
配偶者(特別)控除 区分		⑰~⑱	3 8 0 0 0 0
扶 養 控 除		⑲	0 0 0 0
基 礎 控 除		⑳	3 8 0 0 0 0
⑩から⑳までの計		㉑	1 5 3 0 0 0 0
雑 損 控 除		㉒	
医療費控除 区分		㉓	
寄 附 金 控 除		㉔	
合 計 ㉑+㉒+㉓+㉔		㉕	1 5 3 0 0 0 0

税金の計算			
課税される所得金額 (⑨-㉕)又は第三表		㉖	0 0 0
上の㉖に対する税額 又は第三表の㉙		㉗	0
配 当 控 除		㉘	
	区分	㉙	
(特定増改築等)住宅借入金等特別控除 区分		㉚	0 0
政党等寄附金等特別控除		㉛~㉝	
住宅耐震改修特別控除 住宅特定改修・認定住宅 新築等特別税額控除		㉞~㊲	
差引所得税額 (㉗-㉘-㉙-㉚-㉛-㉞)		㊳	
		㊴	
(㊴×2.1%)		㊵	
所得税及び復興特別所得税の額 (㊳+㊵)		㊷	
外国税額控除 区分		㊸	
源 泉 徴 収 税 額		㊹	5 6 5 0 0 0
申 告 納 税 額 (㊷-㊸-㊹)		㊺	△ 5 6 5 0 0 0
予 定 納 税 額 (第1期分・第2期分)		㊻	0
第3期分の税額 (㊺-㊻)	納める税金	㊼	0 0
	還付される税金	㊽	△ 5 6 5 0 0 0

その他			
配偶者の合計所得金額		㊾	
専従者給与(控除)額の合計額		㊿	
青色申告特別控除額		51	6 5 0 0 0 0
雑所得・一時所得等の源泉徴収税額の合計額		52	
未納付の源泉徴収税額		53	
本年分で差し引く繰越損失額		54	
平均課税対象金額		55	
変動・臨時所得金額 区分		56	
延納の届出	申告期限までに納付する金額	57	0 0
	延 納 届 出 額	58	0 0 0

還付される税金の受取場所

銀行・金庫・組合・農協・漁協　　本店・支店 出張所 本所・支所

郵便局名等

預金種類　普通　当座　納税準備　貯蓄

口座番号 記号番号

整理欄	区分	A	B	C	D	E	F	G	H	I	J	K
	異動		年		月			日	L			
	管理								名簿			
	補完											確認

納管　事業　住民　資産　照合　分離　検算　通信日付印　年月日　運番

税理士署名押印　電話番号　＿＿＿ー＿＿＿ー＿＿＿

税理士法第30条 税理士法第33条の2

122

令和2年準確定申告分	純損失の金額の繰戻しによる所得税の還付請求書付表

純損失の金額の繰戻しによる所得税の還付請求
死亡した者の令和＿＿年分の所得税及び復興特別所得税の確定申告書付表
（兼相続人の代表者指定届出書）

受付印

1	死亡した者の住所・氏名等			
住所	（〒101－0051　） 東京都千代田区神田神保町1丁目31番2号	氏名	フリガナ チュウオウタロウ 中央太郎	死亡年月日　令和 2 年 11 月 11 日

2	死亡した者の納める税金又は還付される税金	第3期分の税額	〔還付される税金のときは頭部に△印を付けてください。〕	△306,500 円…A

3	相続人等の代表者の指定	〔代表者を指定されるときは、右にその代表者の氏名を書いてください。〕	相続人等の代表者の氏名	中央一郎

4	限定承認の有無	〔相続人等が限定承認をしているときは、右の「限定承認」の文字を○で囲んでください。〕		限定承認

5 相続人等に関する事項	(1) 住所	（〒101－0051　） 千代田区神田1-31-2	（〒101－0051　） 千代田区神田1-31-2	（〒　－　）	（〒　－　）
	(2) 氏名	フリガナ 中央花子　㊞	フリガナ 中央一郎　㊞	フリガナ　㊞	フリガナ　㊞
	(3) 個人番号	1 2 3 4 5 6 7 8 9 0 1 2	9 9 1 1 2 2 2 5 4 1 0		
	(4) 職業及び被相続人との続柄	職業 無職　続柄 妻	職業 会社員　続柄 子		
	(5) 生年月日	明・大・㊐・平・令 30 年 7 月 5 日	明・大・㊐・平・令 58 年 7 月 7 日		
	(6) 電話番号	00－000－0000	00－000－0000		
	(7) 相続分…B	法定・指定 1/2	法定・指定 1/2	法定・指定 ＿＿	法定・指定 ＿＿
	(8) 相続財産の価額	円	円	円	円

手順2-5
純損失の金額の繰戻しによる所得税の還付請求額306,500円（121頁）をAに転記し各相続人の還付税額を記載。

6 納める税金等	各人の納付税額 A × B 〔Aが黒字のとき〕 （各人の100円未満の端数切捨て）	円	円	00 円	00 円
	各人の還付金額 〔Aが赤字のとき〕 （各人の1円未満の端数切捨て）	153,250 円	153,250 円	円	円

7 還付される税金の受取場所	振込みを希望する場合の預金口座に	銀行名等	日本 銀行・金庫・組合・農協・漁協	日本 銀行・金庫・組合・農協・漁協	銀行・金庫・組合・農協・漁協	銀行・金庫・組合・農協・漁協
		支店名等	本店・支店・出張所・本所・支所	本店・支店・出張所・本所・支所	本店・支店・出張所・本所・支所	本店・支店・出張所・本所・支所
		預金の種類	普通 預金	普通 預金	預金	預金
		口座番号	0000000	0000000		
	希望する場合ゆうちょ銀行の口座に振込みを受取る場合	貯金口座の記号番号	－	－		
	窓口受取りを希望する場合郵便局等の窓口	郵便局名等				

（注）　「5 相続人等に関する事項」以降については、相続を放棄した人は記入の必要はありません。

税務署整理欄	整理番号	0		0		0		0		一連番号
	番号確認・身元確認		□ 済 □ 未済		□ 済 □ 未済		□ 済 □ 未済		□ 済 □ 未済	

（平成二十九年分以降用）　○この付表は、申告書……てください。

本年に相続が開始し、本年分の所得が損失であるので、前年分の純損失の金額を前前年分に繰り戻す場合

平成30年分の確定申告の概要

(1)	課税標準		
	① 総所得金額		8,340,000円
	イ 事業所得	6,000,000円	
	ロ 給与所得	2,340,000円	
(2)	所得控除額		1,070,000円
(3)	課税総所得金額等		7,270,000円
	① 課税総所得金額		7,270,000円
(4)	各種所得の税額		1,036,100円
(5)	復興特別所得税		21,758円
(6)	所得税及び復興特別所得税の額		1,057,858円
(7)	源泉徴収税額		250,000円
(8)	納付税額		807,800円

令和1年分の確定申告の概要

(1)	課税標準		
	① 総所得金額		△3,000,000円（純損失の金額）
	イ 事業所得	△5,340,000円	
	ロ 給与所得	2,340,000円	
(2)	所得控除額		380,000円
(3)	課税総所得金額等		0円
	① 課税総所得金額		0円
(4)	各種所得の税額		0円
(5)	復興特別所得税		0円
(6)	所得税及び復興特別所得税の額		0円
(7)	源泉徴収税額		565,000円
(8)	還付税額		△565,000円

記載例 1
記載例 2
記載例 3
記載例 4
記載例 5
記載例 6
記載例 7
記載例 8
記載例 9
記載例 10
記載例 11

令和2年分の申告所得の概要

(1)	課税標準	
	① 総所得金額	△7,000,000円（純損失の金額）
	イ 事業所得	△9,020,000円
	ロ 給与所得	2,020,000円
(2)	所得控除額	860,000円
(3)	課税総所得金額等	0円
(4)	各種所得の税額	0円
(5)	復興特別所得税	0円
(6)	所得税及び復興特別所得税の額	0円
(7)	源泉徴収税額	450,000円
(8)	還付税額	△450,000円

【申告書作成手順】

手順1 令和2年分の準確定申告書の作成（131頁）

1 被相続人の申告所得の内容に従って、申告書第一表、申告書第二表を作成します。

所得金額を計算すると700万円の純損失の金額が生じますが相続のため繰り越せません。

また、本年分の純損失の金額は、前前年に繰り戻すこともできません。

なお、地方税法には純損失の金額の繰戻しによる還付の制度がないので、純損失の金額は繰り戻せません。

2 申告書付表には、各相続人が承継する本年分の所得税の還付金額などを記載します。

3 前年分の純損失の金額300万円があるので、この金額を前前年分に全額繰り戻して所得税の還付を請求します。

※ 前年分の純損失の金額を前前年分に繰り越すことができるのは、事業の廃止、相続等が発生した場合に限られることに留意してください。

手順2 純損失の金額の繰戻しによる所得税の還付請求書の作成（133頁）

1 請求の事由欄の「相続」を○で囲み、相続開始日を記載します。

前年分の純損失の金額300万円を②欄に転記し、前前年分に繰り戻す金額300万円を⑤欄に記載します。

2 前前年分の課税総所得金額727万円を⑦欄、それに対する税額1,036,100円を⑩欄、源泉徴収税額を差し引く前の所得税額1,036,100円を⑭欄にそれぞれ転記します。

3 前前年分の課税総所得金額727万円⑦から前前年分に繰り戻す金額300万円⑤を差し引いた金額427万円を⑮欄に記載し、それに対する税額426,500円を⑱欄に記載します（「繰戻控除計算用」134頁を参照）。

4 ⑬欄－㉑欄と⑭欄の少ない方の金額609,600円を㉒欄に記載します。

5 還付請求金額欄に609,600円を転記します。

6 準確定申告書の付表を利用して、純損失の金額の繰戻しによる所得税の還付請求書付表（135頁）に、各相続人が承継する所得税の還付金額などを記載します。

平成30年分 確定申告書　第一表

神田　税務署長　31年 3月 11日

平成 **30** 年分の 所得税及び復興特別所得税 の 確定 申告書B

F A 0 1 2 4

第一表（平成三十年分以降用）

〒 **1 0 1 - 0 0 5 1**

個人番号

フリガナ　チュウオウタロウ

氏名　中央太郎

性別　職業　自営業

生年月日　3 **29.01.03**

屋号・雅号

世帯主の氏名

世帯主との続柄　本人

電話番号　自宅・勤務先・携帯

整理番号 **1 2 3 4 5 6 7 8**

手順2-2
課税総所得金額及びそれに対する税額を
「繰戻し還付請求書」（133頁）の⑦欄、
⑩欄に転記。

復興特別所得税額の記入をお忘れなく。

（単位は円）

収入金額等

事 営 業 等	⑦	1 8 0 0 0 0 0 0
業 農 業	④	
不 動 産	⑤	
利 子	④	
配 当	⑤	
給 与	⑥	3 6 0 0 0 0 0
雑　公的年金等	④	
その他	⑨	
総合譲渡　短期	⑨	
長期	⑤	
一時	⑤	

所得金額

事 営 業 等	①	6 0 0 0 0 0 0
業 農 業	②	
不 動 産	③	
利 子	④	
配 当	⑤	
給与	⑥	2 3 4 0 0 0 0
雑	⑦	
総合譲渡・一時 ⑦+{(⑤+⑨)×½}	⑧	
合 計	⑨	8 3 4 0 0 0 0

所得から差し引かれる金額

雑 損 控 除	⑩	
医療費控除	⑪	
社会保険料控除	⑫	2 3 5
小規模企業共済等掛金控除	⑬	
生命保険料控除	⑭	4 0
地震保険料控除	⑮	3 5 0 0 0
寄附金控除	⑯	
寡婦、寡夫控除	⑱	0 0 0 0
勤労学生、障害者控除	⑲~⑳	0 0 0 0
配偶者（特別）控除	㉑~㉒	0 0 0 0
扶 養 控 除	㉓	3 8 0 0 0 0
基 礎 控 除	㉔	3 8 0 0 0 0
合 計	㉕	1 0 7 0 0 0 0

税金の計算

課税される所得金額 (⑨-㉕)又は第三表	㉖	7 2 7 0 0 0 0
上の㉖に対する税額 又は第三表の㉙	㉗	1 0 3 6 1 0 0
配 当 控 除	㉘	
	㉙	
（特定増改築等）住宅借入金等特別控除	㉚	0 0
政党等寄附金等特別控除	㉛~㉝	
住宅耐震改修特別控除等	㉞~㊱	
差引所得税額 (㉗-㉘-㉙-㉚-㉛-㉜-㉝-㉞)	㊳	1 0 3 6 1 0 0
災害減免額	㊴	
再差引所得税額（基準所得税額）	㊵	1 0 3 6 1 0 0
復興特別所得税額 (㊵×2.1%)	㊶	2 1 7 5 8
所得税及び復興特別所得税の額 (㊵+㊶)	㊷	1 0 5 7 8 5 8
外国税額控除	㊸	
所得税及び復興特別所得税の源泉徴収税額	㊹	2 5 0 0 0 0
所得税及び復興特別所得税の申告納税額 (㊷-㊸-㊹)	㊺	8 0 7 8 0 0
所得税及び復興特別所得税の予定納税額（第1期分・第2期分）	㊻	
所得税及び復興特別所得税の第3期分の税額（㊺-㊻）　納める税金	㊼	8 0 7 8 0 0
還付される税金	㊽	

その他

配偶者の合計所得金額	㊾	
専従者給与（控除）額の合計額	㊿	
青色申告特別控除額	51	6 5 0 0 0 0

手順2-2
源泉徴収税額控除前の税額㊵を「繰戻し還
付請求書」（133頁）の⑭欄に転記。

| 変動・臨時所得金額 | 56 | |

延納の届出

| 申告期限までに納付する金額 | 57 | 0 0 |
| 延 納 届 出 額 | 58 | 0 0 0 |

還付される税金の受取場所

銀行・金庫・組合・農協・漁協
本店・支店・出張所・本所・支所

郵便局名等

預金種類　普通 当座 納税準備 貯蓄

口座番号・記号番号

税理士署名押印　電話番号

税理士法第30条の書面提出有　税理士法第33条の2の書面提出有

整理欄　区分 A B C D E F G H I J K

異動　年　月　日　L

管理　名簿　補完　確認

記載例 1　記載例 2　記載例 3　記載例 4　記載例 5　記載例 6　記載例 7　記載例 8　記載例 9　記載例 10　記載例 11

神田　税務署長
令和_2_年_3_月_10_日　令和 [01] 年分の 所得税及び復興特別所得税 の 確定申告書B

FA0125

復興特別所得税額の記入をお忘れなく。←

〒 1 0 1 - 0 0 5 1

住所 又は 事業所 事務所 居所など	東京都千代田区神田神保町１丁目31番２号

個人番号

フリガナ　チュウオウタロウ
氏名　中央太郎　㊞

性別 ⑨女　職業 自営業　屋号・雅号　　世帯主の氏名　　世帯主との続柄 本人

令和２年１月１日の住所　同上

生年月日　3 29.01.03

電話番号　自宅・勤務先・携帯　―　―

整理番号 1 2 3 4 5 6 7 8

（受付印）　　　　　　（単位は円）

種類 ○分○離国出○損 ○修正 特農の表示 特農

			（単位は円）
収入金額等	事業	営業等	⑦	3 5 0 0 0 0 0 0
		農業	⑦	
	不動産		⑦	
	利子		⑦	
	配当		⑦	
	給与		⑦	3 6 0 0 0 0 0
	雑	公的年金等	⑦	
		その他	⑦	
	総合譲渡	短期	⑦	
		長期	⑦	
	一時		⑦	
所得金額	事業	営業等	①	△ 5 3 4 0 0 0 0
		農業	②	
	不動産		③	
	利子		④	
	配当		⑤	
	給与 区分		⑥	2 3 4 0 0 0 0
	雑		⑦	
	総合譲渡・一時 ⑦+{(○+○)×½}		⑧	
	合計		⑨	
所得から差し引かれる金額	社会保険料控除		⑩	
	小規模企業共済等掛金控除		⑪	
	生命保険料控除		⑫	
	地震保険料控除		⑬	
	寡婦、寡夫控除		⑭	0 0 0 0
	勤労学生、障害者控除		⑮〜⑯	0 0 0 0
	配偶者(特別)控除 区分		⑰〜⑱	0 0 0 0
	扶養控除		⑲	0 0 0 0
	基礎控除		⑳	3 8 0 0 0 0
	⑩から⑳までの計		㉑	3 8 0 0 0 0
	雑損控除		㉒	
	医療費控除 区分		㉓	
	寄附金控除		㉔	
	合計 (㉑+㉒+㉓+㉔)		㉕	3 8 0 0 0 0

税金の計算	課税される所得金額 (⑨-㉕)又は第三表	㉖	0 0 0
	上の㉖に対する税額 又は第三表の㉘	㉗	0
	配当控除	㉘	
	区分	㉙	
	(特定増改築等)住宅借入金等特別控除 区分	㉚	0 0
	政党等寄附金等特別控除	㉛〜㉝	
	住宅耐震改修特別控除 住宅特定改修・認定住宅 新築等特別税額控除 区分	㉞〜㊲	
	差引所得税額 (㉗-㉘-㉙-㉚-㉛-㉞-㊲)	㊳	0
	災害減免額	㊴	0
	再差引所得税額 (基準所得税額) (㊳-㊴)	㊵	0
	復興特別所得税額 (㊵×2.1%)	㊶	0
	所得税及び復興特別所得税の額 (㊵+㊶)	㊷	0
	外国税額控除 区分	㊸	
	源泉徴収税額	㊹	5 6 5 0 0 0
	申告納税額 (㊷-㊸-㊹)	㊺	△ 5 6 5 0 0 0
	予定納税額 (第1期分・第2期分)	㊻	0
	第3期分の税額 (㊺-㊻) 納める税金	㊼	0 0
	還付される税金	㊽	△ 5 6 5 0 0 0
その他	配偶者の合計所得金額	㊾	
	専従者給与(控除)額の合計額	㊿	
	青色申告特別控除額	51	0
	雑所得・一時所得等の源泉徴収税額の合計額	52	
	未納付の源泉徴収税額	53	
	本年分で差し引く繰越損失額	54	
	平均課税対象金額	55	
	変動・臨時所得金額 区分	56	
延納の届出	申告期限までに納付する金額	57	0 0
	延納届出額	58	0 0 0

還付される税金の受取場所

銀行・金庫・組合 農協・漁協		本店・支店 出張所 本所・支所
郵便局名等		預金種類 普通 当座 納税準備 貯蓄 ○○○○
	口座番号 記号番号	

整理欄

区分	A	B	C	D	E	F	G	H	I	J	K
異動											
管理							L				名簿
補完										確認	

税理士署名押印 電話番号　―　―　㊞

税理士法書面提出 30条 33条の2

管　事務　住民　資産　記入　分離　検算　通信日付印　年月日　一連番号　納管

令和 01 年分の所得税及び復興特別所得税の確定申告書（損失申告用）

F A 0 0 5 4

第四表(一)（令和元年分以降用）

住所又は事業所事務所居所など	東京都千代田区神田神保町１丁目31番２号	フリガナ／氏名	チュウオウタロウ 中央太郎

整理番号	12345678	一連番号	

１ 損失額又は所得金額

A	経常所得（申告書Ｂ第一表の①から⑦までの合計額）			(59)	△3,000,000円

所得の種類	区分等	所得の生ずる場所	Ⓐ 収入金額	Ⓑ 必要経費等	Ⓒ 差引金額（Ⓐ－Ⓑ）	Ⓓ 特別控除額	Ⓔ 損失額又は所得金額
B 譲渡 短期 分離譲渡			円	円	㋛ 円		(60) 円
B 譲渡 短期 総合譲渡					㋜	円	(61)
B 譲渡 長期 分離譲渡			円	円	㋝		(62)
B 譲渡 長期 総合譲渡					㋞	円	(63)
B 一時							(64)
C 山林			円				(65)
D 退職				円	円		(66)
E 一般株式等の譲渡							(67)
E 上場株式等の譲渡							(68)
E 上場株式等の配当等				円	円		(69)
F 先物取引							(70)
						特例適用条文	

２ 損益の通算

所得の種類	Ⓐ 通算前	第１次通算	Ⓑ 第１次通算後	第２次通算	Ⓒ 第２次通算後	第３次通算	Ⓓ 第３次通算後	Ⓔ 損失額又は所得金額
A 経常所得	(59) △3,000,000円		△3,000,000円		△3,000,000円		△3,000,000円	△3,000,000円
B 譲渡 短期 総合譲渡	(61)							
B 譲渡 長期 分離譲渡（特定損失額）	(62) △							
B 譲渡 長期 総合譲渡	(63)							
B 一時	(64)							
C 山林	----→		(65)					㋟
D 退職	----→				(66)			
損失額又は所得金額の合計額							(71)	△3,000,000

手順2-1
総所得金額の純損失の金額300万円を「繰戻し還付請求書」（133頁）の②欄に転記。

資産		整理欄	

令和 [01] 年分の 所得税及び
復興特別所得税 の 確定 申告書（損失申告用）　[F A 0 0 5 9]

3 翌年以後に繰り越す損失額

整理番号 [1][2][3][4][5][6][7][8]　一連番号

	⑦	
青色申告者の損失の金額	⑦2	△3,000,000
居住用財産に係る通算後譲渡損失の金額	⑦3	
変動所得の損失額	⑦4	

被災事業用資産の損失額	所得の種類	被災事業用資産の種類など	損害の原因	損害年月日	Ⓐ 損害金額	Ⓑ 保険金などで補填される金額	Ⓒ 差引損失額（Ⓐ－Ⓑ）
	山林以外 営業等・農業			・　・	円	円	⑦5 円
	山林以外 不動産			・　・			⑦6
	山林			・　・			⑦7
山林所得に係る被災事業用資産の損失額							⑦8 円
山林以外の所得に係る被災事業用資産の損失額							⑦9

4 繰越損失を差し引く計算

年分	損失の種類			Ⓐ前年分までに引ききれなかった損失額	Ⓑ本年分で差し引く損失額	Ⓒ翌年分以後に繰り越して差し引かれる損失額（Ⓐ－Ⓑ）
A 28年(3年前)	純損失	28年が青色の場合	山林以外の所得の損失	円	円	円
			山林所得の損失			
		28年が白色の場合	変動所得の損失			
			被災事業用資産の損失 山林以外			
			被災事業用資産の損失 山林			
		居住用財産に係る通算後譲渡損失の金額				
	雑損失					
B 29年(2年前)	純損失	29年が青色の場合	山林以外の所得の損失			円
			山林所得の損失			
		29年が白色の場合	変動所得の損失			
			被災事業用資産の損失 山林以外			
			被災事業用資産の損失 山林			
		居住用財産に係る通算後譲渡損失の金額				
	雑損失					
C 30年(前年)	純損失	30年が青色の場合	山林以外の所得の損失			
			山林所得の損失			
		30年が白色の場合	変動所得の損失			
			被災事業用資産の損失 山林以外			
			被災事業用資産の損失 山林			
		居住用財産に係る通算後譲渡損失の金額				
	雑損失					

手順1-3
純損失の金額300万円を翌年分に繰り越すと記載していますが、その金額を前前年に繰り戻します。

本年分の一般株式等及び上場株式等に係る譲渡所得等から差し引く損失額	⑧0	円
本年分の上場株式等に係る配当所得等から差し引く損失額	⑧1	円
本年分の先物取引に係る雑所得等から差し引く損失額	⑧2	円

雑損控除、医療費控除及び寄附金控除の計算で使用する所得金額の合計額	⑧3	0 円

5 翌年以後に繰り越される本年分の雑損失の金額　⑧4　円

6 翌年以後に繰り越される株式等に係る譲渡損失の金額　⑧5　円

7 翌年以後に繰り越される先物取引に係る損失の金額　⑧6　円

資産		整理欄	

記載例 1
記載例 2
記載例 3
記載例 4
記載例 5
記載例 6
記載例 7
記載例 8
記載例 9
記載例 10
記載例 11

令和2年準確定申告分	令和2年分 準確定申告書 第一表

令和_3_年_2_月_22_日　神田　税務署長

令和 02 年分の 所得税及び 復興特別所得税 の準確定申告書B

FA2200

第一表 （令和二年分以降用）

住所 〒101-0051	個人番号		生年月日 3 29.01.03
又は事業所事務所居所など	東京都千代田区神田神保町1丁目31番2号	フリガナ チュウオウタロウ	
		氏名 中央太郎	㊞
令和1月1日の住所		職業 自営業　屋号・雅号　世帯主の氏名　世帯主との続柄 本人	

（単位は円）

種類 ○　分離　国出　損失　修正　特農の表示　特農

整理番号 1 2 3 4 5 6 7 8　電話番号 自宅・勤務先・携帯 －　－

収入金額等

事業	営業等	㋐	2 0 0 0 0 0 0
	農業	㋑	
不動産		㋒	
利子		㋓	
配当		㋔	
給与 区分		㋕	3 0 0 0 0 0 0
雑	公的年金等	㋖	
	業務 区分	㋗	
	その他	㋘	
総合譲渡	短期	㋙	
	長期	㋚	
一時		㋛	

所得金額等

事業	営業等	①	△ 9 0 2 0 0 0 0
	農業	②	
不動産		③	
利子		④	
配当		⑤	
給与 区分		⑥	2 0 2 0 0 0 0
雑	公的年金等	⑦	
	業務	⑧	
	その他	⑨	
	⑦から⑨までの計	⑩	
総合譲渡・一時 ③+{(⑩+⑪)×½}		⑪	
合計 (①から⑥までの計+⑩+⑪)		⑫	△ 7 0 0 0 0 0 0

所得から差し引かれる金額

社会保険料控除	⑬	
小規模企業共済等掛金控除	⑭	
生命保険料控除	⑮	
地震保険料控除	⑯	
寡婦、ひとり親控除 区分	⑰~⑱	0 0 0 0
勤労学生、障害者控除	⑲~⑳	0 0 0 0
配偶者(特別)控除 区分1 区分2	㉑~㉒	3 8 0 0 0 0
扶養控除 区分	㉓	0 0 0 0
基礎控除	㉔	4 8 0 0 0 0
⑬から㉔までの計	㉕	8 6 0 0 0 0
雑損控除	㉖	
医療費控除 区分	㉗	
寄附金控除	㉘	
合計 (㉕+㉖+㉗+㉘)	㉙	8 6 0 0 0 0

税金の計算

課税される所得金額 (⑫-㉙)又は第三表	㉚	0 0 0
上の㉚に対する税額 又は第三表の�91	㉛	0
配当控除	㉜	
区分	㉝	
(特定増改築等)住宅借入金等特別控除 区分1 区分2	㉞	0 0
政党等寄附金等特別控除	㉟~㊲	
住宅耐震改修特別控除等	㊳~㊵	
差引所得税額 (㊱-㊲-㊳-㊴-㉞-㉝-㉜-㉛)	㊶	0
災害減免額	㊷	
再差引所得税額(基準所得税額) (㊶-㊷)	㊸	0
復興特別所得税額 (㊸×2.1%)	㊹	0
所得税及び復興特別所得税の額 (㊸+㊹)	㊺	0
外国税額控除等 区分	㊻~㊼	
源泉徴収税額	㊽	4 5 0 0 0 0
申告納税額 (㊺-㊻-㊼-㊽)	㊾	△ 4 5 0 0 0 0
予定納税額 (第1期分・第2期分)	㊿	
第3期分の税額 (㊾-㊿) 納める税金	51	0 0
還付される税金	52	△ 4 5 0 0 0 0

㊹・㊺・㊾・51又は52の記入をお忘れなく。

その他

公的年金等以外の合計所得金額	53	
配偶者の合計所得金額	54	
専従者給与(控除)額の合計額	55	
青色申告特別控除額	56	0
雑所得・一時所得等の源泉徴収税額の合計額	57	
未納付の源泉徴収税額	58	
本年分で差し引く繰越損失額	59	
平均課税対象金額	60	
変動・臨時所得金額 区分	61	

延納の出

申告期限までに納付する金額	62	0 0
延納届出額	63	0 0 0

受取場所

銀行・金庫・組合・農協・漁協	本店・支店 出張所 本所・支所
郵便局名等	
預金種類 普通 当座 納税準備 貯蓄	
口座番号記号番号	

整理欄

区分	A	B	C	D	E	F	G	H	I	J	K
異動											

管理　　名簿　　補完　　確認

税理士署名押印 電話番号 － － ㊞　税理士法第30条の書面提出 税理士法第33条の2の書面提出

納管　事業　住民　資産　紹合　分離　検算　還付日付印　年月日　名称

死亡した者の令和　2　年分の所得税及び復興特別所得税の確定申告書付表
（兼相続人の代表者指定届出書）

（平成二十九年分以降用）　○この付表は、申告……てください。

受付印

1　死亡した者の住所・氏名等

住所	（〒 101 − 0051 ） 東京都千代田区神田神保町１丁目31番２号	氏名	フリガナ　チュウオウタロウ **中央太郎**	死亡年月日	令和　2　年　11　月　11　日

2　死亡した者の納める税金又は還付される税金　［第３期分の税額］　〔還付される税金のときは頭部に△印を付けてください。〕　**△450,000** 円 … Ａ

3　相続人等の代表者の指定　〔代表者を指定されるときは、右にその代表者の氏名を書いてください。〕　相続人等の代表者の氏名　**中央一郎**

4　限定承認の有無　〔相続人等が限定承認をしているときは、右の「限定承認」の文字を○で囲んでください。〕　限定承認

5　相続人等に関する事項

(1) 住所	（〒 101 − 0051 ） 千代田区神田1-31-2	（〒 101 − 0051 ） 千代田区神田1-31-2	（〒 − ）	（〒 − ）
(2) 氏名	フリガナ **中央花子**　㊞	フリガナ **中央一郎**　㊞	フリガナ　㊞	フリガナ　㊞
(3) 個人番号	1 2 3 4 5 6 7 8 9 0 1 2	9 9 1 1 2 2 2 2 5 4 1 0		
(4) 職業及び被相続人との続柄	職業 **無職**　続柄 **妻**	職業 **会社員**　続柄 **子**	職業　続柄	職業　続柄
(5) 生年月日	明・大・㊐・平・令 30 年 7 月 5 日	明・大・㊐・平・令 58 年 7 月 7 日	明・大・昭・平・令	明・大・昭・平・令
(6) 電話番号	00 − 000 − 0000	00 − 000 − 0000		
(7) 相続分 … Ｂ	㊛・指定 1/2	㊛・指定 1/2	法定・指定	法定・指定
(8) 相続財産の価額	円	円	円	円

6　納める税金等

Ａが黒字のとき 各人の納付税額　Ａ × Ｂ （各人の100円未満の端数切捨て）	円	円	00 円	00 円
Ａが赤字のとき 各人の還付金額（各人の１円未満の端数切捨て）	**225,000** 円	**225,000** 円	円	円

7　還付される税金の受取場所（銀行等の預金口座に振込みを希望する場合・ゆうちょ銀行の貯金口座に振込みを希望する場合・郵便局等の窓口受取りを希望する場合）

銀行名等	**日本** 銀行・金庫・組合・農協・漁協	**日本** 銀行・金庫・組合・農協・漁協	銀行・金庫・組合・農協・漁協	銀行・金庫・組合・農協・漁協
支店名等	**本店**・支店・出張所・本所・支所	**本店**・支店・出張所・本所・支所	本店・支店・出張所・本所・支所	本店・支店・出張所・本所・支所
預金の種類	**普通** 預金	**普通** 預金	預金	預金
口座番号	0000000	0000000		
貯金口座の記号番号	−	−	−	−

> **手順1-2**
> 準確定申告による所得税の還付税額45万円（131頁）をＡに転記し各相続人の還付税額を記載。

（注）　「5　相続人等に関する事項」以降については、相続を放棄した人は記入の必要はありません。

税務署整理欄	整理番号	0		0		0		0	
	番号確認　身元確認		□ 済　□ 未済		□ 済　□ 未済		□ 済　□ 未済		□ 済　□ 未済

一連番号

令和2年準確定申告分	純損失の金額の繰戻しによる所得税の還付請求書

税務署受付印

純損失の金額の繰戻しによる所得税の還付請求書

神田 税務署長

令3年 2月 22日提出

住所（又は事業所・事務所・居所など）：（〒 101 － 0051 ）東京都千代田区神田神保町1丁目31番2号

フリガナ：チュウオウタロウ
氏名：中央太郎 ㊞

個人番号：

電話番号：03 － 3333 － 1234

手順2-5
㉒欄の金額を転記。

手順2-1
前年分の「申告書第四表（一）」（129頁）の純損失の金額⑦を②欄に転記。

手順2-1
請求事由の相続を○で囲み、相続開始日を記載。

による所得税の還付について次のとおり請求します。

還付請求金額（下の還付請求金額の計算書の㉒の金額）	609,600 円

純損失の金額の生じた年分	令1年分
純損失の金額を繰り戻す年分（純損失の金額の生じた年の前年分を書きます）	平30年分

還付の請求が、事業の廃止、相当期間の休止、事業の全部又は重要部分の譲渡、相続によるものである場合は右の欄に記入してください。

請求の事由（該当する文字を○で囲んでください。）事業の 廃止・休止・譲渡・相続	左の事実の生じた年月日 2・11・11 休止期間	この純損失の金額について、既に繰戻しによる還付を受けた事実の有無 有・無

手順2-1
前年分の純損失の金額で繰り戻す金額300万円（129頁）を⑤欄に記載。

還付請求金額の計算

手順2-1
前年分の純損失の金額で繰り戻す金額300万円（129頁）を⑤欄に記載。

○申告書と一緒に提出してください。

				金額					金額
純損失の金額令和1年分の	A 純損失の金額	変動所得	①	円	Aに繰り戻す前年分金額	総所得	変動所得	④	円
		その他	②	△3,000,000※			その他	⑤	△3,000,000※
		山林所得	③				山林所得	⑥	
純損失の金額の繰戻しによる所得前年分の税	C 課税される金額	総所得	⑦	7,270,000	繰戻し控除後の所得金額の課税	E	総所得	⑮	4,270,000
		山林所得	⑧				山林所得	⑯	
		退職所得	⑨				退職所得	⑰	
	D Cに対する税	⑦に対する税額	⑩	1,036,100	F Eに対する税額	⑮に対する税額	⑱	426,500
		⑧に対する税額	⑪			⑯に対する税額	⑲	
		⑨に対する税額	⑫			⑰に対する税額	⑳	
		計	⑬	1,036,100		計（10円未満の端数は切り捨ててください。）	㉑	426,500
		源泉徴収税額	⑭	1,036,100	純損失の金額の繰戻しによる還付金額（「⑬－㉑」と⑭のいずれか少ない方の金額）	㉒	609,600

千円未満の端数は切り捨ててください。

（税理士署名押印（電話番号））

手順2-2
前前年分の「申告書第一表」（127頁）の課税総所得金額㉖を⑦欄、その税額㉗を⑩欄、源泉徴収税額を差し引く前の所得税額㊵を⑭欄に順次転記。

手順2-3
「繰戻控除計算用」（134頁）で計算した金額㉖、㉗を⑮欄、⑱欄に転記。

手順2-4
⑬－㉑と⑭の少ない方の金額609,600円を㉒欄に記載。

還付される税金の受取場所

銀行等の（ゆうちょ銀行の口座に振込みを希望する場合）口座の番号（郵便局等の窓口受取りを希望する場合）

㊞

税務署整理欄	通信日付印の年月日	確認印	整理番号		
	年 月 日	0			
	番号確認 身元確認	確認書類			
	□ 済 □ 未済	個人番号カード／通知カード・運転免許証 その他（ ）			

※記載例では分かりやすさの点から純損失の金額をマイナス表記しています。

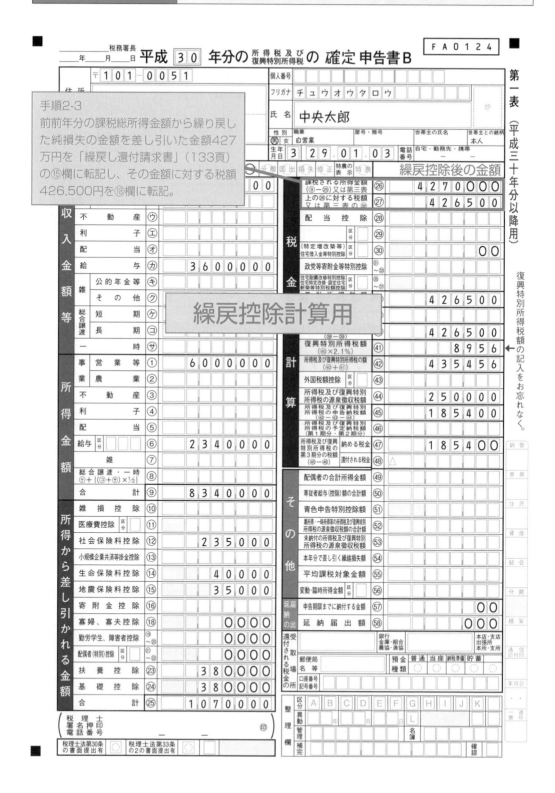

税務署長
＿＿年＿＿月＿＿日 平成 30 年分の 所得税及び復興特別所得税 の 確定 申告書B　　FA0124

〒 101-0051

個人番号

フリガナ チュウオウタロウ

氏 名 中央太郎 ㊞

手順2-3
前前年分の課税総所得金額から繰り戻した純損失の金額を差し引いた金額427万円を「繰戻し還付請求書」（133頁）の⑮欄に転記し、その金額に対する税額426,500円を⑱欄に転記。

性別 ㊚女　職業 自営業　屋号・雅号　世帯主の氏名　世帯主との続柄 本人

生年月日 3 29.01.03　電話番号 自宅・勤務先・携帯

第一表（平成三十年分以降用）

繰戻控除後の金額

			繰戻控除後の金額
課税される所得金額（⑨－㉕）又は第三表	㉖		4270000
上の㉖に対する税額又は第三表の⑨	㉗		426500

収入金額等

不 動 産	㋒	
利 子	㋓	
配 当	㋔	
給 与	㋕	3600000
雑 公的年金等	㋖	
その他	㋗	
総合譲渡 短期	㋘	
長期	㋙	
一 時	㋚	

税金の計算

配 当 控 除	㉘	
	㉙	
（特定増改築等）住宅借入金等特別控除	㉚	00
政党等寄附金等特別控除	㉛～㉝	
住宅耐震改修特別控除 住宅特定改修・認定住宅 新築等特別税額控除	㉞～㊲	
		426500
（㉗－㉘－㉙－㉚－㉛～㉝－㉞～㊲）	㊳	426500
災害減免額	㊴	
復興特別所得税額（㊴×2.1%）	㊶	8956
所得税及び復興特別所得税の額（㊴＋㊶）	㊷	435456
外国税額控除	㊸	
所得税及び復興特別所得税の源泉徴収税額	㊹	250000
所得税及び復興特別所得税の申告納税額（㊷－㊸－㊹）	㊺	185400
所得税及び復興特別所得税の予定納税額（第1期分・第2期分）	㊻	
所得税及び復興特別所得税の第3期分の税額（㊺－㊻） 納める税金	㊼	185400
還付される税金	㊽	△

所得金額

事業 営業等	①	6000000
農業	②	
不 動 産	③	
利 子	④	
配 当	⑤	
給与	⑥	2340000
雑	⑦	
総合譲渡・一時 ㋗＋{（㋘＋㋙）×½}	⑧	
合 計	⑨	8340000

所得から差し引かれる金額

雑 損 控 除	⑩	
医療費控除	⑪	
社会保険料控除	⑫	235000
小規模企業共済等掛金控除	⑬	
生命保険料控除	⑭	40000
地震保険料控除	⑮	35000
寄附金控除	⑯	
寡婦、寡夫控除	⑱	0000
勤労学生、障害者控除	⑲～⑳	0000
配偶者（特別）控除	㉑～㉒	0000
扶 養 控 除	㉓	380000
基 礎 控 除	㉔	380000
合 計	㉕	1070000

その他

配偶者の合計所得金額	㊾	
専従者給与（控除）額の合計額	㊿	
青色申告特別控除額	51	
雑所得・一時所得等の所得税及び復興特別所得税の源泉徴収税額の合計額	52	
未納付の所得税及び復興特別所得税の源泉徴収税額	53	
本年分で差し引く繰越損失額	54	
平均課税対象金額	55	
変動・臨時所得金額	56	

延納の届出

| 申告期限までに納付する金額 | 57 | 00 |
| 延 納 届 出 額 | 58 | 000 |

還付される税金の受取場所

銀行・金庫・組合・農協・漁協　本店・支店 出張所 本所・支所

郵便局 名 等

預金種類 普通 当座 納税準備 貯蓄

口座番号記号番号

税理士署名押印電話番号　　－　　－　㊞

税理士法第30条の書面提出有　税理士法第33条の2の書面提出有

繰戻控除計算用

復興特別所得税額の記入をお忘れなく。

134

記載例1
記載例2
記載例3
記載例4
記載例5
記載例6
記載例7
記載例8
記載例9
記載例10
記載例11

令和2年準確定申告分	純損失の金額の繰戻しによる所得税の還付請求書付表

純損失の金額の繰戻しによる所得税の還付請求
死亡した者の平成___年分の所得税及び復興特別所得税の確定申告書付表
（兼相続人の代表者指定届出書）

（平成二十九年分以降用） ○この付表は、**申告** ……てください。

〔受付印〕

1 死亡した者の住所・氏名等

住所	（〒101 - 0051　） 東京都千代田区神田神保町1丁目31番2号	氏名	フリガナ チュウオウタロウ 中央太郎	死亡年月日	令和 2 年 11 月 11 日

2 死亡した者の納める税金又は還付される税金　第3期分の税額　（還付される税金のときは頭部に△印を付けてください。）　△609,600 円 … A

3 相続人等の代表者の指定　（代表者を指定されるときは、右にその代表者の氏名を書いてください。）　相続人等の代表者の氏名　中央一郎

4 限定承認の有無　（相続人等が限定承認をしているときは、右の「限定承認」の文字を○で囲んでください。）　限定承認

5 相続人等に関する事項	(1) 住所	（〒101 - 0051　） 千代田区神田1-31-2	（〒101 - 0051　） 千代田区神田1-31-2	（〒 - 　）	（〒 - 　）
	(2) 氏名	フリガナ 中央花子　㊞	フリガナ 中央一郎　㊞	フリガナ　㊞	フリガナ　㊞
	(3) 個人番号	1 2 3 4 5 6 7 8 9 0 1 2	9 9 1 1 2 2 2 2 5 4 1 0		
	(4) 職業及び被相続人との続柄	職業 無職　続柄 妻	職業 会社員　続柄 子		
	(5) 生年月日	明・大・㊹・平・令 30 年 7 月 5 日	明・大・㊹・平・令 58 年 7 月 7 日		
	(6) 電話番号	00 - 000 - 0000	00 - 000 - 0000		
	(7) 相続分 … B	⦿法定 指定 1/2	⦿法定 指定 1/2	法定・指定	法定・指定
	(8) 相続財産の価額	円	円	円	円
6 納める税金等	各人の納付税額 A × B （Aが黒字のとき）（各人の100円未満の端数切捨て）	円	円	00 円	00 円
	各人の還付金額 （Aが赤字のとき）（各人の1円未満の端数切捨て）	304,800 円	304,800 円	円	円
7 還付される税金の受取場所	銀行等の振込みを希望する場合の預金口座に	銀行名等	日本 銀行 金庫・組合 農協・漁協	日本 銀行 金庫・組合 農協・漁協	銀行 金庫・組合 農協・漁協	銀行 金庫・組合 農協・漁協
		支店名等	本店・支店 出張所 本所・支所	本店・支店 出張所 本所・支所	本店・支店 出張所 本所・支所	本店・支店 出張所 本所・支所
		預金の種類	普通 預金	普通 預金	預金	預金
		口座番号	0000000	0000000		
	希望する場合ゆうちょ銀行の口座に振込みを	貯金口座の記号番号	ー	ー	ー	ー
	窓口受取りを希望する場合郵便局等の	郵便局名等				

(注)　「5 相続人等に関する事項」以降については、相続を放棄した人は記入の必要はありません。

税務署整理欄	整理番号	0		0		0		0		一連番号
	番号確認 身元確認		□ 済 □ 未済		□ 済 □ 未済		□ 済 □ 未済		□ 済 □ 未済	

手順2-6
純損失の金額の繰戻しによる所得税の還付請求額609,600円（133頁）をAに転記し各相続人の還付税額を記載。

記載例11	本年に相続が開始し、前年分の純損失の金額を前前年分に一部繰り戻し、残額を本年分に繰り越した場合

平成30年分の確定申告の概要

(1) 課税標準
　① 総所得金額　　　　　　　　　　　　　　　　8,340,000円
　　イ　事業所得　　　　　　　　6,000,000円
　　ロ　給与所得　　　　　　　　2,340,000円
(2) 所得控除額　　　　　　　　　　　　　　　　　1,070,000円
(3) 課税総所得金額等　　　　　　　　　　　　　　7,270,000円
　① 課税総所得金額　　　　　　　　　　　　　　7,270,000円
(4) 各種所得の税額　　　　　　　　　　　　　　　1,036,100円
(5) 復興特別所得税　　　　　　　　　　　　　　　　21,758円
(6) 所得税及び復興特別所得税の額　　　　　　　　1,057,858円
(7) 源泉徴収税額　　　　　　　　　　　　　　　　　250,000円
(8) 納付税額　　　　　　　　　　　　　　　　　　　807,800円

令和1年分の確定申告の概要

(1) 課税標準
　① 総所得金額　　　　　　　　　　　△6,000,000円（純損失の金額）
　　イ　事業所得　　　　　　　△6,000,000円
(2) 所得控除額　　　　　　　　　　　　　　　　　　380,000円
(3) 課税総所得金額等　　　　　　　　　　　　　　　　　0円
　① 課税総所得金額　　　　　　　　　　　　　　　　　　0円
(4) 各種所得の税額　　　　　　　　　　　　　　　　　　0円
(5) 復興特別所得税　　　　　　　　　　　　　　　　　　0円
(6) 所得税及び復興特別所得税の額　　　　　　　　　　　0円
(7) 源泉徴収税額　　　　　　　　　　　　　　　　　215,000円
(8) 還付税額　　　　　　　　　　　　　　　　△215,000円

令和2年分の申告所得の概要

(1) 課税標準
　① 総所得金額　　　　　　　　　　　4,000,000円（前年の純損失の金額

			のうち繰越額300万円を控除後の金額)
	イ　事業所得	7,000,000円	
(2)	所得控除額	1,300,000円	
(3)	課税総所得金額等	2,700,000円	
(4)	各種所得の税額	172,500円	
(5)	復興特別所得税	3,622円	
(6)	所得税及び復興特別所得税の額	176,122円	
(7)	源泉徴収税額	0円	
(8)	納付税額	176,100円	

【申告書作成手順】

手順1　令和2年分の準確定申告書の作成（142頁）

1　申告所得の内容に従って、申告書第一表から第二表を作成します。
前年分の純損失の金額600万円のうち300万円を本年分の所得から差し引くものとし、残りの300万円を前前年分に繰り戻して所得税の還付を請求します。

※　前年分の純損失の金額を前前年分に繰り戻すことができるのは、事業の廃止、相続等が発生した場合に限られることに留意してください。

2　本年分で差し引く繰越損失額300万円を申告書第一表の(59)欄に記載し、総所得金額700万円から同額を控除した金額400万円を⑫欄に記載します。

3　申告書付表（143頁）には、各相続人が承継する本年分の所得税などの金額を記載します。

手順2　純損失の金額の繰戻しによる所得税の還付請求書の作成（144頁）

1　請求の事由欄の「相続」を○で囲み、相続開始日を記載します。
前年分の純損失の金額600万円を②欄に転記し、そのうち前前年分に繰り戻す金額300万円を⑤欄に記載します。

2　前前年分の課税総所得金額727万円を⑦欄、それに対する税額1,036,100円を⑩欄、源泉徴収税額を差し引く前の所得税額1,036,100円を⑭欄にそれぞれ転記します。

3　前前年分の課税総所得金額727万円⑦から前前年分に繰り戻す金額300万円⑤を差し引いた金額427万円を⑮欄に記載し、それに対する税額426,500円を⑱欄に記載します（「繰戻控除計算用」145頁を参照)。

4　⑬欄－㉑欄と⑭欄の少ない方の金額609,600円を㉒欄に記載します。

5　還付請求金額欄に609,600円を転記します。

6　準確定申告書の付表を利用して、純損失の金額の繰戻しによる所得税の還付請求書付表（146頁）に、各相続人が承継する所得税の還付金額などを記載します。

7　地方税法には純損失の金額の繰戻しによる還付の制度がないので、純損失の金額は繰り戻せません。

神田　税務署長
31 年 3 月 11 日 平成 **3 0** 年分の 所得税及び 復興特別所得税 の 確定 申告書B

FA0124

〒 **1 0 1 - 0 0 5 1**

個人番号

フリガナ　チュウオウタロウ

氏 名　**中央太郎**

印

性別　職業　屋号・雅号　世帯主の氏名　世帯主との続柄
男・女　自営業　　　　　　　　　　　　　　　本人

生年月日　**3 . 29.01.03**

電話番号　自宅・勤務先・携帯

整理番号 **1 2 3 4 5 6 7 8**

手順2-2
課税総所得金額及びそれに対する税額を「繰戻し還付請求書」（144頁）の⑦欄、⑩欄に転記。

（単位は円）種類

収入金額等				
事業	営 業 等	⑦	1 8 0 0 0 0 0 0
	農 業	⑦	
	不 動 産	⑦	
	利 子	⑦	
	配 当	⑦	
	給 与	⑦	3 6 0 0 0 0 0
雑	公 的 年 金 等	⑦	
	そ の 他	⑦	
総合譲渡	短 期	⑦	
	長 期	⑦	
	一 時	⑦	

所得金額				
事業	営 業 等	①	6 0 0 0 0 0 0
	農 業	②	
	不 動 産	③	
	利 子	④	
	配 当	⑤	
	給与 区分	⑥	2 3 4 0 0 0 0
	雑	⑦	
	総合譲渡・一時 ⑦＋{(⑦＋⑦)×½}	⑧	
	合 計	⑨	8 3 4 0 0 0 0

所得から差し引かれる金額				
雑 損 控 除	⑩	
医療費控除 区分	⑪	
社会保険料控除	⑫	2 3 5
小規模企業共済等掛金控除	⑬	
生命保険料控除	⑭	4 0
地震保険料控除	⑮	3 5 0 0 0
寄附金控除	⑯	
寡婦、寡夫控除	⑱	0 0 0 0
勤労学生、障害者控除	⑲〜⑳	0 0 0 0
配偶者(特別)控除 区分	㉑〜㉒	0 0 0 0
扶 養 控 除	㉓	3 8 0 0 0 0
基 礎 控 除	㉔	3 8 0 0 0 0
合 計	㉕	1 0 7 0 0 0 0

税金の計算			
課税される所得金額 (⑨－㉕)又は第三表	㉖	7 2 7 0 0 0 0
上の㉖に対する税額 又は第三表の㉙	㉗	1 0 3 6 1 0 0
配 当 控 除	㉘	
区分	㉙	
(特定増改築等) 住宅借入金等特別控除 区分	㉚	0 0
政党等寄附金等特別控除	㉛〜㉝	
住宅耐震改修特別控除 住宅特定改修・認定住宅 新築等特別税額控除	㉞〜㊱	
差 引 所 得 税 額	㊳	1 0 3 6 1 0 0
災 害 減 免 額	㊴	
再差引所得税額(基準所得税額)	㊵	1 0 3 6 1 0 0
復興特別所得税額 (㊵×2.1%)	㊶	2 1 7 5 8
所得税及び復興特別所得税の額 (㊵＋㊶)	㊷	1 0 5 7 8 5 8
外国税額控除 区分	㊸	
所得税及び復興特別所得税の源泉徴収税額	㊹	2 5 0 0 0 0
所得税及び復興特別所得税の申告納税額 (㊷－㊸－㊹)	㊺	8 0 7 8 0 0
所得税及び復興特別所得税の予定納税額 (第1期分・第2期分)	㊻	
所得税及び復興特別所得税の第3期分の税額 納める税金 (㊺－㊻)	㊼	8 0 7 8 0 0
還付される税金	㊽	

その他			
配偶者の合計所得金額	㊾	
専従者給与(控除)額の合計額	㊿	
青色申告特別控除額	51	6 5 0 0 0 0

手順2-2
源泉徴収税額控除前の税額㊵を「繰戻し還付請求書」（144頁）の⑭欄に転記。

変動・臨時所得金額 区分	56	
申告期限までに納付する金額	57	0 0
延納届出額	58	0 0 0

還付される税金の受取場所
銀行・金庫・組合・農協・漁協　本店・支店　出張所　本所・支所
郵便局　名 等
預金種類　普通 当座 納税準備 貯蓄
口座番号 記号番号

税理士署名押印
電話番号

税理士法第30条の書面提出有
税理士法第33条の2の書面提出有

整理欄
区分 A B C D E F G H I J K
異動　　　　　　　年　　月　　日 L
管理 名簿
補完 確認

第一表
（平成三十年分以降用）
復興特別所得税額の記入をお忘れなく。

納管
事業
住民
資産
総合
分離
損益
通信日付印
年月日
連番号

記載例 1
記載例 2
記載例 3
記載例 4
記載例 5
記載例 6
記載例 7
記載例 8
記載例 9
記載例 10
記載例 11

令和1年確定申告分	令和1年分 確定申告書 第一表

神田 税務署長
令和 2 年 3 月 10 日 令和 **01** 年分の 所得税及び復興特別所得税 の 確定 申告書B

FA0125

第一表 （令和元年分以降用）

〒 **101-0051**

住所 又は事業所事務所居所など
東京都千代田区神田神保町1丁目31番2号

個人番号

フリガナ チュウオウタロウ

氏名 中央太郎

性別 （男）女　職業 自営業　屋号・雅号　世帯主の氏名　世帯主との続柄 本人

令和2年1月1日の住所 同上

生年月日 **3 29.01.03**

電話番号 自宅・勤務先・携帯 — —

（単位は円）　種類　分離 国出 修正　特農の表示　特農　整理番号 **1 2 3 4 5 6 7 8**

収入金額等

事業	営業等	㋐	35000000
	農業	㋑	
不動産		㋒	
利子		㋓	
配当		㋔	
給与		㋕	
雑	公的年金等	㋖	
	その他	㋗	
総合譲渡	短期	㋘	
	長期	㋙	
一時		㋚	

所得金額

事業	営業等	①	△6000000
	農業	②	
不動産		③	
利子		④	
配当		⑤	
給与	区分	⑥	
雑		⑦	
総合譲渡・一時 ㋗+{(㋘+㋙)×½}		⑧	
合計		⑨	

所得から差し引かれる金額

社会保険料控除	⑩		
小規模企業共済等掛金控除	⑪		
生命保険料控除	⑫		
地震保険料控除	⑬		
寡婦、寡夫控除	⑭		0000
勤労学生、障害者控除	⑮~⑯		0000
配偶者（特別）控除 区分	⑰~⑱		0000
扶養控除	⑲		0000
基礎控除	⑳		380000
⑩から⑳までの計	㉑		380000
雑損控除	㉒		
医療費控除 区分	㉓		
寄附金控除	㉔		
合計 （㉑＋㉒＋㉓＋㉔）	㉕		380000

税理士署名押印 電話番号 — — ㊞

税額控除等の調整30条 33条の2

税金の計算

課税される所得金額 （⑨−㉕）又は第三表	㉖		000
上の㉖に対する税額 又は第三表の⑨	㉗		0
配当控除	㉘		
	㉙	区分	
（特定増改築等）住宅借入金等特別控除 区分	㉚		00
政党等寄附金等特別控除	㉛~㉝		
住宅耐震改修特別控除 住宅特定改修・認定住宅新築等特別税額控除 区分	㉞~㊱		
差引所得税額 （㊳−㉘−㉙−㉚−㉛−㉝−㉞−㊱）	㊳		0
災害減免額	㊴		
再差引所得税額（基準所得税額） （㊳−㊴）	㊵		0
復興特別所得税額 （㊵×2.1%）	㊶		0
所得税及び復興特別所得税の額 （㊵＋㊶）	㊷		0
外国税額控除 区分	㊸		
源泉徴収税額	㊹		215000
申告納税額 （㊷−㊸−㊹）	㊺		△215000
予定納税額 （第1期分・第2期分）	㊻		0
第3期分の税額 （㊺−㊻）	納める税金 ㊼		00
	還付される税金 ㊽	△	215000

復興特別所得税額の記入をお忘れなく。

その他

配偶者の合計所得金額	㊾		
専従者給与（控除）額の合計額	㊿		
青色申告特別控除額	51		0
雑所得・一時所得等の源泉徴収税額の合計額	52		
未納付の源泉徴収税額	53		
本年分で差し引く繰越損失額	54		
平均課税対象金額	55		
変動・臨時所得金額 区分	56		

延届納出の

申告期限までに納付する金額	57		00
延納届出額	58		000

受取り還付される税金の所

銀行 金庫・組合 農協・漁協		本店・支店 出張所 本所・支所
郵便局名等	預金種類 普通 当座 納税準備 貯蓄	
口座番号 記号番号		

整理欄

区分	A	B	C	D	E	F	G	H	I	J	K
異動			年		月			日	L		
管理補完						名簿			確認		

納 整
税 理
分 欄

事業
住民
資産
総合
分離
税金
通信 日付印
年月日
通信番号

139

令和 01 年分の所得税及び復興特別所得税の確定申告書（損失申告用）

FA0054

第四表（一）（令和元年分以降用）

住所（又は事業所 事務所 居所など）	東京都千代田区神田神保町１丁目31番２号	フリガナ 氏名	チュウオウタロウ 中央太郎

整理番号 12345678　一連番号

1 損失額又は所得金額

A	経常所得（申告書B第一表の①から⑦までの合計額）	(59)	△6,000,000円

所得の種類			区分等	所得の生ずる場所	Ⓐ収入金額	Ⓑ必要経費等	Ⓒ差引金額（Ⓐ－Ⓑ）	Ⓓ特別控除額	Ⓔ損失額又は所得金額
B 譲渡	短期	分離譲渡			円	円	㋛ 円		(60) 円
		総合譲渡					㋜	円	(61)
	長期	分離譲渡			円	円	㋝		(62)
		総合譲渡					㋞	円	(63)
	一時								(64)
C	山林				円				(65)
D	退職					円	円		(66)
E	一般株式等の譲渡								(67)
	上場株式等の譲渡								(68)
	上場株式等の配当等					円	円		(69)
F	先物取引								(70)

特例適用条文

2 損益の通算

所得の種類				Ⓐ通算前		Ⓑ第１次通算後		Ⓒ第２次通算後		Ⓓ第３次通算後	Ⓔ損失額又は所得金額
A	経常所得		(59)	△6,000,000円	第1	△6,000,000円	第2	△6,000,000円	第3	△6,000,000円	△6,000,000円
B 譲渡	短期	総合譲渡	(61)								
	長期	分離譲渡（特定損失額）	(62)	△							
		総合譲渡	(63)								
	一時		(64)								
C	山林										㋟
D	退職					(66)			算		
損失額又は所得金額の合計額										(71)	△6,000,000

手順2-1
総所得金額の純損失の金額600万円及び前前年分に繰戻す金額300万円を「繰戻し還付請求書」（144頁）の②欄及び⑤欄に転記。

資産　整理欄

記載例1
記載例2
記載例3
記載例4
記載例5
記載例6
記載例7
記載例8
記載例9
記載例10
記載例11

令和１年確定申告分　　　令和１年分 確定申告書　第四表（二）

令和 01 年分の 所得税及び復興特別所得税 の 確定 申告書（損失申告用）　FA0059　第四表（二）（令和元年分以降用）

3 翌年以後に繰り越す損失額

整理番号 1 2 3 4 5 6 7 8　一連番号

青 色 申 告 者 の 損 失 の 金 額						⑫	△6,000,000	円
居住用財産に係る通算後譲渡損失の金額						⑬		
変 動 所 得 の 損 失 額						⑭		

被災資産の損失額	所 得 の 種 類	被災事業用資産の種類など	損害の原因	損害年月日	Ⓐ 損害金額	Ⓑ 保険金などで補塡される金額		Ⓒ 差引損失額（Ⓐ－Ⓑ）
	山林以外	営業等・農業		・ ・	円	円	⑮	円
		不 動 産		・ ・			⑯	
	山　林			・ ・			⑰	
山 林 所 得 に 係 る 被 災 事 業 用 資 産 の 損 失 額							⑱	円
山 林 以 外 の 所 得 に 係 る 被 災 事 業 用 資 産 の 損 失 額							⑲	

4 繰越損失を差し引く計算

年分	損 失 の 種 類			Ⓐ前年分までに引ききれなかった損失額	Ⓑ本年分で差し引く損失額	Ⓒ翌年分以後に繰り越して差し引かれる損失額（Ⓐ－Ⓑ）
A 28 年 (3年前)	純損失	28 年が青色の場合	山林以外の所得の損失	円	円	円
			山林所得の損失			
		28 年が白色の場合	変動所得の損失			
			被災事業用資産の損失 山林以外			
			被災事業用資産の損失 山林			
		居住用財産に係る通算後譲渡損失の金額				
	雑 損 失					
B 29 年 (2年前)	純損失	29 年が青色の場合	山林以外の所得の損失			
			山林所得の損失			
		29 年が白色の場合	変動所得の損失			
			被災事業用資産の損失 山林以外			
			被災事業用資産の損失 山林			
		居住用財産に係る通算後譲渡損失の金額				
	雑 損 失					
C 30 年 (前年)	純損失	30 年が青色の場合	山林以外の所得の損失			
			山林所得の損失			
		30 年が白色の場合	変動所得の損失			
			被災事業用資産の損失 山林以外			
			被災事業用資産の損失 山林			
		居住用財産に係る通算後譲渡損失の金額				
	雑 損 失					

本年分の一般株式等及び上場株式等に係る譲渡所得等から差し引く損失額	⑳		円
本年分の上場株式等に係る配当所得等から差し引く損失額	㉑		円
本年分の先物取引に係る雑所得等から差し引く損失額	㉒		円
雑損控除、医療費控除及び寄附金控除の計算で使用する所得金額の合計額	㉓	0	円

5 翌年以後に繰り越される本年分の雑損失の金額　㉔　円

6 翌年以後に繰り越される株式等に係る譲渡損失の金額　㉕　円

7 翌年以後に繰り越される先物取引に係る損失の金額　㉖　円

○ 第四表は、申告書Bの第一表・第二表と一緒に提出してください。

資産		整理欄	

141

神田　税務署長

令和 3 年 2 月 22 日　令和 **0 2** 年分の 所得税及び／復興特別所得税 の準確定申告書Ｂ

FA2200

第一表（令和二年分以降用）

住所	〒 1 0 1 - 0 0 5 1	個人番号		生年月日	3 29.01.03

又は事業所事務所居所など：東京都千代田区神田神保町１丁目31番２号

フリガナ　チュウオウタロウ

氏名　中央太郎　㊞

令和 年 1 月 1 日の住所

職業　自営業　屋号・雅号　世帯主の氏名　世帯主との続柄　本人

（単位は円）

種類 ○ 分離 国出 損失 修正　特農の表示 特農

整理番号 1 2 3 4 5 6 7 8　電話番号 自宅・勤務先・携帯

収入金額等	事業	営業 等	⑦	2 0 0 0 0 0 0 0
	業	農 業	⑦(イ)	
	不 動 産		⑦(ウ)	
	利 子		⑦(エ)	
	配 当		⑦(オ)	
	給 与 区分		⑦(カ)	
	雑	公的年金等	⑦(キ)	
		業務 区分	⑦(ク)	
		その他	⑦(ケ)	
	総合譲渡	短 期	⑦(コ)	
		長 期	⑦(サ)	
	一 時		⑦(シ)	

所得金額等	事業	営業 等	①	7 0 0 0 0 0 0
	業	農 業	②	
	不 動 産		③	
	利 子		④	
	配 当		⑤	
	給与 区分		⑥	
	雑	公的年金等	⑦	
		業 務	⑧	
		その他	⑨	
		⑦から⑨までの計	⑩	
	総合譲渡・一時 ⑪+｛(⑫+⑬)×½｝		⑪	
	合計 ①から⑥までの計+⑩+⑪		⑫	4 0 0 0 0 0 0

所得から差し引かれる金額	社会保険料控除	⑬	3 9 0 0 0 0
	小規模企業共済等掛金控除	⑭	
	生命保険料控除	⑮	4 0 0 0 0
	地震保険料控除	⑯	1 0 0 0 0
	寡婦、ひとり親控除 区分	⑰～⑱	0 0 0 0
	勤労学生、障害者控除	⑲～⑳	0 0 0 0
	配偶者 区分1 区分2（特別）控除	㉑～㉒	3 8 0 0 0 0
	扶養控除	㉓	0 0 0 0
	基礎控除	㉔	4 8 0 0 0 0
	⑬から㉔までの計	㉕	1 3 0 0 0 0 0
	雑損控除	㉖	
	医療費控除 区分	㉗	
	寄附金控除	㉘	
	合計（㉕+㉖+㉗+㉘）	㉙	1 3 0 0 0 0 0

税金の計算	課税される所得金額 (⑫-㉙)又は第三表	㉚	2 7 0 0 0 0 0
	上の㉚に対する税額 又は第三表の�91	㉛	1 7 2 5 0 0
	配当控除	㉜	
	区分	㉝	
	住宅借入金等特別控除 区分1 区分2	㉞	0 0
	政党等寄附金等特別控除	㉟～㊲	
	住宅耐震改修特別控除等 区分	㊳～㊵	
	差引所得税額	㊶	1 7 2 5 0 0
	災害減免額	㊷	
	再差引所得税額（基準所得税額）(㊶-㊷)	㊸	1 7 2 5 0 0
	復興特別所得税額 (㊸×2.1%)	㊹	3 6 2 2
	所得税及び復興特別所得税の額 (㊸+㊹)	㊺	1 7 6 1 2 2
	外国税額控除等 区分	㊻～㊼	
	源泉徴収税額	㊽	
	申告納税額 (㊺-㊻-㊼-㊽)	㊾	1 7 6 1 0 0
	予定納税額（第1期分・第2期分）	㊿	
	第3期分の税額 (㊾-㊿) 納める税金	51	1 7 6 1 0 0
	還付される税金	52	△

（㊹・㊺・㊾・51又は52の記入をお忘れなく。）

その他	未納付の源泉徴収税額	㊼58	
	本年分で差し引く繰越損失額	59	3 0 0 0 0 0 0
	平均課税対象金額	60	
	変動・臨時所得金額 区分	61	

延納の届出	申告期限までに納付する金額	62	0 0
	延納届出額	63	0 0 0

還付される税金の受取場所　銀行・金庫・組合・農協・漁協　本店・支店 出張所 本所・支所

郵便局　預金 普通 当座 納税準備 貯蓄

税理士署名押印 電話番号　㊞

補完番号　確認　遍号

> **手順1-2**
> 総所得金額700万円から59欄の本年で差し引く繰越損失額を差し引いた金額400万円を⑫欄に転記。

> **手順1-2**
> 前年分の純損失の金額600万円から前前年に繰り戻した300万円を差し引いた金額300万円を59欄に転記。

142

記載例 1
記載例 2
記載例 3
記載例 4
記載例 5
記載例 6
記載例 7
記載例 8
記載例 9
記載例 10
記載例 11

令和 2 年準確定申告分　　　令和 2 年分 準確定申告書付表

死亡した者の令和 _2_ 年分の所得税及び復興特別所得税の確定申告書付表
（兼相続人の代表者指定届出書）

受付印

1	死亡した者の住所・氏名等				
住所	（〒 101 - 0051 ）東京都千代田区神田神保町 1 丁目31番 2 号	氏名	フリガナ チュウオウタロウ 中央太郎	死亡年月日	令和 2 年 11 月 11 日

（平成二十九年分以降用）

○この付表は、申告書と一緒に提出してください。

2	死亡した者の納める税金又は還付される税金	〔第3期分の税額〕〔還付される税金のときは頭部に△印を付けてください。〕	176,100 円…A

3	相続人等の代表者の指定	〔代表者を指定されるときは、右にその代表者の氏名を書いてください。〕 相続人等の代表者の氏名	中央一郎

4	限定承認の有無	〔相続人等が限定承認をしているときは、右の「限定承認」の文字を○で囲んでください。〕	限定承認

5 相続人等に関する事項		(1) 住所	（〒 101 - 0051 ）千代田区神田1-31-2	（〒 101 - 0051 ）千代田区神田1-31-2	（〒 - ）	（〒 - ）
		(2) 氏名	フリガナ 中央花子 ㊞	フリガナ 中央一郎 ㊞	フリガナ ㊞	フリガナ ㊞
		(3) 個人番号	1 2 3 4 5 6 7 8 9 0 1 2	9 9 1 1 2 2 2 2 5 4 1 0		
		(4) 職業及び被相続人との続柄	職業 無職 続柄 妻	職業 会社員 続柄 子	職業	
		(5) 生年月日	明・大・㊌・平・令 30 年 7 月 5 日	明・大・㊌・平・令 58 年 7 月 7 日	明	
		(6) 電話番号	00 － 000 － 0000	00 － 000 － 0000		
		(7) 相続分…B	㋫定 指定 $\frac{1}{2}$	㋫定 指定 $\frac{1}{2}$	法定・指定 ____	法定・指定 ____
		(8) 相続財産の価額	円	円	円	円
6 納める税金等	Aが黒字のとき 各人の納付税額 A × B 〔各人の 100 円未満の端数切捨て〕		88,000 円	88,000 円	00 円	00 円
	Aが赤字のとき 各人の還付金額 〔各人の 1 円未満の端数切捨て〕		円	円	円	円
7 還付される税金の受取場所	銀行等の預金口座に振込みを希望する場合	銀行名等	銀行金庫・組合農協・漁協	銀行金庫・組合農協・漁協	銀行金庫・組合農協・漁協	銀行金庫・組合農協・漁協
		支店名等	本店・支店出張所本所・支所	本店・支店出張所本所・支所	本店・支店出張所本所・支所	本店・支店出張所本所・支所
		預金の種類	預 金	預 金	預 金	預 金
		口座番号				
	ゆうちょ銀行の貯金口座に振込みを希望する場合	貯金口座の記号番号	－	－	－	－
	郵便局等の窓口で受取りを希望する場合	郵便局名等				

手順1-3
準確定申告による所得税の納付税額
176,100円（142頁）をAに転記し、
各相続人の納付税額を記載。

（注）　「5　相続人等に関する事項」以降については、相続を放棄した人は記入の必要はありません。

税整務理署欄	整理番号	0				0				0				0				一連番号	
	番号確認 身元確認		□ 済 □ 未済				□ 済 □ 未済				□ 済 □ 未済				□ 済 □ 未済				

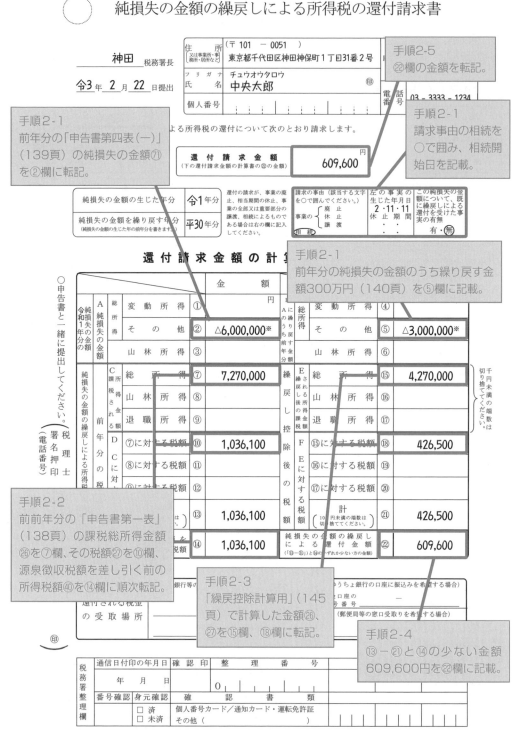

純損失の金額の繰戻しによる所得税の還付請求書

税務署受付印

住所（又は事業所・事務所・居所など）　（〒 101 － 0051 　）
東京都千代田区神田神保町１丁目31番２号

神田　税務署長

フリガナ　チュウオウタロウ
氏　名　中央太郎　㊞

令3年 2月 22日提出

個人番号

電話番号　03 － 3333 － 1234

手順2-5
㉒欄の金額を転記。

手順2-1
前年分の「申告書第四表（一）」（139頁）の純損失の金額㊀を②欄に転記。

手順2-1
請求事由の相続を○で囲み、相続開始日を記載。

による所得税の還付について次のとおり請求します。

| 還 付 請 求 金 額（下の還付請求金額の計算書の㉒の金額） | 609,600 | 円 |

| 純損失の金額の生じた年分 | 令1年分 |
| 純損失の金額を繰り戻す年分（純損失の金額の生じた年の前年分を書きます） | 平30年分 |

還付の請求が、事業の廃止、相当期間の休止、事業の全部又は重要部分の譲渡、相続によるものである場合は右の欄に記入してください。

| 請求の事由（該当する文字を○で囲んでください。）事業の | 廃　止　休　止　譲　渡　相続 | 左の事実の生じた年月日 2 ・11・11 休止期間　　・　・　　　・　・ | この純損失の金額について、既に繰戻しによる還付を受けた事実の有無 有・無 |

手順2-1
前年分の純損失の金額のうち繰り戻す金額300万円（140頁）を⑤欄に記載。

還付請求金額の計算書

○申告書と一緒に提出してください。

純損失の金額の繰戻しによる所得税の

税理士
署名押印
（電話番号）　㊞

				金　額					金　額
令和1年分の純損失の金額	A 純損失の金額	純所得	変　動　所　得	①	円	Aに繰り戻すうち前年分	総所得	変　動　所　得	④	円
			そ　の　他	②	△6,000,000※			そ　の　他	⑤	△3,000,000※
			山　林　所　得	③				山　林　所　得	⑥	
前年分の税	C 課税される所得金額	総　所　得	⑦	7,270,000	E 繰戻し後の所得金額の課税	総　所　得	⑮	4,270,000
		山　林　所　得	⑧			山　林　所　得	⑯	
		退　職　所　得	⑨			退　職　所　得	⑰	
	D Cに対	⑦に対する税額	⑩	1,036,100	F Eに対する税額	⑮に対する税額	⑱	426,500
		⑧に対する税額	⑪			⑯に対する税額	⑲	
		⑨に対する税額	⑫			⑰に対する税額	⑳	
		（　　　）	⑬	1,036,100		計（10円未満の端数は切り捨ててください。）	㉑	426,500
		税額	⑭	1,036,100	純損失の金額の繰戻しによる還付金額（「⑬－㉑」と⑭のいずれか少ない方の金額）		㉒	609,600

千円未満の端数は切り捨ててください。

手順2-2
前前年分の「申告書第一表」（138頁）の課税総所得金額㉖を⑦欄、その税額㉗を⑩欄、源泉徴収税額を差し引く前の所得税額㊵を⑭欄に順次転記。

手順2-3
「繰戻控除計算用」（145頁）で計算した金額㉖、㉗を⑮欄、⑱欄に転記。

手順2-4
⑬－㉑と⑭の少ない金額609,600円を㉒欄に記載。

㊞

還付される税金の受取場所

銀行等の（ゆうちょ銀行の口座に振込みを希望する場合）口座の
（郵便局等の窓口受取りを希望する場合）

| 税務署整理欄 | 通信日付印の年月日　　年　　月　　日 | 確認印 | 整　理　番　号 0 |
| | 番号確認　身元確認　□済　□未済 | 確　　認　　書　　類　個人番号カード／通知カード・運転免許証　その他（　　　） |

※記載例では分かりやすさの点から純損失の金額をマイナス表記しています。

| 記載例 1 |
| 記載例 2 |
| 記載例 3 |
| 記載例 4 |
| 記載例 5 |
| 記載例 6 |
| 記載例 7 |
| 記載例 8 |
| 記載例 9 |
| 記載例 10 |
| 記載例 11 |

繰戻控除計算用 ／ **平成30年分 確定申告書 第一表**

_____ 税務署長
___年___月___日 平成 **30** 年分の 所得税及び 復興特別所得税 の 確定 申告書B

`F A 0 1 2 4`

第一表 （平成三十年分以降用）

〒 **1 0 1 - 0 0 5 1**

住所 東京都千代田区神田神保町1丁目31番2号

個人番号

フリガナ チュウオウタロウ

氏名 中央太郎

性別 職業 自営業
生年月日 **3 29.01.03**

屋号・雅号 ／ 世帯主の氏名 ／ 世帯主との続柄 本人

電話番号 自宅・勤務先・携帯

手順2-3
前前年の課税総所得金額から繰り戻した純損失の金額を差し引いた金額427万円を「繰戻し還付請求書」（144頁）の⑮欄に転記し、それに対する税額426,500円を⑱欄に転記。

繰戻控除後の金額

			繰戻控除後の金額
課税される所得金額 （⑨-㉕）又は第三表	㉖		4 2 7 0 0 0 0
上の㉖に対する税額 又は第三表の㉘	㉗		4 2 6 5 0 0
配当控除	㉘		
	㉙ 区分		
（特定増改築等） 住宅借入金等特別控除	㉚ 区分		0 0
政党等寄附金等特別控除	㉛~㉝		
住宅耐震改修特別控除 住宅特定改修・認定住宅 新築等特別税額控除	㉞~㊲ 区分		
差引所得税額 （㊳-㊴）	㊳		4 2 6 5 0 0
差引所得税額 （㊳-㊴）	㊴		4 2 6 5 0 0
復興特別所得税額 （㊵×2.1%）	㊶		8 9 5 6
所得税及び復興特別所得税の額 （㊵+㊶）	㊷		4 3 5 4 5 6
外国税額控除	㊸ 区分		
所得税及び復興特別 所得税の源泉徴収税額	㊹		2 5 0 0 0 0
所得税及び復興特別 所得税の申告納税額 （㊷-㊸-㊹）	㊺		1 8 5 4 0 0
所得税及び復興特別 所得税の予定納税額 （第1期分・第2期分）	㊻		
所得税及び復興 特別所得税の 第3期分の税額 （㊺-㊻）	納める税金 ㊼		1 8 5 4 0 0
	還付される税金 ㊽		

繰戻控除計算用

復興特別所得税額の記入をお忘れなく。

収入金額等				
不動産	㋒			
利子	㋓			
配当	㋔			
給与	㋕	3 6 0 0 0 0 0		
雑 公的年金等	㋖			
その他	㋗			
総合譲渡 短期	㋘			
長期	㋙			
一時	㋚			

所得金額				
事業 営業等	①	6 0 0 0 0 0 0		
農業	②			
不動産	③			
利子	④			
配当	⑤			
給与 区分	⑥	2 3 4 0 0 0 0		
雑	⑦			
総合譲渡・一時 ㋘+｛（㋙+㋚）×½｝	⑧			
合計	⑨	8 3 4 0 0 0 0		

所得から差し引かれる金額			
雑損控除	⑩		
医療費控除 区分	⑪		
社会保険料控除	⑫	2 3 5 0 0 0	
小規模企業共済等掛金控除	⑬		
生命保険料控除	⑭	4 0 0 0 0	
地震保険料控除	⑮	3 5 0 0 0	
寄附金控除	⑯		
寡婦、寡夫控除	⑱	0 0 0 0	
勤労学生、障害者控除	⑲~⑳	0 0 0 0	
配偶者（特別）控除 区分	㉑~㉒	0 0 0 0	
扶養控除	㉓	3 8 0 0 0 0	
基礎控除	㉔	3 8 0 0 0 0	
合計	㉕	1 0 7 0 0 0 0	

その他			
配偶者の合計所得金額	㊾		
専従者給与（控除）額の合計額	㊿		
青色申告特別控除額	51		
雑所得・一時所得等の所得税及び復興特別 所得税の源泉徴収税額の合計額	52		
未納付の所得税及び復興特別 所得税の源泉徴収税額	53		
本年分で差し引く繰越損失額	54		
平均課税対象金額	55		
変動・臨時所得金額 区分	56		

延納の届出			
申告期限までに納付する金額	57		0 0
延納届出額	58		0 0 0

還付される税金の受取場所			
銀行・金庫・組合 農協・漁協		本店・支店 出張所 本所・支所
郵便局 名等		預金種類 普通 当座 納税準備 貯蓄
口座番号 記号番号		

納管
医薬
住民
資産
総合
分離
検算
通信日付印
年月日

整理欄	区分	A	B	C	D	E	F	G	H	I	J	K
異動												
管理	補完					L		名簿			

税理士署名押印 ___ ___ 印
電話番号 ___ - ___ - ___

税理士法第30条の書面提出有 ／ 税理士法第33条の2の書面提出有 ／ 確認

純損失の金額の繰戻しによる所得税の還付請求

死亡した者の平成＿＿＿年分の所得税及び復興特別所得税の確定申告書付表

（兼相続人の代表者指定届出書）

（平成二十九年分以降用）　○この付表は、申告書と一緒に提出してください。

1	死亡した者の住所・氏名等					

住所　（〒101－0051）東京都千代田区神田神保町１丁目31番２号

氏名　フリガナ　チュウオウタロウ　中央太郎

死亡年月日　令和 2 年 11 月 11 日

2	死亡した者の納める税金又は還付される税金	［第3期分の税額］	〔還付される税金のときは頭部に△印を付けてください。〕	△609,600 円…A

3	相続人等の代表者の指定	〔代表者を指定されるときは、右にその代表者の氏名を書いてください。〕	相続人等の代表者の氏名　中央一郎

4	限定承認の有無	〔相続人等が限定承認をしているときは、右の「限定承認」の文字を○で囲んでください。〕	限定承認

5 相続人等に関する事項

(1)	住所	（〒101－0051　）千代田区神田1-31-2	（〒101－0051　）千代田区神田1-31-2	（〒　－　　）	（〒　－　　）
(2)	氏名	フリガナ　中央花子　㊞	フリガナ　中央一郎　㊞	フリガナ　㊞	フリガナ　㊞
(3)	個人番号	1234567890120	9911222254120		
(4)	職業及び被相続人との続柄	職業 無職　続柄 妻	職業 会社員　続柄 子		
(5)	生年月日	明・大・㊪・平・令 30 年 7 月 5 日	明・大・㊪・平・令 58 年 7 月 7 日		
(6)	電話番号	00－000－0000	00－000－0000		
(7)	相続分…B	⓵法定・指定 1/2	⓵法定・指定 1/2	法定・指定	法定・指定
(8)	相続財産の価額	円	円	円	円

6 納める税金等	各人の納付税額 A×B 〔各人の100円未満の端数切捨て〕	円	円	00 円	00 円
	各人の還付金額 〔各人の１円未満の端数切捨て〕	304,800 円	304,800 円	円	円

7 還付される税金の受取場所	銀行等の預金口座に振込みを希望する場合	銀行名等	日本　銀行・金庫・組合・農協・漁協	日本　銀行・金庫・組合・農協・漁協	銀行・金庫・組合・農協・漁協	銀行・金庫・組合・農協・漁協
		支店名等	本店・支店・出張所・本所・支所	本店・支店・出張所・本所・支所	本店・支店・出張所・本所・支所	本店・支店・出張所・本所・支所
		預金の種類	普通　預金	普通　預金	預金	預金
		口座番号	0000000	0000000		
	ゆうちょ銀行の口座に振込みを希望する場合	貯金口座の記号番号	－	－	－	－
	郵便局等の窓口で受取りを希望する場合	郵便局名等				

手順2-6
純損失の金額の繰戻しによる所得税の還付請求額609,600円（144頁）をAに転記し各相続人の還付税額を記載。

（注）　「5 相続人等に関する事項」以降については、相続を放棄した人は記入の必要はありません。

税務署整理欄	整理番号	0		0		0		0	
	番号確認 身元確認		□ 済 □ 未済		□ 済 □ 未済		□ 済 □ 未済		□ 済 □ 未済

一連番号

記載例
12

記載例
13

記載例
14

記載例
15

記載例
16

記載例
17

記載例
18

記載例
19

記載例
20

記載例
21

記載例
22

記載例12	本年に相続が開始し、前年分の純損失の金額（既に前年分に一部繰戻し済み）を前前年分に繰り戻した場合

平成30年分の確定申告の概要

(1) 課税標準
  ① 総所得金額　　　　　　　　　　　　　　　　　8,340,000円
    イ　事業所得　　　　　　　6,000,000円
    ロ　給与所得　　　　　　　2,340,000円
(2) 所得控除額　　　　　　　　　　　　　　　　　1,070,000円
(3) 課税総所得金額等　　　　　　　　　　　　　　7,270,000円
  ① 課税総所得金額　　　　　　　　　　　　　　7,270,000円
(4) 各種所得の税額　　　　　　　　　　　　　　　1,036,100円
(5) 復興特別所得税　　　　　　　　　　　　　　　　 21,758円
(6) 所得税及び復興特別所得税の額　　　　　　　　1,057,858円
(7) 予定納税額　　　　　　　　　　　　　　　　　　250,000円
(8) 納付税額　　　　　　　　　　　　　　　　　　　807,800円

令和１年分の確定申告の概要

(1) 課税標準
  ① 総所得金額　　　　　　　　　　　　　　　　△6,000,000円
    イ　事業所得　　　　　　　△6,000,000円
(2) 所得控除額　　　　　　　　　　　　　　　　　　380,000円
(3) 課税総所得金額等　　　　　　　　　　　　　　　　　0円
  ① 課税総所得金額　　　　　　　　　　　　　　　　　 0円
(4) 各種所得の税額　　　　　　　　　　　　　　　　　　0円
(5) 復興特別所得税　　　　　　　　　　　　　　　　　　0円
(6) 所得税及び復興特別所得税の額　　　　　　　　　　　0円
(7) 源泉徴収税額　　　　　　　　　　　　　　　　　215,000円
(8) 還付税額　　　　　　　　　　　　　　　　　△215,000円

令和２年分の申告所得の概要

(1) 課税標準
  ① 総所得金額　　　　　　　　　　　　　　　　　3,000,000円

イ 事業所得		3,000,000円
(2) 所得控除額		2,000,000円
(3) 課税総所得金額等		1,000,000円
(4) 各種所得の税額		50,000円
(5) 復興特別所得税		1,050円
(6) 所得税及び復興特別所得税の額		51,050円
(7) 源泉徴収税額		0円
(8) 納付税額		51,000円

【申告書作成手順】

手順1　令和2年分の準確定申告書の作成（156頁）

1　申告所得の内容に従って、申告書第一表、申告書第二表を作成します。

2　前年分の純損失の金額600万円のうち300万円は前前年分への繰り戻しを受けているので、本年分の所得から差し引くことができる純損失の金額は300万円であるが、本年分の所得金額が少額であることから前年分の純損失の残額300万円についても純損失の金額の繰戻しによる還付請求をするものとします※。

※　前年分の純損失の金額を前前年分に繰り戻すことができるのは、事業の廃業、相続等が発生した場合に限られることに留意してください。

3　申告書付表には、各相続人が承継する本年分の所得税の金額などを記載します。

手順2　純損失の金額の繰戻しによる所得税の還付請求書の作成（158頁）

1　請求の事由欄の「相続」を○で囲み、相続開始日の記載及び既に繰戻し還付を受けた事実の有を○で囲みます。
　前年分の純損失の金額300万円（前年分の申告で行った純損失の繰戻し還付請求後の残額（153頁申告書第四表（二）の⑫））を②欄に転記し、前前年分に繰り戻す金額300万円を⑤欄に記載します。

2　同じく前年分の申告で行った純損失の繰戻し還付請求後の前前年分の課税総所得金額427万円を⑦欄、それに対する税額426,500円を⑩欄、源泉徴収税額を差し引く前の所得税額426,500円を⑭欄にそれぞれ転記します（「前年分の申告で行った純損失の繰戻し還付請求時に作成した繰戻控除計算用」155頁参照）。

3　前前年分の課税総所得金額427万円⑦から前前年に繰り戻す金額300万円⑤を差し引いた金額127万円を⑮欄に記載し、それに対する税額63,500円を⑱欄に記載します（「繰戻控除計算用」159頁を参照）。

4　⑬欄－㉑欄と⑭欄の少ない方の金額363,000円を㉒欄に記載します。

5　還付請求金額欄に363,000円を転記します。

6　準確定申告書の付表を利用して、純損失の金額の繰戻しによる所得税の還付請求書付表（160頁）には、各相続人が承継する所得税の還付金額などを記載します。

7　地方税法には純損失の金額の繰戻しによる還付の制度がないので、純損失の金額は繰り戻せません。

記載例12
記載例13
記載例14
記載例15
記載例16
記載例17
記載例18
記載例19
記載例20
記載例21
記載例22

FA0124

神田　税務署長
31年 3月 11日 **平成 30 年分の** 所得税及び 復興特別所得税 **の 確定 申告書B**

〒 1 0 1 - 0 0 5 1

個人番号

フリガナ　チュウオウタロウ

氏 名　中央太郎

性別　職業　　　　屋号・雅号　　　　世帯主の氏名　　世帯主との続柄
⑲女　自営業　　　　　　　　　　　　　　　　　　　本人
生年月日　3 2 9 . 0 1 . 0 3　電話番号　自宅・勤務先・携帯

第一表（平成三十年分以降用）

【令和1年分　繰戻し還付請求書の説明】
課税総所得金額及びそれに対する税額を
「繰戻し還付請求書」（154頁）の⑦欄、
⑩欄に転記している。

（単位は円）　種類　○分 ○離 ○国 ○出 損失 修正　整理番号 1 2 3 4 5 6 7 8
表示

受付印

収入金額等	事 営 業 等	㋐	1 8 0 0 0 0 0 0	課税される所得金額（⑨−㉕）又は第三表 ㉖	7 2 7 0 0 0 0
	業 農 業	㋑		上の㉖に対する税額又は第三表の⑳ ㉗	1 0 3 6 1 0 0
	不 動 産	㋒		配 当 控 除 ㉘	
	利 子	㋓		区分 ㉙	
	配 当	㋔		（特定増改築等）住宅借入金等特別控除 ㉚	0 0
	給 与	㋕	3 6 0 0 0 0 0	政党等寄附金等特別控除 ㉛〜㉝	
	雑 公的年金等	㋖		住宅耐震改修特別控除住宅特定改修・認定住宅新築等特別税額控除 ㉞〜㊲	
	その他	㋗		差 引 所 得 税 額 ㊳	1 0 3 6 1 0 0
	総合譲渡 短 期	㋘		災 害 減 免 額 ㊴	
	長 期	㋙		再差引所得税額（基準所得税額）（㊳−㊴） ㊵	1 0 3 6 1 0 0
	一 時	㋚		復興特別所得税額（㊵×2.1％） ㊶	2 1 7 5 8
所得金額	事 営 業 等	①	6 0 0 0 0 0 0	所得税及び復興特別所得税の額（㊵＋㊶） ㊷	1 0 5 7 8 5 8
	業 農 業	②		外国税額控除 区分 ㊸	
	不 動 産	③		所得税及び復興特別所得税の源泉徴収税額 ㊹	1 0 5 7 8 0 0
	利 子	④		所得税及び復興特別所得税の申告納税額 ㊺	1 0 5 7 8 0 0
	配 当	⑤		所得税及び復興特別所得税の予定納税額（第1期分・第2期分） ㊻	2 5 0 0 0 0
	給与 区分	⑥	2 3 4 0 0 0 0	所得税及び復興特別所得税の第3期分の税金（㊺−㊻） 納める税金 ㊼	8 0 7 8 0 0
	雑	⑦		還付される税金 ㊽	
	総合譲渡・一時㋗＋{（㋘＋㋙）×½}	⑧		配偶者の合計所得金額 ㊾	
	合 計	⑨	8 3 4 0 0 0 0	専従者給与（控除）額の合計額 ㊿	
所得から差し引かれる金額	雑 損 控 除	⑩		青色申告特別控除額 �51	6 5 0 0 0 0
	医療費控除 区分	⑪			
	社会保険料控除	⑫	2 3 5		
	小規模企業共済等掛金控除	⑬			
	生命保険料控除	⑭	4 0		
	地震保険料控除	⑮	3 5 0 0 0	変動・臨時所得金額 区分 ㊽	
	寄附金控除	⑯		申告期限までに納付する金額 ㊾	0 0
	寡婦、寡夫控除	⑱	0 0 0 0	延納届出額 ㊿	0 0 0
	勤労学生、障害者控除	⑲〜⑳	0 0 0 0		
	配偶者（特別）控除 区分	㉑〜㉒	0 0 0 0		
	扶 養 控 除	㉓	3 8 0 0 0 0		
	基 礎 控 除	㉔	3 8 0 0 0 0		
	合 計	㉕	1 0 7 0 0 0 0		

【令和1年分　繰戻し還付請求書の説明】
源泉徴収税額控除前の税額㊵を「繰戻し還付請求書」（154頁）の⑭欄に転記している。

還付される税金の受取場所
銀行・組合
金庫・農協・漁協
郵便局 名等
預金種類　普通 当座 納税準備 貯蓄
口座番号記号番号
本店・支店出張所本所・支所

税理士署名押印
電話番号

税理士法第30条の書面提出有
税理士法第33条の2の書面提出有

整理欄
区分 A B C D E F G H I J K
異動
管理
補完
確認

復興特別所得税額の記入をお忘れなく。

納 普
事 業
住 民
資 産
総 合
分 離
税 算
通 信 日付印
年 月 日

150

記載例
12

記載例
13

記載例
14

記載例
15

記載例
16

記載例
17

記載例
18

記載例
19

記載例
20

記載例
21

記載例
22

令和1年確定申告分　　　令和1年分 確定申告書　第一表

FA0125

神田　税務署長
令和 2 年 2 月 2 日　令和 01 年分の 所得税及び復興特別所得税 の 確定 申告書B

第一表（令和元年分以降用）

〒 1 0 1 - 0 0 5 1

住所
又は事業所事務所居所など
東京都千代田区神田神保町1丁目31番2号

個人番号

フリガナ　チュウオウタロウ
氏名　中央太郎

性別　㊚女　職業　自営業　屋号・雅号　　世帯主の氏名　　世帯主との続柄 本人

令和2年1月1日の住所　同上

生年月日　3 29.01.03　電話番号 自宅・勤務先・携帯

種類 ○○分離国出○○修正 特農の表示 特農　整理番号 1 2 3 4 5 6 7 8

（単位は円）

収入金額等	事業 営業等	㋐	3 5 0 0 0 0 0 0
	農業	㋑	
	不動産	㋒	
	利子	㋓	
	配当	㋔	
	給与	㋕	
	雑 公的年金等	㋖	
	その他	㋗	
	総合譲渡 短期	㋘	
	長期	㋙	
	一時	㋚	
所得金額	事業 営業等	①	△ 6 0 0 0 0 0 0
	農業	②	
	不動産	③	
	利子	④	
	配当	⑤	
	給与 区分	⑥	
	雑	⑦	
	総合譲渡・一時 ㋗+{(㋙+㋚)×½}	⑧	
	合計	⑨	
所得から差し引かれる金額	社会保険料控除	⑩	
	小規模企業共済等掛金控除	⑪	
	生命保険料控除	⑫	
	地震保険料控除	⑬	
	寡婦、寡夫控除	⑭	0 0 0 0
	勤労学生、障害者控除	⑮~⑯	0 0 0 0
	配偶者(特別)控除 区分	⑰~⑱	0 0 0 0
	扶養控除	⑲	0 0 0 0
	基礎控除	⑳	3 8 0 0 0 0
	⑩から⑳までの計	㉑	3 8 0 0 0 0
	雑損控除	㉒	
	医療費控除 区分	㉓	
	寄附金控除	㉔	
	合計 (㉑+㉒+㉓+㉔)	㉕	3 8 0 0 0 0

税金の計算	課税される所得金額 (⑨-㉕)又は第三表	㉖	0 0 0
	上の㉖に対する税額 又は第三表の㉙	㉗	0
	配当控除	㉘	
	区分	㉙	
	(特定増改築等) 住宅借入金等特別控除 区分	㉚	0 0
	政党等寄附金等特別控除	㉛~㉝	
	住宅耐震改修特別控除 住宅特定改修・認定住宅 新築等特別税額控除	㉞~㊱	
	差引所得税額 (㊲-㉘-㉙-㉚-㉛-㉝-㉞-㊱)	㊳	0
	災害減免額	㊴	
	再差引所得税額(基準所得税額) (㊳-㊴)	㊵	0
	復興特別所得税額 (㊵×2.1%)	㊶	0
	所得税及び復興特別所得税の額 (㊵+㊶)	㊷	0
	外国税額控除 区分	㊸	
	源泉徴収税額	㊹	2 1 5 0 0 0
	申告納税額 (㊷-㊸-㊹)	㊺	△ 2 1 5 0 0 0
	予定納税額 (第1期分・第2期分)	㊻	0
	第3期分の税額 (㊺-㊻) 納める税金	㊼	0 0
	還付される税金	㊽	△ 2 1 5 0 0 0

その他	配偶者の合計所得金額	㊾	
	専従者給与(控除)額の合計額	㊿	
	青色申告特別控除額	51	0
	雑所得・一時所得等の源泉徴収税額の合計額	52	
	未納付の源泉徴収税額	53	
	本年分で差し引く繰越損失額	54	
	平均課税対象金額	55	
	変動・臨時所得金額 区分	56	
延納の届出	申告期限までに納付する金額	57	0 0
	延納届出額	58	0 0 0

還付される税金の受取場所
銀行・金庫・組合・農協・漁協　本店・支店・出張所・本所・支所
郵便局名等
預金種類 普通 当座 納税準備 貯蓄
口座番号 記号番号

復興特別所得税額の記入をお忘れなく。←

納資 事業 住況 資産 総合 分離 検算 通信日付印 年月日 通一 一連

整理欄
区分異動 A B C D E F G H I J K
管理 L 名簿
補完 確認

税理士署名押印
電話番号　-　-　㊞

（税理士法第30条の書面提出有 第33条の2の書面提出有）

151

令和 01 年分の 所得税及び復興特別所得税 の 確定 申告書（損失申告用）

FA0054

第四表（一）（令和元年分以降用）

住所（又は事業所事務所居所など）	東京都千代田区神田神保町１丁目31番２号	フリガナ 氏名	チュウオウタロウ 中央太郎
		整理番号	12345678

1 損失額又は所得金額

所得の種類			区分等	所得の生ずる場所	Ⓐ収入金額	Ⓑ必要経費等	Ⓒ差引金額（Ⓐ－Ⓑ）	Ⓓ特別控除額		Ⓔ損失額又は所得金額
A 経常所得（申告書B第一表の①から⑦までの合計額）									(59)	△6,000,000円
B 譲渡	短期	分離譲渡			円	円	㋛ 円		(60)	円
		総合譲渡					㋜	円	(61)	
	長期	分離譲渡			円	円	㋝		(62)	
		総合譲渡					㋞	円	(63)	
	一時								(64)	
C 山林					円				(65)	
D 退職						円	円		(66)	
E	一般株式等の譲渡								(67)	
	上場株式等の譲渡								(68)	
	上場株式等の配当等					円	円		(69)	
F 先物取引									(70)	
								特例適用条文		

2 損益の通算

所得の種類				Ⓐ通算前		Ⓑ第１次通算後		Ⓒ第２次通算後		Ⓓ第３次通算後	Ⓔ損失額又は所得金額
A 経常所得			(59)	△6,000,000円	第1次通算	△6,000,000円	第2次通算	△6,000,000円	第3次通算	△6,000,000円	△6,000,000円
B 譲渡	短期	総合譲渡	(61)								
	長期	分離譲渡（特定損失額）	(62)	△							
		総合譲渡	(63)								
	一時		(64)								
C 山林				→	(65)						㋟
D 退職				→		→	(66)				
損失額又は所得金額の合計額										(71)	△6,000,000

資産		整理欄	

令和 [0][1] 年分の 所得税及び 復興特別所得税 の 確定 申告書（損失申告用）　[F A 0 0 5 9]

3 翌年以後に繰り越す損失額

整理番号 [1][2][3][4][5][6][7][8]　一連番号

青 色 申 告 者 の 損 失 の 金 額						⑫	（住民税△6,000,000）円　△3,000,000
居 住 用 財 産 に 係 る 通 算 後 譲 渡 損 失 の 金 額						⑬	
変 動 所 得 の 損 失 額						⑭	

被災事業用資産の損失額		所得の種類	被災事業用資産の種類など	損害の原因	損害年月日	Ⓐ 損害金額	Ⓑ 保険金などで補塡される金額		Ⓒ 差引損失額 （Ⓐ－Ⓑ）
	山林以外	営業等・農業			． ．	円	円	⑮	円
		不 動 産			． ．			⑯	
	山 林				． ．			⑰	
山 林 所 得 に 係 る 被 災 事 業 用 資 産 の 損 失 額								⑱	円
山 林 以 外 の 所 得 に 係 る 被 災 事 業 用 資 産 の 損 失 額								⑲	

4 繰越損失を差し引く計算

年分		損 失 の 種 類		Ⓐ前年分までに引ききれなかった損失額	Ⓑ本年分で差し引く損失額	Ⓒ翌年分以後に繰り越して差し引かれる損失額（Ⓐ－Ⓑ）
A 28年（3年前）	純損失	28 年が青色の場合	山林以外の所得の損失	円	円	円
		28 年が白色の場合				
	雑	居住用財産				
B 29年（2年前）	純損失	29 年が青色の場合	山林所得の損失			
		29 年が白色の場合	変動所得の損失			
			被災事業用資産の損失 山林以外			
			山 林			
		居住用財産に係る通算後譲渡損失の金額				
	雑	損 失				
C 30年（前年）	純損失	30 年が青色の場合	山林以外の所得の損失			
			山林所得の損失			
		30 年が白色の場合	変動所得の損失			
			被災事業用資産の損失 山林以外			
			山 林			
		居住用財産に係る通算後譲渡損失の金額				
	雑	損 失				

> 手順2-1
> 純損失の金額のうち300万円を前前年に繰り戻しているので、本年に繰り越される金額は300万円と下段に記載されているが、その全額を前前年に再度繰り戻す。
> なお、住民税は純損失の繰戻しによる還付制度がないので、本年に繰り越される金額は600万円（住民税△600万円）と上段に記載されている。

本年分の一般株式等及び上場株式等に係る譲渡所得等から差し引く損失額	⑳	円
本年分の上場株式等に係る配当所得等から差し引く損失額	㉑	円
本年分の先物取引に係る雑所得等から差し引く損失額	㉒	円
雑損控除、医療費控除及び寄附金控除の計算で使用する所得金額の合計額	㉓	0 円

5 翌年以後に繰り越される本年分の雑損失の金額　　㉔　　　円

6 翌年以後に繰り越される株式等に係る譲渡損失の金額　　㉕　　　円

7 翌年以後に繰り越される先物取引に係る損失の金額　　㉖　　　円

資産		整理欄	

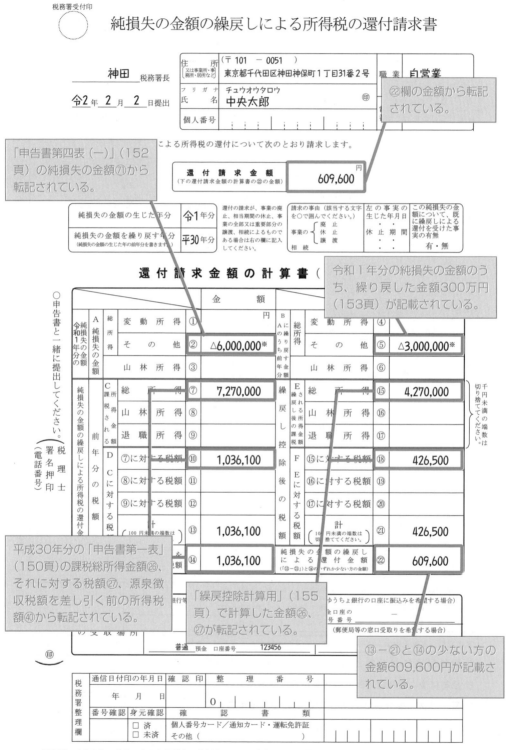

純損失の金額の繰戻しによる所得税の還付請求書

税務署受付印

住所（又は事業所・事務所・居所など）	（〒 101 － 0051　）東京都千代田区神田神保町１丁目31番２号	職業	自営業
フリガナ　氏名	チュウオウタロウ　中央太郎　㊞		
個人番号			

神田　税務署長

令2年 2月 2日提出

㉒欄の金額から転記されている。

「申告書第四表（一）」（152頁）の純損失の金額㋑から転記されている。

による所得税の還付について次のとおり請求します。

| 還付請求金額（下の還付請求金額の計算書の㉒の金額） | 609,600 円 |

| 純損失の金額の生じた年分 | 令1年分 |
| 純損失の金額を繰り戻す年分（純損失の金額の生じた年の前年分を書きます） | 平30年分 |

還付の請求が、事業の廃止、相当期間の休止、事業の全部又は重要部分の譲渡、相続によるものである場合は右の欄に記入してください。

| 請求の事由（該当する文字を○で囲んでください。） | 左の事実の生じた年月日 | この純損失の金額について、既に繰戻しによる還付を受けた事実の有無 |
| 事業の　廃　止　休　止　譲　渡　相続 | 廃　止　　・　・　休止期間　　・　・ | 有・無 |

㉒欄の金額から転記されている。

令和１年分の純損失の金額のうち、繰り戻した金額300万円（153頁）が記載されている。

還付請求金額の計算書（

○申告書と一緒に提出してください。

税理士　署名押印（電話番号）

			金　額					金　額	
A 純損失の金額　令和1年分の純損失の金額の	総所得	変動所得	①	円	BAのうち繰り戻す前年分金額	総所得	変動所得	④	
		その他	②	△6,000,000※			その他	⑤	△3,000,000※
		山林所得	③				山林所得	⑥	
C 課税される所得金額	前年分の税額	総所得	⑦	7,270,000	E 繰戻される所得金額 繰戻し控除後の課税される所得金額		総所得	⑮	4,270,000
		山林所得	⑧				山林所得	⑯	
		退職所得	⑨				退職所得	⑰	
D Cに対する税額		⑦に対する税額	⑩	1,036,100	F Eに対する税額		⑮に対する税額	⑱	426,500
		⑧に対する税額	⑪				⑯に対する税額	⑲	
		⑨に対する税額	⑫				⑰に対する税額	⑳	
		計（100円未満の端数は）	⑬	1,036,100			計（100円未満の端数は切り捨ててください。）	㉑	426,500
			⑭	1,036,100		純損失の金額の繰戻しによる還付金額（「⑬-㉑」と⑭のいずれか少ない方の金額）		㉒	609,600

純損失の金額の繰戻しによる所得税の還付金の受取場所

千円未満の端数は切り捨ててください。

平成30年分の「申告書第一表」（150頁）の課税総所得金額㉖、それに対する税額㉗、源泉徴収税額を差し引く前の所得税額㊵から転記されている。

「繰戻控除計算用」（155頁）で計算した金額㉖、㉗が転記されている。

⑬－㉑と⑭の少ない方の金額609,600円が記載されている。

（ゆうちょ銀行の口座に振込みを希望する場合）金口座の号番号　　－（郵便局等の窓口受取りを希望する場合）

㊞

| 普通　預金　口座番号 | 123456 |

税務署整理欄	通信日付印の年月日	確認印	整　理　番　号	
	年　月　日		0	
	番号確認　身元確認	確　認　書　類		
	□ 済　□ 未済	個人番号カード／通知カード・運転免許証　その他（　　　　　）		

※記載例では分かりやすさの点から純損失の金額をマイナス表記しています。

| | 記載例12 |
| 記載例13 |
| 記載例14 |
| 記載例15 |
| 記載例16 |
| 記載例17 |
| 記載例18 |
| 記載例19 |
| 記載例20 |
| 記載例21 |
| 記載例22 |

令和1年繰戻控除計算用	平成30年分 確定申告書 第一表

手順2-2
前前年分の課税総所得金額及びそれに対する税額を「繰戻し還付請求書」（158頁）の⑦欄、⑩欄に転記。

【令和1年分 繰戻し還付請求書の説明】
前前年分の課税総所得金額から繰り戻した純損失の金額300万円を控除した金額を「繰戻し還付請求書」（154頁）の⑮欄に、それに対する税額を⑱欄に転記している。

FA0124

告書B

第一表 （平成三十年分以降用）

住所 又は 事業所 東京

ウ

氏 名 中央太郎

性別 職業 屋号・雅号 世帯主の氏名 世帯主との続柄
㉒女 自営業 本人
生年月日 3 29.01.03 電話番号 自宅・勤務先・携帯

難国出 損失 修正 特農の表示 特農 繰戻控除後の金額

課税される所得金額（⑨-㉕）又は第三表	㉖	4 2 7 0 0 0 0
上の㉖に対する税額又は第三表の⑲	㉗	4 2 6 5 0 0

繰戻控除計算用

復興特別所得税額の記入をお忘れなく。

不 動 産 ㋓
利 子 ㋔
配 当 ㋕
給 与 ㋖ 3 6 0 0 0 0 0
公的年金等 ㋗
雑 その他 ㋘
総合譲渡 短 期 ㋙
長 期 ㋚
一 時 ㋛

事 業 営業等 ① 6 0 0 0 0 0 0
農 業 ②
不 動 産 ③
利 子 ④

配 当 控 除	㉘	
区分	㉙	
（特定増改築等）住宅借入金等特別控除 区分	㉚	0 0
政党等寄附金等特別控除	㉛~㉝	
住宅耐震改修特別控除 住宅特定改修・認定住宅 新築等特別税額控除 区分	㊳	4 2 6 5 0 0
（㉖-㉗-㉛-㉜-㉝-㉞-㉟-㊱-㊲）	㊴	4 2 6 5 0 0
復興特別所得税額（㊵×2.1%）	㊶	8 9 5 6
所得税及び復興特別所得税の額（㊵＋㊶）	㊷	4 3 5 4 5 6
外国税額控除 区分	㊸	
所得税及び復興特別所得税の源泉徴収税額	㊹	
所得税及び復興特別所得税の申告納税額（㊷-㊸-㊹）	㊺	4 3 5 4 0 0
所得税及び復興特別所得税の予定納税額（第1期分・第2期分）	㊻	2 5 0 0 0 0
所得税及び復興特別所得税の第3期分の税額（㊺-㊻） 納める税金	㊼	1 8 5 4 0 0
還付される税金	㊽	

税金計算

手順2-2
源泉徴収税額控除前の税額を「繰戻し還付請求書」（158頁）の⑭欄に転記。

合 計 ⑨ 8 3 4 0 0 0 0

雑 損 控 除 ⑩
医療費控除 区分 ⑪
社会保険料控除 ⑫ 2 3 5 0 0 0
小規模企業共済等掛金控除 ⑬
生命保険料控除 ⑭ 4 0 0 0 0
地震保険料控除 ⑮ 3 5 0 0 0
寄附金控除 ⑯
寡婦、寡夫控除 ⑱ 0 0 0 0
勤労学生、障害者控除 ⑲~⑳ 0 0 0 0
配偶者（特別）控除 区分 ㉑~㉒ 0 0 0 0
扶 養 控 除 ㉓ 3 8 0 0 0 0
基 礎 控 除 ㉔ 3 8 0 0 0 0
合 計 ㉕ 1 0 7 0 0 0 0

配偶者の合計所得金額	㊾	
専従者給与（控除）額の合計額	㊿	
青色申告特別控除額	51	6 5 0 0 0 0
雑所得・一時所得等の所得税及び復興特別所得税の源泉徴収税額の合計額	52	
未納付の所得税及び復興特別所得税の源泉徴収税額	53	
本年分で差し引く繰越損失額	54	
平均課税対象金額	55	
変動・臨時所得金額 区分	56	

その他

延届納の出 申告期限までに納付する金額 57 0 0
延納届出額 58 0 0 0

還付される税金の受取場所
銀行 金庫・組合 農協・漁協 本店・支店 出張所 本所・支所
郵便局 名 等
預金種類 普通 当座 納税準備 貯蓄
口座番号 記号番号

税理士署名押印 電話番号 ㊞

整理欄
区分 A B C D E F G H I J K
異動
L
管理 名簿
補完 確認

税理士法第30条の書面提出有 税理士法第33条の2の書面提出有

神田　税務署長

令和 _3_ 年 _2_ 月 _22_ 日　令和 **02** 年分の 所得税及び／復興特別所得税 の準確定申告書B　　FA2200

第一表（令和二年分以降用）

住所 〒	1 0 1 - 0 0 5 1	個人番号		生年月日	3 29.01.03

又は事業所事務所居所など　東京都千代田区神田神保町１丁目31番２号

フリガナ　チュウオウタロウ
氏名　中央太郎　　印

令和 _ 年1月1日の住所

職業　自営業　　屋号・雅号　　世帯主の氏名　　世帯主との続柄　本人

（単位は円）　種類 〇 分離 国出 損失 修正　特農の表示 特農　番号 1 2 3 4 5 6 7 8　電話番号 自宅・勤務先・携帯

収入金額等

事業	営業等	㋐	2 0 0 0 0 0 0 0
事業	農業	㋑	
	不動産	㋒	
	利子	㋓	
	配当	㋔	
	給与 区分	㋕	
雑	公的年金等	㋖	
雑	業務 区分	㋗	
雑	その他	㋘	
総合譲渡	短期	㋙	
総合譲渡	長期	㋚	
	一時	㋛	

所得金額等

事業	営業等	①	3 0 0 0 0 0 0
事業	農業	②	
	不動産	③	
	利子	④	
	配当	⑤	
	給与 区分	⑥	
雑	公的年金等	⑦	
雑	業務	⑧	
雑	その他	⑨	
	⑦から⑨までの計	⑩	
	総合譲渡・一時 ③+{(㋚+㋛)×½}	⑪	
	合計 （①から⑥までの計+⑩+⑪）	⑫	3 0 0 0 0 0 0

所得から差し引かれる金額

社会保険料控除	⑬	3 9 0 0 0 0
小規模企業共済等掛金控除	⑭	7 0 0 0 0
生命保険料控除	⑮	4 0 0 0 0
地震保険料控除	⑯	1 0 0 0 0
寡婦、ひとり親控除 区分	⑰~⑱	0 0 0 0
勤労学生、障害者控除	⑲~⑳	0 0 0 0
配偶者（特別）控除 区分1 区分2	㉑~㉒	3 8 0 0 0 0
扶養控除 区分	㉓	0 0 0 0
基礎控除	㉔	4 8 0 0 0 0
⑬から㉔までの計	㉕	2 0 0 0 0 0 0
雑損控除	㉖	
医療費控除 区分	㉗	
寄附金控除	㉘	
合計 （㉕+㉖+㉗+㉘）	㉙	2 0 0 0 0 0 0

税金の計算

課税される所得金額 （⑫-㉙）又は第三表	㉚	1 0 0 0 0 0 0
上の㉚に対する税額 又は第三表の㉖	㉛	5 0 0 0 0
配当控除	㉜	
区分	㉝	
特定増改築等住宅借入金等特別控除 区分1 区分2	㉞	0 0
政党等寄附金等特別控除	㉟~㊲	
住宅耐震改修特別控除等 区分	㊳~㊵	
差引所得税額 （㉛-㉜-㉝-㉞-㉟-㊲-㊳-㊵）	㊶	5 0 0 0 0
災害減免額	㊷	
再差引所得税額（基準所得税額） （㊶-㊷）	㊸	5 0 0 0 0
復興特別所得税額 （㊸×2.1%）	㊹	1 0 5 0
所得税及び復興特別所得税の額 （㊸+㊹）	㊺	5 1 0 5 0
外国税額控除等 区分	㊻~㊼	
源泉徴収税額	㊽	
申告納税額 （㊺-㊻-㊼-㊽）	㊾	5 1 0 0 0
予定納税額 （第1期分・第2期分）	㊿	
第3期分の税額 （㊾-㊿） 納める税金	51	5 1 0 0 0
第3期分の税額 還付される税金	52	△

（㊹・㊺・㊾・51 又は 52 の記入をお忘れなく。）

その他

公的年金等以外の合計所得金額	53	
配偶者の合計所得金額	54	
専従者給与（控除）額の合計額	55	
青色申告特別控除額	56	6 5 0 0 0 0
雑所得・一時所得等の源泉徴収税額の合計額	57	
未納付の源泉徴収税額	58	
本年分で差し引く繰越損失額	59	
平均課税対象金額	60	
変動・臨時所得金額 区分	61	

延納の届出

| 申告期限までに納付する金額 | 62 | 0 0 |
| 延納届出額 | 63 | 0 0 0 |

還付される税金の受取場所

銀行・金庫・組合・農協・漁協　本店・支店・出張所・本所・支所
郵便局名等
預金種類　普通・当座・納税準備・貯蓄
口座番号記号番号

整理欄

区分 A B C D E F G H I J K
異動
管理補完
名簿
確認

税理士署名押印／電話番号　　印　30条 33条の2

記載例12
記載例13
記載例14
記載例15
記載例16
記載例17
記載例18
記載例19
記載例20
記載例21
記載例22

令和2年準確定申告分　　令和2年分 準確定申告書付表

死亡した者の令和＿2＿年分の所得税及び復興特別所得税の確定申告書付表
（兼相続人の代表者指定届出書）

受付印

1	死亡した者の住所・氏名等			
住所	（〒101 - 0051　） 東京都千代田区神田神保町1丁目31番2号	氏名 フリガナ チュウオウタロウ 中央太郎	死亡年月日	令和 2年 11月 11日

2	死亡した者の納める税金又は還付される税金	［第3期分の税額］ ［還付される税金のときは頭部に△印を付けてください。］	51,000 円…A

3	相続人等の代表者の指定	［代表者を指定されるときは、右にその代表者の氏名を書いてください。］ 相続人等の代表者の氏名	中央一郎

4	限定承認の有無	［相続人等が限定承認をしているときは、右の「限定承認」の文字を〇で囲んでください。］	限定承認

（平成二十九年分以降用）　〇この付表は、申告書と一緒に提出してください。

5 相続人等に関する事項					
(1) 住所	（〒101 - 0051　） 千代田区神田1-31-2	（〒101 - 0051　） 千代田区神田1-31-2	（〒 - 　）	（〒 - 　）
(2) 氏名	フリガナ 中央花子　㊞	フリガナ 中央一郎　㊞	フリガナ 　㊞	フリガナ 　㊞
(3) 個人番号	1 2 3 4 5 6 7 8 9 0 1 2	9 9 1 1 2 2 2 2 5 4 1 0		
(4) 職業及び被相続人との続柄	職業 無職 続柄 妻	職業 会社員 続柄 子	職業	
(5) 生年月日	明・大・㊐・平・令 30年 7月 5日	明・大・㊐・平・令 58年 7月 7日	明・大・昭・平・令	明・大・昭・平・令
(6) 電話番号	00 - 000 - 0000	00 - 000 - 0000		
(7) 相続分…B	㊡ 指定 1/2	㊡ 指定 1/2	法定・指定 ___	法定・指定 ___
(8) 相続財産の価額	円	円	円	円

手順1-2
準確定申告による所得税の納付税額51,000円（156頁）をAに転記し各相続人の納付税額を記載。

6 納める税金等	Aが黒字のとき 各人の納付税額 A × B ［各人の100円未満の端数切捨て］	25,500 円	25,500 円	00 円	00 円
	Aが赤字のとき 各人の還付金額 ［各人の1円未満の端数切捨て］	円	円	円	円

7 還付される税金の受取場所	振込みを希望する場合の預金口座に	銀行名等	銀行 金庫・組合 農協・漁協	銀行 金庫・組合 農協・漁協	銀行 金庫・組合 農協・漁協	銀行 金庫・組合 農協・漁協
		支店名等	本店・支店 出張所 本所・支所	本店・支店 出張所 本所・支所	本店・支店 出張所 本所・支所	本店・支店 出張所 本所・支所
		預金の種類	預金	預金	預金	預金
		口座番号				
	希望する場合ゆうちょ銀行の口座に振込みを	貯金口座の記号番号	－	－	－	－
	窓口受取りを希望する場合郵便局等の	郵便局名等				

（注）　「5 相続人等に関する事項」以降については、相続を放棄した人は記入の必要はありません。

税務署整理欄	整理番号	0	0	0	0	一連番号
	番号確認 身元確認	□ 済 □ 未済	□ 済 □ 未済	□ 済 □ 未済	□ 済 □ 未済	

157

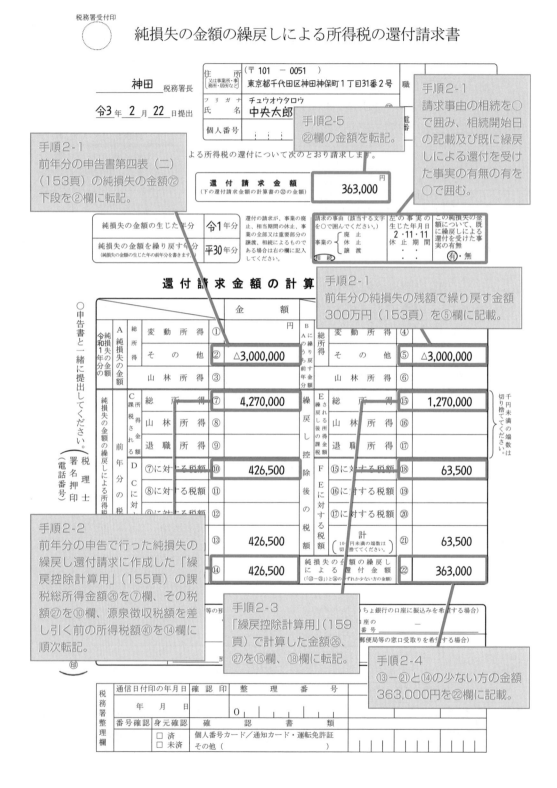

		記載例12
		記載例13
		記載例14
		記載例15
		記載例16
		記載例17
		記載例18
		記載例19
		記載例20
		記載例21
		記載例22

令和２年繰戻控除計算用	平成30年分 確定申告書　第一表

神田　税務署長
＿＿年＿＿月＿＿日

平成 **30** 年分の 所得税及び 復興特別所得税 の 確定 申告書B

〒101-0051

個人番号

フリガナ　チュウオウタロウ

氏名　中央太郎

性別（男・女）　職業　自営業　屋号・雅号　世帯主の氏名　世帯主との続柄　本人

生年月日 3 29.01.03　電話番号　自宅・勤務先・携帯

FA0124

第一表（平成三十年分以降用）

手順2-3
前前年分（平成30年分）の課税総所得金額（前年で繰り戻した後の金額）（154頁参照）から再度、本年で繰り戻した純損失の金額300万円を控除した金額127万円を「繰戻し還付請求書」（158頁）の⑮欄に転記し、それに対する税額63,500円を⑱欄に転記。

繰戻控除後の金額

復興特別所得税額の記入をお忘れなく。

税金の計算			
課税される所得金額（⑨−㉕）又は第三表	㉖		1270000
上の㉖に対する税額又は第三表の㊳	㉗		63500
配当控除	㉘		
	㉙ 区分		
（特定増改築等）住宅借入金等特別控除	㉚ 区分		00
政党等寄附金等特別控除	㉛〜㉝		
住宅耐震改修特別控除 住宅特定改修・認定住宅新築等特別税額控除	㉞〜㊲ 区分		
（㉗−㉘−㉙−㉚−㉛−㉞）	㊳		63500
（㊳−㊴）	㊵		63500
復興特別所得税額（㊵×2.1%）	㊶		1333
所得税及び復興特別所得税の額（㊵＋㊶）	㊷		64833
外国税額控除	㊸ 区分		
所得税及び復興特別所得税の源泉徴収税額	㊹		250000
所得税及び復興特別所得税の申告納税額（㊷−㊸−㊹）	㊺	△	185200
所得税及び復興特別所得税の予定納税額（第１期分・第２期分）	㊻		
所得税及び復興特別所得税の第３期分の税金（㊺−㊻）	納める税金 ㊼		00
	還付される税金 ㊽	△	185200

繰戻控除計算用

入金額等				
利子	㋓			
配当	㋔			
給与	㋕		3600000	
雑	公的年金等	㋖		
	その他	㋗		
総合譲渡	短期	㋘		
	長期	㋙		
一時		㋚		

所得金額				
事業	営業等	①	6000000	
	農業	②		
不動産		③		
利子		④		
配当		⑤		
給与 区分		⑥	2340000	
雑		⑦		
総合譲渡・一時 ⑦＋{（㋙＋㋚）×½}		⑧		
合計		⑨	8340000	

所得から差し引かれる金額				
雑損控除		⑩		
医療費控除 区分		⑪		
社会保険料控除		⑫	235000	
小規模企業共済等掛金控除		⑬		
生命保険料控除		⑭	40000	
地震保険料控除		⑮	35000	
寄附金控除		⑯		
寡婦、寡夫控除		⑱	0000	
勤労学生、障害者控除		⑲〜⑳	0000	
配偶者（特別）控除 区分		㉑〜㉒	0000	
扶養控除		㉓	380000	
基礎控除		㉔	380000	
合計		㉕	1070000	

その他			
配偶者の合計所得金額	㊾		
専従者給与（控除）額の合計額	㊿		
青色申告特別控除額	51		650000
雑所得・一時所得等の所得税及び復興特別所得税の源泉徴収税額の合計額	52		
未納付の所得税及び復興特別所得税の源泉徴収税額	53		
本年分で差し引く繰越損失額	54		
平均課税対象金額	55		
変動・臨時所得金額 区分	56		

延納の届出			
申告期限までに納付する金額	57		00
延納届出額	58		000

還付される税金の受取場所							
銀行・金庫・組合 農協・漁協						本店・支店 出張所 本所・支所	
郵便局名等							
預金種類	普通 ○	当座 ○	納税準備 ○	貯蓄 ○			
口座番号記号番号							

整理欄	区分	A	B	C	D	E	F	G	H	I	J	K
	異動							L				
	管理						名簿					
	補完										確認	

税理士署名押印　　　　　　㊞
電話番号　　　　−　　　−

税理士法第30条の書面提出有　　税理士法第33条の2の書面提出有

159

純損失の金額の繰戻しによる所得税の還付請求

死亡した者の平成＿＿＿年分の所得税及び復興特別所得税の確定申告書付表

（兼相続人の代表者指定届出書）

（平成二十九年分以降用）　〇この付表は、申告書と一緒に提出してください。

1	死亡した者の住所・氏名等						
住所	（〒101 - 0051 ） 東京都千代田区神田神保町１丁目31番２号			氏名	フリガナ チュウオウタロウ 中央太郎	死亡年月日	令和 2 年 11 月 11 日

2	死亡した者の納める税金又は還付される税金	第３期分の税額	還付される税金のときは頭部に△印を付けてください。	△363,000 円 …A

3	相続人等の代表者の指定	代表者を指定されるときは、右にその代表者の氏名を書いてください。	相続人等の代表者の氏名	中央一郎

4	限定承認の有無	相続人等が限定承認をしているときは、右の「限定承認」の文字を〇で囲んでください。	限定承認

5 相続人等に関する事項	(1) 住所	（〒101 - 0051 ） 千代田区神田1-31-2	（〒101 - 0051 ） 千代田区神田1-31-2	（〒 - ）	（〒 - ）
	(2) 氏名	フリガナ 中央花子　㊞	フリガナ 中央太郎　㊞	フリガナ　㊞	フリガナ　㊞
	(3) 個人番号	1 2 3 4 5 6 7 8 9 0 1 2	9 9 1 1 2 2 2 5 4 1 0		
	(4) 職業及び被相続人との続柄	職業 無職　続柄 妻	職業 会社員　続柄 子		
	(5) 生年月日	明・大・㊐・平・令 30 年 7 月 5 日	明・大・㊐・平・令 58 年 7 月 7 日		
	(6) 電話番号	00 - 000 - 0000	00 - 000 - 0000		
	(7) 相続分 …B	㊗法定 指定 1/2	㊗法定 指定 1/2	法定・指定 ＿＿	法定・指定 ＿＿
	(8) 相続財産の価額	円	円	円	円

6 納める税金等	Aが黒字のとき 各人の納付税額 A × B（各人の100円未満の端数切捨て）	円	円	00 円	00 円
	Aが赤字のとき 各人の還付金額（各人の１円未満の端数切捨て）	181,500 円	181,500 円	円	円

7 還付される税金の受取場所	銀行等の預金口座に振込みを希望する場合	銀行名等	日本　㊀㊁㊂ 銀　行 金庫・組合 農協・漁協	日本　㊀㊁㊂ 銀　行 金庫・組合 農協・漁協	銀　行 金庫・組合 農協・漁協	銀　行 金庫・組合 農協・漁協
		支店名等	本店・支店 出　張　所 本所・支所	本店・支店 出　張　所 本所・支所	本店・支店 出　張　所 本所・支所	本店・支店 出　張　所 本所・支所
		預金の種類	普通　預金	普通　預金	預金	預金
		口座番号	0000000	0000000		
	ゆうちょ銀行の貯金口座に振込みを希望する場合	貯金口座の記号番号	―	―	―	―
	郵便局等の窓口で受取りを希望する場合	郵便局名等				

(注)　「5　相続人等に関する事項」以降については、相続を放棄した人は記入の必要はありません。

税務署整理欄	整理番号	0	0	0	0	一連番号
	番号確認 身元確認	□ 済 □ 未済	□ 済 □ 未済	□ 済 □ 未済	□ 済 □ 未済	

手順2-6
純損失の金額の繰戻しによる所得税の還付請求額363,000円（158頁）をＡに転記し各相続人の還付税額を記載。

記載例
12

記載例
13

記載例
14

記載例
15

記載例
16

記載例
17

記載例
18

記載例
19

記載例
20

記載例
21

記載例
22

記載例13	本年分の純損失の金額の全部を前年分に繰り戻す場合 （上場株式等に係る譲渡所得等の金額がある場合）

令和1年分の確定申告の概要

(1) 課税標準

  ① 総所得金額 　　　　　　　　　　　　　　　　　　7,530,000円

    イ 事業所得 　　　　　　　　　5,190,000円

    ロ 給与所得 　　　　　　　　　2,340,000円

  ② 上場株式等の譲渡所得等の金額 　　　　　　　　3,000,000円

(2) 所得控除額 　　　　　　　　　　　　　　　　　　　1,870,000円

(3) 課税総所得金額等 　　　　　　　　　　　　　　　　8,660,000円

  ① 課税総所得金額 　　　　　　　　　　　　　　　5,660,000円

  ② 上場株式等の課税譲渡所得等の金額 　　　　　　3,000,000円

(4) 各種所得の税額 　　　　　　　　　　　　　　　　　1,154,500円

  ① 課税総所得金額 　　　　　　　　　　　　　　　　704,500円

  ② 上場株式等の課税譲渡所得等の金額 　　　　　　　450,000円

(5) 復興特別所得税 　　　　　　　　　　　　　　　　　　24,244円

(6) 所得税及び復興特別所得税の額 　　　　　　　　　1,178,744円

(7) 源泉徴収税額 　　　　　　　　　　　　　　　　　　565,000円

(8) 納付税額 　　　　　　　　　　　　　　　　　　　　613,700円

令和2年分の申告所得の概要

(1) 課税標準

  ① 総所得金額 　　　　　　　　　　　△5,000,000円（純損失の金額）

    イ 事業所得 　　　　　　　　△7,020,000円

    ロ 給与所得 　　　　　　　　2,020,000円

  ② 上場株式等の譲渡所得等の金額 　　　　　　　　3,000,000円

(2) 所得控除額 　　　　　　　　　　　　　　　　　　　2,000,000円

(3) 課税総所得金額等 　　　　　　　　　　　　　　　　1,000,000円

  ① 課税総所得金額 　　　　　　　　　　　　　　　　　　0円

  ② 上場株式等の課税譲渡所得等の金額 　　　　　　1,000,000円

(4) 各種所得の税額 　　　　　　　　　　　　　　　　　150,000円

  課税総所得金額 　　　　　　　　　　　　　　　　　　　0円

	上場株式等の課税譲渡所得等の金額	150,000円
(5)	復興特別所得税	3,150円
(6)	所得税及び復興特別所得税の額	153,150円
(7)	源泉徴収税額	450,000円
(8)	還付税額	△296,850円

【申告書作成手順】

手順1　令和2年分の確定申告書の作成（165～168頁）

1　所得の内容に従って、申告書第一表、申告書第二表、申告書第三表を作成します。

2　所得金額を計算すると500万円の純損失が生じるので、申告書第四表を作成します。

　前年分の課税総所得金額が566万円あるので、純損失の金額の全部500万円について純損失の繰戻しによる還付の請求をするものとします。

3　上場株式等の譲渡所得等の金額300万円があるので所得控除200万円を差し引いて上場株式等の課税譲渡所得等の金額100万円を申告書第三表⑧欄に記載します。

4　本年分の純損失の金額を全額繰り戻したので翌年以降に繰り越す純損失の金額はないので、申告書第四表㈡の⑦欄には0円と記載します。

　なお、地方税法には純損失の金額の繰戻しによる還付の制度がないので、純損失の金額が全額翌年に繰り越され、⑦欄の上段には（住民税△500万円）と記載します。

手順2　純損失の金額の繰戻しによる所得税の還付請求書の作成（169頁）

1　本年分の純損失の金額500万円を②欄に転記し、そのうち前年分に繰り戻す金額500万円を⑤欄に記載します。

2　前年分の申告書第三表から課税総所得金額566万円⑩を⑦欄、それに対する税額704,500円⑱を⑩欄、申告書第一表の㊵欄の源泉徴収税額を差し引く前の所得税額のうち課税総所得金額に対応する金額（第三表の⑱）704,500円を⑭欄にそれぞれ転記します。

3　前年分の課税総所得金額566万円⑦から前年分に繰り戻す金額500万円⑤を差し引いた金額66万円を⑮欄に記載し、それに対する税額33,000円を⑱欄に記載します（「繰戻控除計算用」170頁を参照）。

4　⑬欄－㉑欄と⑭欄の少ない方の金額671,500円を㉒欄に記載します。

5　還付請求金額欄に671,500円を転記します。

令和_2_年_3_月_10_日　神田 税務署長　令和 01 年分の 所得税及び復興特別所得税 の 確定 申告書B　FA0125

〒101-0051
住所 又は事業所事務所居所など　東京都千代田区神田神保町１丁目31番２号

個人番号
フリガナ チュウオウタロウ
氏名 中央太郎
性別 男 職業 自営業
生年月日 3.29.01.03
電話番号 自宅・勤務先・携帯
整理番号 12345678

第一表（令和元年分以降用）

収入金額等（単位は円）

事業 営業等 ⑦	35000000
事業 農業 ⑦	
不動産 ⑦	
利子 ⑦	
配当 ⑦	
給与 ⑦	3600000
雑 公的年金等 ⑦	
雑 その他 ⑦	
総合譲渡 短期 ⑦	
総合譲渡 長期 ⑦	
一時 ⑦	

所得金額

事業 営業等 ①	5190000
事業 農業 ②	
不動産 ③	
利子 ④	
配当 ⑤	
給与 ⑥	2340000
雑 ⑦	
総合譲渡・一時 ⑦+{(⑦+⑦)×½} ⑧	
合計 ⑨	7530000

所得から差し引かれる金額

社会保険料控除 ⑩	680000
小規模企業共済等掛金控除 ⑪	7
生命保険料控除 ⑫	
地震保険料控除 ⑬	
寡婦、寡夫控除 ⑭	
勤労学生、障害者控除 ⑮	
配偶者（特別）控除 ⑯	
扶養控除 ⑲	
基礎控除 ⑳	380000
⑩から⑳までの計 ㉑	1870000
雑損控除 ㉒	
医療費控除 ㉓	
寄附金控除 ㉔	
合計 ㉕	1870000

税金の計算

課税される所得金額 ㉖	000
上の㉖に対する税額 ㉗	1154500
配当控除 ㉘	
㉙	
住宅借入金等特別控除 ㉚	00
政党等寄附金等特別控除 ㉛~㉝	
住宅耐震改修特別控除等 ㉞~㊲	
差引所得税額 ㊳	1154500
災害減免額 ㊴	
再差引所得税額（基準所得税額）㊵	1154500
復興特別所得税額（㊵×2.1%）㊶	24244
所得税及び復興特別所得税の額（㊵+㊶）㊷	1178744
外国税額控除 ㊸	
源泉徴収税額 ㊹	565000
申告納税額（㊷-㊸-㊹）㊺	613700
予定納税額（第1期分・第2期分）㊻	0
第3期分の税額 納める税金 ㊼	613700
第3期分の税額 還付される税金 ㊽	

その他

配偶者の合計所得金額 ㊾	
専従者給与（控除）額の合計額 ㊿	
青色申告特別控除額 �51	650000

復興特別所得税額の記入をお忘れなく。

手順2-2
源泉徴収税額を差し引く前の所得税額のうち課税総所得金額に対応する金額704,500円（164頁申告書第三表の�78欄）を「繰戻し還付請求書」（169頁）の⑭欄に転記。

令和 | 01 | 年分の 所得税及び復興特別所得税 の 確定 申告書（分離課税用）

F A 0 0 3 7

第三表（令和元年分以降用）　○第三表は、申告書Bの第一表

整理番号 | 1 2 3 4 5 6 7 8 | 一連番号

特　例　適　用　条　文			
法	条	項	号
所法　措法　震法	条の　の	項	号
所法　措法　震法	条の　の	項	号
所法　措法　震法	条の　の	項	号

住所 | 東京都千代田区神田神保町1丁目31番2号
屋号
フリガナ チュウオウタロウ
氏名 **中央太郎**

（単位は円）

収入金額

			金額
分離課税	短期譲渡	一般分 ㋛	
		軽減分 ㋜	
	長期譲渡	一般分 ㋝	
		特定分 ㋟	
		軽課分 ㋠	
	一般株式等の譲渡 ㋢		
	上場株式等の譲渡 ㋡		3 5 0 0 0 0 0 0
	上場株式等の配当等 ㋢		
	先物取引 ㋣		
山林 ㋨			
退職 ㋥			

所得金額

			金額
分離課税	短期譲渡	一般分 59	
		軽減分 60	
	長期譲渡	一般分 61	
		特定分 62	
		軽課分 63	
	一般株式等の譲渡 64		
	上場株式等の譲渡 65		3 0 0 0 0 0 0
	上場株式等の配当等 66		
	先物取引 67		
山林 68			
退職 69			

税金の計算

		金額
総合課税の合計額（申告書B第一表の⑨） ⑨		7 5 3 0 0 0 0
所得から差し引かれる金額（申告書B第一表の㉕） 25		1 8 7 0 0 0 0
課税される所得金額	⑨ 対応分 70	5 6 6 0 0 0 0
	5960 対応分 71	0 0 0
	616263 対応分 72	0 0 0
	6465 対応分 73	3 0 0 0 0 0 0
	66 対応分 74	0 0 0
	67 対応分 75	0 0 0
	68 対応分 76	0 0 0
	69 対応分 77	0 0 0

税金の計算

		金額
税額	70 対応分 78	7 0 4 5 0 0
	71 対応分 79	
	72 対応分 80	
	73 対応分 81	4 5 0 0 0 0
	74 対応分 82	
	75 対応分 83	
	76 対応分 84	
	77 対応分 85	
	78から85までの合計（申告書B第一表の㉚に転記） 86	1 1 5 4 5 0 0

その他

			金額
株式等	配当等	本年分の64、65から差し引く繰越損失額 87	
		翌年以後に繰り越される損失の金額 88	
		本年分の66から差し引く繰越損失額 89	
先物取引		本年分の67から差し引く繰越損失額 90	
		翌年以後に繰り越される損失の金額 91	

> **手順2-2**
> 課税総所得金額㋑及びそれに対する税額㊿を「繰戻し還付請求書」（169頁）の⑦欄、⑩欄に転記。

		金額
差引金額の合計額 92		
特別控除額の合計額 93		

○ 上場株式等の譲渡所得等に関する事項

上場株式等の譲渡所得等の源泉徴収税額の合計額 94 | |

○ 分離課税の上場株式等の配当所得等に関する事項

種目・所得の生ずる場所	収入金額	配当所得に係る負債の利子	差引金額
	円	円	円

○ 退職所得に関する事項

所得の生ずる場所	収入金額	退職所得控除額
	円	円

整理欄	A	B	C	申告等年月日			
	D	E	F	通算			
	取得期限 資産			入力	申告区分	特例期間	

F A 2 2 0 0

神田　税務署長
令和 3 年 2 月 22 日　令和 **02** 年分の 所得税及び復興特別所得税 の 確定 申告書B

第一表（令和二年分以降用）

住所 〒101-0051　個人番号　　　　　　生年月日 3 29.01.03

又は事業所事務所居所など　東京都千代田区神田神保町1丁目31番2号

フリガナ　チュウオウタロウ
氏名　中央太郎

令和3年1月1日の住所　同上

職業　自営業　屋号・雅号　　世帯主の氏名　世帯主との続柄　本人

（単位は円）　種類 ○ 分離 国出 ○ 修正 特農の表示 特農　整理番号 1 2 3 4 5 6 7 8　電話番号 自宅・勤務先・携帯　－　－

			金額
収入金額等	事業 営業等	㋐	2 0 0 0 0 0 0
	農業	㋑	
	不動産	㋒	
	利子	㋓	
	配当	㋔	
	給与 区分	㋕	3 0 0 0 0 0 0
	雑 公的年金等	㋖	
	業務 区分	㋗	
	その他	㋘	
	総合譲渡 短期	㋙	
	長期	㋚	
	一時	㋛	
所得金額等	事業 営業等	①	△ 7 0 2 0 0 0 0
	農業	②	
	不動産	③	
	利子	④	
	配当	⑤	
	給与 区分	⑥	2 0 2 0 0 0 0
	雑 公的年金等	⑦	
	業務	⑧	
	その他	⑨	
	⑦から⑨までの計	⑩	
	総合譲渡・一時 ③＋｛(㋘＋㋛)×½｝	⑪	
	合計 ①から⑥までの計＋⑩＋⑪	⑫	
所得から差し引かれる金額	社会保険料控除	⑬	5 6 0 0 0 0
	小規模企業共済等掛金控除	⑭	5 3 0 0 0 0
	生命保険料控除	⑮	
	地震保険料控除	⑯	5 0 0 0 0
	寡婦、ひとり親控除 区分	⑰〜⑱	0 0 0 0
	勤労学生、障害者控除	⑲〜⑳	0 0 0 0
	配偶者(特別)控除 区分	㉑〜㉒	3 8 0 0 0 0
	扶養控除 区分	㉓	0 0 0 0
	基礎控除	㉔	4 8 0 0 0 0
	⑬から㉔までの計	㉕	2 0 0 0 0 0 0
	雑損控除	㉖	
	医療費控除 区分	㉗	
	寄附金控除	㉘	
	合計 (㉕＋㉖＋㉗＋㉘)	㉙	2 0 0 0 0 0 0

税金の計算			金額
	課税される所得金額 (⑫－㉙)又は第三表	㉚	0 0 0
	上の㉚に対する税額 又は第三表の㉛	㉛	1 5 0 0 0 0
	配当控除	㉜	
	区分	㉝	
	(特定増改築等)住宅借入金等特別控除 区分	㉞	0 0
	政党等寄附金等特別控除	㉟〜㊲	
	住宅耐震改修特別控除等 区分	㊳〜㊵	
	差引所得税額 (㉛－㉜－㉝－㉞－㉟－㊱－㊲－㊳)	㊶	1 5 0 0 0 0
	災害減免額	㊷	
	再差引所得税額(基準所得税額) (㊶－㊷)	㊸	1 5 0 0 0 0
	復興特別所得税額 (㊸×2.1%)	㊹	3 1 5 0
	所得税及び復興特別所得税の額 (㊸＋㊹)	㊺	1 5 3 1 5 0
	外国税額控除等 区分	㊻〜㊼	
	源泉徴収税額	㊽	4 5 0 0 0 0
	申告納税額 (㊺－㊻－㊼－㊽)	㊾	△ 2 9 6 8 5 0
	予定納税額 (第1期分・第2期分)	㊿	
	第3期分の税額 納める税金 (㊾－㊿)	51	0 0
	還付される税金	52	△ 2 9 6 8 5 0
その他	公的年金等以外の合計所得金額	53	
	配偶者の合計所得金額	54	
	専従者給与(控除)額の合計額	55	
	青色申告特別控除額	56	0
	雑所得・一時所得等の源泉徴収税額の合計額	57	
	未納付の源泉徴収税額	58	
	本年分で差し引く繰越損失額	59	
	平均課税対象金額	60	
	変動・臨時所得金額 区分	61	
延納の届出	申告期限までに納付する金額	62	0 0
	延納届出額	63	0 0 0

㊹・㊺・㊾・51又は52の記入をお忘れなく。

還付される税金の受取場所　銀行 金庫・組合 農協・漁協　本店・支店 出張所 本店・支店　郵便局名等　預金種類 普通 当座 納税準備 貯蓄　口座番号 記号番号

整理欄　区分 A B C D E F G H I J K　異動 L　管理　名簿　補完　確認

税理士署名押印 電話番号 － － 　税理士法書面提出 30条 33条の2

記載例 12 / 記載例 13 / 記載例 14 / 記載例 15 / 記載例 16 / 記載例 17 / 記載例 18 / 記載例 19 / 記載例 20 / 記載例 21 / 記載例 22

令和 [0][2] 年分の 所得税及び 復興特別所得税 の 確定 申告書（分離課税用）

FA2400

第三表（令和二年分以降用）○第三表は、申告書Bの第一表と一緒に提出してください。

整理番号	1 2 3 4 5 6 7 8	一連番号	

特 例 適 用 条 文

法			条		項	号
所法 措法 震法			条の の		項	号
所法 措法 震法			条の の		項	号
所法 措法 震法			条の の		項	号

住所
屋号　東京都千代田区神田神保町１丁目31番２号
フリガナ　チュウオウタロウ
氏名　中央太郎

（単位は円）

収入金額

分離課税	短期譲渡	一般分	㋜	
		軽減分	㋝	
	長期譲渡	一般分	㋡	
		特定分	㋠	
		軽課分	㋤	
	一般株式等の譲渡		㋯	
	上場株式等の譲渡		㋢	8 0 0 0 0 0 0
	上場株式等の配当等		㋣	
	先物取引		㋨	
山　林			㊁	
退　職			㋬	

所得金額

分離課税	短期譲渡	一般分	64	
		軽減分	65	
	長期譲渡	一般分	66	
		特定分	67	
		軽課分	68	
	一般株式等の譲渡		69	
	上場株式等の譲渡		70	3 0 0 0 0 0 0
	上場株式等の配当等		71	
	先物取引		72	
山　林			73	
退　職			74	

税金の計算

総合課税の合計額（申告書B第一表の⑫）	12	△ 5 0 0 0 0 0 0
所得から差し引かれる金額（申告書B第一表の㉙）	29	2 0 0 0 0 0 0
課税される所得金額	⑫対応分	75	0 0 0
	64 65 対応分	76	0 0 0
	66 67 68 対応分	77	0 0 0
	69 70 対応分	78	1 0 0 0 0 0 0
	71 対応分	79	0 0 0
	72 対応分	80	0 0 0
	73 対応分	81	0 0 0
	74 対応分	82	0 0 0

税金の計算

税額	79 対応分	83	
	76 対応分	84	
	77 対応分	85	
	78 対応分	86	1 5 0 0 0 0
	79 対応分	87	
	80 対応分	88	
	81 対応分	89	
	82 対応分	90	
83から90までの合計（申告書B第一表の㉚に転記）		91	1 5 0 0 0 0

その他

株式等配当	本年分の69、70から差し引く繰越損失額	92	
	翌年以後に繰り越される損失の金額	93	
	本年分の71から		

○分
区

手順1-3
上場株式等の譲渡所得等の金額があるので所得控除を差し引いて上場株式等の課税譲渡所得等の金額を記載。

	円	円

差引金額の合計額	97	
特別控除額の合計額	98	

○ 上場株式等の譲渡所得等に関する事項

上場株式等の譲渡所得等の源泉徴収税額の合計額	99	

○ 退職所得に関する事項

収 入 金 額	退職所得控除額
円	円

A	B	C	申告等年月日
D	E	F	通算
整理欄			
取得期限資産	入力	申告区分	特例期間

令和 02 年分の 所得税及び 復興特別所得税 の 確定 申告書（損失申告用）　FA0054

第四表（一）（令和二年分以降用）

住所 又は 事業所 事務所 居所など	東京都千代田区神田神保町1丁目31番2号	フリガナ 氏 名	チュウオウタロウ 中央太郎

整理番号 1 2 3 4 5 6 7 8　一連番号

1 損失額又は所得金額

A	経 常 所 得　（申告書B第一表の①から⑥までの計＋⑩の合計額）							㉞	△5,000,000 円

	所得の種類		区分等	所得の生ずる場所等	Ⓐ 収入金額	Ⓑ 必要経費等	Ⓒ 差引金額（Ⓐ−Ⓑ）	Ⓓ 特別控除額		Ⓔ 損失額又は所得金額
B	譲渡	短期	分離譲渡		円	円	㋜ 円		㋕	円
			総合譲渡				㋞	円	㋖	
		長期	分離譲渡		円	円	㋟		㋗	
			総合譲渡				㋠	円	㋘	
	一　時								㋙	
C	山　林				円				㋚	
D	退　職				円	円			㋛	
E	一般株式等の譲渡								㋱	
	上場株式等の譲渡				8,000,000				㋲	3,000,000
	上場株式等の配当等				円	円			㋳	
F	先物取引								㋴	

㋵ 分離課税の譲渡所得の特別控除額の合計額	円	㋷ 上場株式等の譲渡所得等の源泉徴収税額の合計額	円	特例適用条文	

2 損益の通算

	所 得 の 種 類		Ⓐ 通 算 前		Ⓑ 第1次通算後		Ⓒ 第2次通算後		Ⓓ 第3次通算後		Ⓔ 損失額又は所得金額
A	経 常 所 得	㉞	△5,000,000 円	第	△5,000,000 円	第	△5,000,000 円	第	△5,000,000 円		△5,000,000 円
B	譲渡 短期	総合譲渡	㋖		1		2		3		
	長期	分離譲渡（特定損失額）	㋗	△							
		総合譲渡	㋘								
	一　時		㋙								
C	山　林			㋚		算				㋶	
D	退　職			㋛			算				
	損 失 額 又 は 所 得 金 額 の 合 計 額								㊸	△5,000,000	

手順2-1
総所得金額の純損失の金額500万円を「繰戻し還付請求書」（169頁）の②欄に転記。

資産		整理欄	

記載例12
記載例13
記載例14
記載例15
記載例16
記載例17
記載例18
記載例19
記載例20
記載例21
記載例22

令和 02 年分の 所得税及び復興特別所得税 の 確定 申告書（損失申告用）　　FA0059

第四表（二）（令和二年分以降用）

3 翌年以後に繰り越す損失額

整理番号 1 2 3 4 5 6 7 8 　一連番号

青 色 申 告 者 の 損 失 の 金 額					⑲	（住民税△5,000,000）円　　0
居 住 用 財 産 に 係 る 通 算 後 譲 渡 損 失 の 金 額					⑳	
変 動 所 得 の 損 失 額					㉑	

被災事業用資産の損失額		所得の種類	被災事業用資産の種類など	損害の原因	損害年月日	Ⓐ 損害金額	Ⓑ 保険金などで補塡される金額		Ⓒ 差引損失額（Ⓐ－Ⓑ）
	山林以外	営業等・農業			・ ・	円	円	㉒	
		不 動 産			・ ・			㉓	
	山　林				・ ・			㉔	
山 林 所 得 に 係 る 被 災 事 業 用 資 産 の 損 失 額								㉕	円
山 林 以 外 の 所 得 に 係 る 被 災 事 業 用 資 産 の 損 失 額								㉖	

4 繰越損失を差し引く計算

年分		損　失　の　種　類		Ⓐ前年分までに引ききれなかった損失額	Ⓑ本年分で差し引く損失額	Ⓒ翌年分以後に繰り越して差し引かれる損失額（Ⓐ－Ⓑ）
A 29年（3年前）	純損失	29年が青色の場合	山林以外の所得の損失	円	円	円
		29年が白色の場合				
		居住用財産に係る通…				
	雑 損		失			
B 30年（2年前）	純損失	30年が青色の場合	山林所得の損失			
		30年が白色の場合	変動所得の損失			
			被災事業用資産の損失　山林以外			
			山林			
		居住用財産に係る通算後譲渡損失の金額				
	雑 損		失			
C 1年（前年）	純損失	1年が青色の場合	山林以外の所得の損失			
			山林所得の損失			
		1年が白色の場合	変動所得の損失			
			被災事業用資産の損失　山林以外			
			山林			
		居住用財産に係る通算後譲渡損失の金額				
	雑 損		失			

本年分の一般株式等及び上場株式等に係る譲渡所得等から差し引く損失額	㊼	円
本年分の上場株式等に係る配当所得等から差し引く損失額	㊽	円
本年分の先物取引に係る雑所得等から差し引く損失額	㊾	円

雑損控除、医療費控除及び寄附金控除の計算で使用する所得金額の合計額	⑳	3,000,000 円

5 翌年以後に繰り越される本年分の雑損失の金額	㉑	円
6 翌年以後に繰り越される株式等に係る譲渡損失の金額	㉒	円
7 翌年以後に繰り越される先物取引に係る損失の金額	㉓	円

> 手順1-4
> ⑲欄（翌年以降に繰り越す純損失の金額）には、純損失の金額全額を繰り戻すため0円を下段に記載。
> なお、住民税の翌年に繰り越す純損失の金額は、500万円なので（住民税△500万円）と上段に記載。

○第四表は、申告書Bの第一表・第二表と一緒に提出してください。

資産		整理欄	

記載例12
記載例13
記載例14
記載例15
記載例16
記載例17
記載例18
記載例19
記載例20
記載例21
記載例22

令和2年確定申告分　　純損失の金額の繰戻しによる所得税の還付請求書

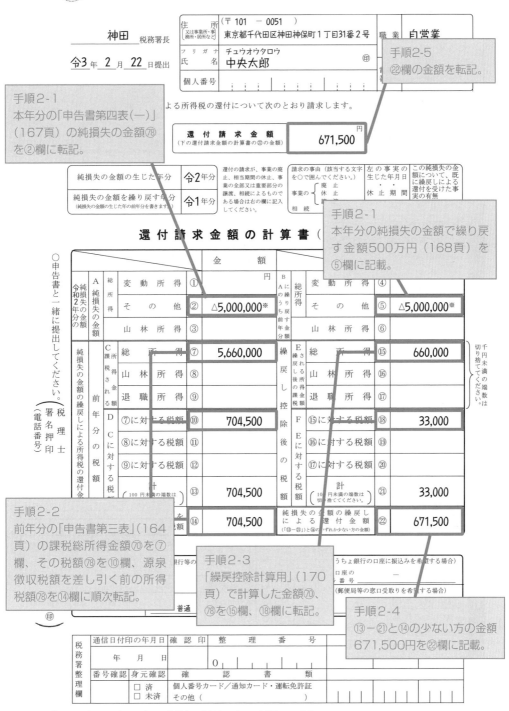

税務署受付印

純損失の金額の繰戻しによる所得税の還付請求書

住所 又は事業所・事務所・居所など	(〒101 － 0051　) 東京都千代田区神田神保町1丁目31番2号	職業	自営業
フリガナ 氏名	チュウオウタロウ 中央太郎　㊞		
個人番号			

神田　税務署長

令3年 2月 22日提出

手順2-5
㉒欄の金額を転記。

手順2-1
本年分の「申告書第四表(一)」(167頁)の純損失の金額㊲を②欄に転記。

による所得税の還付について次のとおり請求します。

還付請求金額 (下の還付請求金額の計算書の㉒の金額)	671,500	円

純損失の金額の生じた年分	令2年分	還付の請求が、事業の廃止、相当期間の休止、事業の全部又は重要部分の譲渡、相続によるものである場合は右の欄に記入してください。	請求の事由(該当する文字を○で囲んでください。) 事業の 廃　止 休　止 相　続	左の事実の生じた年月日 廃　止 休　止 期　間	この純損失の金額について、既に繰戻しによる還付を受けた事実の有無
純損失の金額を繰り戻す分 (純損失の金額の生じた年の前年分を書きます)	令1年分				

手順2-1
本年分の純損失の金額で繰り戻す金額500万円(168頁)を⑤欄に記載。

還付請求金額の計算書

○申告書と一緒に提出してください。

税理士 署名押印 (電話番号)　㊞

				金　額					金　額	
令和2年分の純損失の金額	A 総所得	変動所得	①	円	Bに繰り戻す金額のうち前年分金額	総所得	変動所得	④	円	千円未満の端数は切り捨ててください。
		その他	②	△5,000,000※			その他	⑤	△5,000,000※	
		山林所得	③				山林所得	⑥		
純損失の金額の繰戻しによる所得税の還付金 前年分の税額	C 課税される所得金額	総所得	⑦	5,660,000	繰戻し控除後の税額	E 繰戻しされる所得金額後の課税	総所得	⑮	660,000	
		山林所得	⑧				山林所得	⑯		
		退職所得	⑨				退職所得	⑰		
	D Cに対する税額	⑦に対する税額	⑩	704,500		F Eに対する税額	⑮に対する税額	⑱	33,000	
		⑧に対する税額	⑪				⑯に対する税額	⑲		
		⑨に対する税額	⑫				⑰に対する税額	⑳		
		計 (100円未満の端数は)	⑬	704,500			計 (100円未満の端数は切り捨てください。)	㉑	33,000	
		左記	⑭	704,500		純損失の金額の繰戻しによる還付金 (「⑬－㉑」と⑭のいずれか少ない方の金額)		㉒	671,500	

手順2-2
前年分の「申告書第三表」(164頁)の課税総所得金額⑦を⑦欄、その税額㊼を⑩欄、源泉徴収税額を差し引く前の所得税額㊼を⑭欄に順次転記。

手順2-3
「繰戻控除計算用」(170頁)で計算した金額⑦、㊼を⑮欄、⑱欄に転記。

手順2-4
⑬－㉑と⑭の少ない方の金額671,500円を㉒欄に記載。

銀行等の　　　　　　　　うちょ銀行の口座に振込みを希望する場合)

口座の　　　番号

(郵便局等の窓口受取りを希望する場合)

普通　　　　　　㊞

税務署整理欄	通信日付印の年月日	確認印	整理番号	
	年　月　日		0	
	番号確認	身元確認	確認書類	
		□済 □未済	個人番号カード／通知カード・運転免許証 その他(　　　　　)	

※記載例では分かりやすさの点から純損失の金額をマイナス表記しています。

令和 **01** 年分の^{所得税及び}の_{復興特別所得税}の **確定** 申告書（分離課税用）

FA0037

第三表（令和元年分以降用）

整理番号 **1 2 3 4 5 6 7 8**　一連番号

	特　例　適　用　条　文			
法	条		項	号
所法 措法 震法	条の の		項	号
所法 措法 震法	条の の		項	号
所法 措法 震法	条の の		項	号

住　所　東京都千代田区神田神保町１丁目31番２号
屋　号
フリガナ　チュウオウタロウ
氏　名　**中央太郎**

（単位は円）

収入金額

分離課税				
短期譲渡	一般分	㋛		
	軽減分	㋜		
長期譲渡	一般分	㋝		
	特定分	㋞		
	軽課分	㋟		
一般株式等の譲渡		㋠		
上場株式等の譲渡		㋡	3 5 0 0 0 0 0 0
上場株式等の配当等		㋢		
先物取引		㋣		
山　林		㋤		
退　職		㋥		

所得金額

分離課税				
短期譲渡	一般分	59		
	軽減分	60		
長期譲渡	一般分	61		
	特定分	62		
	軽課分	63		
一般株式等の譲渡		64		
上場株式等の譲渡		65	3 0 0 0 0 0 0
上場株式等の配当等		66		
先物取引		67		
山　林		68		
退　職		69		

繰戻控除計算用

税金の計算

課税される所得金額				
総合課税の合計額（申告書B第一表の⑨）	⑨	7 5 3 0 0 0 0	
所得から差し引かれる金額（申告書B第一表の㉕）	㉕	1 8 7 0 0 0 0	
⑨ 対応分	70	6 6 0 0 0 0 0	繰戻控除後の金額
59 60 対応分	71		
61 62 63 対応分	72	0 0 0	
64 65 対応分	73	3 0 0 0 0 0 0	
66 対応分	74	0 0 0	
67 対応分	75	0 0 0	
68 対応分	76	0 0 0	
69 対応分	77	0 0 0	

税金の計算

税				
	70 対応分	78	3 3 0 0 0	
	71 対応分	79		
	72 対応分	80		
	73 対応分	81	4 5 0 0 0 0	
	74 対応分	82		
	75 対応分	83		
	76 対応分	84		
	77 対応分	85		
78から85までの合計（申告書B第一表の㉚に転記）		86	4 8 3 0 0 0	

その他

株式等	本年分の64、65から差し引く繰越損失額	87	
	翌年以後に繰り越される損失の金額	88	
上場株式等	損失の金額	91	

○ 分離課税の短期・長期譲渡所得に関する事項

区　分	所得の生ずる場所	必 要 経 費	差引金額（収入金額）	特別控除額

> 手順2-3
> 課税総所得金額566万円から繰り戻した純損失の金額500万円を差し引いた金額66万円を還付請求書の⑮欄に、それに対する税額33,000円を⑱欄に転記。

○ 上場株式等

| 差… |
| 特別… |

上場株式等

源泉徴収税額の合計額 ㊴

○ 分離課税の上場株式等の配当所得等に関する事項

種目・所得の生ずる場所	収 入 金 額	配当所得に係る負債の利子	差 引 金 額
	円	円	円

○ 退職所得に関する事項

所得の生ずる場所	収 入 金 額	退職所得控除額
	円	円

整理欄	A	B	C	申告等年月日		
	D	E	F	通算		
	取得期限 資産			入力	特例期間	
				申告区分		

第三表（令和元年分以降用）

○ 第三表は、申告書Bの第一表・第二表と一緒に提出してください。

記載例
12

記載例
13

記載例
14

記載例
15

記載例
16

記載例
17

記載例
18

記載例
19

記載例
20

記載例
21

記載例
22

記載例14	本年分の総所得金額及び山林所得に純損失の金額があり、全部を前年分に繰り戻す場合（上場株式等に係る譲渡所得等の金額がある場合）

令和１年分の確定申告の概要

(1) 課税標準
  ① 総所得金額　7,530,000円
    イ 事業所得　5,190,000円
    ロ 給与所得　2,340,000円
  ② 上場株式等の譲渡所得等の金額　3,000,000円
  ③ 山林所得金額　1,000,000円
(2) 所得控除額　1,530,000円
(3) 課税総所得金額等　10,000,000円
  ① 課税総所得金額　6,000,000円
  ② 上場株式等の課税譲渡所得等の金額　3,000,000円
  ③ 課税山林所得金額　1,000,000円
(4) 各種所得の税額　1,272,500円
  ① 課税総所得金額　772,500円
  ② 上場株式等の課税譲渡所得等の金額　450,000円
  ③ 課税山林所得金額　50,000円
(5) 復興特別所得税　26,722円
(6) 所得税及び復興特別所得税の額　1,299,222円
(7) 源泉徴収税額　565,000円
(8) 納付税額　734,200円

令和２年分の所得の概要

(1) 課税標準
  ① 総所得金額　△3,000,000円（純損失の金額）
    イ 事業所得　△4,600,000円
    ロ 給与所得　1,600,000円
  ② 上場株式等の譲渡所得等の金額　3,000,000円
  ③ 山林所得金額　△1,500,000円（純損失の金額）
(2) 所得控除額　2,000,000円
(3) 課税総所得金額等　1,000,000円

①	課税総所得金額	0円
②	上場株式等の課税譲渡所得等の金額	1,000,000円（300万円-200万円）
③	課税山林所得金額	0円
(4)	各種所得の税額	150,000円
①	課税総所得金額	0円
②	上場株式等の課税譲渡所得等の金額	150,000円
③	課税山林所得金額	0円
(5)	復興特別所得税	3,150円
(6)	所得税及び復興特別所得税の額	153,150円
(7)	源泉徴収税額	120,000円
(8)	納付税額	33,100円

【申告書作成手順】

手順1　令和2年分の確定申告書の作成（176〜179頁）

1　所得の内容に従って、申告書第一表、申告書第二表、申告書第三表を作成します。

2　所得金額を計算すると総所得金額に300万円と山林所得金額に150万円の純損失の金額が生じるので、申告書第四表を作成します。前年分に課税総所得金額が600万円、課税山林所得金額が100万円あるので、純損失の金額450万円全額について純損失の繰戻しによる所得税の還付を請求します。

3　上場株式等の譲渡所得等の金額300万円があるので所得控除200万円を差し引いて上場株式等の課税譲渡所得等の金額100万円を申告書第三表の㊞欄に記載します。

4　本年分の純損失の金額を全額繰り戻したので翌年以降に繰り越す純損失の金額はないので、申告書第四表㈡の㊙欄の下段には0円と記載します。

なお、地方税法には純損失の繰戻しによる還付の制度がないので、純損失の金額が全額翌年に繰り越され、㊙欄の上段には（住民税△450万円）と記載します。

手順2　純損失の金額の繰戻しによる所得税の還付請求書の作成（180頁）

1　本年分の純損失の金額のうち総所得金額から生じた300万円を②欄、山林所得金額から生じた150万円を③欄に転記し、前年分に繰り戻す金額を⑤欄、⑥欄に記載します。

2　前年分の申告書第三表から課税総所得金額600万円㊛を⑦欄、課税山林所得金額100万円㊟を⑧欄に、それぞれの課税所得に対する税額を申告書第三表の㊞、㊷を⑩欄、⑪欄に、申告書第一表の㊵欄の源泉徴収税額を差し引く前の所得税

額のうち課税総所得金額及び課税山林所得金額に対応する金額の合計額（申告書第三表の⑱＋⑱）822,500円を⑭欄に転記します。

3 前年分課税総所得金額600万円⑦及び課税山林所得金額100万円⑧から前年分に繰り戻す金額300万円⑤及び150万円⑥を差し引いた金額250万円（課税山林所得金額100万円から差し引ききれなかった本年分の山林所得金額の純損失の金額50万円は課税総所得金額から控除し、課税山林所得金額は０円）を⑮欄に記載し、それに対する税額152,500円を⑱欄に記載します（「繰戻控除計算用」（181頁）を参照）。

なお、純損失の繰戻しをする場合の計算順序は下記の表のとおりです。

4 ⑬欄－㉑欄と⑭欄の少ない方の金額670,000円を㉒欄に記載します。

5 還付請求金額欄に670,000円を転記します。

純損失の繰戻しをする場合の計算順序

純損失の金額		前年の課税所得金額		
		課税総所得金額	課税山林所得金額	課税退職所得金額
総所得金額	変動所得	②	⑥	⑧
	その他	①	⑤	⑦
山林所得		④	③	⑨

※ 上記の○数字の順序で前年の課税所得金額から差し引きます

神田　税務署長

令和 2 年 3 月 10 日　令和 **01** 年分の 所得税及び／復興特別所得税 の 確定 申告書B

`FA0125`

〒 101-0051	個人番号	
住所 又は 事業所 事務所 居所など	東京都千代田区神田神保町1丁目31番2号	フリガナ チュウオウタロウ　氏名 中央太郎

性別 ⊛男 女　職業 自営業　屋号・雅号　世帯主の氏名　世帯主との続柄 本人

令和2年1月1日の住所　同上

生年月日 3 29.01.03　電話番号 自宅・勤務先・携帯

整理番号 1 2 3 4 5 6 7 8

（単位は円）

収入金額等			金額
事 営 業 等	㋐	3 5 0 0 0 0 0 0
業 農 業	㋑	
不 動 産	㋒	
利 子	㋓	
配 当	㋔	
給 与	㋕	3 6 0 0 0 0 0
雑 公的年金等	㋖	
その他	㋗	
総合譲渡 短期	㋘	
長期	㋙	
一 時	㋚	

所得金額			
事 営 業 等	①	5 1 9 0 0 0 0
業 農 業	②	
不 動 産	③	
利 子	④	
配 当	⑤	
給与	⑥	2 3 4 0 0 0 0
雑	⑦	
総合譲渡・一時	⑧	
合 計	⑨	7 5 3 0 0 0 0

所得から差し引かれる金額			
社会保険料控除	⑩	4
小規模企業共済等掛金控除	⑪	2
生命保険料控除	⑫	
地震保険料控除	⑬	
寡婦、寡夫控除	⑭	
勤労学生、障害者控除	⑮~⑯	
配偶者（特別）控除	⑰~⑱	
扶 養 控 除	⑲	3 8 0 0 0 0
基 礎 控 除	⑳	3 8 0 0 0 0
⑩から⑳までの計	㉑	1 5 3 0 0 0 0
雑 損 控 除	㉒	
医療費控除	㉓	
寄附金控除	㉔	
合 計	㉕	1 5 3 0 0 0 0

税金の計算			
課税される所得金額 （⑨−㉕）又は第三表	㉖	0 0 0
上の㉖に対する税額 又は第三表の⑨	㉗	1 2 7 2 5 0 0
配 当 控 除	㉘	
（特定増改築等）住宅借入金等特別控除	㉚	0 0
政党等寄附金等特別控除	㉛~㉝	
差引所得税額	㊳	1 2 7 2 5 0 0
災害減免額	㊴	
再差引所得税額（基準所得税額）	㊵	1 2 7 2 5 0 0
復興特別所得税額（㊵×2.1%）	㊶	2 6 7 2 2
所得税及び復興特別所得税の額（㊵＋㊶）	㊷	1 2 9 9 2 2 2
外国税額控除	㊸	
源泉徴収税額	㊹	5 6 5 0 0 0
申告納税額（㊷−㊸−㊹）	㊺	7 3 4 2 0 0
予定納税額（第1期分・第2期分）	㊻	0
第3期分の税額 納める税金	㊼	7 3 4 2 0 0
還付される税金	㊽	
配偶者の合計所得金額	㊾	
専従者給与（控除）額の合計額	㊿	6 5 0 0 0 0

延納届出額 ㊽ 0 0 0

復興特別所得税額の記入をお忘れなく。 ←

手順2-2
源泉徴収税額を差し引く前の所得税額のうち課税総所得金額、課税山林所得金額に対応する金額822,500円（申告書第三表の⑱＋㊽）を「繰戻し還付請求書」（180頁）の⑭欄に転記。

還付される税金の受取場所 銀行・金庫・組合・農協・漁協　郵便局名等　預金種類 普通 当座 納税準備 貯蓄　口座番号 記号番号

整理欄 A B C D E F G H I J K L

税理士署名押印電話番号

令和 [01] 年分の 所得税及び復興特別所得税 の 確定 申告書（分離課税用）

FA0037

| 整理番号 | 1 2 3 4 5 6 7 8 | 一連番号 | |

特 例 適 用 条 文				
法	条		項	号
所法 措法 震法	条の の		項	号
所法 措法 震法	条の の		項	号
所法 措法 震法	条の の		項	号

住　所
屋　号　　東京都千代田区神田神保町１丁目31番２号
フリガナ　チュウオウタロウ
氏　名　　中央太郎

（単位は円）

収入金額

分離課税	短期譲渡	一 般 分	㋛
		軽 減 分	㋜
	長期譲渡	一 般 分	㋡
		特 定 分	㋞
		軽 課 分	㋟
	一般株式等の譲渡		㋠
	上場株式等の譲渡		㋡ 35 000 000
	上場株式等の配当等		㋢
	先 物 取 引		㋣
山 林			㋨ 3 000 000
退 職			㈡

所得金額

分離課税	短期譲渡	一 般 分	59
		軽 減 分	60
	長期譲渡	一 般 分	61
		特 定 分	62
		軽 課 分	63
	一般株式等の譲渡		64
	上場株式等の譲渡		65 3 000 000
	上場株式等の配当等		66
	先 物 取 引		67
山 林			68 1 000 000
退 職			69

税金の計算

課税される所得金額	総合課税の合計額（申告書B第一表の⑨）	⑨	7 530 000
	所得から差し引かれる金額（申告書B第一表の㉕）	㉕	1 530 000
	⑨ 対応分	70	6 000 000
	59 60 対応分	71	000
	61 62 63 対応分	72	000
	64 65 対応分	73	3 000 000
	66 対応分	74	000
	67 対応分	75	000
	68 対応分	76	1 000 000
	69 対応分	77	000

税金の計算

税額	70 対応分	78	772 500
	71 対応分	79	
	72 対応分	80	
	73 対応分	81	450 000
	74 対応分	82	
	75 対応分	83	
	76 対応分	84	50 000
	77 対応分	85	
	78から85までの合計（申告書B第一表の㉗に転記）	86	1 272 500

その他

株式等	本年分の64・65から差し引く繰越損失額	87
	翌年以後に繰り越される損失の金額	88
配当	本年分の66から差し引く繰越損失額	89
先物取引	本年分の67から差し引く繰越損失額	90
	翌年以後に繰り越される損失の金額	91

○ 分離課税の短期・長期譲渡所得に関する事項

区 分	所得の生ずる場所	必 要 経 費	差引金額（収入金額）	特別控除額

> 手順2-2
> 課税総所得金額㋓及び課税山林所得金額㋖、それぞれに対する税額78、84を「繰戻し還付請求書」（180頁）の⑦欄、⑧欄、及び⑩欄、⑪欄に転記。

○ 上場株式等の譲渡所得等に関する事項

| 上場株式等の譲渡所得等の源泉徴収税額の合計額 | 94 | |

○ 分離課税の上場株式等の配当所得等に関する事項

種目・所得の生ずる場所	収入金額	配当所得に係る負債の利子	差引金額
	円	円	円

○ 退職所得に関する事項

所得の生ずる場所	収 入 金 額	退職所得控除額
	円	円

整理欄	A	B	C	申告等年月日	
	D	E	F	通算	
	取得期限	資産	入力	申告区分	特例期間

神田　税務署長

令和 3 年 2 月 22 日　令和 02 年分の 所得税及び 復興特別所得税 の 確定 申告書B

FA2200

第一表 （令和二年分以降用）

住所	〒101-0051	個人番号		生年月日	3 29.01.03

又は事業所事務所居所など　東京都千代田区神田神保町１丁目31番2号

フリガナ　チュウオウタロウ
氏名　中央太郎　㊞

令和 3 年 1 月 1 日 の 住所　同上

職業　自営業　屋号・雅号　世帯主の氏名　世帯主との続柄　本人

（単位は円）

種類　○分離 ○国出 ○修正　特農の表示　特農

整理番号　1 2 3 4 5 6 7 8　電話番号 自宅・勤務先・携帯 — —

受付印

収入金額等	事業	営業等	㋐	2 0 0 0 0 0 0 0
		農業	㋑	
	不動産		㋒	
	利子		㋓	
	配当		㋔	
	給与 区分		㋕	2 4 0 0 0 0 0
	雑	公的年金等	㋖	
		業務 区分	㋗	
		その他	㋘	
	総合譲渡	短期	㋙	
		長期	㋚	
	一時		㋛	

所得金額等	事業	営業等	①	△ 4 6 0 0 0 0 0
		農業	②	
	不動産		③	
	利子		④	
	配当		⑤	
	給与 区分		⑥	1 6 0 0 0 0 0
	雑	公的年金等	⑦	
		業務	⑧	
		その他	⑨	
	⑦から⑨までの計		⑩	
	総合譲渡・一時 ㋙+{(㋚+㋛)×½}		⑪	
	合計 ①から⑪までの計		⑫	

所得から差し引かれる金額	社会保険料控除	⑬	5 6 0 0 0 0
	小規模企業共済等掛金控除	⑭	5 3 0 0 0 0
	生命保険料控除	⑮	
	地震保険料控除	⑯	5 0 0 0 0
	寡婦、ひとり親控除 区分	⑰~⑱	0 0 0 0
	勤労学生、障害者控除	⑲~⑳	0 0 0 0
	配偶者 区分1 区分2 （特別）控除	㉑~㉒	3 8 0 0 0 0
	扶養控除	㉓	0 0 0 0
	基礎控除	㉔	4 8 0 0 0 0
	⑬から㉔までの計	㉕	2 0 0 0 0 0 0
	雑損控除	㉖	
	医療費控除 区分	㉗	
	寄附金控除	㉘	
	合計 （㉕+㉖+㉗+㉘）	㉙	2 0 0 0 0 0 0

税金の計算	課税される所得金額 （⑫−㉙）又は第三表	㉚	0 0 0
	上の㉚に対する税額 又は第三表の�91	㉛	1 5 0 0 0 0
	配当控除	㉜	
	区分	㉝	
	(特定増改築等) 住宅借入金等 特別控除 区分1 区分2	㉞	0 0
	政党等寄附金等特別控除	㉟~㊲	
	住宅耐震改修特別控除等 区分	㊳~�40	
	差引所得税額 （㉛−㉜−㉝−㉞−㉟−㊱−㊲−㊳−㊴）	㊶	1 5 0 0 0 0
	災害減免額	㊷	
	再差引所得税額(基準所得税額) （㊶−㊷）	㊸	1 5 0 0 0 0
	復興特別所得税額 （㊸×2.1%）	㊹	3 1 5 0
	所得税及び復興特別所得税の額 （㊸+㊹）	㊺	1 5 3 1 5 0
	外国税額控除等 区分	㊻~㊼	
	源泉徴収税額	㊽	
	申告納税額 （㊺−㊻−㊼−㊽）	㊾	1 2 0 0 0 0
	予定納税額 （第1期分・第2期分）	㊿	3 3 1 0 0
	第3期分の税額 （㊾−㊿） 納める税金	�51	0 0
	還付される税金	㊿2	△ 3 3 1 0 0

㊹・㊺・㊾・㊿・㊾1又は㊿2の記入をお忘れなく。

その他	公的年金等以外の合計所得金額	㊿3	
	配偶者の合計所得金額	㊿4	
	専従者給与(控除)額の合計額	㊿5	
	青色申告特別控除額	㊿6	0
	雑所得・一時所得等の源泉徴収税額の合計額	㊿7	
	未納付の源泉徴収税額	㊿8	
	本年分で差し引く繰越損失額	㊿9	
	平均課税対象金額	㊀0	
	変動・臨時所得金額 区分	㊀1	

延納の出	申告期限までに納付する金額	㊀2	0 0
	延納届出額	㊀3	0 0 0

還付される税金の受取場所	銀行・金庫・組合・農協・漁協	本店・支店 出張所 本所・支所
郵便局 名等	預金 種類 普通 当座 納税準備 貯蓄	
	口座番号 記号番号	

税理士 署名押印 電話番号 — — ㊞

税理士法書面提出 30条 33条の2

176

記載例12
記載例13
記載例14
記載例15
記載例16
記載例17
記載例18
記載例19
記載例20
記載例21
記載例22

令和2年確定申告分　　令和2年分 確定申告書　第三表

令和 02 年分の 所得税及び復興特別所得税 の 確定 申告書（分離課税用）

FA2400

第三表（令和二年分以降用）○第三表は、申告書Bの第一表・第二表と一緒に提出してください。

| 整理番号 | 1 2 3 4 5 6 7 8 | 一連番号 | |

	特　例　適　用　条　文		条		項	号
所法 措法 震法		条の	の		項	号
所法 措法 震法		条の	の		項	号
所法 措法 震法		条の	の		項	号

住所　東京都千代田区神田神保町1丁目31番2号
屋号

フリガナ　チュウオウタロウ
氏名　中央太郎

（単位は円）

収入金額

分離課税

			金額
短期譲渡	一般分	㋜	
	軽減分	㋝	
長期譲渡	一般分	㋞	
	特定分	㋠	
	軽課分	㋡	
一般株式等の譲渡		㋢	
上場株式等の譲渡		㋨	8 0 0 0 0 0 0
上場株式等の配当等		㋣	
先物取引		㋨	
山　林		㋥	5 0 0 0 0 0 0
退　職		㋦	

所得金額

分離課税

短期譲渡	一般分	64	
	軽減分	65	
長期譲渡	一般分	66	
	特定分	67	
	軽課分	68	
一般株式等の譲渡		69	
上場株式等の譲渡		70	3 0 0 0 0 0 0
上場株式等の配当等		71	
先物取引		72	
山　林		73	△ 1 5 0 0 0 0 0
退　職		74	

税金の計算

総合課税の合計額（申告書B第一表の⑫）	12	△ 3 0 0 0 0 0 0
所得から差し引かれる金額（申告書B第一表の㉙）	29	2 0 0 0 0 0 0

課税される所得金額

⑫ 対応分	75	0 0 0
64 65 対応分	76	0 0 0
66 67 68 対応分	77	0 0 0
69 70 対応分	78	1 0 0 0 0 0 0
71 対応分	79	0 0 0
72 対応分	80	0 0 0
73 対応分	81	0 0 0
74 対応分	82	0 0 0

税金の計算

税額

75 対応分	83	0
76 対応分	84	
77 対応分	85	
78 対応分	86	1 5 0 0 0 0
79 対応分	87	
80 対応分	88	
81 対応分	89	0
82 対応分	90	
83から90までの合計（申告書B第一表の㉛に転記）	91	1 5 0 0 0 0

その他

株式等 本年分の69・70から差し引く繰越損失額	92	
翌年以後に繰り越される損失の金額	93	
配当等 本年分の71から差し引く繰越損失額	94	

○ 分離課税の短期・長期譲渡所得に関する事項
区分

差引金額の合計額	97	
特別控除額の合計額	98	

○ 上場株式等の譲渡所得等に関する事項

| 上場株式等の譲渡所得等の源泉徴収税額の合計額 | 99 | |

○ 退職所得に関する事項

収　入　金　額	退職所得控除額
円	円

整理欄	A	B	C	申告等年月日	
	D	E	F	通算	
	取得期限			特例期間	
	資産	入力		申告区分	

手順1-3
上場株式等の譲渡所得等の金額があるので所得控除を差し引いて上場株式等の課税譲渡所得等の金額を記載。

177

令和 0 2 年分の 所得税及び 復興特別所得税 の 確定 申告書 （損失申告用）　F A 0 0 5 4

住所又は事業所事務所居所など	東京都千代田区神田神保町１丁目31番２号	フリガナ 氏名	チュウオウタロウ 中央太郎

整理番号　1 2 3 4 5 6 7 8　一連番号

1 損失額又は所得金額

A	経 常 所 得　（申告書Ｂ第一表の①から⑥までの計＋⑩の合計額）					⑭	△3,000,000 円

所得の種類			区分等	所得の生ずる場所等	Ⓐ 収 入 金 額	Ⓑ 必要経費等	Ⓒ 差引金額（Ⓐ－Ⓑ）	Ⓓ 特別控除額	Ⓔ 損失額又は所得金額
B	譲渡	短期	分離譲渡			円	㋥ 円		㋥
			総合譲渡				㋜	円	㋦
		長期	分離譲渡			円	㋡ 円		㋧
			総合譲渡				㋢	円	㋨
	一　時								㋩
C	山　　林				5,000,000 円				㋬ △1,500,000
D	退　　職					円	円		㋭
E	一般株式等の譲渡								㋮
	上場株式等の譲渡				8,000,000				㋯ 3,000,000
	上場株式等					円	円		㋰
									㋱

特例適用条文

手順2-1
総所得金額の純損失の金額300万円、山林所得金額の純損失の金額150万円を「繰戻し還付請求書」（180頁）の②、③欄に転記。

所 得 の 種 類				Ⓐ 通 算 前		Ⓑ 第１次通算後		Ⓒ 第２次通算後		Ⓓ 第３次通算後	Ⓔ 損失額又は所得金額
A	経 常 所 得		⑭	△3,000,000 円	第	△3,000,000 円	第	△3,000,000 円	第	△3,000,000	△3,000,000 円
B	譲渡	短期	総合譲渡 ㋦		1		2		3		
		長期	分離譲渡（特定損失額）㋧	△	次		次		次		
			総合譲渡 ㋨		通		通		通		
	一　　時 ㋩				算		算		算		
C	山　　林		㋬	△1,500,000		△1,500,000		△1,500,000		㋓ △1,500,000	△1,500,000
D	退　　職		㋭								
	損 失 額 又 は 所 得 金 額 の 合 計 額								⑱	△4,500,000	

資産		整理欄	

令和 ０２ 年分の 所得税及び 復興特別所得税 の 確定 申告書（損失申告用）　F A 0 0 5 9

整理番号 １２３４５６７８　一連番号

3 翌年以後に繰り越す損失額

青 色 申 告 者 の 損 失 の 金 額	⑲	（住民税△4,500,000）円 0
居住用財産に係る通算後譲渡損失の金額	⑳	
変 動 所 得 の 損 失 額	㉑	

被災事業用資産の損失額		所得の種類	被災事業用資産の種類など	損害の原因	損害年月日	Ⓐ 損 害 金 額	Ⓑ 保険金などで補填される金額		Ⓒ 差 引 損 失 額 （Ⓐ－Ⓑ）
	山林以外	営業等・農業			・ ・	円	円	㉒	円
		不 動 産			・ ・			㉓	
	山	林			・ ・			㉔	
山 林 所 得 に 係 る 被 災 事 業 用 資 産 の 損 失 額								㉕	円
山 林 以 外 の 所 得 に 係 る 被 災 事 業 用 資 産 の 損 失 額								㉖	

4 繰越損失を差し引く計算

年分		損 失 の 種 類		Ⓐ前年分までに引ききれなかった損失額	Ⓑ本年分で差し引く損失額	Ⓒ翌年分以後に繰り越して差し引かれる損失額（Ⓐ－Ⓑ）
A 29年（3年前）	純損失	29 年が青色の場合	山林以外の所得の損失	円	円	円
		29 年が白色の場合				
		居住用財産に係る通				
	雑 損					
B 30年（2年前）	純損失	30 年が青色の場合	山林以外の所得の損失			
			山林所得の損失			
		30 年が白色の場合	変動所得の損失			
			被災事業用資産の損失 山林以外			
			山 林			
		居住用財産に係る通算後譲渡損失の金額				
	雑	損 失				
C 1年（前年）	純損失	1 年が青色の場合	山林以外の所得の損失			
			山林所得の損失			
		1 年が白色の場合	変動所得の損失			
			被災事業用資産の損失 山林以外			
			山 林			
		居住用財産に係る通算後譲渡損失の金額				
	雑	損 失				

【手順1-4 吹き出し】
⑲欄（翌年以降に繰り越す純損失の金額）には、純損失の金額全額を繰り戻すため０円を下段に記載。
なお、住民税の翌年に繰り越す純損失の金額は、450万円なので（住民税△450万円）と上段に記載。

本年分の一般株式等及び上場株式等に係る譲渡所得等から差し引く損失額	㊼	円
本年分の上場株式等に係る配当所得等から差し引く損失額	㊽	円
本年分の先物取引に係る雑所得等から差し引く損失額	㊾	円

雑損控除、医療費控除及び寄附金控除の計算で使用する所得金額の合計額	⑨0	3,000,000 円

5 翌年以後に繰り越される本年分の雑損失の金額	⑨1	円
6 翌年以後に繰り越される株式等に係る譲渡損失の金額	⑨2	円
7 翌年以後に繰り越される先物取引に係る損失の金額	⑨3	円

資産		整理欄	

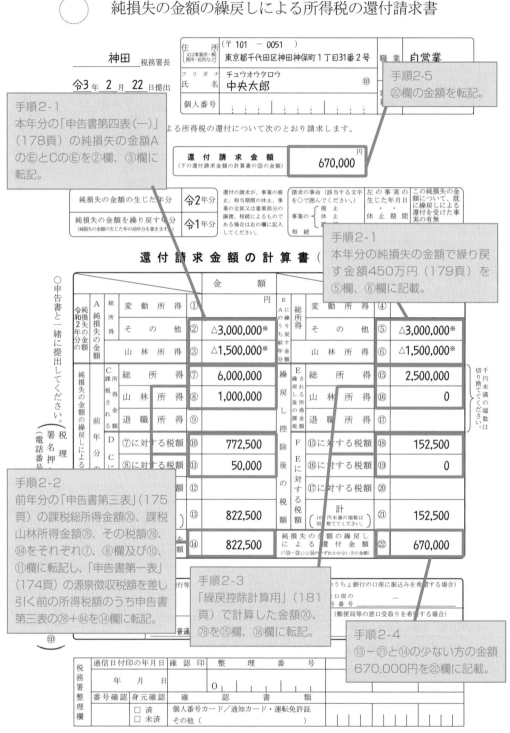

純損失の金額の繰戻しによる所得税の還付請求書

税務署受付印

神田　税務署長

令3年 2 月 22 日提出

住所（又は事業所・事務所・居所など）	（〒 101 － 0051 ）東京都千代田区神田神保町1丁目31番2号	職業	自営業
フリガナ 氏名	チュウオウタロウ 中央太郎 ㊞		
個人番号			

による所得税の還付について次のとおり請求します。

還付請求金額（下の還付請求金額の計算書の㉒の金額）	670,000 円

手順2-1
本年分の「申告書第四表（一）」（178頁）の純損失の金額Aの㋑とCの㋑を②欄、③欄に転記。

手順2-5
㉒欄の金額を転記。

純損失の金額の生じた年分	令2年分	還付の請求が、事業の廃止、相当期間の休止、事業の全部又は重要部分の譲渡、相続によるものである場合は右の欄に記入してください。	請求の事由（該当する文字を○で囲んでください。）事業 廃　止 休　止 譲　渡 相　続	左の事実の生じた年月日 休止期間	この純損失の金額について、既に繰戻しによる還付を受けた事実の有無
純損失の金額を繰り戻す年分（純損失の金額の生じた年の前年分を書きます）	令1年分				

手順2-1
本年分の純損失の金額で繰り戻す金額450万円（179頁）を⑤欄、⑥欄に記載。

還付請求金額の計算書（

○申告書と一緒に提出してください。

				金　額				金　額
純損失の金額の令和2年分の	A 純損失の金額	総所得	変動所得 ①	円	Bに繰り戻す金額	総所得	変動所得 ④	
			その他 ②	△3,000,000※			その他 ⑤	△3,000,000※
		山林所得 ③	△1,500,000※			山林所得 ⑥	△1,500,000※
純損失の金額の繰戻しによる前年分	C 課税される所得金額	総所得 ⑦	6,000,000	繰戻し控除後の税額	E 繰戻しする所得金額の課税	総所得 ⑮	2,500,000
		山林所得 ⑧	1,000,000		山林所得 ⑯	0
		退職所得 ⑨			退職所得 ⑰	
	D Cに対する税額	⑦に対する税額 ⑩	772,500		F Eに対する税額	⑮に対する税額 ⑱	152,500
		⑧に対する税額 ⑪	50,000		⑯に対する税額 ⑲	0
		⑫			⑰に対する税額 ⑳	
		⑬	822,500		計 ㉑	152,500
		⑭	822,500	純損失の金額の繰戻しによる還付金額（⑬－㉑）と⑭のいずれか少ない方の金額 ㉒	670,000

千円未満の端数は切り捨ててください。

10円未満の端数は切り捨ててください。

税理士署名押印　㊞

（電話番号　　）

手順2-2
前年分の「申告書第三表」（175頁）の課税総所得金額㉚、課税山林所得金額㊱、その税額㊳、㊴をそれぞれ⑦、⑧欄及び⑩、⑪欄に転記し、「申告書第一表」（174頁）の源泉徴収税額を差し引く前の所得税額のうち申告書第三表の㊳＋㊴を⑭欄に転記。

手順2-3
「繰戻控除計算用」（181頁）で計算した金額㉚、㊳を⑮欄、⑱欄に転記。

手順2-4
⑬－㉑と⑭の少ない方の金額670,000円を㉒欄に記載。

	口座の	－
	（郵便局等の窓口受取りを希望する場合）	

普通

㊞

税務署整理欄	通信日付印の年月日		確認印	整　理　番　号	
	年 月 日			0	
	番号確認	身元確認	確　認　書　類		
		□ 済 □ 未済	個人番号カード／通知カード・運転免許証その他（　　）		

※記載例では分かりやすさの点から純損失の金額をマイナス表記しています。

記載例 12
記載例 13
記載例 14
記載例 15
記載例 16
記載例 17
記載例 18
記載例 19
記載例 20
記載例 21
記載例 22

繰戻控除計算用 | **令和1年分 確定申告書 第三表**

令和 ⬚1 年分の 所得税及び 復興特別所得税 の 確定 申告書（分離課税用）

FA0037

第三表（令和元年分以降用）

| 整理番号 | 1 2 3 4 5 6 7 8 | 一連番号 | |

特 例 適 用 条 文				
法	条		項	号
所法 措法 震法	条の の		項	号
所法 措法 震法	条の の		項	号
所法 措法 震法	条の の		項	号

住所 屋号
東京都千代田区神田神保町1丁目31番2号

フリガナ チュウオウタロウ
氏名 中央太郎

（単位は円）

収入金額	分離課税	短期譲渡	一般分	㋛		
			軽減分	㋜		
		長期譲渡	一般分	㋝		
			特定分	㋞		
			軽課分	㋟		
		一般株式等の譲渡		㋠		
		上場株式等の譲渡		㋡	3 5 0 0 0 0 0 0
		上場株式等の配当等		㋢		
		先物取引		㋣		
	山 林			㋤	3 0 0 0 0 0 0
	退 職			㊁		

所得金額	分離課税	短期譲渡	一般分	59		
			軽減分	60		
		長期譲渡	一般分	61		
			特定分	62		
			軽課分	63		
		一般株式等の譲渡		64		
		上場株式等の譲渡		65	3 0 0 0 0 0 0
		上場株式等の配当等		66		
		先物取引		67		
	山 林			68	1 0 0 0 0 0 0
	退 職			69		

繰戻控除計算用

税金の計算	総合課税の合計額（申告書B第一表の⑨）	⑨	7 5 3 0 0 0 0
	所得から差し引かれる金額（申告書B第一表の㉕）	25	1 5 3 0 0 0 0
	⑨ 対応分	70	2 5 0 0 0 0 0

繰戻控除後の金額

	課税される所得金額	59 60 対応分	71	0 0 0
		61 62 63 対応分	72	0 0 0
		64 65 対応分	73	3 0 0 0 0 0 0
		66 対応分	74	0 0 0
		67 対応分	75	0 0 0
		68 対応分	76	0 0 0
		69 対応分	77	0 0 0

税金の計算	税額	70 対応分	78	1 5 2 5 0 0
		71 対応分	79	
		72 対応分	80	
		73 対応分	81	4 5 0 0 0 0
		74 対応分	82	
		75 対応分	83	
		76 対応分	84	0
		77 対応分	85	
	78から85までの合計（申告書B第一表の㉗に転記）		86	6 0 2 5 0 0

その他	株式等	本年分の64、65から差し引く繰越損失額	87	
		翌年以後に繰り越される損失の金額	88	
	引	損失の金額	91	

○ 分離課税の短期・長期譲渡所得に関する事項

区		特別控除額

手順2-3
課税総所得金額、課税山林所得金額から繰り戻した純損失の金額を差し引いた金額250万円を還付請求書の⑮欄に転記し、その金額に対する税額152,500円を⑱欄に転記。

差
特

上場株式等の譲渡所得等の源泉徴収税額の合計額	94	

○ 分離課税の上場株式等の配当所得等に関する事項

種目・所得の生ずる場所	収入金額	配当所得に係る負債の利子	差引金額
	円	円	円

○ 退職所得に関する事項

所得の生ずる場所	収入金額	退職所得控除額
	円	円

整理欄	A B C	申告等年月日	
	D E F	通算	
	取得期限 資産	入力	申告区分	特例期間

○第三表は、申告書Bの第一表・第二表と一緒に提出してください。

令和1年分の確定申告の概要

(1) 課税標準
  ① 総所得金額　　　　　　　　　　　　　　　2,600,000円
    イ　事業所得　　　　　2,000,000円
    ロ　給与所得　　　　　　600,000円
  ② 退職所得の金額　　　　　　　　　　　　　5,000,000円
(2) 所得控除額　　　　　　　　　　　　　　　　2,000,000円
(3) 課税総所得金額等　　　　　　　　　　　　　5,600,000円
  ① 課税総所得金額　　　　　　　　　　　　　　600,000円
  ② 課税退職所得金額　　　　　　　　　　　　5,000,000円
(4) 各種所得の税額　　　　　　　　　　　　　　　602,500円
  ① 課税総所得金額　　　　　　　　　　　　　　 30,000円
  ② 課税退職所得金額　　　　　　　　　　　　　572,500円
(5) 復興特別所得税　　　　　　　　　　　　　　　12,652円
(6) 所得税及び復興特別所得税の額　　　　　　　　615,152円
(7) 源泉徴収税額　　　　　　　　　　　　　　　572,500円
(8) 納付税額　　　　　　　　　　　　　　　　　 42,600円

令和2年分の所得の概要

(1) 課税標準
  ① 総所得金額　　　　　　　　　　　△5,000,000円（純損失の金額）
    イ　事業所得　　　　△7,020,000円
    ロ　給与所得　　　　2,020,000円
(2) 所得控除額　　　　　　　　　　　　　　　　480,000円
(3) 課税総所得金額等　　　　　　　　　　　　　　　　0円
(4) 各種所得の税額　　　　　　　　　　　　　　　　　0円
(5) 復興特別所得税　　　　　　　　　　　　　　　　　0円
(6) 所得税及び復興特別所得税の額　　　　　　　　　　0円
(7) 源泉徴収税額　　　　　　　　　　　　　　　450,000円
(8) 還付税額　　　　　　　　　　　　　　　△450,000円

【申告書作成手順】

手順１　令和２年分の確定申告書の作成（186頁）

1　所得の内容に従って、申告書第一表、申告書第二表を作成します。

2　所得金額を計算すると500万円の純損失の金額が生じるので、申告書第四表を作成します。

前年分に課税総所得金額が60万円、課税退職所得金額が500万円あるので、純損失の金額500万円の全額について純損失の繰戻しによる所得税の還付を請求します。

3　純損失の金額を全額繰り戻したので翌年以降に繰り越す金額はなく、申告書第四表㈡の(79)欄の下段には０円と記載します。

なお、地方税法には純損失の繰戻しによる還付の制度がないので、純損失の金額が全額翌年に繰り越され、(79)欄の上段には（住民税△500万円）と記載します。

手順２　純損失の金額の繰戻しによる所得税の還付請求書の作成（189頁）

1　本年分の純損失の金額500万円を②欄に転記し、前年分に繰り戻す金額500万円を⑤欄に記載します。

2　前年分の申告書第三表から課税総所得金額60万円(70)を⑦欄、課税退職所得金額500万円(77)を⑨欄に、それぞれに対する税額(78)を⑩欄、(85)を⑫欄に、申告書第一表の源泉徴収税額を差し引く前の所得税額602,500円㊵を⑭欄に転記します。

3　前年分の課税総所得金額60万円⑦と課税退職所得金額500万円⑨から前年分に繰り戻す金額500万円を差し引いた金額60万円（課税総所得金額60万円から差し引ききれなかった本年分の総所得金額の純損失の金額440万円は課税退職所得金額500万円から控除し、課税総所得金額は０円）を⑰欄に記載し、それに対する税額30,000円を⑳欄に記載します（「繰戻控除計算用」190頁を参照）。

※　前年分の確定申告書に記載されていない退職所得に係る所得税の額を、純損失の繰戻しによる還付金の額の計算の対象とすることができるか否かの判断が争われた事件で、これを棄却した裁決事例があります（42頁参照）。

4　⑬欄－㉑欄と⑭欄の少ない方の金額572,500円を㉒欄に記載します。

5　還付請求金額欄に572,500円を転記します。

※　純損失の繰戻しをする場合の計算順序については、173頁の表を参照ください。

FA0125

神田　税務署長
令和 2 年 3 月 10 日　令和 01 年分の 所得税及び 復興特別所得税 の 確定 申告書B

第一表（令和元年分以降用）

住所	〒 1 0 1 - 0 0 5 1
又は事業所事務所居所など	東京都千代田区神田神保町1丁目31番2号

個人番号

フリガナ　チュウオウタロウ
氏名　中央太郎

性別 ㊚ 女　職業 自営業　屋号・雅号　　世帯主の氏名　　世帯主との続柄 本人
生年月日 3 29.01.03

電話番号 自宅・勤務先・携帯

令和 2 年 1 月 1 日 の 住所　同上

整理番号 1 2 3 4 5 6 7 8

（単位は円）　種類　国出　損失 修正　特農の表示 特農

収入金額等	事 営 業 等	㋐	3 5 0 0 0 0 0 0
	業 農 業	㋑	
	不 動 産	㋒	
	利 子	㋓	
	配 当	㋔	
	給 与	㋕	1 2 5 0 0 0 0
	雑 公的年金等	㋖	
	その他	㋗	
	総合譲渡 短期	㋘	
	長期	㋙	
	一時	㋚	

所得金額	事 営 業 等	①	2 0 0 0 0 0 0
	業 農 業	②	
	不 動 産	③	
	利 子	④	
	配 当	⑤	
	給与 区分	⑥	6 0 0 0 0 0
	雑	⑦	
	総合譲渡・一時 ⑦+{(㋙+㋚)×½}	⑧	
	合 計	⑨	2 6 0 0 0 0 0

所得から差し引かれる金額	社会保険料控除	⑩	6 8 0 0 0 0
	小規模企業共済等掛金控除	⑪	4
	生命保険料控除	⑫	
	地震保険料控除	⑬	
	寡婦、寡夫控除	⑭	
	勤労学生、障害者控除	⑮~⑯	0 0 0 0
	配偶者(特別)控除 区分	⑰~⑱	3 8 0 0 0 0
	扶 養 控 除	⑲	0 0 0 0
	基 礎 控 除	⑳	3 8 0 0 0 0
	⑩から⑳までの計	㉑	2 0 0 0 0 0
	雑 損 控 除	㉒	
	医療費控除 区分	㉓	
	寄 附 金 控 除	㉔	
	合 計 ㉑+㉒+㉓+㉔	㉕	2 0 0 0 0 0

税金の計算	課税される所得金額 (⑨-㉕)又は第三表	㉖	0 0 0
	上の㉖に対する税額又は第三表の㉚	㉗	6 0 2 5 0 0
	配 当 控 除	㉘	
	区分	㉙	
	(特定増改築等)住宅借入金等特別控除 区分	㉚	0 0
	政党等寄附金等特別控除	㉛~㉝	
	住宅耐震改修特別控除住宅特定改修・認定住宅新築等特別税額控除	㉞~㊱	
	差 引 所 得 税 額 (㉗-㉘-㉙-㉚-㉛-㉝-㉞)	㊳	6 0 2 5 0 0
	災 害 減 免 額	㊴	
	再差引所得税額(基準所得税額) (㊳-㊴)	㊵	6 0 2 5 0 0
	復興特別所得税額 (㊵×2.1%)	㊶	1 2 6 5 2
	所得税及び復興特別所得税の額 (㊵+㊶)	㊷	6 1 5 1 5 2
	外国税額控除 区分	㊸	
	源 泉 徴 収 税 額	㊹	5 7 2 5 0 0
	申 告 納 税 額 (㊷-㊸-㊹)	㊺	4 2 6 0 0
	予 定 納 税 額 (第1期分・第2期分)	㊻	0
	第3期分の税額 (㊺-㊻) 納める税金	㊼	4 2 6 0 0
	還付される税金	㊽	

その他	配偶者の合計所得金額	㊾	
	専従者給与(控除)額の合計額	㊿	
	青色申告特別控除額	51	6 5 0 0 0 0

手順2-2
源泉徴収税額控除前の税額㊵を「繰戻し還付請求書」（189頁）の⑭欄に転記。

	変動・臨時所得金額 区分	56	
延納の届出	申告期限までに納付する金額	57	0 0
	延 納 届 出 額	58	0 0 0

受取される税金の所
銀行・金庫・組合農協・漁協　本店・支店出張所本所・支所
郵便局名等　　預金種類 普通 当座 納税準備 貯蓄
口座番号記号番号

整理欄	区分	A	B	C	D	E	F	G	H	I	J	K
	異動								L			
	管理							名簿				
	補完							確認				

復興特別所得税額の記入をお忘れなく。

税理士署名押印電話番号

| 記載例12 |
| 記載例13 |
| 記載例14 |
| 記載例15 |
| 記載例16 |
| 記載例17 |
| 記載例18 |
| 記載例19 |
| 記載例20 |
| 記載例21 |
| 記載例22 |

令和1年確定申告分	令和1年分 確定申告書 第三表

令和 [01] 年分の所得税及び復興特別所得税の 確定 申告書（分離課税用）

FA0037

整理番号 1 2 3 4 5 6 7 8　一連番号

住　所	東京都千代田区神田神保町1丁目31番2号
屋　号	
フリガナ 氏　名	チュウオウタロウ 中央太郎

特　例　適　用　条　文

法			条	項	号
所法 措法 震法			条の の	項	号
所法 措法 震法			条の の	項	号
所法 措法 震法			条の の	項	号

（単位は円）

収入金額

分離課税	短期譲渡	一般分	㋛	
		軽減分	㋜	
	長期譲渡	一般分	㋝	
		特定分	㋞	
		軽課分	㋟	
	一般株式等の譲渡		㋠	
	上場株式等の譲渡		㋡	
	上場株式等の配当等		㋢	
	先物取引		㋣	
山林			㋤	
退職			㊁	2 5 0 0 0 0 0 0

所得金額

分離課税	短期譲渡	一般分	59	
		軽減分	60	
	長期譲渡	一般分	61	
		特定分	62	
		軽課分	63	
	一般株式等の譲渡		64	
	上場株式等の譲渡		65	
	上場株式等の配当等		66	
	先物取引		67	
山林			68	
退職			69	5 0 0 0 0 0 0

税金の計算

総合課税の合計額（申告書B第一表の⑨）	⑨	2 6 0 0 0 0 0
所得から差し引かれる金額（申告書B第一表の㉕）	㉕	2 0 0 0 0 0 0
課税される所得金額	⑨ 対応分	⑦⓪	6 0 0 0 0 0
	59 60 対応分	⑦①	0 0 0
	61 62 63 対応分	⑦②	0 0 0
	64 65 対応分	⑦③	0 0 0
	66 対応分	⑦④	0 0 0
	67 対応分	⑦⑤	0 0 0
	68 対応分	⑦⑥	0 0 0
	69 対応分	⑦⑦	5 0 0 0 0 0

税金の計算

税金の計算	⑦⓪ 対応分	㉗⑧	3 0 0 0 0
	⑦① 対応分	㉗⑨	
	⑦② 対応分	⑧⓪	
	⑦③ 対応分	⑧①	
	⑦④ 対応分	⑧②	
	⑦⑤ 対応分	⑧③	
	⑦⑥ 対応分	⑧④	
	⑦⑦ 対応分	⑧⑤	5 7 2 5 0 0
⑧⑧から⑧⑤までの合計（申告書B第一表の㉗に転記）		⑧⑥	6 0 2 5 0 0

その他

株式等の譲渡	本年分の64、65から差し引く繰越損失額	⑧⑦	
	翌年以後に繰り越される損失の金額	⑧⑧	
配当等	本年分の66から差し引く繰越損失額	⑧⑨	
先物取引	本年分の67から差し引く繰越損失額	⑨⓪	
	翌年以後に繰り越される損失の金額	⑨①	

○ 分離課税の短期・長期譲渡所得に関する事項

		特別控除額
		円
		円

○ 上場株式等の譲渡所得等に関する事項

上場株式等の譲渡所得等の源泉徴収税額の合計額	⑨④	

○ 分離課税の上場株式等の配当所得等に関する事項

種目・所得の生ずる場所	収入金額	配当所得に係る負債の利子	差引金額
	円	円	円

○ 退職所得に関する事項

所得の生ずる場所	収入金額	退職所得控除額
	円 25,000,000	円 15,000,000

整理欄	A	B	C	申告等年月日
	D	E	F	通算
	取得期限		資産	入力	申告区分	特例期間

手順2-2
課税総所得金額⑦⓪欄及び課税退職所得金額⑦⑦欄を「繰戻し還付請求書」（189頁）の⑦欄、⑨欄に転記し、その金額に対する税額㉗⑧、⑧⑤欄を⑩欄、⑫欄に転記。

神田 税務署長
令和 3 年 2 月 22 日

令和 02 年分の 所得税及び復興特別所得税の 確定申告書B

FA2200

第一表（令和二年分以降用）

住所（又は事業所・事務所・居所など）	〒101-0051 東京都千代田区神田神保町１丁目31番２号	個人番号	
生年月日	3 29.01.03	フリガナ	チュウオウタロウ
		氏名	中央太郎
令和3年1月1日の住所	同上	職業	自営業
屋号・雅号		世帯主の氏名	
世帯主との続柄	本人	整理番号	12345678
電話番号	自宅・勤務先・携帯　－　－	種類	青色・分離・国出・損失・修正・特農の表示・特農

（単位は円）

受付印

収入金額等

区分		記号	金額
事業	営業等	㋐	20000000
事業	農業	㋑	
不動産		㋒	
利子		㋓	
配当		㋔	
給与	区分	㋕	3000000
雑	公的年金等	㋖	
雑	業務 区分	㋗	
雑	その他	㋘	
総合譲渡	短期	㋙	
総合譲渡	長期	㋚	
一時		㋛	

所得金額等

区分		番号	金額
事業	営業等	①	△7020000
事業	農業	②	
不動産		③	
利子		④	
配当		⑤	
給与	区分	⑥	2020000
雑	公的年金等	⑦	
雑	業務	⑧	
雑	その他	⑨	
雑	⑦から⑨までの計	⑩	
総合譲渡・一時 ㋙＋{(㋚＋㋛)×½}		⑪	
合計（①から⑥までの計＋⑩＋⑪）		⑫	

所得から差し引かれる金額

区分	番号	金額
社会保険料控除	⑬	
小規模企業共済等掛金控除	⑭	
生命保険料控除	⑮	
地震保険料控除	⑯	
寡婦、ひとり親控除 区分	⑰～⑱	0000
勤労学生、障害者控除	⑲～⑳	0000
配偶者（特別）控除 区分1 区分2	㉑～㉒	0000
扶養控除 区分	㉓	0000
基礎控除	㉔	480000
⑬から㉔までの計	㉕	480000
雑損控除	㉖	
医療費控除 区分	㉗	
寄附金控除	㉘	
合計（㉕＋㉖＋㉗＋㉘）	㉙	480000

税金の計算

区分	番号	金額
課税される所得金額（⑫－㉙）又は第三表	㉚	000
上の㉚に対する税額又は第三表の(91)	㉛	0
配当控除	㉜	
区分	㉝	
(特定増改築等)住宅借入金等特別控除 区分1 区分2	㉞	00
政党等寄附金等特別控除	㉟～㊲	
住宅耐震改修特別控除等 区分	㊳～㊵	
差引所得税額（㉛－㉜－㉝－㉞－㉟－㊱－㊲－㊳－㊴－㊵）	㊶	
災害減免額	㊷	
再差引所得税額（基準所得税額）（㊶－㊷）	㊸	0
復興特別所得税額（㊸×2.1%）	㊹	0
所得税及び復興特別所得税の額（㊸＋㊹）	㊺	0
外国税額控除等 区分	㊻～㊼	
源泉徴収税額	㊽	450000
申告納税額（㊺－㊻－㊼－㊽）	㊾	△450000
予定納税額（第１期分・第２期分）	㊿	
第３期分の税額（㊾－㊿） 納める税金	(51)	00
第３期分の税額（㊾－㊿） 還付される税金	(52)	△450000

㊹・㊺・㊾・(51)又は(52)の記入をお忘れなく。

その他

区分	番号	金額
公的年金等以外の合計所得金額	(53)	
配偶者の合計所得金額	(54)	
専従者給与(控除)額の合計額	(55)	
青色申告特別控除額	(56)	0
雑所得・一時所得等の源泉徴収税額の合計額	(57)	
未納付の源泉徴収税額	(58)	
本年分で差し引く繰越損失額	(59)	
平均課税対象金額	(60)	
変動・臨時所得金額 区分	(61)	

延納の届出

区分	番号	金額
申告期限までに納付する金額	(62)	00
延納届出額	(63)	000

還付される税金の受取場所

銀行・金庫・組合・農協・漁協		本店・支店・出張所・本所・支所	
郵便局名等		預金種類	普通・当座・納税準備・貯蓄
口座番号・記号番号			

整理欄

区分	A B C D E F G H I J K
異動	年 月 日 L
管理	名簿
補完	確認

税理士署名押印・電話番号　－　－　㊞

税理士法書面提出 30条 33条の2

納・管・事業・住民・資産・総合・分離・検算・通信日付印・年月日・一連番号

令和 **02** 年分の所得税及び復興特別所得税の 確定 申告書（損失申告用）　　**FA0054**

住　　所（事業所事務所居所など）	東京都千代田区神田神保町１丁目31番２号	フリガナ	チュウオウタロウ
		氏　名	中央太郎

整理番号 **1 2 3 4 5 6 7 8**　一連番号

1 損失額又は所得金額

A	経 常 所 得 （申告書Ｂ第一表の①から⑥までの計＋⑩の合計額）							⑭	△5,000,000

		所得の種類	区分等	所得の生ずる場所等	Ⓐ 収 入 金 額	Ⓑ 必要経費等	Ⓒ 差 引 金 額（Ⓐ－Ⓑ）	Ⓓ 特別控除額	Ⓔ 損失額又は所得金額
B	譲渡 短期	分離譲渡			円	円	㋐ 円		㊺
		総合譲渡					㋛	円	㊻
	長期	分離譲渡			円	円	㋜		㊼
		総合譲渡					㋟	円	㊽
	一　時								㊾
C	山　林				円				㊿
D	退　職					円		円	⊛
E	一般株式等の譲渡								⊜
	上場株式等の譲渡								⊝
					円	円			⊕
									⊖

手順2-1
総所得金額の純損失の金額500万円を「繰戻し還付請求書」（189頁）の②欄に転記。

特別控除額の合計額	源泉徴収税額の合計額	特例適用条文

2 損益の通算

	所 得 の 種 類		Ⓐ 通 算 前		Ⓑ 第 1 次通算後		Ⓒ 第 2 次通算後		Ⓓ 第 3 次通算後		Ⓔ 損失額又は所得金額
A	経 常 所 得	⑭	△5,000,000 円	第	△5,000,000 円	第	△5,000,000 円	第	△5,000,000 円		△5,000,000 円
B	譲渡 短期	総合譲渡	㊻		1		2		3		
	長期	分離譲渡（特定損失額）	㊼	△	次		次		次		
		総合譲渡	㊽		通		通		通		
	一　時		㊾		算		算		算		
C	山　林			⟶㊿						㋚	
D	退　職			⟶⊛							
損失額又は所得金額の合計額									㉘	△5,000,000	

資産		整理欄	

令和 `02` 年分の 所得税及び復興特別所得税 の 確定 申告書（損失申告用）　`FA0059`

整理番号 `1 2 3 4 5 6 7 8`　一連番号

3 翌年以後に繰り越す損失額

青 色 申 告 者 の 損 失 の 金 額							⑲	（住民税△5,000,000）円 0	
居住用財産に係る通算後譲渡損失の金額							⑳		
変 動 所 得 の 損 失 額							㉑		

被災資産の損失額 事業用		所得の種類	被災事業用資産の種類など	損害の原因	損害年月日	Ⓐ 損害金額	Ⓑ 保険金などで補填される金額		Ⓒ 差引損失額（Ⓐ－Ⓑ）
	山林以外	営業等・農業			・・	円	円	㉒	円
		不 動 産			・・			㉓	
	山	林			・・			㉔	
山 林 所 得 に 係 る 被 災 事 業 用 資 産 の 損 失 額								㉕	円
山 林 以 外 の 所 得 に 係 る 被 災 事 業 用 資 産 の 損 失 額								㉖	

4 繰越損失を差し引く計算

年分		損 失 の 種 類		Ⓐ前年分までに引ききれなかった損失額	Ⓑ 本年分で差し引く損失額	Ⓒ翌年分以後に繰り越して差し引かれる損失額（Ⓐ－Ⓑ）
A 29年 （3年前）	純損失	29 年が青色の場合	山林以外の所得の損失	円	円	円
		29 年が白色の場合				
		居住用財産に係る通				
	雑 損					

手順1-3
⑲欄（翌年以降に繰り越す純損失の金額）には、純損失の金額全額を繰り戻すため０円を下段に記載。
なお、住民税の翌年に繰り越す純損失の金額は、500万円なので（住民税△500万円）と上段に記載。

年分		損 失 の 種 類		Ⓐ	Ⓑ	Ⓒ
B 30年 （2年前）	純損失	30 年が青色の場合	山林以外の所得の損失			
			山林所得の損失			
		30 年が白色の場合	変動所得の損失			
			被災事業用資産の損失 山林以外			
			被災事業用資産の損失 山林			
		居住用財産に係る通算後譲渡損失の金額				
	雑 損 失					
C 1年 （前年）	純損失	1 年が青色の場合	山林以外の所得の損失			
			山林所得の損失			
		1 年が白色の場合	変動所得の損失			
			被災事業用資産の損失 山林以外			
			被災事業用資産の損失 山林			
		居住用財産に係る通算後譲渡損失の金額				
	雑 損 失					

本年分の一般株式等及び上場株式等に係る譲渡所得等から差し引く損失額	㉘	円
本年分の上場株式等に係る配当所得等から差し引く損失額	㉙	円
本年分の先物取引に係る雑所得等から差し引く損失額	㉚	円

雑損控除、医療費控除及び寄附金控除の計算で使用する所得金額の合計額	㉛	0 円

5 翌年以後に繰り越される本年分の雑損失の金額	㉜	円
6 翌年以後に繰り越される株式等に係る譲渡損失の金額	㉝	円
7 翌年以後に繰り越される先物取引に係る損失の金額	㉞	円

資産		整理欄	

令和2年確定申告分	純損失の金額の繰戻しによる所得税の還付請求書

税務署受付印

純損失の金額の繰戻しによる所得税の還付請求書

住所 又は事業所・事 務所・居所など	（〒 101 － 0051 ） 東京都千代田区神田神保町1丁目31番2号	職業	自営業
フリガナ 氏　名	チュウオウタロウ 中央太郎　　　　㊞		
個人番号			

_____神田_____税務署長

令3年 2月 22日提出

手順2-5
㉒欄の金額を転記。

手順2-1
本年分の「申告書第四表（一）」（187頁）の純損失の金額㊲を②欄に転記。

_____による所得税の還付について次のとおり請求します。

還付請求金額 （下の還付請求金額の計算書の㉒の金額）	572,500 円

純損失の金額の生じた年分	令2年分	還付の請求が、事業の廃止、相当期間の休止、事業の全部又は重要部分の譲渡、相続によるものである場合は右の欄に記入してください。	請求の事由（該当する文字を○で囲んでください。） 事業の　廃止　休止 相続	左の事実の生じた年月日・休止期間 廃止 休止期間	この純損失の金額について、既に繰戻しによる還付を受けた事実の有無
純損失の金額を繰り戻す年分 （純損失の金額の生じた年の前年分を書きます）	令1年分				

手順2-1
本年分の純損失の金額で繰り戻す金額500万円（188頁）を⑤欄に記載。

還付請求金額の計算書

○申告書と一緒に提出してください。

税理士署名押印（電話番号）

				金額						
A 令和2年分の純損失の金額	総所得	変動所得	①	円	Bに繰り戻す金額のうち前年分の金額	総所得	変動所得	④		
		その他	②	△5,000,000※			その他	⑤	△5,000,000※	
	山林所得		③			山林所得		⑥		
前年分の税額	C 課税される金額	総所得	⑦	600,000	E 繰戻しされる所得金額の課税される金額	総所得		⑮	0	千円未満の端数は切り捨ててください。
		山林所得	⑧			山林所得		⑯		
		退職所得	⑨	5,000,000		退職所得		⑰	600,000	
	D Cに対する税額	⑦に対する税額	⑩	30,000	F Eに対する税額	⑮に対する税額		⑱	0	
		⑧に対する税額	⑪			⑯に対する税額		⑲		
		⑨に対する税額	⑫	572,500		⑰に対する税額		⑳	30,000	
		⑬		602,500		計		㉑	30,000	
		⑭		602,500	純損失の金額の繰戻しによる還付金額 （⑬－㉑）と⑭のいずれか少ない方の金額			㉒	572,500	

手順2-2
前年分の「申告書第三表」（185頁）の課税総所得金額⑳及び課税退職所得金額⑦、その税額㉘、㊚をそれぞれ⑦、⑨欄、⑩、⑫欄に転記し、「申告書第一表」（184頁）の源泉徴収税額を差し引く前の所得税額㊵を⑭欄に転記。

手順2-3
「繰戻控除計算用」（190頁）で計算した⑦の金額を⑮、⑰欄に㉘、㊚の金額を⑱、⑳欄に転記。

手順2-4
⑬－㉑と⑭の少ない方の金額572,500円を㉒欄に記載。

（_____ちょ銀行の口座に振込みを希望する場合）
座の_____号

（_____便局等の窓口受取りを希望する場合）

普通

税務署整理欄	年　月　日		0	確認書類		
	番号確認	身元確認	確認	書類		
		□ 済 □ 未済	個人番号カード／通知カード・運転免許証 その他（　　　　　　　）			

※記載例では分かりやすさの点から純損失の金額をマイナス表記しています。

令和 **01** 年分の 所得税及び復興特別所得税 の 確定 申告書 (分離課税用)

FA0037

第三表（令和元年分以降用）

整理番号 **1 2 3 4 5 6 7 8**　一連番号

| 住　所
屋　号 | 東京都千代田区神田神保町１丁目31番２号 |
| フリガナ
氏　名 | チュウオウタロウ
中央太郎 |

（単位は円）

特　例　適　用　条　文

法	条	項	号
所法 措法 震法	条の　　の	項	号
所法 措法 震法	条の　　の	項	号
所法 措法 震法	条の　　の	項	号

収入金額

分離課税	短期譲渡	一 般 分	㋛	
		軽 減 分	㋜	
	長期譲渡	一 般 分	㋝	
		特 定 分	㋞	
		軽 課 分	㋟	
	一般株式等の譲渡		㋠	
	上場株式等の譲渡		㋡	
	上場株式等の配当等		㋢	
	先 物 取 引		㋣	
山　林				
退　職				

繰戻控除計算用

所得金額

分離課税	短期譲渡	一 般 分	59	
		軽 減 分	60	
	長期譲渡	一 般 分	61	
		特 定 分	62	
		軽 課 分	63	
	一般株式等の譲渡		64	
	上場株式等の譲渡		65	
	上場株式等の配当等		66	
	先 物 取 引		67	
山　林			68	
退　職			69	5 0 0 0 0 0 0

税金の計算

総合課税の合計額 (申告書B第一表の⑨)	⑨	2 6 0 0 0 0 0
所得から差し引かれる金額 (申告書B第一表の㉕)	25	2 0 0 0 0 0 0
課税される所得金額	⑨ 対応分	70	0 0 0
	59⑩ 対応分	71	0 0 0
	61 62 63 対応分	72	0 0 0
	64 65 対応分	73	0 0 0
	66 対応分	74	0 0 0
	67 対応分	75	0 0 0
	68 対応分	76	0 0 0
	69 対応分	77	6 0 0 0 0 0

税金の計算

税額	⑩ 対応分	78	0
	⑪ 対応分	79	
	72 対応分	80	
	73 対応分	81	
	74 対応分	82	
	75 対応分	83	
	76 対応分	84	
	77 対応分	85	3 0 0 0 0
78から85までの合計 (申告書B第一表の㉚に転記)	86	3 0 0 0 0

その他

64 65 から差し引く繰越損失額	87	
翌年以後に繰り越される金額	88	
66 から差し引く繰越損失額	89	
先物取引	本年分の77から差し引く繰越損失額	90	
	翌年以後に繰り越される損失の金額	91	

○ 分離課税の短期・長期譲渡所得に関する事項

区　分	所得の生ずる場所	必 要 経 費	差引金額 （収入金額）	特別控除額

差引

特別

手順2-3
繰戻し後の課税総所得金額及び課税退職所得金額を還付請求書（189頁）の⑮欄、⑰欄に転記し、その金額に対する税額を⑱欄、⑳欄に転記。

○ 上場株式等の譲渡所得に関する事項

上場株式等の譲渡所得等の 源泉徴収税額の合計額	94	

○ 分離課税の上場株式等の配当所得等に関する事項

種目・所得の 生ずる場所	収 入 金 額	配当所得等に係る 負債の利子	差 引 金 額
	円	円	円

○ 退職所得に関する事項

所得の生ずる場所	収 入 金 額	退職所得控除額
	円 25,000,000	円 15,000,000

整理欄	A	B	C	申告等年月日
	D	E	F	通算
	取得期限資産		入力	特例期間　　申告区分

第三表は、申告書Bの第一表・第二表と一緒に提出してください。

記載例
12

記載例
13

記載例
14

記載例
15

記載例
16

記載例
17

記載例
18

記載例
19

記載例
20

記載例
21

記載例
22

記載例16	本年分の純損失の金額の一部を前年分に繰り戻して、残額を翌年分に繰り越す場合（上場株式等の繰越損失がある場合）

令和１年分の確定申告の概要

(1) 課税標準
  ① 総所得金額   4,000,000円
    イ 事業所得   4,000,000円
  ② 上場株式等の譲渡所得等の金額   △5,000,000円（繰越損失額）
(2) 所得控除額   2,000,000円
(3) 課税総所得金額等   2,000,000円
  ① 課税総所得金額   2,000,000円
  ② 上場株式等の課税譲渡所得等の金額   0 円
(4) 各種所得の税額   102,500円
  ① 課税総所得金額   102,500円
  ② 上場株式等の課税譲渡所得等の金額   0 円
(5) 復興特別所得税   2,152円
(6) 所得税及び復興特別所得税の額   104,652円
(7) 源泉徴収税額   0 円
(8) 納付税額   104,600円

令和２年分の所得の概要

(1) 課税標準
  ① 総所得金額   △5,000,000円（純損失の金額）
    イ 事業所得   △5,000,000円
  ② 上場株式等の譲渡所得等の金額   40,000,000円
(2) 所得控除額   1,520,000円
(3) 課税総所得金額等   33,480,000円
  ① 課税総所得金額   0 円
  ② 上場株式等の課税譲渡所得等の金額   33,480,000円（繰越控除後の金額）
(4) 各種所得の税額   5,022,000円
  ① 課税総所得金額   0 円
  ② 上場株式等の課税譲渡所得等の金額   5,022,000円
(5) 復興特別所得税   105,462円

(6)	所得税及び復興特別所得税の額	5,127,462円
(7)	源泉徴収税額	6,126,000円（特定口座の源泉税）
(8)	還付税額	△998,538円

【申告書作成手順】

手順１　令和２年分の確定申告書の作成（195～199頁）

1　所得の内容に従って、申告書第一表、申告書第二表、申告書第三表を作成します。

2　所得金額を計算すると500万円の純損失の金額が生じるので、申告書第四表を作成します。

前年分に課税総所得金額が200万円あるので、純損失の金額の一部200万円について純損失の繰戻しによる還付の請求をするものとします。

3　翌年以降に繰り越す純損失の金額300万円を、申告書第四表㈡の(79)欄下段に△300万円と記載します。

なお、地方税法には純損失の繰戻しによる還付の制度がないので、純損失の金額が全額翌年に繰り越され、(79)欄の上段には（住民税△500万円）と記載します。

4　前年分の上場株式等の繰越損失額500万円を本年分の上場株式等の譲渡所得等の金額4,000万円（源泉徴収ありの特定口座）から控除します。

なお、所得制限により、基礎控除及び配偶者控除の適用はできません。

手順２　純損失の金額の繰戻しによる所得税の還付請求書の作成（200頁）

1　本年分の純損失の金額500万円を②欄に転記し、そのうち前年分に繰り戻す金額200万円を⑤欄に記載します。

2　前年分申告書第三表からの課税総所得金額200万円(70)を⑦欄に、それに対する税額102,500円(78)を⑩欄に、申告書第一表の源泉徴収税額を差し引く前の所得税額102,500円㊵を⑭欄に転記します。

3　前年分の課税総所得金額200万円⑦から前年分に繰り戻す同額⑤を差し引いた金額０円を⑮欄に記載し、それに対する税額０円を⑱欄に記載します（「繰戻控除計算用」201頁を参照）。

4　⑬欄－㉑欄と⑭欄の少ない方の金額102,500円を㉒欄に記載します。

5　還付請求金額欄に102,500円を転記します。

記載例12
記載例13
記載例14
記載例15
記載例16
記載例17
記載例18
記載例19
記載例20
記載例21
記載例22

FA0125

神田　税務署長
令和 2 年 3 月 10 日　令和 01 年分の 所得税及び 復興特別所得税 の 確定 申告書B

第一表 （令和元年分以降用）

〒 101-0051
住所 又は事業所事務所居所など
東京都千代田区神田神保町１丁目31番２号

個人番号
フリガナ　チュウオウタロウ
氏名　中央太郎

性別　男 女
職業　自営業
屋号・雅号
世帯主の氏名　本人
世帯主との続柄　本人

令和 2 年 1 月 1 日 の 住所　同上

生年月日 3 29.01.03
電話番号　自宅・勤務先・携帯

（単位は円）　種類　国出　損失　修正　特農
特例の表示
整理番号 1 2 3 4 5 6 7 8

復興特別所得税額の記入をお忘れなく。

収入金額等	事 業 営 業 等	⑦	3 5 0 0 0 0 0 0
	農 業	⑦	
	不 動 産	⑦	
	利 子	⑦	
	配 当	⑦	
	給 与	⑦	
雑	公 的 年 金 等	⑦	
	そ の 他	⑦	
総合譲渡	短 期	⑦	
	長 期	⑦	
	一 時	⑦	

所得金額	事 業 営 業 等	①	4 0 0 0 0 0 0
	農 業	②	
	不 動 産	③	
	利 子	④	
	配 当	⑤	
	給与 区分	⑥	
	雑	⑦	
	総合譲渡・一時 ⑦＋〔(⑦＋⑦)×½〕	⑧	
	合 計	⑨	4 0 0 0 0 0 0

所得から差し引かれる金額	社 会 保 険 料 控 除	⑩	4 3 0 0 0 0
	小規模企業共済等掛金控除	⑪	3
	生 命 保 険 料 控 除	⑫	
	地 震 保 険 料 控 除	⑬	
	寡婦、寡夫控除	⑭	
	勤労学生、障害者控除	⑮～⑯	0 0 0 0
	配偶者(特別)控除 区分	⑰～⑱	3 8 0 0 0 0
	扶 養 控 除	⑲	3 8 0 0 0 0
	基 礎 控 除	⑳	3 8 0 0 0 0
	⑩から⑳までの計	㉑	2 0 0 0 0 0 0
	雑 損 控 除	㉒	
	医 療 費 控 除 区分	㉓	
	寄 附 金 控 除	㉔	
	合 計 (㉑＋㉒＋㉓＋㉔)	㉕	2 0 0 0 0 0 0

税金の計算	課税される所得金額 (⑨－㉕) 又は第三表	㉖	0 0 0
	上の㉖に対する税額 又は第三表の㊾	㉗	1 0 2 5 0 0
	配 当 控 除	㉘	
	区分	㉙	
	(特定増改築等) 住宅借入金等特別控除 区分	㉚	0 0
	政党等寄附金等特別控除	㉛～㉝	
	住宅耐震改修特別控除 住宅特定改修・認定住宅 新築等特別税額控除 区分	㉞～㊲	
	差 引 所 得 税 額 (㉗－㉘－㉙－㉚－㉛－㉝－㊲)	㊳	1 0 2 5 0 0
	災 害 減 免 額	㊴	
	再差引所得税額 (基準所得税額) (㊳－㊴)	㊵	1 0 2 5 0 0
	復興特別所得税額 (㊵×2.1%)	㊶	2 1 5 2
	所得税及び復興特別所得税の額 (㊵＋㊶)	㊷	1 0 4 6 5 2
	外国税額控除 区分	㊸	
	源 泉 徴 収 税 額	㊹	
	申 告 納 税 額 (㊷－㊸－㊹)	㊺	1 0 4 6 0 0
	予 定 納 税 額 (第1期分・第2期分)	㊻	0
	第3期分の税額 (㊺－㊻) 納める税金	㊼	1 0 4 6 0 0
	還付される税金	㊽	

	配偶者の合計所得金額	㊾	
	専従者給与(控除)額の合計額	㊿	
そ	青色申告特別控除額	51	6 5 0 0 0 0

手順2-2
源泉徴収税額控除前の税額㊵を「繰戻し還付請求書」（200頁）の⑭欄に転記。

	変動・臨時所得金額 区分	56	
延納の届出	申告期限までに納付する金額	57	0 0
	延 納 届 出 額	58	0 0 0

受取 還付される税金の所 | 銀行・金庫・組合 農協・漁協 | | 本店・支店 出張所 本所・支所 |
郵便局 名 等 | | 預金種類 普通 当座 納税準備 貯蓄 |
口座番号 記号番号 | | |

納付　事業　住民　質産　転合　桜井　分離　桜井　連依日付印　年月日　番号

整理欄	区分	A	B	C	D	E	F	G	H	I	J	K
	異動							L				
	管理						名簿					
	補完									確認		

税理士署名押印電話番号　　　－　　　－　㊞
税理士法第30条 33条の2

193

令和 $\boxed{01}$ 年分の 所得税及び 復興特別所得税 の 確定 申告書（分離課税用）

FA0037

第三表（令和元年分以降用）

| 整理番号 | 1 2 3 4 5 6 7 8 | 一連番号 | |

特　例　適　用　条　文

法	条	項	号
所法 措法 震法	条の　の	項	号
所法 措法 震法	条の　の	項	号
所法 措法 震法	条の　の	項	号

住所　東京都千代田区神田神保町 1 丁目31番 2 号
屋号
フリガナ　チュウオウタロウ
氏名　中央太郎

（単位は円）

収入金額

分離課税	短期譲渡	一般分	㋛	
		軽減分	㋜	
	長期譲渡	一般分	㋞	
		特定分	㋟	
		軽課分	㋠	
	一般株式等の譲渡	㋑	
	上場株式等の譲渡	㋷	3 5 0 0 0 0 0 0
	上場株式等の配当等	㋝	
	先物取引	㋣	
山　林	㋨	
退　職	㋥	

所得金額

分離課税	短期譲渡	一般分	59	
		軽減分	60	
	長期譲渡	一般分	61	
		特定分	62	
		軽課分	63	
	一般株式等の譲渡	64	
	上場株式等の譲渡	65	△ 5 0 0 0 0 0 0
	上場株式等の配当等	66	
	先物取引	67	
山　林	68	
退　職	69	

税金の計算

総合課税の合計額（申告書B第一表の⑨）	⑨	4 0 0 0 0 0 0
所得から差し引かれる金額（申告書B第一表の㉕）	㉕	2 0 0 0 0 0 0
課税される所得金額	⑨ 対応分	⑰	2 0 0 0 0 0 0
	59 60 対応分	⑰	0 0 0
	61 62 63 対応分	⑫	0 0 0
	64 65 対応分	⑬	0 0 0
	66 対応分	⑭	0 0 0
	67 対応分	⑮	0 0 0
	68 対応分	⑯	0 0 0
	69 対応分	⑰	0 0 0

税金の計算

税額	⑦ 対応分	⑱	1 0 2 5 0 0
	⑦ 対応分	⑲	
	⑦ 対応分	⑳	
	⑦ 対応分	㉑	0
	⑦ 対応分	㉒	
	⑦ 対応分	㉓	
	⑦ 対応分	㉔	
⑱から㉕までの合計（申告書B第一表の㉛に転記）	㉖	1 0 2 5 0 0

その他

株式等	本年分の64、65から差し引く繰越損失額	㉗	
	翌年以後に繰り越される損失の金額	㉘	5 0 0 0 0 0 0
配当	本年分の66から差し引く繰越損失額	㉙	
先物取引	本年分の67から差し引く繰越損失額	㉚	
	翌年以後に繰り越される損失の金額	㉛	

○ 分離課税の短期・長期譲渡所得に関する事項

区　分	所得の生ずる場所	必要経費	差引金額（収入金額－必要経費）	特別控除額
		円	円	円

手順2-2
課税総所得金額⑰欄を「繰戻し還付請求書」（200頁）の⑦欄に転記し、それに対する税額⑱欄を⑩欄に転記。

源泉徴収税額の合計額

○ 分離課税の上場株式等の配当所得等に関する事項

種目・所得の生ずる場所	収入金額	配当所得に係る負債の利子	差引金額
	円	円	円

○ 退職所得に関する事項

所得の生ずる場所	収入金額	退職所得控除額
	円	円

○ 第三表は、申告書Bの第一表・第二表とともに提出してください。

A	B	C	申告等年月日	
D	E	F	通算	
整理欄	取得期限	資産	入力	申告区分	特例期間

令和２年確定申告分	令和２年分 確定申告書　第一表

記載例12
記載例13
記載例14
記載例15
記載例16
記載例17
記載例18
記載例19
記載例20
記載例21
記載例22

神田　税務署長
令和 3 年 2 月 22 日

令和 [0 2] 年分の 所得税及び復興特別所得税 の 確定申告書B

FA2200

第一表（令和二年分以降用）

住所 〒 1 0 1 - 0 0 5 1　個人番号　　　　　生年月日 3 29.01.03

又は事業所事務所居所など　東京都千代田区神田神保町１丁目31番２号

フリガナ　チュウオウタロウ
氏名　中央太郎

令和 3 年 1 月 1 日の住所　同上

職業　自営業　　屋号・雅号　　世帯主の氏名 中央太郎　世帯主との続柄 本人

（単位は円）

種類 ○○○○ 国出 損失 修正 特農の表示 特農

整理番号 1 2 3 4 5 6 7 8　電話番号 自宅・勤務先・携帯

収入金額等

事業	営業等	㋐	2 0 0 0 0 0 0 0
	農業	㋑	
不動産		㋒	
利子		㋓	
配当		㋔	
給与 区分		㋕	
雑	公的年金等	㋖	
	業務 区分	㋗	
	その他	㋘	
総合譲渡	短期	㋙	
	長期	㋚	
一時		㋛	

所得金額等

事業	営業等	①	△ 5 0 0 0 0 0 0
	農業	②	
不動産		③	
利子		④	
配当		⑤	
給与 区分		⑥	
雑	公的年金等	⑦	
	業務	⑧	
	その他	⑨	
	⑦から⑨までの計	⑩	
総合譲渡・一時 ㋛+{(㋙+㋚)×½}		⑪	
合計 ①から⑥までの計+⑩+⑪		⑫	△ 5 0 0 0 0 0 0

所得から差し引かれる金額

社会保険料控除	⑬	5 6 0 0 0 0
小規模企業共済等掛金控除	⑭	9 1 0 0 0 0
生命保険料控除	⑮	
地震保険料控除	⑯	5 0 0 0 0
寡婦、ひとり親控除 区分	⑰~⑱	0 0 0 0
勤労学生、障害者控除	⑲~⑳	0 0 0 0
配偶者（特別）控除 区分1 区分2	㉑~㉒	0 0 0 0
扶養控除 区分	㉓	0 0 0 0
基礎控除	㉔	0 0 0 0
⑬から㉔までの計	㉕	1 5 2 0 0 0 0
雑損控除	㉖	
医療費控除 区分	㉗	
寄附金控除	㉘	
合計（㉕+㉖+㉗+㉘）	㉙	1 5 2 0 0 0 0

税金の計算

課税される所得金額（⑫-㉙）又は第三表	㉚	0 0 0
上の㉚に対する税額又は第三表の㉛	㉛	5 0 2 2 0 0 0
配当控除	㉜	
区分	㉝	
（特定増改築等）住宅借入金等特別控除 区分1 区分2	㉞	0 0
政党等寄附金等特別控除	㉟~㊲	
住宅耐震改修特別控除等 区分	㊳~㊵	
差引所得税額（㉛-㉜-㉝-㉞-㉟-㊱-㊲-㊳-㊵）	㊶	5 0 2 2 0 0 0
災害減免額	㊷	
再差引所得税額（基準所得税額）（㊶-㊷）	㊸	5 0 2 2 0 0 0
復興特別所得税額（㊸×2.1%）	㊹	1 0 5 4 6 2
所得税及び復興特別所得税の額（㊸+㊹）	㊺	5 1 2 7 4 6 2
外国税額控除等 区分	㊻~㊼	
源泉徴収税額	㊽	6 1 2 6 0 0 0
申告納税額（㊺-㊻-㊼-㊽）	㊾	△ 9 9 8 5 3 8
予定納税額（第1期分・第2期分）	㊿	
第3期分の税額（㊾-㊿） 納める税金	51	0 0
還付される税金	52	△ 9 9 8 5 3 8

（㊹・㊺・㊾・51 又は52 の記入をお忘れなく。）

その他

公的年金等以外の合計所得金額	53	
配偶者の合計所得金額	54	
専従者給与（控除）額の合計額	55	
青色申告特別控除額	56	
雑所得・一時所得等の源泉徴収税額の合計額	57	6 1 2 6 0 0 0
未納付の源泉徴収税額	58	
本年分で差し引く繰越損失額	59	
平均課税対象金額	60	
変動・臨時所得金額 区分	61	

延納の届出

申告期限までに納付する金額	62	0 0
延納届出額	63	0 0 0

還付される税金の受取場所

銀行・金庫・組合・農協・漁協　本店・支店・出張所・本所・支所

郵便局名等

預金種類　普通・当座・納税準備・貯蓄

口座番号記号番号

整理欄 区分 A B C D E F G H I J K
異動
管理
補完

納管 事業 住民 資産 総合 分離 検算 通信日付印 年月日 番号確認 身元確認

税理士署名押印
電話番号　　－　　－

税理士法書面提出 30条 33条の2

195

令和 [0 2] 年分の 所得税及び復興特別所得税 の 確定 申告書 (分離課税用)

FA2400

| 整理番号 | 1 2 3 4 5 6 7 8 | 一連番号 | |

特 例 適 用 条 文				
法		条	項	号
所法 措法 震法		条の の	項	号
所法 措法 震法		条の の	項	号
所法 措法 震法		条の の	項	号

住　所
屋　号　東京都千代田区神田神保町１丁目31番２号
フリガナ　チュウオウタロウ
氏　名　中央太郎

(単位は円)

収入金額

分離課税	短期譲渡	一 般 分	㋜		
		軽 減 分	㋝		
	長期譲渡	一 般 分	㋞		
		特 定 分	㋟		
		軽 課 分	㋠		
	一般株式等の譲渡	㋡		
	上場株式等の譲渡	㋢	5 0 0 0 0 0 0 0
	上場株式等の配当等	㋣		
	先 物 取 引	㋤		
山 林	㋥		
退 職	㋦		

所得金額

分離課税	短期譲渡	一 般 分	64		
		軽 減 分	65		
	長期譲渡	一 般 分	66		
		特 定 分	67		
		軽 課 分	68		
	一般株式等の譲渡	69		
	上場株式等の譲渡	70	4 0 0 0 0 0 0 0
	上場株式等の配当等	71		
	先 物 取 引	72		
山 林	73		
退 職	74		

税金の計算

総合課税の合計額（申告書B第一表の⑫）	⑫	△ 5 0 0 0 0 0
所得から差し引かれる金額（申告書B第一表の㉙）	㉙	1 5 2 0 0 0 0

課税される所得金額	⑫ 対応分	75	0 0 0
	64 65 対応分	76	0 0 0
	66 67 68 対応分	77	0 0 0
	69 70 対応分	78	3 3 4 8 0 0 0 0
	71 対応分	79	0 0 0
	72 対応分	80	0 0 0
	73 対応分	81	0 0 0
	74 対応分	82	0 0 0

税金の計算

税額	75 対応分	83	0
	76 対応分	84	
	77 対応分	85	
	78 対応分	86	5 0 2 2 0 0 0
	79 対応分	87	
	80 対応分	88	
	81 対応分	89	
	82 対応分	90	
83から90までの合計（申告書B第一表の㉛に転記）	91	5 0 2 2 0 0 0

その他

株式等配当等	本年分の69、70から差し引く繰越損失額	92	5 0 0 0 0 0 0
	翌年以後に繰り越される損失の金額	93	0
	本年分の71から差し引く繰越損失額	94	
先物取引	本年分の72から差し引く繰越損失額	95	
	翌年以後に繰り越される損失の金額	96	

○ 分離課税の短期・長期譲渡所得に関する事項

区 分	所得の生ずる場所	必要経費	差引金額	特別控除額

特定口座（源泉徴収あり）について申告を選択し、前年分の上場株式等の繰越損失額500万円を控除。
199頁の申告書付表参照。

| 差引 | | | |
| 特別控除額の合計額 | 98 | | |

○ 上場株式等の譲渡所得等に関する事項

上場株式等の譲渡所得等の源泉徴収税額の合計額	99	6 1 2 6 0 0 0

○ 退職所得に関する事項

収 入 金 額	退職所得控除額
円	円

A B C	申告等年月日
D E F	通算
整理欄 取得期限 資産	入力	特例期間	申告区分

令和 02 年分の 所得税及び復興特別所得税 の 確定 申告書（損失申告用）　FA0054

| 住 所又は事業所事務所居所など | 東京都千代田区神田神保町 1 丁目31番 2 号 | フリガナ氏　名 | チュウオウタロウ 中央太郎 |

整理番号 1 2 3 4 5 6 7 8　一連番号

第四表（一）　（令和二年分以降用）

1 損失額又は所得金額

| A | 経 常 所 得　（申告書Ｂ第一表の①から⑥までの計＋⑩の合計額） | | | | | ⑥④ | △5,000,000 | 円 |

	所得の種類	区分等	所得の生ずる場所等	Ⓐ 収 入 金 額	Ⓑ 必要経費等	Ⓒ 差 引 金 額（Ⓐ − Ⓑ）	Ⓓ 特別控除額	Ⓔ 損失額又は所得金額
B	譲渡 短期	分離譲渡		円	円	㋕ 円		⑥⑤ 円
		総合譲渡				㋱	円	⑥⑥
	長期	分離譲渡		円	円	㋛		⑥⑦
		総合譲渡				㋣	円	⑥⑧
	一　時							⑥⑨
C	山　林			円				⑦⓪
D	退　職			円	円			⑦①
E	一般株式等の 譲 渡							⑦②
	上場株式等の 譲 渡			50,000,000				⑦③ 10,000,000
				円	円			⑦④
								⑦⑤

特別控除額の合計額　源泉徴収税額の合計額　特例適用条文

> 手順2-1
> 総所得金額の純損失の金額500万円を「繰戻し還付請求書」（200頁）の②欄に転記。

2 損益の通算

	所 得 の 種 類			Ⓐ 通 算 前	Ⓑ 第 1 次通算後	Ⓒ 第 2 次通算後	Ⓓ 第 3 次通算後	Ⓔ 損失額又は所得金額
A	経 常 所 得		⑥④	△5,000,000 円	△5,000,000 円	△5,000,000 円	△5,000,000 円	△5,000,000 円
B	譲渡	短期	総合譲渡	⑥⑥	第1次通算	第2次通算	第3次通算	
		長期	分離譲渡（特定損失額）	⑥⑦ △				
			総合譲渡	⑥⑧				
		一　時		⑥⑨				
C	山　林			→⑦⓪				㋠
D	退　職			→⑦①				
	損 失 額 又 は 所 得 金 額 の 合 計 額						⑦⑧	△5,000,000

資産　　整理欄

記載例12　記載例13　記載例14　記載例15　記載例16　記載例17　記載例18　記載例19　記載例20　記載例21　記載例22

令和 [0][2] 年分の 所得税及び復興特別所得税 の 確定 申告書（損失申告用）　[F A 0 0 5 9]

整理番号 [1][2][3][4][5][6][7][8]　一連番号

第四表（二）（令和二年分以降用）

3 翌年以後に繰り越す損失額

青 色 申 告 者 の 損 失 の 金 額							⑦⑨	（住民税△5,000,000）円 △3,000,000
居住用財産に係る通算後譲渡損失の金額							⑧⑩	円
変 動 所 得 の 損 失 額							⑧⑪	円

被災事業用資産の損失額	資産の損失額	所得の種類	被災事業用資産の種類など	損害の原因	損害年月日	Ⓐ 損害金額	Ⓑ 保険金などで補填される金額		Ⓒ 差引損失額　（Ⓐ－Ⓑ）
	山林以外	営業等・農業			・ ・	円	円	⑧⑫	円
		不 動 産			・ ・			⑧⑬	
		山 林			・ ・			⑧⑭	
山 林 所 得 に 係 る 被 災 事 業 用 資 産 の 損 失 額								⑧⑤	円
山 林 以 外 の 所 得 に 係 る 被 災 事 業 用 資 産 の 損 失 額								⑧⑥	円

4 繰越損失を差し引く計算

年分	損 失 の 種 類			Ⓐ前年分までに引ききれなかった損失額	Ⓑ本年分で差し引く損失額	Ⓒ翌年分以後に繰り越して差し引かれる損失額（Ⓐ－Ⓑ）
A 29 年 （3年前）	純損失	29 年が青色の場合	山林以外の所得の損失	円	円	円
			山林所得の損失			
		29 年が白色の場合	変動所得の損失			
			被災事業用資産の損失 山林以外			
			被災事業用資産の損失 山林			
		居住用財産に係る通算後譲渡損失の				
	雑 損 失					

手順1-3
⑦⑨欄（翌年以降に繰り越す純損失の金額）には、純損失の金額の繰戻し額200万円を差し引いた金額△300万円を下段に記載。なお、住民税の翌年に繰り越す純損失の金額は、500万円なので（住民税△500万円）と上段に記載。

年分	損 失 の 種 類			Ⓐ	Ⓑ	Ⓒ
B 30 年 （2年前）	純損失	30 年が青色の場合	山林以外の所得の損失			円
			山林所得の損失			
		30 年が白色の場合	変動所得の損失			
			被災事業用資産の損失 山林以外			
			被災事業用資産の損失 山林			
		居住用財産に係る通算後譲渡損失の金額				
	雑 損 失					
C 1 年 （前年）	純損失	1 年が青色の場合	山林以外の所得の損失			
			山林所得の損失			
		1 年が白色の場合	変動所得の損失			
			被災事業用資産の損失 山林以外			
			被災事業用資産の損失 山林			
		居住用財産に係る通算後譲渡損失の金額				
	雑 損 失					

本年分の一般株式等及び上場株式等に係る譲渡所得等から差し引く損失額	⑧⑦		円
本年分の上場株式等に係る配当所得等から差し引く損失額	⑧⑧		円
本年分の先物取引に係る雑所得等から差し引く損失額	⑧⑨		円

雑損控除、医療費控除及び寄附金控除の計算で使用する所得金額の合計額	⑨⑩	35,000,000	円

5 翌年以後に繰り越される本年分の雑損失の金額
⑨⑪　　　　　円

6 翌年以後に繰り越される株式等に係る譲渡損失の金額
⑨⑫　　　0　円

7 翌年以後に繰り越される先物取引に係る損失の金額
⑨⑬　　　　　円

○ 第四表は、申告書Ｂの第一表・第二表と一緒に提出してください。

資産		整理欄	

令和2年確定申告分	令和2年分 確定申告書付表2面（上場株式等の譲渡損失用）

2 面（確定申告書付表）

2　翌年以後に繰り越される上場株式等に係る譲渡損失の金額の計算

（注）　⑪面の⑤欄及び②面の⑦欄、⑧欄の金額は、翌年の確定申告の際に使用します（翌年に株式等の売却がない場合でも、上場株式等に係る譲渡損失の金額をその年の翌年以後に繰り越すための申告が必要です。）。

譲渡損失の生じた年分	前年から繰り越された上場株式等に係る譲渡損失の金額	本年分で差し引く上場株式等に係る譲渡損失の金額（※1）	本年分で差し引くことのできなかった上場株式等に係る譲渡損失の金額
本年の3年前分 （平成 令和29年分）	Ⓐ(前年分の付表の⑦欄の金額)　円	Ⓓ(上場株式等に係る譲渡所得等の金額から差し引く部分)　円 Ⓔ(分離課税配当所得等金額から差し引く部分)	本年の3年前分の譲渡損失の金額を翌年以後に繰り越すことはできません。
本年の2年前分 （平成 令和30年分）	Ⓑ(前年分の付表の⑧欄の金額)	Ⓕ(上場株式等に係る譲渡所得等の金額から差し引く部分) Ⓖ(分離課税配当所得等金額から差し引く部分)	⑦　（Ⓑ－Ⓕ－Ⓖ）　円
本年の前年分 （平成 令和1年分）	Ⓒ(前年分の付表の⑤欄の金額) 5,000,000	Ⓗ(上場株式等に係る譲渡所得等の金額から差し引く部分) 5,000,000 Ⓘ(分離課税配当所得等金額から差し引く部分) 0	⑧　（Ⓒ－Ⓗ－Ⓘ） 0
本年分で上場株式等に係る譲渡所得等の金額から差し引く上場株式等に係る譲渡損失の金額の合計額(Ⓓ+Ⓕ+Ⓗ)	⑨ 計算明細書の「上場株式等」の⑫へ 5,000,000		
本年分で分離課税配当所得等金額から差し引く上場株式等に係る譲渡損失の金額の合計額(Ⓔ+Ⓖ+Ⓘ)	⑩ 申告書第三表㉕へ		
翌年以後に繰り越される上場株式等に係る譲渡損失の金額 （⑤+⑦+⑧）		⑪ 申告書第三表㊿へ（※2）　円	

※1　「本年分で差し引く上場株式等に係る譲渡損失の金額」は、「前年から繰り越された上場株式等に係る譲渡損失の金額」のうち最も古い年に生じた金額から順次控除します。
　　　また、「本年分で差し引く上場株式等に係る譲渡損失の金額」は、同一の年に生じた「前年から繰り越された上場株式等に係る譲渡損失の金額」内においては、「株式等に係る譲 ... ... 式等」の⑪欄の金額（赤字の場合には、 ... ... の分離課税配当所得等金額」の合計額を ... 金額から控除し、なお控除しきれない損 ... から控除します。
　　　 ... 損失のうち、本年分で差し引くことので ... 翌年以後に繰り越して控除することはで

> **手順1-4**
> 前年から繰り越された上場株式等の譲渡損失の金額500万円を本年の上場株式等の譲渡所得から差し引く金額を記載。

3　前年から繰り越された上場株式等に係る譲渡損失の金額を控除した後の本年分の分離課税配当所得等金額の計算

○　「⑥本年分の損益通算後の分離課税配当所得等金額」がない場合には、この欄の記載は要しません。

前年から繰り越された上場株式等に係る譲渡損失の金額を控除した後の本年分の分離課税配当所得等金額（※） （⑥－⑩）	⑫ 申告書第三表㉗へ　円

※　⑫欄の金額を申告書に転記するに当たって申告書第三表の㉕欄の金額が同⑨欄の金額から控除しきれない場合には、税務署にお尋ねください。

○　特例の内容又は記載方法についての詳しいことは、税務署にお尋ねください。

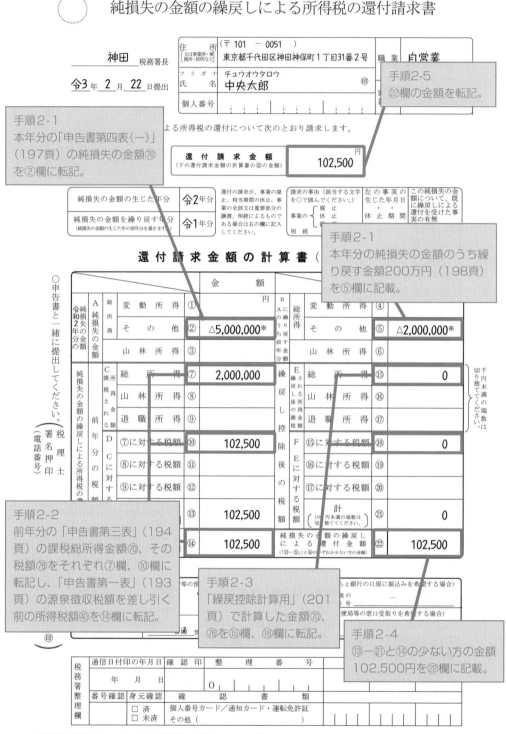

純損失の金額の繰戻しによる所得税の還付請求書

税務署受付印

神田　税務署長

令3年 2 月 22 日提出

住所 又は事業所・事 務所・居所など	（〒 101 － 0051 　） 東京都千代田区神田神保町１丁目31番２号	職業	自営業
フリガナ 氏　名	チュウオウタロウ 中央太郎　㊞		
個人番号			

手順2-5
㉒欄の金額を転記。

手順2-1
本年分の「申告書第四表（一）」
（197頁）の純損失の金額㉘
を②欄に転記。

による所得税の還付について次のとおり請求します。

| 還付請求金額
（下の還付請求金額の計算書の㉒の金額） | 102,500 | 円 |

| 純損失の金額の生じた年分 | 令2年分 | 還付の請求が、事業の廃
止、相当期間の休止、事
業の全部又は重要部分の
譲渡、相続によるもので
ある場合は右の欄に記入
してください。 | 請求の事由（該当する文字
を○で囲んでください。）
事業の 廃　止
　　　 休　止
相　続 | 左の事実の
生じた年月日
・休止期間 | この純損失の金
額について、既
に繰戻しによる
還付を受けた事
実の有無 |
| 純損失の金額を繰り戻す年分
（純損失の金額の生じた年の前年分を書きます） | 令1年分 | | | | |

手順2-1
本年分の純損失の金額のうち繰
り戻す金額200万円（198頁）
を⑤欄に記載。

還 付 請 求 金 額 の 計 算 書

○申告書と一緒に提出してください。

税理士署名押印（電話番号）　㊞

				金　額					
A 令和２年分の純損失の金額	総所得	変動所得	①	円	B Aに繰り戻す金額のうち前年分	総所得	変動所得	④	
		その他	②	△5,000,000※			その他	⑤	△2,000,000※
	山林所得		③			山林所得		⑥	
C 前年分の課税される所得金額	総　所　得		⑦	2,000,000	E 繰戻しする所得金額	総　所　得		⑮	0
	山　林　所　得		⑧			山　林　所　得		⑯	
	退　職　所　得		⑨			退　職　所　得		⑰	
D Cに対する税額	⑦に対する税額		⑩	102,500	F Eに対する税額	⑮に対する税額		⑱	0
	⑧に対する税額		⑪			⑯に対する税額		⑲	
	⑨に対する税額		⑫			⑰に対する税額		⑳	
			⑬	102,500		計		㉑	0
			⑭	102,500	純損失の金額の繰戻しによる還付金額			㉒	102,500

千円未満の端数は切り捨ててください。

手順2-2
前年分の「申告書第三表」（194
頁）の課税総所得金額㉚、その
税額㊸をそれぞれ⑦欄、⑩欄に
転記し、「申告書第一表」（193
頁）の源泉徴収税額を差し引く
前の所得税額㊵を⑭欄に転記。

手順2-3
「繰戻控除計算用」（201
頁）で計算した金額㉚、
㊸を⑮欄、⑱欄に転記。

手順2-4
⑬－㉑と⑭の少ない方の金額
102,500円を㉒欄に記載。

㊞

税務署整理欄	通信日付印の年月日	確認印	整　理　番　号			
	年　月　日		0			
	番号確認	身元確認	確　認　書　類			
		□ 済 □ 未済	個人番号カード／通知カード・運転免許証 その他（　　　　　　　　）			

※記載例では分かりやすさの点から純損失の金額をマイナス表記しています。

令和 `01` 年分の 所得税及び復興特別所得税 の 確定 申告書（分離課税用）

FA0037

| 整理番号 | 1 2 3 4 5 6 7 8 | 一連番号 | |

	特 例 適 用 条 文			
	法	条	項	号
所法 措法 震法		条の の	項	号
所法 措法 震法		条の の	項	号
所法 措法 震法		条の の	項	号

住所 屋号：東京都千代田区神田神保町１丁目31番２号
フリガナ チュウオウタロウ
氏名：中央太郎

（単位は円）

〇 第三表は、申告書Bの第一表・第二表と一緒に提出してください。

収入金額

分離課税	短期譲渡	一般分	㋛	
		軽減分	㋜	
	長期譲渡	一般分	㋝	
		特定分	㋟	
		軽課分	㋠	
	一般株式等の譲渡	㋡	
	上場株式等の譲渡	㋜	3 5 0 0 0 0 0 0
	上場株式等の配当等	㋝	
	先物取引	㋣	
山 林	㋩	
退 職	㋥	

所得金額

分離課税	短期譲渡	一般分	59	
		軽減分	60	
	長期譲渡	一般分	61	
		特定分	62	
		軽課分	63	
	一般株式等の譲渡	64	
	上場株式等の譲渡	65	△ 5 0 0 0 0 0 0
	上場株式等の配当等	66	
	先物取引	67	
山 林	68	
退 職	69	

繰戻控除計算用

税金の計算

総合課税の合計額（申告書B第一表の⑨）	⑨	4 0 0 0 0 0 0
所得から差し引かれる金額（申告書B第一表の㉕）	㉕	2 0 0 0 0 0 0
課税される所得金額	⑨ 対応分	70	0 0 0
	59 60 対応分	71	0 0 0
	61 62 63 対応分	72	0 0 0
	64 65 対応分	73	0 0 0
	66 対応分	74	0 0 0
	67 対応分	75	0 0 0
	68 対応分	76	0 0 0
	69 対応分	77	0 0 0

税金の計算

税額	70 対応分	78	0
	71 対応分	79	
	72 対応分	80	
	73 対応分	81	0
	74 対応分	82	
	75 対応分	83	
	76 対応分	84	
	77 対応分	85	
78 から 85 までの合計（申告書B第一表の㉚に転記）	86	0

その他

株式等	本年分の64、65から差し引く繰越損失額	87	
	翌年以後に繰り越される損失の金額	88	5 0 0 0 0 0 0
配当	本年分の66から	89	

〇 分離課税の短期・長期譲渡所得に関する事項

区分	所得の生ずる場所	必要経費	差引金額（収入金額）	特別控除額

手順2-3
繰戻し後の課税総所得金額を還付請求書（200頁）の⑮欄に転記し、それに対する税額を⑱欄に転記する。

〇 上場株式等の譲渡所得等に関する事項

| 上場株式等の譲渡所得等の源泉徴収税額の合計額 | 94 | 円 |

〇 分離課税の上場株式等の配当所得等に関する事項

種目・所得の生ずる場所	収入金額	配当所得に係る負債の利子	差引金額
	円	円	円

〇 退職所得に関する事項

所得の生ずる場所	収 入 金 額	退職所得控除額
	円	円

整理欄	A	B	C	申告等年月日	
	D	E	F	通算	
	取得期限 資産		入力	申告区分	特例期間

記載例12 記載例13 記載例14 記載例15 記載例16 記載例17 記載例18 記載例19 記載例20 記載例21 記載例22

税務署長　　令和＿＿年＿＿月＿＿日　令和 **02** 年分の 所得税及び復興特別所得税 の 確定 申告書B

FA0125

第一表（令和元年分以降用）

住所 又は 事業所 事務所 居所など	〒 101-0051 東京都千代田区神田神保町1丁目31番2号

令和3年1月1日の住所　同上

個人番号	
フリガナ	チュウオウタロウ
氏名	中央太郎
性別　職業　屋号・雅号　世帯主の氏名　世帯主との続柄	男 女　自営業　　　　　本人
生年月日	3 29.01.03
電話番号　自宅・勤務先・携帯	

整理番号 1 2 3 4 5 6 7 8

（単位は円）　種類 ○○○○　国 出 損失 修正　特農の表示　特農

収入金額等			
事業	営業等	㋐	20000000
	農業	㋑	
不動産		㋒	
利子		㋓	
配当		㋔	
給与		㋕	
雑	公的年金等	㋖	
	その他	㋗	
総合譲渡	短期	㋘	
	長期	㋙	
一時		㋚	

所得金額等			
事業	営業等	①	△5000000
	農業	②	
不動産		③	
利子		④	
配当		⑤	
給与 区分		⑥	
雑		⑦	
総合譲渡・一時 ㋗＋｛(㋙＋㋚)×½｝		⑧	
合計		⑨	△5000000

所得から差し引かれる金額			
社会保険料控除		⑩	560000
小規模企業共済等掛金控除		⑪	910000
生命保険料控除		⑫	
地震保険料控除		⑬	50000
寡婦、寡夫控除		⑭	0000
勤労学生、障害者控除		⑮～⑯	0000
配偶者(特別)控除 区分		⑰～⑱	380000
扶養控除		⑲	0000
基礎控除		⑳	480000
⑩から⑳までの計		㉑	2380000
雑損控除		㉒	
医療費控除 区分		㉓	
寄附金控除		㉔	
合計 ㉑＋㉒＋㉓＋㉔		㉕	2380000

税理士署名押印電話番号　－　－　㊞

税理士法第30条 第33条の2

税金の計算			
課税される所得金額 (⑨－㉕)又は第三表	㉖	000
上の㉖に対する税額 又は第三表の㊾	㉗	0
配当控除	㉘	
	㉙ 区分	
(特定増改築等)住宅借入金等特別控除 区分	㉚	00
政党等寄附金等特別控除	㉛～㉝	
住宅耐震改修特別控除 住宅特定改修・認定住宅 新築等特別税額控除 区分	㉞～㊲	
	㊳	0
	㊴	0
	㊵	0
(㊳－㊴)		
復興特別所得税額 (㊵×2.1%)	㊶	0
所得税及び復興特別所得税の額 (㊵＋㊶)	㊷	0
外国税額控除 区分	㊸	
源泉徴収税額	㊹	
申告納税額 (㊷－㊸－㊹)	㊺	0
予定納税額 (第1期分・第2期分)	㊻	
第3期分の税額	納める税金	㊼	00
(㊺－㊻)	還付される税金	㊽	△

復興特別所得税額の記入をお忘れなく。

その他		
配偶者の合計所得金額	㊾	
専従者給与(控除)額の合計額	㊿	
青色申告特別控除額	51	
雑所得・一時所得等の所得税及び復興特別所得税の源泉徴収税額の合計額	52	
未納付の所得税及び復興特別所得税の源泉徴収税額	53	
本年分で差し引く繰越損失額	54	
平均課税対象金額	55	
変動・臨時所得金額 区分	56	
申告期限までに納付する金額	57	00
延納届出額	58	000

還付される税金の受取場所	銀行・金庫・組合・農協・漁協　本店・支店 出張所 本所・支所
郵便局 名等	
預金種類 普通 当座 納税準備 貯蓄	
口座番号 記号番号	

整理欄	区分	A	B	C	D	E	F	G	H	I	J	K
	異動			年			月		日	L		
	管理 補完							名簿			確認	

申告する特定口座の所得金額が900万円以下であれば配偶者控除が、2,500万円以下であれば基礎控除が適用できる。

記載例12

記載例13

記載例14

記載例15

記載例16

記載例17

記載例18

記載例19

記載例20

記載例21

記載例22

記載例17	本年分の純損失の金額の一部を前年分に繰り戻して、残額を翌年分に繰り越す場合（前年分に配当控除がある場合）

令和1年分の確定申告の概要

(1) 課税標準

  ① 総所得金額　　　　　　　　　　　　　5,000,000円

    イ　事業所得　　　　　4,000,000円

    ロ　配当所得　　　　　1,000,000円

(2) 所得控除額　　　　　　　　　　　　　　2,000,000円

(3) 課税総所得金額等　　　　　　　　　　　3,000,000円

  ① 課税総所得金額　　　　　　　　　　　3,000,000円

(4) 各種所得の税額　　　　　　　　　　　　202,500円

(5) 配当控除　　　　　　　　　　　　　　　100,000円

(6) 復興特別所得税　　　　　　　　　　　　2,152円

(7) 所得税及び復興特別所得税の額　　　　　104,652円

(8) 源泉徴収税額　　　　　　　　　　　　　153,150円

(9) 還付税額　　　　　　　　　　　　　　　△48,498円

令和2年分の申告所得の概要

(1) 課税標準

  ① 総所得金額　　　　　　　　△5,000,000円（純損失の金額）

    イ　事業所得　　　　△5,000,000円

(2) 所得控除額　　　　　　　　　　　　　　480,000円

(3) 課税総所得金額等　　　　　　　　　　　0円

(4) 各種所得の税額　　　　　　　　　　　　0円

(5) 復興特別所得税　　　　　　　　　　　　0円

(6) 所得税及び復興特別所得税の額　　　　　0円

(7) 源泉徴収税額　　　　　　　　　　　　　0円

(8) 還付税額　　　　　　　　　　　　　　　0円

【申告書作成手順】

手順1　令和2年分の確定申告書の作成（206〜208頁）

1　申告所得の内容に従って、申告書第一表、申告書第二表を作成します。

2　所得金額を計算すると500万円の純損失の金額が生じるので、申告書第四表を作成します。

前年分の課税総所得金額が300万円あるので、純損失の金額500万円のうち1,025,000円を繰り戻し、残額3,975,000円を繰り越すものとします。

なお、配当控除がない場合は300万円を繰り戻すのが一般的ですが、211頁の参考資料の「還付請求書」から明らかなように、300万円を繰り戻しても還付金額は変わらないので、翌年に繰り越す金額を多くした方が有利になります。

3　申告書第四表㈡の㉙欄の下段には、翌年以降に繰り越す純損失の金額△3,975,000円を記載します。

なお、地方税法には純損失の繰戻しによる還付の制度がないので、純損失の金額が全額翌年に繰り越され、㉙欄の上段には（住民税△500万円）と記載します。

手順2　純損失の金額の繰戻しによる所得税の還付請求書の作成（209頁）

1　本年分の純損失の金額500万円を②欄に転記し、そのうち前年分に繰り戻す金額1,025,000円を⑤欄に記載します。

2　前年分の課税総所得金額300万円を⑦欄、それに対する税額202,500円を⑩欄、源泉徴収税額を差し引く前の所得税額102,500円を⑭欄にそれぞれ転記します。

3　前年分の課税総所得金額300万円⑦から前年分に繰り戻す金額1,025,000円⑤を差し引いた金額1,975,000円を⑮欄に記載し、それに対する税額100,000円を⑱欄に記載します（「繰戻控除計算用」210頁を参照）。

4　⑬欄−㉑欄と⑭欄の少ない方の金額102,500円を㉒欄に記載します。

5　還付請求金額欄に102,500円を転記します。

| 記載例 12 |
| 記載例 13 |
| 記載例 14 |
| 記載例 15 |
| 記載例 16 |
| 記載例 17 |
| 記載例 18 |
| 記載例 19 |
| 記載例 20 |
| 記載例 21 |
| 記載例 22 |

令和1年確定申告分	令和1年分 確定申告書 第一表

神田 税務署長
令和 2 年 3 月 10 日

令和 01 年分の 所得税及び復興特別所得税 の 確定 申告書B

FA0125

第一表 （令和元年分以降用）

〒 101-0051

住所 東京都千代田区神田神保町1丁目31番2号

個人番号

フリガナ チュウオウタロウ

氏名 中央太郎 ㊞

職業 自営業

屋号・雅号

世帯主の氏名 本人

世帯主との続柄 本人

生年月日 3 29.01.03

電話番号 自宅・勤務先・携帯

整理番号 1 2 3 4 5 6 7 8

手順2-2
課税総所得金額㉖及びそれに対する税額㉗を還付請求書（209頁）の⑦欄、⑩欄に転記。

（単位は円）

収入金額等	事 営 業 等	㋐	3 5 0 0 0 0 0 0
	業 農 業	㋑	
	不 動 産	㋒	
	利 子	㋓	
	配 当	㋔	1 0 0 0 0 0 0
	給 与	㋕	
	雑 公的年金等	㋖	
	その他	㋗	
	総合譲渡 短 期	㋘	
	長 期	㋙	
	一 時	㋚	

所得金額	事 営 業 等	①	4 0 0 0 0 0 0
	業 農 業	②	
	不 動 産	③	
	利 子	④	
	配 当	⑤	1 0 0 0 0 0 0
	給与 区分	⑥	
	雑	⑦	
	総合譲渡・一時 ㋗+{(㋙+㋚)×½}	⑧	
	合 計	⑨	5 0 0 0 0 0 0

所得から差し引かれる金額	社 会 保 険 料 控 除	⑩	4 3 0 0 0 0
	小規模企業共済等掛金控除	⑪	3 4 0 0 0
	生 命 保 険 料 控 除	⑫	4 0
	地 震 保 険 料 控 除	⑬	5 0
	寡婦、寡夫控除	⑭	0 0 0 0
	勤労学生、障害者控除	⑮~⑯	0 0 0 0
	配偶者(特別)控除 区分	⑰~⑱	3 8 0 0 0 0
	扶 養 控 除	⑲	3 8 0 0 0 0
	基 礎 控 除	⑳	3 8 0 0 0 0
	⑩から⑳までの計	㉑	2 0 0 0 0 0
	雑 損 控 除	㉒	
	医療費控除 区分	㉓	
	寄 附 金 控 除	㉔	
	合 計 ㉑+㉒+㉓+㉔	㉕	2 0 0 0 0 0 0

税理士署名押印
電話番号 ‒ ‒

税理士法第30条の書面提出 30条 33条の2 ㊞

税金の計算	課税される所得金額 （⑨−㉕）又は第三表	㉖	3 0 0 0 0 0
	上の㉖に対する税額 又は第三表の㊾	㉗	2 0 2 5 0 0
	配 当 控 除	㉘	1 0 0 0 0 0
		㉙	
	(特定増改築等) 住宅借入金等特別控除 区分	㉚	0 0
	政党等寄附金等特別控除	㉛~㉝	
	住宅耐震改修特別控除等 区分	㉞~㊲	
	差引所得税額 （㉗−㉘−㉙−㉚−㉛−㉜−㉝−㉞−㉟−㊱）	㊳	1 0 2 5 0 0
	災 害 減 免 額	㊴	
	再差引所得税額（基準所得税額） （㊳−㊴）	㊵	1 0 2 5 0 0
	復興特別所得税額 （㊵×2.1%）	㊶	2 1 5 2
	所得税及び復興特別所得税の額 （㊵+㊶）	㊷	1 0 4 6 5 2
	外 国 税 額 控 除 区分	㊸	
	源 泉 徴 収 税 額	㊹	1 5 3 1 5 0
	申 告 納 税 額 （㊷−㊸−㊹）	㊺	△ 4 8 4 9 8
	予 定 納 税 額 （第1期分・第2期分）	㊻	0
	第3期分の税額 （㊺−㊻） 納める税金	㊼	0 0
	還付される税金	㊽	4 8 4 9 8

そ の	配偶者の合計所得金額	㊾	
	専従者給与(控除)額の合計額	㊿	
	青色申告特別控除額	51	6 5 0 0 0 0
		55	
	変動・臨時所得金額 区分	56	
	申告期限までに納付する金額	57	0 0
	延 納 届 出 額	58	0 0 0

延納の届出

還付される税金の受取場所

銀行・金庫・組合・農協・漁協 本店・支店・出張所・本所・支所

郵便局名等

預金種類 普通 当座 納税準備 貯蓄

口座番号記号番号

| 整理欄 | 区分 | A | B | C | D | E | F | G | H | I | J | K |

異動 年 月 日

L 管理 名簿 補完 確認

復興特別所得税額の記入をお忘れなく。

手順2-2
源泉徴収税額控除前の税額㊵を還付請求書（209頁）の⑭欄に転記。

205

FA2200

神田 税務署長
令和 3 年 2 月 22 日

令和 02 年分の 所得税及び復興特別所得税 の 確定申告書B

住所（又は事業所・事務所・居所など）	〒101-0051　東京都千代田区神田神保町１丁目31番２号	個人番号	
生年月日	3 29.01.03	フリガナ	チュウオウタロウ
氏名	中央太郎		
令和３年１月１日の住所	同上	職業	自営業
屋号・雅号		世帯主の氏名	
世帯主との続柄	本人	整理番号	12345678
電話番号	自宅・勤務先・携帯　－　－		

（単位は円）　受付印

種類：青色（○）　分離　国出　損失（○）　修正　特農の表示　特農

区分		番号	金額
収入金額等	事業 営業等	㋐	20000000
	事業 農業	㋑	
	不動産	㋒	
	利子	㋓	
	配当	㋔	
	給与（区分）	㋕	
	雑 公的年金等	㋖	
	雑 業務（区分）	㋗	
	雑 その他	㋘	
	総合譲渡 短期	㋙	
	総合譲渡 長期	㋚	
	一時	㋛	
所得金額等	事業 営業等	①	△5000000
	事業 農業	②	
	不動産	③	
	利子	④	
	配当	⑤	
	給与（区分）	⑥	
	雑 公的年金等	⑦	
	雑 業務	⑧	
	雑 その他	⑨	
	⑦から⑨までの計	⑩	
	総合譲渡・一時 ㋙＋{(㋚＋㋛)×½}	⑪	
	合計（①から⑥までの計＋⑩＋⑪）	⑫	
所得から差し引かれる金額	社会保険料控除	⑬	
	小規模企業共済等掛金控除	⑭	
	生命保険料控除	⑮	
	地震保険料控除	⑯	
	寡婦、ひとり親控除（区分）	⑰～⑱	0000
	勤労学生、障害者控除	⑲～⑳	0000
	配偶者（特別）控除（区分1・区分2）	㉑～㉒	0000
	扶養控除（区分）	㉓	0000
	基礎控除	㉔	480000
	⑬から㉔までの計	㉕	480000
	雑損控除	㉖	
	医療費控除（区分）	㉗	
	寄附金控除	㉘	
	合計（㉕＋㉖＋㉗＋㉘）	㉙	480000

区分		番号	金額
税金の計算	課税される所得金額（⑫－㉙）又は第三表	㉚	000
	上の㉚に対する税額 又は第三表の㊾	㉛	0
	配当控除	㉜	
	（区分）	㉝	
	（特定増改築等）住宅借入金等特別控除（区分1・区分2）	㉞	00
	政党等寄附金等特別控除	㉟～㊲	
	住宅耐震改修特別控除等（区分）	㊳～㊵	
	差引所得税額（㉛－㉜－㉝－㉞－㉟－㊱－㊲－㊳－㊴－㊵）	㊶	0
	災害減免額	㊷	
	再差引所得税額（基準所得税額）（㊶－㊷）	㊸	0
	復興特別所得税額（㊸×2.1%）	㊹	0
	所得税及び復興特別所得税の額（㊸＋㊹）	㊺	0
	外国税額控除等（区分）	㊻～㊼	
	源泉徴収税額	㊽	
	申告納税額（㊺－㊻－㊼－㊽）	㊾	0
	予定納税額（第１期分・第２期分）	㊿	
	第３期分の税額（㊾－㊿） 納める税金	(51)	00
	第３期分の税額（㊾－㊿） 還付される税金	(52)	△
その他	公的年金等以外の合計所得金額	(53)	
	配偶者の合計所得金額	(54)	
	専従者給与（控除）額の合計額	(55)	
	青色申告特別控除額	(56)	0
	雑所得・一時所得等の源泉徴収税額の合計額	(57)	
	未納付の源泉徴収税額	(58)	
	本年分で差し引く繰越損失額	(59)	
	平均課税対象金額	(60)	
	変動・臨時所得金額（区分）	(61)	
延納の届出	申告期限までに納付する金額	(62)	00
	延納届出額	(63)	000

還付される税金の受取場所：銀行・金庫・組合・農協・漁協　本店・支店・出張所・本所・支所　郵便局名等　預金種類（普通・当座・納税準備・貯蓄）　口座番号・記号番号

整理欄：区分 A B C D E F G H I J K　異動 年 月 日 L　管理　名簿　補完　確認

税理士署名押印・電話番号　－　－　㊞　税理士法書面提出 30条 33条の2

第一表（令和二年分以降用）

㊹・㊺・㊾・(51)又は(52)の記入をお忘れなく。

納 管　事 業　住 民　資 産　総 合　分 離　検 算　通 信 日付印　年月日　一 連 番 号

記載例12
記載例13
記載例14
記載例15
記載例16
記載例17
記載例18
記載例19
記載例20
記載例21
記載例22

令和２年確定申告分	令和２年分 確定申告書　第四表（一）

令和 02 年分の 所得税及び復興特別所得税 の 確定 申告書（損失申告用）　FA0054

住所（又は事業所事務所居所など）	東京都千代田区神田神保町１丁目31番２号	フリガナ　氏名	チュウオウタロウ　中央太郎

整理番号 1 2 3 4 5 6 7 8　一連番号

1 損失額又は所得金額

A	経 常 所 得　（申告書Ｂ第一表の①から⑥までの計＋⑩の合計額）							㉔	△5,000,000

	所得の種類	区分等	所得の生ずる場所等	Ⓐ 収入金額	Ⓑ 必要経費等	Ⓒ 差引金額（Ⓐ－Ⓑ）	Ⓓ 特別控除額		Ⓔ 損失額又は所得金額
B	譲渡 短期	分離譲渡				㋐ 円		㊽	円
		総合譲渡				㋑	円	㊾	
	長期	分離譲渡		円	円	㋒		㊿	
		総合譲渡				㋔	円	ⓝ	
	一　時							ⓞ	
C	山　林			円				ⓟ	
D	退　職				円	円		ⓠ	
E	一般株式等の譲渡							ⓡ	
	上場株式等の譲渡							ⓢ	
	上場株式等の配当等				円	円		ⓣ	
F	先物取引							ⓤ	

ⓥ 分離課税の譲渡所得の特別控除額の合計額	円	ⓦ 上場株式等の譲渡所得等の源泉徴収税額の合計額	円	特例適用条文

2 損益の通算

	所 得 の 種 類		Ⓐ 通 算 前	Ⓑ 第１次通算後	Ⓒ 第２次通算後	Ⓓ 第３次通算後	Ⓔ 損失額又は所得金額
A	経 常 所 得	㉔	△5,000,000 円	△5,000,000 円	△5,000,000 円	△5,000,000 円	△5,000,000 円
B	譲渡 短期 総合譲渡	㊾		第1	第2	第3	
	長期 分離譲渡（特定損失額）	㊿	△				
	総合譲渡	ⓝ					
	一　時	ⓞ					
C	山　林	ⓟ			算		㋐
D	退　職	ⓠ			算		
	損 失 額 又 は 所 得 金 額 の 合 計 額	ⓧ					△5,000,000

手順2-1
総所得金額の純損失の金額ⓧ500万円を還付請求書（209頁）の②欄に転記。

資産		整理欄	

207

令和 ０２ 年分の 所得税及び 復興特別所得税 の 確定 申告書（損失申告用）　　ＦＡ００５９

3 翌年以後に繰り越す損失額

整理番号 １２３４５６７８　一連番号

青色申告者 の 損失 の 金額							⑦⑨	（住民税△5,000,000）円 △3,975,000
居住用財産に係る通算後譲渡損失の金額							⑧⓪	
変 動 所 得 の 損 失 額							⑧①	

被災事業用資産の損失額	資	所得の種類	被災事業用資産の種類など	損害の原因	損害年月日	Ⓐ 損害金額	Ⓑ 保険金などで補填される金額		Ⓒ 差引損失額（Ⓐ－Ⓑ）
	山林以外	営業等・農業			・ ・	円	円	⑧②	円
		不 動 産			・ ・			⑧③	
	山 林				・ ・			⑧④	
山 林 所 得 に 係 る 被 災 事 業 用 資 産 の 損 失 額								⑧⑤	円
山 林 以 外 の 所 得 に 係 る 被 災 事 業 用 資 産 の 損 失 額								⑧⑥	

4 繰越損失を差し引く計算

年分		損 失 の 種 類		Ⓐ前年分までに引ききれなかった損失額	Ⓑ本年分で差し引く損失額	Ⓒ翌年分以後に繰り越して差し引かれる損失額（Ⓐ－Ⓑ）
A **29 年** （3年前）	純損失	29 年が 29 年が	山林以外の所得の損失	円	円	円
		居住用財				
	雑					

> 手順1-3
> ⑦⑨欄（翌年以降に繰り越す純損失の金額）には純損失の金額の繰戻し額1,025,000円を差し引いた金額△3,975,000円を下段に記載。
> なお、住民税の翌年に繰り越す純損失の金額は、500万円なので（住民税△500万）と上段に記載。

年分		損 失 の 種 類		Ⓐ	Ⓑ	Ⓒ
B **30 年** （2年前）	純損失	30 年が青色の場合	山林以外の所得の損失	円		円
			山林所得の損失			
		30 年が白色の場合	変動所得の損失			
			被災事業用資産の損失　山林以外			
			山 林			
		居住用財産に係る通算後譲渡損失の金額				
	雑	損	失			
C **1 年** （前年）	純損失	1 年が青色の場合	山林以外の所得の損失			
			山林所得の損失			
		1 年が白色の場合	変動所得の損失			
			被災事業用資産の損失　山林以外			
			山 林			
		居住用財産に係る通算後譲渡損失の金額				
	雑	損	失			

本年分の一般株式等及び上場株式等に係る譲渡所得等から差し引く損失額	⑧⑦	円
本年分の上場株式等に係る配当所得等から差し引く損失額	⑧⑧	円
本年分の先物取引に係る雑所得等から差し引く損失額	⑧⑨	円

雑損控除、医療費控除及び寄附金控除の計算で使用する所得金額の合計額	⑨⓪	0 円

5 翌年以後に繰り越される本年分の雑損失の金額　　⑨① 円

6 翌年以後に繰り越される株式等に係る譲渡損失の金額　　⑨② 円

7 翌年以後に繰り越される先物取引に係る損失の金額　　⑨③ 円

資産　　整理欄

令和2年確定申告分	純損失の金額の繰戻しによる所得税の還付請求書

純損失の金額の繰戻しによる所得税の還付請求書

税務署受付印

神田 税務署長

令3年 2月 22日提出

住所 又は事業所・事務所・居所など	(〒 101 － 0051) 東京都千代田区神田神保町1丁目31番2号	職業	自営業	
フリガナ 氏名	チュウオウタロウ 中央太郎 ㊞	電話番号	03 － 3333 － 1234	
個人番号				

手順2-1
本年分の「申告書第四表(一)」(207頁)の純損失の金額㋥を②欄に転記。

……による所得税の還付について次のとおり請求します。

手順2-5
㉒欄の金額を転記。

還付請求金額 (下の還付請求金額の計算書の㉒の金額)	102,500 円

純損失の金額の生じた年分	令2年分	還付の請求が、事業の廃止、相当期間の休止、事業の全部又は重要部分の譲渡、相続によるものである場合は右の欄に記入してください。	請求の事由(該当する文字を〇で囲んでください。) 事業の 廃止・休止・譲渡	左の事実の生じた年月日 休止期間	この純損失の金額について、既に繰戻しによる還付を受けた事実の有無 有・無
純損失の金額を繰り戻す年分 (純損失の金額の生じた年の前年分を書きます)	令1年分				

手順2-1
本年分の純損失の金額のうち繰り戻す金額 1,025,000円 (208頁)を⑤欄に記載。

還付請求金額の計算書

				金 額						金 額
	A 純損失の金額	総所得	変動所得	①	円	Bに繰り戻す金額	総所得	変動所得	④	円
令和2年分の純損失の金額			その他	②	△5,000,000※	うち前年分		その他	⑤	△1,025,000※
			山林所得	③				山林所得	⑥	
前年分の純損失の金額の繰戻しによる所得税	C 課税される所得金額	総所得	⑦	3,000,000	繰戻し控除後の所得金額	E 繰戻される所得金額	総所得	⑮	1,975,000	
		山林所得	⑧				山林所得	⑯		
		退職所得	⑨				退職所得	⑰		
	D Cに対する税額	⑦に対する税額	⑩	202,500	繰戻し控除後の税額	F Eに対する税額	⑮に対する税額	⑱	100,000	
		⑧に対する税額	⑪				⑯に対する税額	⑲		
		⑨に対する税額	⑫				⑰に対する税額	⑳		
		計	⑬	202,500			計	㉑	100,000	
			⑭	102,500		純損失の金額の繰戻しによる還付金額	㉒	102,500		

千円未満の端数は切り捨ててください。

10円未満の端数は切り捨ててください。

(「⑬－㉑」と⑭のいずれか少ない方の金額)

〇申告書と一緒に提出してください。

(税理士 署名押印 電話番号)

手順2-2
前年分の「申告書第一表」(205頁)の課税総所得金額㉖を⑦欄、その税額㉗を⑩欄、源泉徴収税額を差し引く前の所得税額㊵を⑭欄に順次転記。

手順2-3
「繰戻控除計算用」(210頁)で計算した金額㉖、㉗を⑮欄、⑱欄に転記。

手順2-4
⑬－㉑と⑭の少ない方の金額 102,500円を㉒欄に記載。

還付される税金の受取場所	銀行等の……	(ゆうちょ銀行の口座に振込みを希望する場合) 金口座の 号番号
	日本	(郵便局等の窓口受取りを希望する場合)
	普通	

㊞

税務署整理欄	通信日付印の年月日		確認印	整理番号						
	年 月 日			0						
	番号確認	身元確認	確認書類							
		□ 済 □ 未済	個人番号カード/通知カード・運転免許証 その他 ( )							

※記載例では分かりやすさの点から純損失の金額をマイナス表記しています。

_____税務署長
令和___年___月___日　令和 01 年分の 所得税及び復興特別所得税 の 確定 申告書Ｂ

FA0125

第一表（令和元年分以降用）

〒 1 0 1 - 0 0 5 1

個人番号

フリガナ　チュウオウタロウ

氏 名　中央太郎　㊞

性別 ㊚女　職業 自営業　屋号・雅号　世帯主の氏名　世帯主との続柄 本人

生年月日 3 2 9 . 0 1 . 0 3　電話番号 自宅・勤務先・携帯

手順2-3
前年分の課税総所得金額繰り戻した純損失の金額を差し引いた金額㉖を還付請求書の⑮欄に転記し、その金額に対する税額㉗を⑱欄に転記する。

繰戻控除後の金額

繰戻控除計算用

			金額
収入金額等	事業	営業等 ㋐	3 5 0 0 0 0 0
		農業 ㋑	
	不動産 ㋒		
	利子 ㋓		
	配当 ㋔		1 0 0 0 0 0 0
	給与 ㋕		
	雑	公的年金等 ㋖	
		その他 ㋗	
	総合譲渡	短期 ㋘	
		長期 ㋙	
	一時 ㋚		
所得金額	事業	営業等 ①	4 0 0 0 0 0 0
		農業 ②	
	不動産 ③		
	利子 ④		
	配当 ⑤		1 0 0 0 0 0 0
	給与 区分 ⑥		
	雑 ⑦		
	総合譲渡・一時 ㋗+{(㋘+㋙)×½} ⑧		
	合計 ⑨		5 0 0 0 0 0 0
所得から差し引かれる金額	社会保険料控除 ⑩		4 3 0 0 0 0
	小規模企業共済等掛金控除 ⑪		3 4 0 0 0 0
	生命保険料控除 ⑫		4 0 0 0 0
	地震保険料控除 ⑬		5 0 0 0 0
	寡婦、寡夫控除 ⑭		0 0 0 0
	勤労学生、障害者控除 ⑮~⑯		0 0 0 0
	配偶者(特別)控除 区分 ⑰~⑱		3 8 0 0 0 0
	扶養控除 ⑲		3 8 0 0 0 0
	基礎控除 ⑳		3 8 0 0 0 0
	⑩から⑳までの計 ㉑		2 0 0 0 0 0
	雑損控除 ㉒		
	医療費控除 区分 ㉓		
	寄附金控除 ㉔		
	合計 ㉑+㉒+㉓+㉔ ㉕		2 0 0 0 0 0

		金額
税金の計算	課税される所得金額 (⑨-㉕) 又は第三表 ㉖	1 9 7 5 0 0 0
	上の㉖に対する税額 又は第三表の㊺ ㉗	1 0 0 0 0 0
	配当控除 ㉘	1 0 0 0 0 0
	区分 ㉙	
	(特定増改築等)住宅借入金等特別控除 区分 ㉚	0 0
	政党等寄附金等特別控除 ㉛~㉝	
	住宅耐震改修特別控除 住宅特定改修・認定住宅 新築等特別税額控除 ㉞~㊱	
	差引所得税額 ㊲	0
	災害減免額 ㊳	
	再差引所得税額(基準所得税額) (㊲-㊳) ㊴	0
	復興特別所得税額 (㊴×2.1%) ㊶	0
	所得税及び復興特別所得税の額 (㊴+㊶) ㊷	0
	外国税額控除 区分 ㊸	
	源泉徴収税額 ㊹	1 5 3 1 5 0
	申告納税額 (㊷-㊸-㊹) ㊺	△ 1 5 3 1 5 0
	予定納税額 (第1期分・第2期分) ㊻	0
	第3期分の税額 (㊺-㊻) 納める税金 ㊼	0 0
	還付される税金 ㊽	△ 1 5 3 1 5 0
その他	配偶者の合計所得金額 ㊾	
	専従者給与(控除)額の合計額 ㊿	
	青色申告特別控除額 (51)	6 5 0 0 0 0
	雑所得・一時所得等の源泉徴収税額の合計額 (52)	
	未納付の源泉徴収税額 (53)	
	本年分で差し引く繰越損失額 (54)	
	平均課税対象金額 (55)	
	変動・臨時所得金額 区分 (56)	
延納の届出	申告期限までに納付する金額 (57)	0 0
	延納届出額 (58)	0 0 0

復興特別所得税額の記入をお忘れなく。

還付される税金の受取場所
銀行・金庫・組合 農協・漁協
本店・支店 出張所 本所・支所
郵便局 名等
預金種類 普通 当座 納税準備 貯蓄
口座番号 記号番号

税理士署名押印電話番号
税理士法書面提出 30条 33条の2

整理欄
区分 A B C D E F G H I J K
異動
管理
補完
名簿
確認

納管 事業 住宅 資産 総合 分離 検算 通信日付印 年月日 連番

記載例12
記載例13
記載例14
記載例15
記載例16
記載例17
記載例18
記載例19
記載例20
記載例21
記載例22

参考資料 | **令和1年分　純損失の金額の繰戻しによる所得税の還付請求書**

税務署受付印

純損失の金額の繰戻しによる所得税の還付請求書

_____ 税務署長

____年____月____日提出

住所 又は事業所・事 務所・居所など	（〒 101 － 0051 ） 東京都千代田区神田神保町1丁目31番2号	職業	自営業
フリガナ 氏　名	チュウオウタロウ 中央太郎　　　㊞	電話 番号	03 － 3333 － 1234
個人番号			

純損失の金額の繰戻しによる所得税の還付について次のとおり請求します。

還付請求金額 （下の還付請求金額の計算書の㉒の金額）	102,500	円

純損失の金額の生じた年分	**令2**年分	還付の請求が、事業の廃止、相当期間の休止、事業の全部又は重要部分の譲渡、相続によるものである場合は右の欄に記入してください。	請求の事由（該当する文字を○で囲んでください。） 事業の｛廃止　休止　譲渡｝ 相続	左の事実の生じた年月日 休止期間	この純損失の金額について、既に繰戻しによる還付を受けた事実の有無 有・無
純損失の金額を繰り戻す年分 （純損失の金額の生じた年の前年分を書きます。）	**令1**年分				

還付請求金額の計算書（　　　　　）

○申告書と一緒に提出してください。

（税理士署名押印）
（電話番号）

㊞

				金　額
A 純損失の金額	総所得	変動所得 ①		円
		その他 ②	△5,000,000※	
		山林所得 ③		

（繰戻すうち前年金額分）

				金　額
	総所得	事業所得 ④		円
		その他 ⑤	△3,000,000※	
		山林所得 ⑥		

純損失の金額の繰戻しによる所得税の還付金額の計算

令和2年分の

純損失の金額繰戻し前年分の

C 課税される所得金額	総所得 ⑦	3,000,000
	山林所得 ⑧	
	退職所得 ⑨	
D Cに対する税額	⑦に対する税額 ⑩	202,500
	⑧に対する税額 ⑪	
	⑨に対する税額 ⑫	
	計（100円未満の端数は切り捨ててください。）⑬	202,500
	源泉徴収税額を差し引く前の所得税額 ⑭	102,500

繰戻し控除後の税額

E 繰戻しされる所得金額の課税される後の所得金額	総所得 ⑮	0
	山林所得 ⑯	
	退職所得 ⑰	
F Eに対する税額	⑮に対する税額 ⑱	0
	⑯に対する税額 ⑲	
	⑰に対する税額 ⑳	
	計（100円未満の端数は切り捨ててください。）㉑	0
純損失の金額の繰戻しによる還付金額（「⑬－㉑」と⑭のいずれか少ない方の金額）㉒		102,500

千円未満の端数は切り捨ててください。

還付される税金の受取場所	（銀行等の預金口座に振込みを希望する場合） 日本　　銀行　金庫・組合　農協・漁協　神田　　本店・支店　出張所　本所・支所 普通　預金　口座番号　123456	（ゆうちょ銀行の口座に振込みを希望する場合） 貯金口座の記号番号 _____ （郵便局等の窓口受取りを希望する場合）

㊞

還付金額は、純損失の金額のうち1,025,000円を繰り戻した金額と変わらない（204頁参照）。

税務署整理欄	通信日付印の年月日 　年　月　日	確認印	整理番号 0			
	番号確認	身元確認	確認書類			
		□ 済 □ 未済	個人番号カード／通知カード・運転免許証 その他（　　）			

※記載例では分かりやすさの点から純損失の金額をマイナス表記しています。

【純損失の金額300万円を繰り戻した場合（211頁）の計算用】

_____税務署長
令和___年___月___日　令和 **01** 年分の 所得税及び復興特別所得税 の 確定 申告書B

FA0125

〒 1 0 1 - 0 0 5 1	個人番号	
住所（又は） 東京都千代田区神田神保町1丁目31番2号	フリガナ チュウオウタロウ	
	氏名 中央太郎	印

純損失の金額300万円を繰り戻した場合、配当控除の控除不足が生じる（210頁の場合と比較）。

性別 男 女	職業 自営業	屋号・雅号	世帯主の氏名 本人	世帯主との続柄 本人
生年月日 3 2 9 . 0 1 . 0 3	電話番号 自宅・勤務先・携帯			

整理番号 1 2 3 4 5 6 7 8

（単位は円）

収入金額等	事 営 業 等	㋐	3 5 0 0 0 0 0
	業 農 業	㋑	
	不 動 産	㋒	
	利 子	㋓	
	配 当	㋔	1 0 0 0 0
	給 与	㋕	
雑	公的年金等	㋖	
	その他	㋗	
総合譲渡	短 期	㋘	
	長 期	㋙	
	一 時	㋚	

所得金額	事 営 業 等	①	4 0 0 0 0 0 0
	業 農 業	②	
	不 動 産	③	
	利 子	④	
	配 当	⑤	1 0 0 0 0 0 0
	給与 区分	⑥	
	雑	⑦	
	総合譲渡・一時 ㋗＋{(㋙＋㋚)×½}	⑧	
	合 計	⑨	5 0 0 0 0 0 0

所得から差し引かれる金額	社会保険料控除	⑩	4 3 0 0 0 0
	小規模企業共済等掛金控除	⑪	3 4 0 0 0 0
	生命保険料控除	⑫	4 0 0 0 0
	地震保険料控除	⑬	5 0 0 0 0
	寡婦、寡夫控除	⑭	0 0 0 0
	勤労学生、障害者控除	⑮〜⑯	0 0 0 0
	配偶者(特別)控除 区分	⑰〜⑱	3 8 0 0 0 0
	扶 養 控 除	⑲	3 8 0 0 0 0
	基 礎 控 除	⑳	3 8 0 0 0 0
	⑩から⑳までの計	㉑	2 0 0 0 0 0 0
	雑 損 控 除	㉒	
	医療費控除 区分	㉓	
	寄 附 金 控 除	㉔	
	合計 ㉑＋㉒＋㉓＋㉔	㉕	2 0 0 0 0 0 0

税金の計算	課税される所得金額 (⑨－㉕)又は第三表	㉖	0 0 0
	上の㉖に対する税額 又は第三表の㊺	㉗	0
	配 当 控 除	㉘	1 0 0 0 0 0
	区分	㉙	

課税総所得金額から繰り戻した純損失の金額300万円を差し引いた後の金額。

	差引所得税額 ㊱－㊲－㊳－㊴－㊵－㊶－㊷	㊳	0
	災害減免額	㊴	0
		㊵	0
		㊶	0
	所得税及び復興特別所得税の額 (㊵＋㊶)	㊷	0
	外国税額控除 区分	㊸	
	源泉徴収税額	㊹	1 5 3 1 5 0
	申告納税額 (㊷－㊸－㊹)	㊺	△ 1 5 3 1 5 0
	予定納税額 (第1期分・第2期分)	㊻	0
	第3期分の税額 納める税金 (㊺－㊻)	㊼	0 0
	還付される税金	㊽	△ 1 5 3 1 5 0

その他	配偶者の合計所得金額	㊾	
	専従者給与(控除)額の合計額	㊿	
	青色申告特別控除額	51	6 5 0 0 0 0
	雑所得・一時所得等の源泉徴収税額の合計額	52	
	未納付の源泉徴収税額	53	
	本年分で差し引く繰越損失額	54	
	平均課税対象金額	55	
	変動・臨時所得金額 区分	56	

延納の届出	申告期限までに納付する金額	57	0 0
	延 納 届 出 額	58	0 0 0

第一表（令和元年分以降用）

特別所得税額の記入をお忘れなく。

記載例
12

記載例
13

記載例
14

記載例
15

記載例
16

記載例
17

記載例
18

記載例
19

記載例
20

記載例
21

記載例
22

記載例18	本年分の純損失の金額の一部を前年分に繰り戻して、残額を翌年分に繰り越す場合（災害により家財に損害を受けた場合）

令和1年分の確定申告の概要

```
(1)  課税標準
  ①  総所得金額                            6,000,000円
    イ  事業所得              4,500,000円
    ロ  給与所得              1,500,000円
(2)  所得控除額                            2,000,000円
(3)  課税総所得金額等                        4,000,000円
  ①  課税総所得金額                        4,000,000円
(4)  各種所得の税額                          372,500円
(5)  復興特別所得税                            7,822円
(6)  所得税及び復興特別所得税の額              380,322円
(7)  源泉徴収税額                            150,000円
(8)  納付税額                              230,300円
```

令和2年分の申告所得の概要

```
(1)  課税標準
  ①  総所得金額                    △5,000,000円（純損失の金額）
    イ  事業所得          △5,000,000円
  ②  分離課税の長期譲渡所得の金額    16,000,000円（特別控除前）
  ③  上場株式等の譲渡所得等の金額      3,000,000円
(2)  所得控除額                        2,400,000円
(3)  課税総所得金額等                    6,600,000円
    課税総所得金額                        0円
    課税長期譲渡所得金額              3,600,000円（1,000万円の特別控除後）
    上場株式等の課税譲渡所得等の金額    3,000,000円
(4)  各種所得の税額                      990,000円
    課税総所得金額                        0円
    課税長期譲渡所得金額                540,000円
    上場株式等の課税譲渡所得等の金額    450,000円
(5)  災害減免額                          247,500円
```

(6) 復興特別所得税		15,592円
(7) 所得税及び復興特別所得税の額		758,092円
(8) 源泉徴収税額		459,450円
(9) 納付税額		298,600円

【申告書作成手順】

手順1　令和2年分の確定申告書の作成（216〜219頁）

1　申告所得の内容に従って、申告書第一表、申告書第二表、申告書第三表を作成します。

2　所得金額を計算すると500万円の純損失の金額が生じるので、申告書第四表を作成します。

前年分の課税総所得金額が400万円あるので、純損失の金額500万円のうち400万円を繰り戻し、残額100万円を繰り越すものとします。

3　申告書第四表㈡の㊆欄の下段には、翌年以降に繰り越す純損失の金額△100万円を記載します。

なお、地方税法には純損失の繰戻しによる還付の制度がないので、純損失の金額が全額翌年に繰り越され、㊆欄の上段に（住民税△500万円）と記載します。

4　災害により家財の2分の1以上の損害（300万円）を受けたので、災害減免法を適用するか雑損控除を適用するか検討した結果、災害減免法を適用した方が有利になります。

　　（雑損控除の額）　300万円−1,900万円[※1]×10％＝110万円

　　（災害減免法の控除税額）　99万円[※2]×25％＝247,500円

雑損控除をした場合の申告書の記載例については222頁から224頁を参照、なお、住民税には災害減免法の適用はないので雑損控除が適用されます。

※1　分離課税の譲渡所得の特別控除前の金額（1,600万円）と上場株式等の譲渡所得等の金額（300万円）との合計額

※2　令和2年分確定申告書第一表㊶差引所得税額の金額

手順2　純損失の金額の繰戻しによる所得税の還付請求書の作成（220頁）

1　本年分の純損失の金額500万円を②欄に転記し、そのうち前年分に繰り戻す金額400万円を⑤欄に記載します。

2　前年分の課税総所得金額400万円を⑦欄、それに対する税額372,500円を⑩欄、源泉徴収税額を差し引く前の所得税額372,500円を⑭欄にそれぞれ転記します。

3　前年分の課税総所得金額400万円⑦から前年分に繰り戻す金額400万円⑤を差し引いた金額0円を⑮欄に記載し、それに対する税額0円を⑱欄に記載します（「繰戻控除計算用」221頁を参照）。

4　⑬欄−㉑欄と⑭欄の少ない方の金額372,500円を㉒欄に記載します。

5　還付請求金額欄に372,500円を転記します。

令和1年確定申告分	令和1年分 確定申告書 第一表

神田　税務署長
令和_2_年_3_月_10_日　令和 [0][1] 年分の 所得税及び 復興特別所得税 の 確定 申告書B　　F A 0 1 2 5

〒 1 0 1 - 0 0 5 1

住所　東京都千代田区神田神保町1丁目31番2号
又は事業所

個人番号

フリガナ　チュウオウタロウ

中央太郎

職業　自営業　　屋号・雅号　　世帯主の氏名　　世帯主との続柄 本人

3 29.01.03　電話番号 自宅・勤務先・携帯

整理番号 1 2 3 4 5 6 7 8

第一表 （令和元年分以降用）

> **手順2-2**
> 課税総所得金額㉖及びそれに対する税額㉗を還付請求書（220頁）の⑦欄、⑩欄に転記。

収入金額等

事業	農業	㋐	
	不動産	㋑	
	利子	㋒	
	配当	㋓	
	給与	㋔	2 4 0 0 0 0 0
雑	公的年金等	㋕	
	その他	㋖	
総合譲渡	短期	㋗	
	長期	㋘	
	一時	㋙	

所得金額

事業	営業等	①	4 5 0 0 0 0 0
	農業	②	
	不動産	③	
	利子	④	
	配当	⑤	
	給与 区分	⑥	1 5 0 0 0 0 0
	雑	⑦	
	総合譲渡・一時 ㋖+{(㋘+㋙)×½}	⑧	
	合計	⑨	6 0 0 0 0 0 0

所得から差し引かれる金額

社会保険料控除	⑩	4 3 0 0 0 0
小規模企業共済等掛金控除	⑪	3 4 0
生命保険料控除	⑫	4 0
地震保険料控除	⑬	5 0
寡婦、寡夫控除	⑭	0 0 0 0
勤労学生、障害者控除	⑮～⑯	0 0 0 0
配偶者(特別)控除 区分	⑰～⑱	3 8 0 0 0 0
扶養控除	⑲	3 8 0 0 0 0
基礎控除	⑳	3 8 0 0 0 0
⑩から⑳までの計	㉑	2 0 0 0 0 0 0
雑損控除	㉒	
医療費控除 区分	㉓	
寄附金控除	㉔	
合計 ㉑+㉒+㉓+㉔	㉕	2 0 0 0 0 0 0

税理士
署名押印
電話番号

税理士法第30条 33条の2

㊞

税金の計算

課税される所得金額 (⑨-㉕)又は第三表	㉖	4 0 0 0 0 0 0
上の㉖に対する税額 又は第三表の⑨	㉗	3 7 2 5 0 0
配当控除	㉘	
区分	㉙	
(特定増改築等)区分 住宅借入金等特別控除	㉚	0 0
政党等寄附金等特別控除	㉛～㉝	
住宅耐震改修特別控除等 住宅特定改修・認定住宅 新築等特別税額控除	㉞～㊲	
差引所得税額 (㉗-㉘-㉙-㉚-㉛-㉜-㉝-㉞)	㊳	3 7 2 5 0 0
災害減免額	㊴	
再差引所得税額(基準所得税額) (㊳-㊴)	㊵	3 7 2 5 0 0
復興特別所得税額 (㊵×2.1%)	㊶	7 8 2 2
所得税及び復興特別所得税の額 (㊵+㊶)	㊷	3 8 0 3 2 2
外国税額控除 区分	㊸	
源泉徴収税額	㊹	1 5 0 0 0 0
申告納税額 (㊷-㊸-㊹)	㊺	2 3 0 3 0 0
予定納税額 (第1期分・第2期分)	㊻	0
第3期分の税額 (㊺-㊻) 納める税金	㊼	2 3 0 3 0 0
還付される税金	㊽	

復興特別所得税額の記入をお忘れなく。 ←

その他

配偶者の合計所得金額	㊾	
専従者給与(控除)額の合計額	㊿	
青色申告特別控除額	⑤¹	6 5 0 0 0 0

> **手順2-2**
> 源泉徴収税額控除前の税額㊵を還付請求書（220頁）の⑭欄に転記。

変動・臨時所得金額 区分	⑤⑥	
申告期限までに納付する金額	⑤⑦	0 0
延納届出額	⑤⑧	0 0 0

延納の届出

還付される税金の受取場所

銀行・金庫・組合・農協・漁協	本店・支店 出張所 本所・支所
郵便局名等	預金種類 普通 当座 納税準備 貯蓄
口座番号 記号番号	

整理欄

区分	A	B	C	D	E	F	G	H	I	J	K
異動			年		月		日	L			
管理					名簿						
補完									確認		

納	管
事	業
住	民
資	産
総	合
分	離
損	益
通信日付印	確認印
年月日	

215

記載例14
記載例15
記載例16
記載例17
記載例18
記載例19
記載例20
記載例21
記載例22

神田　税務署長
令和 3 年 2 月 22 日　令和 02 年分の 所得税及び 復興特別所得税 の 確定 申告書B　　FA2200

第一表（令和二年分以降用）

| 住所 | 〒 101-0051 | 個人番号 | | 生年月日 | 3 29.01.03 |

又は事業所事務所居所など　東京都千代田区神田神保町１丁目31番２号
フリガナ チュウオウタロウ
氏名 中央太郎

令和 3 年 1 月 1 日の住所　同上
職業 自営業　屋号・雅号　世帯主の氏名　世帯主との続柄 本人
（単位は円）　種類 ○分 ○離 ○国出 ○○ ○修正 特農の表示 特農　整理番号 1 2 3 4 5 6 7 8　電話番号 自宅・勤務先・携帯

収入金額等	事 営 業 等	㋐	2 0 0 0 0 0 0 0
	業 農 業	㋑	
	不 動 産	㋒	
	利 子	㋓	
	配 当	㋔	
	給 与 区分	㋕	
	雑 公的年金等	㋖	
	業 務 区分	㋗	
	その他	㋘	
	総合譲渡 短 期	㋙	
	長 期	㋚	
	一 時	㋛	

所得金額等	事 営 業 等	①	△ 5 0 0 0 0 0 0
	業 農 業	②	
	不 動 産	③	
	利 子	④	
	配 当	⑤	
	給 与 区分	⑥	
	雑 公的年金等	⑦	
	業 務	⑧	
	その他	⑨	
	⑦から⑨までの計	⑩	
	総合譲渡・一時 ③+{(⑨+⑪)×½}	⑪	
	合 計 ①から⑥までの計+⑩+⑪	⑫	

所得から差し引かれる金額	社会保険料控除	⑬	9 1 0 0 0 0
	小規模企業共済等掛金控除	⑭	9 6 0 0 0 0
	生命保険料控除	⑮	
	地震保険料控除	⑯	5 0 0 0 0
	寡婦、ひとり親控除 区分	⑰~⑱	0 0 0 0
	勤労学生、障害者控除	⑲~⑳	0 0 0 0
	配偶者（特別）控除 区分1 区分2	㉑~㉒	0 0 0 0
	扶養控除 区分	㉓	0 0 0 0
	基 礎 控 除	㉔	4 8 0 0 0 0
	⑬から㉔までの計	㉕	2 4 0 0 0 0 0
	雑 損 控 除	㉖	
	医療費控除 区分	㉗	
	寄 附 金 控 除	㉘	
	合 計 （㉕+㉖+㉗+㉘）	㉙	2 4 0 0 0 0 0

税金の計算	課税される所得金額 （⑫-㉙）又は第三表	㉚	0 0 0
	上の㉚に対する税額 又は第三表の㉝	㉛	9 9 0 0 0 0
	配 当 控 除	㉜	
	区分	㉝	
	（特定増改築等）住宅借入金等特別控除 区分 1	㉞	0 0
	政党等寄附金等特別控除	㉟~㊲	
	住宅耐震改修特別控除等 区分	㊳~㊵	
	差引所得税額 （㊳-㉜-㉝-㉞-㉟-㊱-㊲-㊵）	㊶	9 9 0 0 0 0
	災 害 減 免 額	㊷	2 4 7 5 0 0
	再差引所得税額（基準所得税額）（㊶-㊷）	㊸	7 4 2 5 0 0
	復興特別所得税額 （㊸×2.1%）	㊹	1 5 5 9 2
	所得税及び復興特別所得税の額 （㊸+㊹）	㊺	7 5 8 0 9 2
	外国税額控除等 区分	㊻~㊼	
	源泉徴収税額	㊽	4 5 9 4 5 0
	申告納税額 （㊺-㊻-㊼-㊽）	㊾	2 9 8 6 0 0
	予定納税額 （第1期分・第2期分）	㊿	
	第3期分の税額 （㊾-㊿） 納める税金	51	2 9 8 6 0 0
	還付される税金	52	△

その他	公的年金等以外の合計所得金額	53	
	配偶者の合計所得金額	54	
	専従者給与（控除）額の合計額	55	
	青色申告特別控除額	56	0
	雑所得・一時所得等の源泉徴収税額の合計額	57	4 5 9 4 5 0
	未納付の源泉徴収税額	58	
	本年分で差し引く繰越損失額	59	
	平均課税対象金額	60	
	変動・臨時所得金額	61	

| 延納の届出 | 申告期限までに納付する金額 | 62 | 0 0 |
| | 延 納 届 出 額 | 63 | 0 0 0 |

㊹・㊺・㊾・51又は52の記入をお忘れなく。

還付される税金の受取場所　銀行 金庫・組合 農協・漁協　本店・支店 出張所 本所・支所
郵便局 名等　預金種類 普通 当座 納税準備 貯蓄
口座番号記号番号

整理欄 区分 A B C D E F G H I J K　異動
管理 名簿
補完 確認

税理士署名押印 電話番号　　印）30条 33条の2

216

令和２年確定申告分　　令和２年分 確定申告書　第三表

記載例12
記載例13
記載例14
記載例15
記載例16
記載例17
記載例18
記載例19
記載例20
記載例21
記載例22

令和 0 2 年分の 所得税及び復興特別所得税 の 確定 申告書（分離課税用）

FA2400

第三表（令和二年分以降用）

○第三表は、申告書Bの第一表・第二表と一緒に提出してください。

| 整理番号 | 1 2 3 4 5 6 7 8 | 一連番号 | |

特 例 適 用 条 文				
法		条	項	号
所法 ○ 措法 震法		3 5 条の 2 の	項	号
所法 措法 震法		条の の	項	号
所法 措法 震法		条の の	項	号

住　所　東京都千代田区神田神保町１丁目31番２号
屋　号
フリガナ　チュウオウタロウ
氏　名　中央太郎

（単位は円）

収入金額

分離課税	短期譲渡	一般分	㋜	
		軽減分	㋝	
	長期譲渡	一般分	㋞	2 0 0 0 0 0 0 0
		特定分	㋟	
		軽課分	㋠	
	一般株式等の譲渡		㋡	
	上場株式等の譲渡		㋢	3 5 0 0 0 0 0 0
	上場株式等の配当等		㋣	
	先物取引		㋤	
山林			㊁	
退職			㋬	

所得金額

分離課税	短期譲渡	一般分	64	
		軽減分	65	
	長期譲渡	一般分	66	6 0 0 0 0 0 0
		特定分	67	
		軽課分	68	
	一般株式等の譲渡		69	
	上場株式等の譲渡		70	3 0 0 0 0 0 0
	上場株式等の配当等		71	
	先物取引		72	
山林			73	
退職			74	

税金の計算

総合課税の合計額（申告書B第一表の⑫）	12	△ 5 0 0 0 0 0 0	
所得から差し引かれる金額（申告書B第一表の㉙）	29	2 4 0 0 0 0 0	
課税される所得金額	⑫ 対応分	75	0 0 0
	64 65 対応分	76	0 0 0
	66 67 68 対応分	77	3 6 0 0 0 0 0
	69 70 対応分	78	3 0 0 0 0 0 0
	71 対応分	79	0 0 0
	72 対応分	80	0 0 0
	73 対応分	81	0 0 0
	74 対応分	82	0 0 0

税金の計算

税金の計算額	75 対応分	83	0
	76 対応分	84	
	77 対応分	85	5 4 0 0 0 0
	78 対応分	86	4 5 0 0 0 0
	79 対応分	87	
	80 対応分	88	
	81 対応分	89	
	82 対応分	90	
83から90までの合計（申告書B第一表の㉛に転記）		91	9 9 0 0 0 0

その他

株式等	本年分の69、70から差し引く繰越損失額	92	
	翌年以後に繰り越される損失の金額	93	
配当等	本年分の71から差し引く繰越損失額	94	
先物取引	本年分の72から差し引く繰越損失額	95	
	翌年以後に繰り越される損失の金額	96	

○ 分離課税の短期・長期譲渡所得に関する事項

区分	所得の生ずる場所	必要経費	差引金額（収入金額－必要経費）	特別控除額
		円 4,000,000	円 16,000,000	円 10,000,000

差引金額の合計額	97	16,000,000
特別控除額の合計額	98	1 0 0 0 0 0 0 0

○ 上場株式等の譲渡所得等に関する事項

上場株式等の譲渡所得等の源泉徴収税額の合計額	99	4 5 9 4 5 0

○ 退職所得に関する事項

収 入 金 額	退職所得控除額
円	円

整理欄	A B C	申告等年月日	
	D E F	通算	
	取得期限		特例期間
	資産	入力	申告区分

217

令和 ０２ 年分の 所得税及び 復興特別所得税 の 確定 申告書（損失申告用）　ＦＡ００５４

第四表（一）（令和二年分以降用）

| 住所又は事業所事務所居所など | 東京都千代田区神田神保町１丁目31番２号 | フリガナ 氏名 | チュウオウタロウ 中央太郎 |

整理番号 ｜１｜２｜３｜４｜５｜６｜７｜８｜　一連番号

1 損失額又は所得金額

| A | 経常所得　（申告書Ｂ第一表の①から⑥までの計＋⑩の合計額） | | | | | | | 64 | △5,000,000 円 |

	所得の種類		区分等	所得の生ずる場所等	Ⓐ 収入金額	Ⓑ 必要経費等	Ⓒ 差引金額（Ⓐ－Ⓑ）	Ⓓ 特別控除額		Ⓔ 損失額又は所得金額
B	譲渡	短期 分離譲渡			円	円	㋜ 円		65	
		短期 総合譲渡					㋝	円	66	
		長期 分離譲渡	一般分	20,000,000 円	4,000,000 円	㋟ 16,000,000		67	16,000,000
		長期 総合譲渡				㋠	円	68	
	一　時								69	
C	山　林			円					70	
D	退　職				円	円			71	
E	一般株式等の譲渡								72	
	上場株式等の譲渡			35,000,000					73	3,000,000
	上場株式等の配当等				円	円			74	
F	先物取引								75	

| 76 分離課税の譲渡所得の特別控除額の合計額 | 円 | 77 上場株式等の譲渡所得等の源泉徴収税額の合計額 | 円 | 特例適用条文 |

2 損益の通算

	所得の種類				Ⓐ 通算前	Ⓑ 第１次通算後	Ⓒ 第２次通算後	Ⓓ 第３次通算後	Ⓔ 損失額又は所得金額
A	経常所得			64	△5,000,000 円	△5,000,000 円	△5,000,000 円	△5,000,000 円	△5,000,000 円
B	譲渡	短期	総合譲渡	66		第	第	第	
		長期	分離譲渡（特定損失額）	67	△	1	2	3	
		長期	総合譲渡	68					
	一　時			69					
C	山　林			70		算		㋡	
D	退　職			71			算		
	損失額又は所得金額の合計額							78	△5,000,000

> 手順2-1
> 総所得金額の純損失の金額⑦500万円を還付請求書（220頁）の②欄に転記。

| 資産 | | 整理欄 | |

令和 02 年分の 所得税及び／復興特別所得税 の 確定 申告書（損失申告用）　FA0059

整理番号 1 2 3 4 5 6 7 8　一連番号

3 翌年以後に繰り越す損失額

青 色 申 告 者 の 損 失 の 金 額						⑦⑨	（住民税△5,000,000円）△1,000,000
居 住 用 財 産 に 係 る 通 算 後 譲 渡 損 失 の 金 額						⑧⓪	
変 動 所 得 の 損 失 額						⑧①	

被災事業用資産の損失額	資産の損失額	所得の種類	被災事業用資産の種類など	損害の原因	損害年月日	Ⓐ損害金額	Ⓑ保険金などで補塡される金額		Ⓒ差引損失額（Ⓐ−Ⓑ）
	山林以外	営業等・農業			・　・	円	円	⑧②	円
		不 動 産			・　・			⑧③	
	山 林							⑧④	
山 林 所 得 に 係 る 被 災 事 業 用 資 産 の 損 失 額								⑧⑤	
山 林 以 外 の 所 得 に 係 る 被 災 事 業 用 資 産 の 損 失 額								⑧⑥	

4 繰越損失を差し引く計算

年分	損 失 の 種 類		Ⓐ前年分までに引ききれなかった損失額	Ⓑ本年分で差し引く損失額	Ⓒ翌年分以後に繰り越して差し引かれる損失額（Ⓐ−Ⓑ）
A　29 年（3年前）	純損失	山林以外の所得の損失	円	円	円
		29			
	雑	居住			
B　30 年（2年前）	純損失	30 年が青色の場合　山林以外の所得の損失			
		山林所得の損失			
		30 年が白色の場合　変動所得の損失			
		被災事業用資産の損失　山林以外			
		山 林			
		居住用財産に係る通算後譲渡損失の金額			
	雑	損 失			
C　1 年（前年）	純損失	1 年が青色の場合　山林以外の所得の損失			
		山林所得の損失			
		1 年が白色の場合　変動所得の損失			
		被災事業用資産の損失　山林以外			
		山 林			
		居住用財産に係る通算後譲渡損失の金額			
	雑	損 失			

手順1-3
⑦⑨欄（翌年以降に繰り越す純損失の金額）には純損失の金額の繰戻し額400万円を差し引いた金額△100万円を下段に記載。
なお、住民税の翌年に繰り越す純損失の金額は、500万円なので（住民税△500万円）と上段に記載。

本年分の一般株式等及び上場株式等に係る譲渡所得等から差し引く損失額	⑧⑦		円
本 年 分 の 上 場 株 式 等 に 係 る 配 当 所 得 等 か ら 差 し 引 く 損 失 額	⑧⑧		円
本 年 分 の 先 物 取 引 に 係 る 雑 所 得 等 か ら 差 し 引 く 損 失 額	⑧⑨		円
雑損控除、医療費控除及び寄附金控除の計算で使用する所得金額の合計額	⑨⓪	19,000,000	円

5 翌年以後に繰り越される本年分の雑損失の金額

⑨① 　0 円

6 翌年以後に繰り越される株式等に係る譲渡損失の金額

⑨② 円

7 翌年以後に繰り越される先物取引に係る損失の金額

⑨③ 円

資産		整理欄	

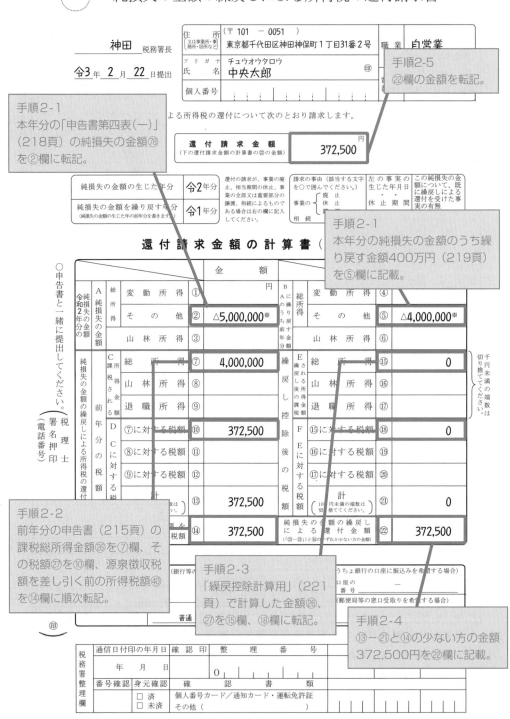

純損失の金額の繰戻しによる所得税の還付請求書

税務署受付印

神田 税務署長

令3 年 2 月 22 日提出

住 所 （又は事業所・事務所・居所など）	（〒 101 － 0051　） 東京都千代田区神田神保町1丁目31番2号	職業	自営業
フリガナ 氏 名	チュウオウタロウ 中央太郎　㊞		
個人番号			

手順2-5
㉒欄の金額を転記。

による所得税の還付について次のとおり請求します。

手順2-1
本年分の「申告書第四表（一）」（218頁）の純損失の金額㊲を②欄に転記。

| 還 付 請 求 金 額
（下の還付請求金額の計算書の㉒の金額） | 円
372,500 |

| 純損失の金額の生じた年分 | 令2年分 | 還付の請求が、事業の廃止、相当期間の休止、事業の全部又は重要部分の譲渡、相続によるものである場合は右の欄に記入してください。 | 請求の事由（該当する文字を〇で囲んでください。） | 左の事実の生じた年月日・休止期間 | この純損失の金額について、既に繰戻しによる還付を受けた事実の有無 |
| 純損失の金額を繰り戻す年分
（純損失の金額の生じた年の前年分を書きます） | 令1年分 | | 事業 ｛ 廃 止 休 止 譲 渡 相 続 | | |

手順2-1
本年分の純損失の金額のうち繰り戻す金額400万円（219頁）を⑤欄に記載。

還 付 請 求 金 額 の 計 算 書

〇申告書と一緒に提出してください。

			金 額					
令和2年分の 純損失の金額	A 総所得	変 動 所 得	①	円	Bに繰り戻す前年分金額	総所得	変 動 所 得	④	
		そ の 他	②	△5,000,000※			そ の 他	⑤	△4,000,000※
		山 林 所 得	③				山 林 所 得	⑥	
前年分の純損失の金額の繰戻しによる所得税の還付	C 課税される所得金額	総 所 得	⑦	4,000,000	E 繰戻しされる所得金額	総 所 得	⑮	0
		山 林 所 得	⑧		繰戻し控除後の課税	山 林 所 得	⑯	
		退 職 所 得	⑨			退 職 所 得	⑰	
	D Cに対する税額	⑦に対する税額	⑩	372,500	F Eに対する税額	⑮に対する税額	⑱	0
		⑧に対する税額	⑪		繰戻し後の税額	⑯に対する税額	⑲	
		⑨に対する税額	⑫			⑰に対する税額	⑳	
		計	⑬	372,500		計	㉑	0
		源泉徴収前税額	⑭	372,500	純損失の金額の繰戻しによる還付金額（⑬-㉑）と⑭のいずれか少ない方の金額		㉒	372,500

千円未満の端数は切り捨ててください。

100円未満の端数は切り捨ててください。

手順2-2
前年分の申告書（215頁）の課税総所得金額㉖を⑦欄、その税額㉗を⑩欄、源泉徴収税額を差し引く前の所得税額㊵を⑭欄に順次転記。

手順2-3
「繰戻控除計算用」（221頁）で計算した金額㉖、㉗を⑮欄、⑱欄に転記。

手順2-4
⑬-㉑と⑭の少ない方の金額372,500円を㉒欄に記載。

（銀行等の... うちょ銀行の口座に振込みを希望する場合）

口座の 番号 ―

（郵便局等の窓口受取りを希望する場合）

㊞ 普通

税務署整理欄	通信日付印の年月日		確認印	整 理 番 号						
	年 月 日		0							
	番号確認	身元確認	確 認	書 類						
		□ 済 □ 未済	個人番号カード／通知カード・運転免許証 その他（　　　　　）							

※記載例では分かりやすさの点から純損失の金額をマイナス表記しています。

記載例 12
記載例 13
記載例 14
記載例 15
記載例 16
記載例 17
記載例 18
記載例 19
記載例 20
記載例 21
記載例 22

税務署長
令和＿＿年＿＿月＿＿日　令和 ⓪1 年分の 所得税及び 復興特別所得税 の 確定 申告書B

FA0125

〒 1 0 1 - 0 0 5 1

個人番号

フリガナ　チュウオウタロウ

氏 名　中央太郎　㊞

性別 男 女　職業 自営業　屋号・雅号　世帯主の氏名　世帯主との続柄 本人

生年月日 3 2 9 . 0 1 . 0 3　電話番号 自宅・勤務先・携帯

第一表 （令和元年分以降用）

手順2-3
前年分の課税総所得金額から繰り戻した
純損失の金額を差し引いた金額㉖を還付
請求書の⑮欄に転記し、それに対する税
額㉗を⑱欄に転記する。

繰戻控除後の金額

収入金額等	事 営 業 等	㋐	3 5 0 0 0 0 0 0	課税される所得金額 (⑨ー㉕)又は第三表	㉖	0 0 0
	業 農 業	㋑		上の㉖に対する税額 又は第三表の㊱	㉗	0
	不 動 産	㋒		配 当 控 除	㉘	
	利 子	㋓			㉙	
	配 当	㋔		(特定増改築等) 住宅借入金等特別控除 区分	㉚	0 0
	給 与	㋕	2 4 0 0 0 0 0	政党等寄附金等特別控除	㉛～㉝	
	雑 公的年金等	㋖		住宅耐震改修特別控除 区分 住宅特定改修・認定住宅 新築等特別税額控除	㉞～㊲	
	その他	㋗		差引所得税額 (㉗-㉘-㉙-㉚-㉛-㉞)	㊳	0
	総合譲渡 短 期	㋘				
	長 期	㋙			㊴	0
	一 時	㋚		復興特別所得税額 (㊴×2.1%)	㊵	
所得金額	事 営 業 等	①	4 5 0 0 0 0 0	所得税及び復興特別所得税の額 (㊴+㊵)	㊶	
	業 農 業	②		外国税額控除 区分	㊷	
	不 動 産	③		源泉徴収税額	㊸	1 5 0 0 0 0
	利 子	④		申告納税額 (㊶-㊷-㊸)	㊹	△ 1 5 0 0 0 0
	配 当	⑤		予定納税額 (第1期分・第2期分)	㊺	0
	給与 区分	⑥	1 5 0 0 0 0 0	第3期分 納める税金 の税額 (㊹-㊺)	㊻	0 0
	雑	⑦		還付される税金	㊼	△ 1 5 0 0 0 0
	総合譲渡・一時 ㋙+{(㋚+㋛)×½}	⑧		配偶者の合計所得金額	㊽	
	合 計	⑨	6 0 0 0 0 0 0	専従者給与(控除)額の合計額	㊾	
所得から差し引かれる金額	社会保険料控除	⑩	4 3 0 0 0 0	青色申告特別控除額	㊿	6 5 0 0 0 0
	小規模企業共済等掛金控除	⑪	3 4 0 0 0 0	雑所得・一時所得等の 源泉徴収税額の合計額	㊿	
	生命保険料控除	⑫	4 0 0 0 0	未納付の源泉徴収税額	㊼	
	地震保険料控除	⑬	5 0 0 0 0	本年分で差し引く繰越損失額	㊼	
	寡婦、寡夫控除	⑭	0 0 0 0	平均課税対象金額	㊼	
	勤労学生、障害者控除	⑮～⑯	0 0 0 0	変動・臨時所得金額 区分	㊼	
	配偶者(特別)控除 区分	⑰～⑱	3 8 0 0 0 0	申告期限までに納付する金額	㊼	0 0
	扶 養 控 除	⑲	3 8 0 0 0 0	延納届出額	㊼	0 0 0
	基 礎 控 除	⑳	3 8 0 0 0 0			
	⑩から⑳までの計	㉑	2 0 0 0 0 0 0			
	雑 損 控 除	㉒				
	医療費控除 区分	㉓				
	寄附金控除	㉔				
	合 計 (㉑+㉒+㉓+㉔)	㉕	2 0 0 0 0 0 0			

繰戻控除計算用

復興特別所得税額の記入をお忘れなく。

還付される税金の受取場所
郵便局名等
銀行 金庫・組合 農協・漁協
本店・支店 出張所 本所・支所
預金 普通 当座 納税準備 貯蓄 種類
口座番号 記号番号

整理欄
区分 A B C D E F G H I J K
異動
管理
補完
名簿
確認

納管 事業 住民 資産 給台 分離 検算 通信日付印 年月日 連番号

税理士署名押印 電話番号 ー ー ㊞
税理士法書面提出 30条 33条の2

【雑損控除適用の場合の計算用】

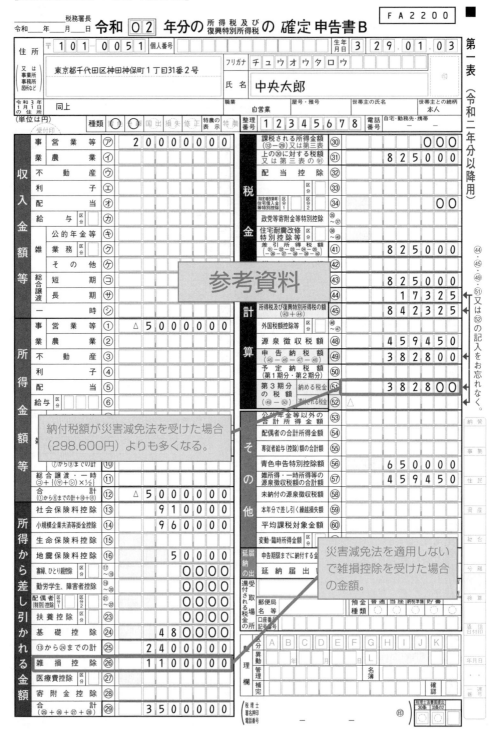

税務署長
令和___年___月___日　令和 **02** 年分の 所得税及び復興特別所得税 の 確定 申告書B　　FA2200

第一表（令和二年分以降用）

住所	〒 **101-0051**　個人番号		生年月日 **3 29.01.03**
又は事業所事務所居所など	東京都千代田区神田神保町1丁目31番2号	フリガナ チュウオウタロウ	
		氏名 **中央太郎**	
令和3年1月1日の住所	同上	職業 自営業　屋号・雅号　世帯主の氏名　世帯主との続柄 本人	

（単位は円）　種類 ○ ○ 国出 損失 修正 特農の表示 特農　整理番号 **12345678**　電話番号 自宅・勤務先・携帯

収入金額等	事　営　業　等	㋐	**20000000**
	業　農　業	㋑	
	不　動　産	㋒	
	利　子	㋓	
	配　当	㋔	
	給　与 区分	㋕	
	雑 公的年金等	㋖	
	業務 区分	㋗	
	その他	㋘	
	総合譲渡 短期	㋙	
	長期	㋚	
	一　時	㋛	

所得金額等	事　営　業　等	①	△ **5000000**
	業　農　業	②	
	不　動　産	③	
	利　子	④	
	配　当	⑤	
	給与 区分	⑥	
	雑	⑦〜⑨	
	総合譲渡・一時 ③＋{(㋙＋㋚)×½}	⑪	
	合　計 ①から⑥までの計＋⑩＋⑪	⑫	△ **5000000**

所得から差し引かれる金額	社会保険料控除	⑬	**910000**
	小規模企業共済等掛金控除	⑭	**960000**
	生命保険料控除	⑮	
	地震保険料控除	⑯	**50000**
	寡婦、ひとり親控除 区分	⑰〜⑱	**0000**
	勤労学生、障害者控除	⑲〜⑳	**0000**
	配偶者（特別）控除 区分1 区分2	㉑〜㉒	**0000**
	扶養控除 区分	㉓	**0000**
	基　礎　控　除	㉔	**480000**
	⑬から㉔までの計	㉕	**2400000**
	雑　損　控　除	㉖	**1100000**
	医療費控除 区分	㉗	
	寄附金控除	㉘	
	合計（㉕＋㉖＋㉗＋㉘）	㉙	**3500000**

税金の計算	課税される所得金額（⑫−㉙）又は第三表	㉚	**000**
	上の㉚に対する税額又は第三表の㉛	㉛	**825000**
	配　当　控　除	㉜	
	区分	㉝	
	（特定増改築等）住宅借入金等特別控除 区分	㉞	**00**
	政党等寄附金等特別控除	㉟〜㊲	
	住宅耐震改修特別控除等 区分	㊳〜㊵	
	差引所得税額（㉛−㉜−㉝−㉞−㉟−㊱−㊲−㊳）	㊶	**825000**
	災害減免額	㊷	
	再差引所得税額（基準所得税額）（㊶−㊷）	㊸	**825000**
	復興特別所得税額（㊸×2.1%）	㊹	**17325**
	所得税及び復興特別所得税の額（㊸＋㊹）	㊺	**842325**
	外国税額控除 区分	㊻〜㊼	
	源泉徴収税額	㊽	**459450**
	申告納税額（㊺−㊻−㊼−㊽）	㊾	**382800**
	予定納税額（第1期分・第2期分）	㊿	
	第3期分の税額（㊾−㊿） 納める税金	51	**382800**
	還付される税金	52	△

その他	公的年金等以外の合計所得金額	53	
	配偶者の合計所得金額	54	
	専従者給与（控除）額の合計額	55	
	青色申告特別控除額	56	**650000**
	雑所得・一時所得等の源泉徴収税額の合計額	57	**459450**
	未納付の源泉徴収税額	58	
	本年分で差し引く繰越損失額	59	
	平均課税対象金額	60	
	変動・臨時所得金額	61	

延納の届出　申告期限までに納付する金額　延納届出額
還付される税金の受取場所

郵便局名等　　預金 普通 当座 納税準備 貯蓄 種類　　口座番号記号番号

区分 A B C D E F G H I J K L

税理士署名押印電話番号

> 納付税額が災害減免法を受けた場合（298,600円）よりも多くなる。

> 災害減免法を適用しないで雑損控除を受けた場合の金額。

参考資料

令和 02 年分の所得税及び復興特別所得税の確定申告書B

整理番号 12345678　FA2300

住所 東京都千代田区神田神保町１丁目31番２号
屋号
フリガナ チュウオウタロウ
氏名 中央太郎

○ 所得の内訳（所得税及び復興特別所得税の源泉徴収税額）

所得の種類	種目	給与などの支払者の名称・所在地等	収入金額	源泉徴収税額
株式(上田)			35,000,000円	459,450円

㊽ 源泉徴収税額の合計額 459,450

○ 保険料控除等に関する事項（⑬～⑯）

	保険料等の種類	支払保険料等の計	うち年末調整等以外
⑬社会保険料控除		910,000円	910,000円
⑭小規模企業共済等掛金控除		960,000円	960,000円
⑮生命保険料控除	新生命保険料	円	円
	旧生命保険料		
	新個人年金保険料		
	旧個人年金保険料		
	介護医療保険料		
⑯地震保険料控除	地震保険料	50,000円	円
	旧長期損害保険料		

参考資料

（⑰～⑳）
□ 死別 □ 生死不明 □ 離婚 □ 未帰還　ひとり親　勤労学生　□ 年調以外かつ専修学校等　障害者　特別障害者

○ 総合課税の譲渡所得、一時所得に関する事項（⑪）

所得の種類	収入金額	必要経費等	差引金額
譲渡(短期)	円	円	円
譲渡(長期)			
一時			

○ 雑損控除に関する事項（㉖）

損害の原因	損害年月日	損害を受けた資産の種類など
火災	令2．5．6	居宅

損害金額	保険金などで補塡される金額	差引損失額のうち災害関連支出の金額
3,000,000円	円	円

家財に対する災害損失の金額。

○ 特例適用条文等

○ 寄附金控除に関する事項（㉘）

寄附先の名称等		寄附金	円

○ 配偶者や親族に関する事項（⑳～㉓）

氏名	個人番号	続柄	生年月日	障害者	国外居住	住民税	その他
		配偶者	明・大 昭・平 . .	障 特障	国外 年調	同一 別居	調整
			明・大 昭・平・令 . .	障 特障	国外 年調	16 別居	調整
			明・大 昭・平・令 . .	障 特障	国外 年調	16 別居	調整
			明・大 昭・平・令 . .	障 特障	国外 年調	16 別居	調整
			明・大 昭・平・令 . .	障 特障	国外 年調	16 別居	調整
			明・大 昭・平・令 . .	障 特障	国外 年調	16 別居	調整

○ 事業専従者に関する事項（(55)）

事業専従者の氏名	個人番号	続柄	生年月日	従事月数・程度・仕事の内容	専従者給与(控除)額
			明・大 昭・平 . .		円
			明・大 昭・平 . .		

○ 住民税・事業税に関する事項

住民税	非上場株式の少額配当等を含む配当所得の金額	非居住者	配当割額控除額	株式等譲渡所得割額控除額	給与、公的年金等以外の所得に係る住民税の徴収方法 特別徴収	自分で納付	都道府県、市区町村への寄附(特例控除対象)	共同募金、日赤その他の寄附	都道府県条例指定寄附	市区町村条例指定寄附
	円	円	円	円			円	円	円	円

事業税			
非課税所得など 番号	所得金額 円	損益通算の特例適用前の不動産所得 円	前年中の開(廃)業 開始・廃止 月日
不動産所得から差し引いた青色申告特別控除額		事業用資産の譲渡損失など	他都道府県の事務所等

上記の配偶者・親族・事業専従者のうち別居の者の氏名・住所	氏名	住所	所得税で控除対象配偶者などとした専従者	氏名	給与 円	一連番号

第二表（令和二年分以降用）○第二表は、第一表と一緒に提出してください。○国民年金保険料や生命保険料の支払証明書など申告書に添付しなければならない書類は添付書類台紙などに貼ってください。

令和 02 年分の 所得税及び 復興特別所得税 の 確定 申告書（分離課税用）

FA2400

第三表（令和二年分以降用）

○第三表は、申告書Bの第一表・第二表と一緒に提出してください。

| 整理番号 | 1 2 3 4 5 6 7 8 | 一連番号 |

| 特　例　適　用　条　文 |
法	条	項	号
所法 措法 震法	条の　の	項	号
所法 措法 震法	条の　の	項	号
所法 措法 震法	条の　の	項	号

住　所　東京都千代田区神田神保町１丁目31番２号
屋　号
フリガナ　チュウオウタロウ
氏　名　中央太郎

（単位は円）

収入金額

分離課税	短期譲渡	一般分	㋘	
		軽減分	㋚	
	長期譲渡	一般分	㋛	2 0 0 0 0 0 0 0
		特定分	㋟	
		軽課分	㋠	
	一般株式等の譲渡		㋡	
	上場株式等の譲渡		㋢	3 5 0 0 0 0 0 0
	上場株式等の配当等		㋣	
	先物取引		㋨	
山　林			㊁	
退　職			㋬	

所得金額

分離課税	短期譲渡	一般分	64	
		軽減分	65	
	長期譲渡	一般分	66	6 0 0 0 0 0 0
		特定分	67	
		軽課分	68	
	一般株式等の譲渡		69	
	上場株式等の譲渡		70	3 0 0 0 0 0 0
	上場株式等の配当等		71	
	先物取引		72	
山　林			73	
退　職			74	

税金の計算

総合課税の合計額（申告書B第一表の⑫）	⑫	△ 5 0 0 0 0 0 0
所得から差し引かれる金額（申告書B第一表の㉙）	㉙	3 5 0 0 0 0 0
課税される所得金額	⑫ 対応分	75	0 0 0
	64 65 対応分	76	0 0 0
	66 67 68 対応分	77	2 5 0 0 0 0 0
	69 70 対応分	78	3 0 0 0 0 0 0
	71 対応分	79	0 0 0
	72 対応分	80	0 0 0
	73 対応分	81	0 0 0
	74 対応分	82	0 0 0

税金の計算

税額	75 対応分	83	0
	76 対応分	84	
	77 対応分	85	3 7 5 0 0 0
	78 対応分	86	4 5 0 0 0 0
	79 対応分	87	
	80 対応分	88	
	81 対応分	89	
	82 対応分	90	
83から90までの合計（申告書B第一表の㉛に転記）	91	8 2 5 0 0 0

株	本年分の69、70から	92	
		93	
		94	

| 先物取引 | 本年分の72から差し引く繰越損失額 | 95 | |
| | 翌年以後に繰り越される損失の金額 | 96 | |

○ 分離課税の短期・長期譲渡所得に関する事項

区分	所得の生ずる場所	必要経費	差引金額（収入金額ー必要経費）	特別控除額
		円 4,000,000	円 16,000,000	円 10,000,000

| 差引金額の合計額 | 97 | 16,000,000 |
| 特別控除額の合計額 | 98 | 1 0 0 0 0 0 0 0 |

○ 上場株式等の譲渡所得等に関する事項

| 上場株式等の譲渡所得等の源泉徴収税額の合計額 | 99 | 4 5 9 4 5 0 |

○ 退職所得に関する事項

収　入　金　額	退職所得控除額

| 整理欄 | 取得期限 | 資産 | D | E | F | 通算 | 入力 | 取得期間 | 特例期間 | 申告区分 |

参考資料

分離課税の譲渡所得600万円から所得控除の金額350万円を控除する。

224

記載例
12

記載例
13

記載例
14

記載例
15

記載例
16

記載例
17

記載例
18

記載例
19

記載例
20

記載例
21

記載例
22

記載例19	本年分の純損失の金額の一部を前年分に繰り戻し、残額及び雑損失の金額を翌年分に繰り越す場合（前年分に変動所得がある場合）

令和１年分の確定申告の概要

(1) 課税標準
　① 総所得金額　　　　　　　　　　　　　　6,000,000円
　　イ 事業所得　　　　　　　4,500,000円
　　（変動所得が220万円含まれている。）
　　ロ 給与所得　　　　　　　1,500,000円
(2) 所得控除額　　　　　　　　　　　　　　2,000,000円
(3) 課税総所得金額等　　　　　　　　　　　4,000,000円
　① 課税総所得金額　　　　　　　　　　　4,000,000円
(4) 各種所得の税額　　　　　　　　　　　　264,100円
(5) 復興特別所得税　　　　　　　　　　　　5,546円
(6) 所得税及び復興特別所得税の額　　　　　269,646円
(7) 源泉徴収税額　　　　　　　　　　　　　150,000円
(8) 納付税額　　　　　　　　　　　　　　　119,600円

令和２年分の申告所得の概要

(1) 課税標準
　① 総所得金額　　　　　　　　△5,000,000円（純損失の金額）
　　イ 事業所得　　　　△5,000,000円
　　（変動所得の損失が100万円含まれている）
　② 上場株式等の譲渡所得等の金額　　　　1,000,000円
(2) 所得控除額　　　　　　　　　　　　　　4,000,000円
　① 雑損控除　　　　　　　　　　　　　　2,900,000円
　② その他の所得控除　　　　　　　　　　1,100,000円
(3) 課税総所得金額等　　　　　　　　　　　0円
　① 課税総所得金額　　　　　　　　　　　0円
　② 上場株式等の課税譲渡所得等の金額　　0円
(4) 各種所得の税額　　　　　　　　　　　　0円
(5) 復興特別所得税　　　　　　　　　　　　0円
(6) 所得税及び復興特別所得税の額　　　　　0円

(7)	源泉徴収税額	153,150円
(8)	還付税額	△153,150円
(9)	翌年に繰り越す雑損失の金額	1,900,000円
(10)	翌年に繰り越す純損失の金額	1,000,000円

【申告書作成手順】

手順１　令和２年分の確定申告書の作成（229～231頁）

1　申告所得の内容に従って、申告書第一表、申告書第二表、申告書第三表を作成します。

2　所得金額を計算すると500万円の純損失の金額が生じるので、申告書第四表を作成します。

前年分の課税総所得金額が400万円あるので、純損失の金額500万円のうち400万円（変動所得以外分）を繰り戻し、残額100万円（変動所得分）を繰り越すものとします。

なお、純損失の金額の繰戻しをする場合の順序は下表のとおりです。

純損失の繰戻しをする場合の計算順序

純損失の金額		前年の課税所得金額		
		課税総所得金額	課税山林所得金額	課税退職所得金額
総所得金額	変動所得	②	⑥	⑧
	その他	①	⑤	⑦
山林所得		④	③	⑨

※　上記の○数字の順序で前年の課税所得金額から差し引きます

3　申告書第四表㈡の(79)欄の下段に０円と記載し、(81)欄には翌年以降に繰り越す変動所得の純損失の金額△100万円を記載します。また、所得金額から引ききれない雑損失の金額190万円（雑損控除290万円から上場株式等の譲渡所得等の金額100万円を控除した金額）があるので、申告書第四表㈡の(91)欄に記載します。なお、地方税法には純損失の繰戻しによる還付の制度がないので、純損失の金額が全額翌年に繰り越され、(79)欄の上段に（住民税△500万円）と記載します。

手順２　純損失の金額の繰戻しによる所得税の還付請求書の作成（232頁）

1　本年分の純損失の金額のうち変動所得から生じた100万円を①欄に、その他の総所得の金額から生じた400万円を②欄に転記し、そのうち前年分に繰り戻す金額400万円を⑤欄に記載します（上記、「純損失の繰戻しをする場合の計算順

序」を参照)。

2　前年分の課税総所得金額400万円を⑦欄、それに対する税額264,100円を⑩欄、
源泉徴収税額を差し引く前の所得税額264,100円を⑭欄にそれぞれ転記します。
なお、前年の所得には変動所得の金額があるので、「平均課税の計算書」(234頁)
により税額を計算しています。

3　前年分の課税総所得金額400万円⑦から前年分に繰り戻す金額400万円⑤を差し
引いた金額０円を⑮欄に記載し、それに対する税額０円を⑱欄に記載します
(「繰戻控除計算用」233頁を参照)。

4　⑬欄－㉑欄と⑭欄の少ない方の金額264,100円を㉒欄に記載します。

5　還付請求金額欄に264,100円を転記します。

記載例12
記載例13
記載例14
記載例15
記載例16
記載例17
記載例18
記載例19
記載例20
記載例21
記載例22

令和 __2__ 年 __3__ 月 __10__ 日 神田 税務署長

令和 [0 1] 年分の 所得税及び復興特別所得税 **の 確定 申告書B**

FA0125

第一表 （令和元年分以降用）

〒 1 0 1 - 0 0 5 1

住所又は
東京都千代田区神田神保町1丁目31番2号

個人番号

フリガナ チュウオウタロウ

氏名 中央太郎

職業 自営業　屋号・雅号　世帯主の氏名　世帯主との続柄 本人

生年月日 3 29.01.03

電話番号 自宅・勤務先・携帯

整理番号 1 2 3 4 5 6 7 8

手順2-2
課税総所得金額㉖及びそれに対する税額㉗
（「平均課税の計算書」（234頁）を参照）
を還付請求書（232頁）の⑦欄、⑩欄に転記。

収入金額等			
事 業	営 業 等	㋐	
	農 業	㋑	
不 動 産		㋒	
利 子		㋓	
配 当		㋔	
給 与		㋕	2 4 0 0 0 0 0
雑	公的年金等	㋖	
	その他	㋗	
総合譲渡	短 期	㋘	
	長 期	㋙	
一 時		㋚	

所得金額			
事 業	営 業 等	①	4 5 0 0 0 0 0
	農 業	②	
不 動 産		③	
利 子		④	
配 当		⑤	
給与 区分		⑥	1 5 0 0 0 0 0
雑		⑦	
総合譲渡・一時 ⑦+{(⑧+⑨)×½}		⑧	
合 計		⑨	6 0 0 0 0 0 0

所得から差し引かれる金額			
社会保険料控除		⑩	4 3 0 0 0 0
小規模企業共済等掛金控除		⑪	3 4 0 0 0 0
生命保険料控除		⑫	4 0 0 0 0
地震保険料控除		⑬	5 0 0 0 0
寡婦、寡夫控除		⑭	0 0 0 0
勤労学生、障害者控除		⑮〜⑯	0 0 0 0
配偶者（特別）控除 区分		⑰〜⑱	3 8 0 0 0 0
扶 養 控 除		⑲	3 8 0 0 0 0
基 礎 控 除		⑳	3 8 0 0 0 0
⑩から⑳までの計		㉑	2 0 0 0 0 0 0
雑 損 控 除		㉒	
医療費控除 区分		㉓	
寄附金控除		㉔	
合計 ㉑+㉒+㉓+㉔		㉕	2 0 0 0 0 0 0

税金の計算			
課税される所得金額 （⑨−㉕）又は第三表	㉖	4 0 0 0 0 0 0
上の㉖に対する税額 又は第三表の㊿	㉗	2 6 4 1 0 0
配 当 控 除	㉘	
区分	㉙	
（特定増改築等）住宅借入金等特別控除 区分	㉚	0 0
政党等寄附金等特別控除	㉛〜㉝	
住宅耐震改修特別控除 住宅特定改修・認定住宅 新築等特別税額控除	㉞〜㊱	
差 引 所 得 税 額 （㉗−㉘−㉙−㉚−㉛−㉝−㉞−㊱）	㊳	2 6 4 1 0 0
災 害 減 免 額	㊴	
再差引所得税額（基準所得税額）	㊵	2 6 4 1 0 0
復興特別所得税額 （㊵×2.1%）	㊶	5 5 4 6
所得税及び復興特別所得税の額 （㊵＋㊶）	㊷	2 6 9 6 4 6
外国税額控除 区分	㊸	
源 泉 徴 収 税 額	㊹	1 5 0 0 0 0
申 告 納 税 額 （㊷−㊸−㊹）	㊺	1 1 9 6 0 0
予 定 納 税 額 （第1期分・第2期分）	㊻	0
第3期分の税額 （㊺−㊻） 納める税金	㊼	1 1 9 6 0 0
還付される税金	㊽	

その他			
配偶者の合計所得金額	㊾	
専従者給与（控除）額の合計額	㊿	
青色申告特別控除額	51	6 5 0 0 0 0
	52	
	53	
平均課税対象金額	55	1 2 0 0 0 0
変動・臨時所得金額 区分	56	
申告期限までに納付する金額	57	0 0
延納届出額	58	0 0 0

手順2-2
源泉徴収税額控除前の税額㊵を還付請求書（232頁）の⑭欄に転記。

延納の届出 / 還付される税金の受取場所

銀行・金庫・組合・農協・漁協 本店・支店 出張所 本所・支所

郵便局 名等

預金種類 普通 当座 納税準備 貯蓄

口座番号 記号番号

整理欄 A B C D E F G H I J K 異動 管理 補完 名簿 確認

税理士署名押印 電話番号 税理士法書面提出 30条 33条の2

右側縦書き：復興特別所得税額の記入をお忘れなく。

納番 事業 住民 資産 総合 分離 税額 通信日付印 年月日 一連番号

228

神田　税務署長

令和 3 年 2 月 22 日　令和 **02** 年分の 所得税及び 復興特別所得税 の 確定 申告書B

F A 2 2 0 0

第一表（令和二年分以降用）

住所	〒 101-0051　個人番号		生年月日	3 29.01.03

住所 又は 事業所 事務所 居所など：東京都千代田区神田神保町１丁目31番２号

フリガナ　チュウオウタロウ
氏名　中央太郎

令和 3 年 1 月 1 日 の住所：同上

職業　自営業　　屋号・雅号　　世帯主の氏名　　世帯主との続柄　本人

（単位は円）　種類 ○ 分離 国出 ○ 修正　特農の表示 特農　整理番号 1 2 3 4 5 6 7 8　電話番号 自宅・勤務先・携帯

収入金額等

事業	営業等	⑦	2 0 0 0 0 0 0 0
	農業	⑦(イ)	
不動産		⑦(ウ)	
利子		⑦(エ)	
配当		⑦(オ)	
給与 区分		⑦(カ)	
雑	公的年金等	⑦(キ)	
	業務 区分	⑦(ク)	
	その他	⑦(ケ)	
総合譲渡	短期	⑦(コ)	
	長期	⑦(サ)	
	一時	⑦(シ)	

所得金額等

事業	営業等	①	△ 5 0 0 0 0 0 0
	農業	②	
不動産		③	
利子		④	
配当		⑤	
給与 区分		⑥	
雑	公的年金等	⑦	
	業務	⑧	
	その他	⑨	
	⑦から⑨までの計	⑩	
総合譲渡・一時 ⑦+{(⑦+②)×½}		⑪	
合計 (①から⑥までの計+⑩+⑪)		⑫	

所得から差し引かれる金額

社会保険料控除	⑬	2 4 0 0 0 0
小規模企業共済等掛金控除	⑭	0
生命保険料控除	⑮	
地震保険料控除	⑯	
寡婦、ひとり親控除 区分	⑰~⑱	0 0 0 0
勤労学生、障害者控除	⑲~⑳	0 0 0 0
配偶者 (特別)控除 区分1 区分2	㉑~㉒	3 8 0 0 0 0
扶養控除 区分	㉓	0 0 0 0
基礎控除	㉔	4 8 0 0 0 0
⑬から㉔までの計	㉕	1 1 0 0 0 0 0
雑損控除	㉖	2 9 0 0 0 0
医療費控除 区分	㉗	
寄附金控除	㉘	
合計 (㉕+㉖+㉗+㉘)	㉙	4 0 0 0 0 0 0

税金の計算

課税される所得金額 (⑫-㉙) 又は第三表	㉚	0 0 0
上の㉚に対する税額 又は第三表の㉙	㉛	0
配当控除	㉜	
区分	㉝	
(特定増改築等) 住宅借入金等特別控除 区分1 区分2	㉞	0 0
政党等寄附金等特別控除	㉟~㊲	
住宅耐震改修特別控除等 区分	㊳~㊵	
差引所得税額 (㉛-㉜-㉝-㉞-㉟-㊳)	㊶	0
災害減免額	㊷	0
再差引所得税額(基準所得税額) (㊶-㊷)	㊸	0
復興特別所得税額 (㊸×2.1%)	㊹	0
所得税及び復興特別所得税の額 (㊸+㊹)	㊺	0
外国税額控除等 区分	㊻~㊼	
源泉徴収税額	㊽	1 5 3 1 5 0
申告納税額 (㊺-㊻-㊼-㊽)	㊾	△ 1 5 3 1 5 0
予定納税額 (第1期分・第2期分)	㊿	
第3期分の税額 納める税金 (㊾-㊿)	51	0 0
第3期分の税額 還付される税金	52	△ 1 5 3 1 5 0

㊹・㊺・㊾・51 又は 52 の記入をお忘れなく。

その他

公的年金等以外の合計所得金額	53	
配偶者の合計所得金額	54	
専従者給与(控除)額の合計額	55	
青色申告特別控除額	56	0
雑所得・一時所得等の源泉徴収税額の合計額	57	1 5 3 1 5 0
未納付の源泉徴収税額	58	
本年分で差し引く繰越損失額	59	
平均課税対象金額	60	
変動・臨時所得金額 区分	61	

延納の届出

申告期限までに納付する金額	62	0 0
延納届出額	63	0 0 0

還付される税金の受取場所：
銀行・金庫・組合・農協・漁協　本店・支店 出張所 本所・支店
郵便局 名等
預金種類：普通 当座 納税準備 貯蓄
口座番号 記号番号

整理欄 区分 A B C D E F G H I J K　異動　管理　名簿　補完　確認

税理士署名押印 電話番号　　　　　　　　　－　　　－　　印

税理士法第30条の書面提出 30条 33条の2

229

令和 [0][2] 年分の 所得税及び 復興特別所得税 の 確定 申告書（損失申告用）　[FA0054]

第四表（一）（令和二年分以降用）

| 住所又は事業所事務所居所など | 東京都千代田区神田神保町1丁目31番2号 | フリガナ 氏名 | チュウオウタロウ 中央太郎 | |

整理番号 [1][2][3][4][5][6][7][8]　一連番号

1 損失額又は所得金額

A	経常所得 （申告書B第一表の①から⑥までの計＋⑩の合計額）						⑭	△5,000,000 円

	所得の種類	区分等	所得の生ずる場所等	Ⓐ 収入金額	Ⓑ 必要経費等	Ⓒ 差引金額（Ⓐ－Ⓑ）	Ⓓ 特別控除額	Ⓔ 損失額又は所得金額
B 譲渡	短期 分離譲渡			円	円	㋖ 円		㊻
	短期 総合譲渡					㋗	円	㊼
	長期 分離譲渡			円	円	㋘		㊽
	長期 総合譲渡					㋙	円	㊾
	一時							㊿
C	山林			円				㊱
D	退職				円	円		㊲
E	一般株式等の譲渡							㊳
	上場株式等の譲渡			10,000,000				㊴ 1,000,000
	上場株式等の配当等			円	円			㊵
F	先物取引							㊶

⑯ 分離課税の譲渡所得の特別控除額の合計額	円	⑰ 上場株式等の譲渡所得等の源泉徴収税額の合計額	円	特例適用条文

2 損益の通算

	所得の種類		Ⓐ 通算前		Ⓑ 第1次通算後		Ⓒ 第2次通算後		Ⓓ 第3次通算後		Ⓔ 損失額又は所得金額
A	経常所得	⑭	△5,000,000 円	第1	△5,000,000 円	第2	△5,000,000 円	第3	△5,000,000 円		△5,000,000 円
B 譲渡	短期 総合譲渡	㊼									
	長期 分離譲渡（特定損失額）	㊽	△								
	長期 総合譲渡	㊾									
	一時	㊿									
C	山林			⑩		算				㋠	
D	退職			⑪				算			
	損失額又は所得金額の合計額									㊸	△5,000,000

手順2-1
総所得金額の純損失の金額㊸500万円を還付請求書（232頁）の①、②欄に変動所得と区分して転記。

資産		整理欄	

令和 ⑨② 年分の 所得税及び復興特別所得税 の 確定 申告書（損失申告用）　　 FA0059

3 翌年以後に繰り越す損失額

整理番号 1 2 3 4 5 6 7 8 　一連番号

第四表（二）（令和二年分以降用）

青 色 申 告 者 の 損 失 の 金 額	⑲	（住民税△4,000,000）円 0
居住用財産に係る通算後譲渡損失の金額	⑳	
変 動 所 得 の 損 失 額	㉑	△1,000,000

被災事業用資産の損失額		所得の種類	被害事業用資産の種類など	損害の原因	損害年月日	Ⓐ 損害金額	Ⓑ 保険金などで補填される金額		Ⓒ 差引損失額 （Ⓐ－Ⓑ）
	山林以外	営業等・農業			・ ・	円		㉒	円
		不 動 産			・ ・			㉓	
	山 林				・ ・			㉔	
山 林 所 得 に 係 る 被 災 事 業 用 資 産 の 損 失 額								㉕	
山 林 以 外 の 所 得 に 係 る 被 災 事 業 用 資 産 の 損 失 額								㉖	

4 繰越損失を差し引く計算

○第四表は、申告書Ｂの第一表・第二表と一緒に提出してください。

年分		損 失 の 種 類		Ⓐ前年分までに引ききれなかった損失額	Ⓑ本年分で差し引く損失額	Ⓒ翌年分以後に繰り越して差し引かれる損失額（Ⓐ－Ⓑ）
A 29年（3年前）	純損失	29年が	山林以外の所得の損	円	円	円
		29年が				
		居住用財				
	雑					
B 30年（2年前）	純損失	30年が	山林所得の損失			
		30年が白色の場合	変動所得の損失			
			被災事業用資産の損失 山林以外			
			山 林			
		居住用財産に係る通算後譲渡損失の金額				
	雑	損	失			
C 1年（前年）	純損失	1年が青色の場合	山林以外の所得の損失			
			山林所得の損失			
		1年				
		居住用財				
	雑					

> 手順1-3
> 翌年以降に繰り越す純損失額は、繰戻し額400万円（変動所得以外分）を差し引いた金額△100万円（変動所得分）を㉑欄に、⑲欄の下段に０円と記載。なお、住民税の翌年に繰り越す純損失額は、⑲欄の上段に（住民税△400万円）と記載（⑲欄の△400万円と㉑欄の△100万円の合計で△500万円）。

> 手順1-3
> 翌年以降に繰越す雑損失の金額は、上場株式等の譲渡所得等の金額100万円を控除した後の190万円。

本年分の一般株式等及び上場株式等に係る譲渡所得等から差し引く損失額	㊼	円
本年分の上場株式等に係る配当所得等から差し引く損失額	㊽	円
本年分の先物取引に係る雑所得等から差し引く損失額	㊾	円
雑損控除、医療費控除及び寄附金控除の計算で使用する所得金額の合計額	⑨	1,000,000 円

5 翌年以後に繰り越される本年分の雑損失の金額	㉛	1,900,000 円
6 翌年以後に繰り越される株式等に係る譲渡損の金額	㉜	円
7 翌年以後に繰り越される先物取引に係る損失の金額	㉝	円

資産		整理欄	

税務署受付印

○

純損失の金額の繰戻しによる所得税の還付請求書

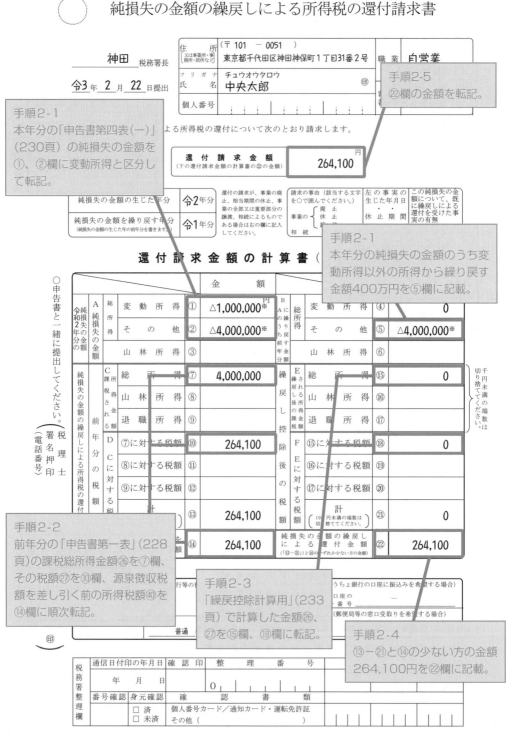

神田 税務署長

令3年 2 月 22 日提出

手順2-1
本年分の「申告書第四表（一）」（230頁）の純損失の金額を①、②欄に変動所得と区分して転記。

住 所 又は事業所・事務所・居所など	（〒 101 － 0051 ） 東京都千代田区神田神保町1丁目31番2号	職 業	自営業
フリガナ 氏 名	チュウオウタロウ 中央太郎 ㊞		
個人番号			

手順2-5
㉒欄の金額を転記。

による所得税の還付について次のとおり請求します。

還 付 請 求 金 額（下の還付請求金額の計算書の㉒の金額）	264,100	円

純損失の金額の生じた年分	令2年分	還付の請求が、事業の廃止、相当期間の休止、事業の全部又は重要部分の譲渡、相続によるものである場合は右の欄に記入してください。	請求の事由（該当する文字を○で囲んでください。） 事業 { 廃 止 休 止 譲 渡 相 続	左の事実の生じた年月日 休・止・期・間	この純損失の金額について、既に繰戻しによる還付を受けた事実の有無
純損失の金額を繰り戻す年分（純損失の金額の生じた年の前年分を書きます）	令1年分				

手順2-1
本年分の純損失の金額のうち変動所得以外の所得から繰り戻す金額400万円を⑤欄に記載。

還 付 請 求 金 額 の 計 算 書（

○申告書と一緒に提出してください。

				金　額					
令和2年分の	A純損失の金額の	総所得	変 動 所 得	①	△1,000,000※ 円	Bに繰り戻す前年分金額うち	総所得	変 動 所 得	④	0
			そ の 他	②	△4,000,000※			そ の 他	⑤	△4,000,000※
		山 林 所 得		③				山 林 所 得	⑥	
純損失の金額の繰戻しによる所得税の還付	前年分の	C課税される所得金額	総 所 得	⑦	4,000,000	E繰戻し控除後の所得税の課税	総 所 得	⑮	0
			山 林 所 得	⑧			山 林 所 得	⑯	
			退 職 所 得	⑨			退 職 所 得	⑰	
		D Cに対する税額	⑦に対する税額	⑩	264,100	F Eに対する税額	⑮に対する税額	⑱	0
			⑧に対する税額	⑪			⑯に対する税額	⑲	
			⑨に対する税額	⑫			⑰に対する税額	⑳	
			計	⑬	264,100		計（100円未満の端数は切り捨ててください。）	㉑	0
				⑭	264,100	純損失の金額の繰戻しによる還付金額（⑬－㉑）と⑭のいずれか少ない方の金額		㉒	264,100

千円未満の端数は切り捨ててください。

税 理 士 署名押印 （電話番号）

手順2-2
前年分の「申告書第一表」（228頁）の課税総所得金額㉖を⑦欄、その税額㉗を⑩欄、源泉徴収税額を差し引く前の所得税額㊵を⑭欄に順次転記。

手順2-3
「繰戻控除計算用」（233頁）で計算した金額㉖、㉗を⑮欄、⑱欄に転記。

手順2-4
⑬－㉑と⑭の少ない方の金額264,100円を㉒欄に記載。

㊞

普通

行等への振込みを希望する場合） 口座の 番号の （うちょ銀行の口座に振込みを希望する場合）

（郵便局等の窓口受取りを希望する場合）

税務署整理欄	通信日付印の年月日		確認印	整　理　番　号			
	年　月　日			0			
	番号確認	身元確認	確　認　書　類				
		□ 済 □ 未済	個人番号カード／通知カード・運転免許証 その他（　　　）				

※記載例では分かりやすさの点から純損失の金額をマイナス表記しています。

繰戻控除計算用	令和1年分 確定申告書 第一表

税務署長
令和＿＿年＿＿月＿＿日　令和 **01** 年分の 所得税及び復興特別所得税 の 確定 申告書B

FA0125

〒 **101-0051**

手順2-3
前年分の課税総所得金額から繰り戻した純損失の金額を差し引いた金額㉖を還付請求書の⑮欄に転記し、その金額に対する税額㉗を⑱欄に転記する。

フリガナ チュウオウタロウ
氏 名 中央太郎

性別 男・女　職業 自営業　屋号・雅号　世帯主の氏名　世帯主との続柄 本人
生年月日 3 29.01.03　電話番号 自宅・勤務先・携帯

第一表 （令和元年分以降用）

繰戻控除計算用

繰戻控除後の金額

収入金額等			
事 業	営 業 等	㋐	3 5 0 0 0 0 0
	農 業	㋑	
不 動 産		㋒	
利 子		㋓	
配 当		㋔	
給 与		㋕	2 4 0 0 0 0 0
雑	公 的 年 金 等	㋖	
	そ の 他	㋗	
総合譲渡	短 期	㋘	
	長 期	㋙	
一 時		㋚	

所得金額			
事 業	営 業 等	①	4 5 0 0 0 0 0
	農 業	②	
不 動 産		③	
利 子		④	
配 当		⑤	
給与 区分		⑥	1 5 0 0 0 0 0
雑		⑦	
総合譲渡・一時 ㋗+{(㋘+㋙)×½}		⑧	
合 計		⑨	6 0 0 0 0 0 0

所得から差し引かれる金額			
社会保険料控除		⑩	4 3 0 0 0 0
小規模企業共済等掛金控除		⑪	3 4 0 0 0 0
生命保険料控除		⑫	4 0 0 0 0
地震保険料控除		⑬	5 0 0 0 0
寡婦、寡夫控除		⑭	0 0 0 0
勤労学生、障害者控除		⑮~⑯	0 0 0 0
配偶者(特別)控除 区分		⑰~⑱	3 8 0 0 0 0
扶 養 控 除		⑲	3 8 0 0 0 0
基 礎 控 除		⑳	3 8 0 0 0 0
⑩から⑳までの計		㉑	2 0 0 0 0 0 0
雑 損 控 除		㉒	
医療費控除 区分		㉓	
寄 附 金 控 除		㉔	
合 計 ㉑+㉒+㉓+㉔		㉕	2 0 0 0 0 0 0

税金の計算			
課税される所得金額 (⑨−㉕)又は第三表	㉖		0 0 0
上の㉖に対する税額 又は第三表の㊽	㉗		0
配 当 控 除	㉘		
区分	㉙		
(特定増改築等) 住宅借入金等特別控除 区分	㉚		0 0
政党等寄附金等特別控除	㉛~㉝		
住宅耐震改修特別控除 住宅特定改修・認定住宅 新築等特別税額控除 区分	㉞~㊲		
差引所得税額			0
(㊳−㊴)			
復興特別所得税額 (㊵×2.1%)	㊶		
所得税及び復興特別所得税の額 (㊵+㊶)	㊷		
外国税額控除 区分	㊸		
源 泉 徴 収 税 額	㊹		1 5 0 0 0 0
申 告 納 税 額 (㊷−㊸−㊹)	㊺	△	1 5 0 0 0 0
予 定 納 税 額 (第1期分・第2期分)	㊻		
第3期分の税額 納める税金	㊼		0 0
(㊺−㊻) 還付される税金	㊽	△	1 5 0 0 0 0

その他			
配偶者の合計所得金額	㊾		
専従者給与(控除)額の合計額	㊿		
青色申告特別控除額	⑤1		6 5 0 0 0 0
雑所得・一時所得等の源泉徴収税額の合計額	⑤2		
未納付の源泉徴収税額	⑤3		
本年分で差し引く繰越損失額	⑤4		
平均課税対象金額	⑤5		
変動・臨時所得金額 区分	⑤6		

延納の届出			
申告期限までに納付する金額	⑤7		0 0
延 納 届 出 額	⑤8		0 0 0

還付される税金の受取場所
銀行・金庫・組合・農協・漁協　本店・支店・出張所・本所・支所
郵便局 名等
預金種類 普通 当座 納税準備 貯蓄
口座番号 記号番号

復興特別所得税額の記入をお忘れなく。

納 付 / 事 業 / 住 民 / 補 完 / 税 合 / 分 離 / 損 益 / 信 付 印 / 年 月 日

整理欄	区分	A	B	C	D	E	F	G	H	I	J	K
	異動								L			
	管理								名簿			
	補完										確認	

税理士署名押印
電話番号 ＿＿−＿＿−＿＿ 印

税理士法書面提出 30条 33条の2

変動所得・臨時所得の平均課税の計算書

（令和 1 年分）　　　　　　　　　　　　　　　　氏　名　中央太郎

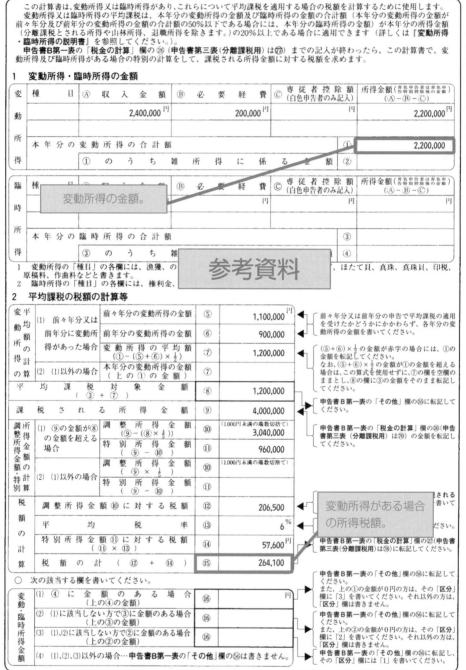

　この計算書は、変動所得又は臨時所得があり、これらについて平均課税を適用する場合の税額を計算するために使用します。
　変動所得又は臨時所得の平均課税は、本年分の変動所得の金額及び臨時所得の金額の合計額（本年分の変動所得の金額が前々年分及び前年分の変動所得の金額の合計額の50％以下である場合には、本年分の臨時所得の金額）が本年分の所得金額（分離課税とされる所得や山林所得、退職所得を除きます。）の20％以上である場合に適用できます（詳しくは『変動所得・臨時所得の説明書』を参照してください。）。
　申告書B第一表の「税金の計算」欄の㉖（申告書第三表（分離課税用）は㊆）までの記入が終わったら、この計算書で、変動所得及び臨時所得がある場合の特別の計算をして、課税される所得金額に対する税額を求めます。

1　変動所得・臨時所得の金額

変動所得	種　目	Ⓐ 収　入　金　額	Ⓑ 必　要　経　費	Ⓒ 専従者控除額（白色申告者のみ記入）	所得金額（青色申告者は青色申告特別控除後の金額）（Ⓐ－Ⓑ－Ⓒ）
		2,400,000 円	200,000 円	円	2,200,000 円
	本年分の変動所得の合計額			①	2,200,000
	① のうち雑所得に係る金額			②	

臨時所得	種　目	Ⓐ 収　入　金　額	Ⓑ 必　要　経　費	Ⓒ 専従者控除額（白色申告者のみ記入）	所得金額（青色申告者は青色申告特別控除後の金額）（Ⓐ－Ⓑ－Ⓒ）
				円	円
	本年分の臨時所得の合計額			③	
	③ のうち雑			④	

1　変動所得の「種目」の各欄には、漁獲、（略）、ほたて貝、真珠、真珠貝、印税、原稿料、作曲料などと書きます。
2　臨時所得の「種目」の各欄には、権利金、（略）

2　平均課税の税額の計算等

変動所得の平均額の計算	(1) 前々年分又は前年分に変動所得があった場合	前々年分の変動所得の金額	⑤	1,100,000 円	前々年分又は前年分の申告で平均課税の適用を受けたかどうかにかかわらず、各年分の変動所得の金額を書いてください。
		前年分の変動所得の金額	⑥	900,000	
		変動所得の平均額（①－（⑤＋⑥）×1/2）	⑦	1,200,000	（⑤＋⑥）×1/2 の金額が赤字の場合には、①の金額を転記してください。なお、（⑤＋⑥）×1/2の金額が①の金額を超える場合は、この算式を使用せずに、⑦の欄を空欄のままとし、⑧の欄に③の金額をそのまま転記してください。
	(2) (1)以外の場合	本年分の変動所得の金額（上の①の金額）	⑦		

平　均　課　税　対　象　金　額（③＋⑦）	⑧	1,200,000	申告書B第一表の「その他」⑤に転記してください。

課　税　さ　れ　る　所　得　金　額	⑨	4,000,000	申告書B第一表の「税金の計算」欄の㉖（申告書第三表（分離課税用）は㊆）の金額を転記してください。

調整所得金額・特別所得金額の計算	(1) ⑨の金額が⑧の金額を超える場合	調整所得金額（⑨－（⑧×4/5））	⑩	（1,000円未満の端数切捨て）3,040,000	
		特別所得金額（⑨－⑩）	⑪	960,000	
	(2) (1)以外の場合	調整所得金額（⑨×1/5）	⑩	（1,000円未満の端数切捨て）	
		特別所得金額（⑨－⑩）	⑪		

税額の計算	調整所得金額⑩に対する税額	⑫	206,500	（略）される（略）書いて
	平　　均　　税　　率	⑬	6 ％	（略）ださい。
	特別所得金額⑪に対する税額（⑪×⑬）	⑭	57,600 円	申告書B第一表の「税金の計算」欄の㉗（申告書第三表（分離課税用）は㊈）に転記してください。
	税　額　の　計（⑫＋⑭）	⑮	264,100	

○　次の該当する欄を書いてください。

変動・臨時所得金額	(1) ④ に金額のある場合（上の④の金額）	⑯	円	申告書B第一表の「その他」欄の⑤に転記してください。また、上の①の金額が0円の方は、その「区分」欄に「3」を書いてください。それ以外の方は、「区分」欄は書きません。
	(2) (1)に該当しない方で③に金額のある場合（上の③の金額）	⑯		申告書B第一表の「その他」欄の⑤に転記してください。また、上の②の金額が0円の方は、その「区分」欄に「2」を書いてください。それ以外の方は、「区分」欄は書きません。
	(3) (1),(2)に該当しない方で②に金額のある場合（上の②の金額）	⑯		申告書B第一表の「その他」欄の⑤に転記し、その「区分」欄には「1」を書いてください。
	(4) (1),(2),(3)以外の場合…申告書B第一表の「その他」欄の⑤は書きません。			

01.11

記載例
12

記載例
13

記載例
14

記載例
15

記載例
16

記載例
17

記載例
18

記載例
19

記載例
20

記載例
21

記載例
22

記載例20	本年分の純損失の金額の一部を前年分に繰り戻し、残額を翌年分に繰り越す場合（前年分に住宅借入金等特別控除がある場合）

令和1年分の確定申告の概要

(1) 課税標準
　① 総所得金額　　　　　　　　　　　　　　6,000,000円
　　イ 事業所得　　　　　　4,500,000円
　　ロ 給与所得　　　　　　1,500,000円
　② 上場株式等の譲渡所得等の金額　　　　1,000,000円
(2) 所得控除額　　　　　　　　　　　　　　　2,000,000円
(3) 課税総所得金額等　　　　　　　　　　　　5,000,000円
　① 課税総所得金額　　　　　　　　　　　　4,000,000円
　② 上場株式等の課税譲渡所得等の金額　　　1,000,000円
(4) 各種所得の税額　　　　　　　　　　　　　　522,500円
　① 課税総所得金額　　　　　　　　　　　　　372,500円
　② 上場株式等の課税譲渡所得等の金額　　　　150,000円
(5) 住宅借入金等特別控除　　　　　　　　　　　300,000円
(6) 復興特別所得税　　　　　　　　　　　　　　　4,672円
(7) 所得税及び復興特別所得税の額　　　　　　　227,172円
(8) 源泉徴収税額　　　　　　　　　　　　　　　303,150円
(9) 還付税額　　　　　　　　　　　　　△75,978円

令和2年分の申告所得の概要

(1) 課税標準
　① 総所得金額　　　　　　　　　　△5,000,000円（純損失の金額）
　　イ 事業所得　　　　　　△5,000,000円
　② 上場株式等の譲渡所得等の金額　　　　3,000,000円
(2) 所得控除額　　　　　　　　　　　　　　　2,000,000円
(3) 課税総所得金額等　　　　　　　　　　　　1,000,000円
　① 課税総所得金額　　　　　　　　　　　　　　　0円
　② 上場株式等の課税譲渡所得等の金額　　　1,000,000円
(4) 各種所得の税額　　　　　　　　　　　　　　150,000円
　　課税総所得金額　　　　　　　　　　　　　　　0円

	上場株式等の課税譲渡所得等の金額	150,000円
(5)	復興特別所得税	3,150円
(6)	所得税及び復興特別所得税の額	153,150円
(7)	源泉徴収税額	459,450円
(8)	還付税額	△306,300円

【申告書作成手順】

手順1　令和2年分の確定申告書の作成（239〜242頁）

1　申告所得の内容に従って、申告書第一表、申告書第二表、申告書第三表を作成します。

　　所得金額を計算すると500万円の純損失が生じるので、申告書第四表を作成します。

2　前年分の課税総所得金額が400万円あるので、純損失の金額500万円のうち362,000円を繰り戻し、残額4,638,000円を繰り越すものとします（繰戻し限度額内で最大還付可能額を計算）。

　　課税総所得金額400万円と同額を繰り戻さないのは、住宅取得等特別控除があるため、還付可能額が前年分の源泉徴収税額を差し引く前の所得税額72,500円（申告書第三表⑱欄の372,500円から申告書第一表㉚欄の30万円を差し引いた金額）が限度となるためです（245頁参照）。

　　※　400万円を繰り戻した場合の「純損失の金額の繰戻し還付請求書」の記載例は245頁を参照してください。

3　申告書第四表（二）の⑲欄の下段には、翌年以降に繰り越す純損失の金額4,638,000円を記載します。

　　なお、地方税法には純損失の繰戻しによる還付の制度がないので、純損失の金額が全額翌年に繰り越され、⑲欄の上段に（住民税△500万円）と記載します。

手順2　純損失の金額の繰戻しによる所得税の還付請求書の作成（243頁）

1　本年分の純損失の金額500万円を②欄に転記し、そのうち前年分に繰り戻す金額362,000円を⑤欄に記載します。

2　前年分の課税総所得金額400万円を⑦欄、それに対する税額372,500円を⑩欄、源泉徴収税額を差し引く前の所得税額のうち72,500円（課税総所得金額に対応する税額⑱欄の372,500円－住宅借入金等特別控除㉚欄の300,000円）を⑭欄にそれぞれ転記します。

3　前年分の課税総所得金額400万円⑦から前年分に繰り戻す金額362,000円⑤を差し引いた金額3,638,000円を⑮欄に記載し、それに対する税額300,100円を⑱欄に記載します（「繰戻控除計算用」244頁を参照）。

4　⑬欄－㉑欄と⑭欄の少ない方の金額72,400円を㉒欄に記載します。

5　還付請求金額欄に72,400円を転記します。

令和1年確定申告分	令和1年分 確定申告書 第一表

記載例12
記載例13
記載例14
記載例15
記載例16
記載例17
記載例18
記載例19
記載例20
記載例21
記載例22

神田 税務署長
令和 2 年 3 月 10 日　令和 [01] 年分の 所得税及び 復興特別所得税 の 確定 申告書B

FA0125

第一表 （令和元年分以降用）

〒 101-0051

住所 又は 事業所 事務所 居所など
東京都千代田区神田神保町1丁目31番2号

個人番号

フリガナ　チュウオウタロウ

氏名　中央太郎

性別 男・女　職業 自営業　屋号・雅号　世帯主の氏名　世帯主との続柄 本人

生年月日 3 . 29 . 01 . 03　電話番号 自宅・勤務先・携帯

令和2年1月1日の住所　同上

（単位は円）　種類 ○・分・国・出・損失・修正　特農の表示 特農　整理番号 1 2 3 4 5 6 7 8

収入金額等				金額
事業	営業等	㋐		3 5 0 0 0 0 0
	農業	㋑		
不動産		㋒		
利子		㋓		
配当		㋔		
給与		㋕		2 4 0 0 0 0 0
雑	公的年金等	㋖		
	その他	㋗		
総合譲渡	短期	㋘		
	長期	㋙		
一時		㋚		

所得金額				金額
事業	営業等	①		4 5 0 0 0 0 0
	農業	②		
不動産		③		
利子		④		
配当		⑤		
給与 区分		⑥		1 5 0 0 0 0 0
雑		⑦		
総合譲渡・一時 ㋗＋{(㋙＋㋚)×½}		⑧		
合計		⑨		6 0 0 0 0 0 0

所得から差し引かれる金額				金額
社会保険料控除		⑩		4 3 0 0 0 0
小規模企業共済等掛金控除		⑪		3 4
生命保険料控除		⑫		4
地震保険料控除		⑬		5
寡婦、寡夫控除		⑭		
勤労学生、障害者控除		⑮~⑯		
配偶者(特別)控除 区分		⑰~⑱		3 8
扶養控除		⑲		3 8
基礎控除		⑳		3 8 0 0 0 0
⑩から⑳までの計		㉑		2 0 0 0 0 0 0
雑損控除		㉒		
医療費控除 区分		㉓		
寄附金控除		㉔		
合計 ㉑＋㉒＋㉓＋㉔		㉕		2 0 0 0 0 0 0

税金の計算				金額
課税される所得金額 (⑨－㉕)又は第三表		㉖		0 0 0
上の㉖に対する税額 又は第三表の㊼		㉗		5 2 2 5 0 0
配当控除		㉘		
区分		㉙		
(特定増改築等) 区分 住宅借入金等特別控除		㉚		3 0 0 0 0 0
政党等寄附金等特別控除		㉛~㉝		
住宅耐震改修特別控除 住宅特定改修・認定住宅 新築等特別税額控除		㉞~㊲		
差引所得税額 (㉗－㉘－㉙－㉚－㉛－㉝－㉞－㊲)		㊳		2 2 2 5 0 0
災害減免額		㊴		
再差引所得税額 (基準所得税額) (㊳－㊴)		㊵		2 2 2 5 0 0
復興特別所得税額 (㊵×2.1%)		㊶		4 6 7 2
所得税及び復興特別所得税の額 (㊵＋㊶)		㊷		2 2 7 1 7 2
外国税額控除 区分		㊸		
源泉徴収税額		㊹		3 0 3 1 5 0
申告納税額 (㊷－㊸－㊹)		㊺		△ 7 5 9 7 8
予定納税額 (第1期分・第2期分)		㊻		0
第3期分の税額 (㊺－㊻) 納める税金		㊼		0 0
還付される税金		㊽		7 5 9 7 8

復興特別所得税額の記入をお忘れなく。←

その他			金額
配偶者の合計所得金額	㊾		
専従者給与(控除)額の合計額	㊿		
青色申告特別控除額	51		6 5 0 0 0 0

手順2-2
課税総所得金額に対する源泉徴収税額を差し引く前の所得税額72,500円（申告書第三表㉗欄（238頁）の372,500円－㉚欄の300,000円）を「繰戻し還付請求書」（243頁）の⑭欄に転記。

...3 1 5 0

...0 0
...0 0 0

受取場所　還付される税金の所

銀行・金庫・組合・農協・漁協　本店・支店 出張所 本所・支所

郵便局名等

預金種類 普通 当座 納税準備 貯蓄

口座番号記号番号

整理欄 区分 [A][B][C][D][E][F][G][H][I][J][K]　異動

管理　名簿　補完　確認

税理士署名押印 電話番号　印　税理士法書面提出 30条 33条の2

納 管 専 住 氏 社 分 検 適 通 一表

237

令和 **01** 年分の 所得税及び 復興特別所得税 の 確定 申告書（分離課税用）

FA0037

整理番号	1 2 3 4 5 6 7 8	一連番号

住所／居所　東京都千代田区神田神保町 1 丁目31番 2 号
屋号
フリガナ　チュウオウタロウ
氏名　**中央太郎**

（単位は円）

特 例 適 用 条 文

法	条	項	号
所法 措法 震法	条の の	項	号
所法 措法 震法	条の の	項	号
所法 措法 震法	条の の	項	号

収入金額

分離課税	短期譲渡	一 般 分	㋛	
		軽 減 分	㋜	
	長期譲渡	一 般 分	㋝	
		特 定 分	㋞	
		軽 課 分	㋟	
	一般株式等の譲渡		㋡	
	上場株式等の譲渡		㋥	1 0 0 0 0 0 0 0
	上場株式等の配当等		㋤	
	先 物 取 引		㋣	
山 林			㋔	
退 職			㋕	

所得金額

分離課税	短期譲渡	一 般 分	59	
		軽 減 分	60	
	長期譲渡	一 般 分	61	
		特 定 分	62	
		軽 課 分	63	
	一般株式等の譲渡		64	
	上場株式等の譲渡		65	1 0 0 0 0 0 0
	上場株式等の配当等		66	
	先 物 取 引		67	
山 林			68	
退 職			69	

税金の計算

総合課税の合計額（申告書B第一表⑨）	⑨	6 0 0 0 0 0 0	
所得から差し引かれる金額（申告書B第一表㉕）	㉕	2 0 0 0 0 0 0	
課税される所得金額	⑨ 対応分	70	4 0 0 0 0 0 0
	59 60 対応分	71	0 0 0
	61 62 63 対応分	72	0 0 0
	64 65 対応分	73	1 0 0 0 0 0 0
	66 対応分	74	0 0 0
	67 対応分	75	0 0 0
	68 対応分	76	0 0 0
	69 対応分	77	0 0 0

税金の計算（税額）

税額	70 対応分	78	3 7 2 5 0 0
	71 対応分	79	
	72 対応分	80	
	73 対応分	81	1 5 0 0 0 0
	74 対応分	82	
	75 対応分	83	
	76 対応分	84	
	77 対応分	85	
78から85までの合計（申告書B第一表㉛に転記）		86	5 2 2 5 0 0

その他

株式等	本年分の64・65から差し引く繰越損失額	87	
	翌年以後に繰り越される損失の金額	88	
配当等	本年分の66から差し引く繰越損失額	89	
先物取引	本年分の67から差し引く繰越損失額	90	
	翌年以後に繰り越される損失の金額	91	

○ 分離課税の短期・長期譲渡所得に関する事項

区 分	所得の生ずる場所	必 要 経 費	差引金額（収入金額－必要経費）	特別控除額
		円	円	円

手順2-2
課税総所得金額70及びそれに対する税額78を還付請求書（243頁）の⑦欄、⑩欄に転記。

○ 上場株式等の譲渡所得等に関する事項

上場株式等の譲渡所得等の源泉徴収税額の合計額	94	1 5 3 1 5 0

○ 分離課税の上場株式等の配当所得等に関する事項

種目・所得の生ずる場所	収入金額	配当所得に係る負債の利子	差引金額
	円	円	円

○ 退職所得に関する事項

所得の生ずる場所	収 入 金 額	退職所得控除額
	円	円

整理欄	A	B	C	申告等年月日
	D	E	F	通算
取得期限 資産		入力	申告区分	特例期間

令和2年確定申告分 | **令和2年分 確定申告書 第一表**

FA2200

神田　税務署長
令和 3 年 2 月 22 日　令和 02 年分の 所得税及び 復興特別所得税 の 確定 申告書B

第一表 〈令和二年分以降用〉

| 住所 | 〒 101−0051 | 個人番号 | | 生年月日 | 3 29.01.03 |

又は事業所事務所居所など　東京都千代田区神田神保町1丁目31番2号

フリガナ　チュウオウタロウ
氏名　中央太郎

令和3年1月1日の住所　同上
職業　自営業　屋号・雅号　　世帯主の氏名　中央太郎　世帯主との続柄　本人

（単位は円）
種類 〇 分離 国出 〇 修正 特農の表示 特農
整理番号 1 2 3 4 5 6 7 8
電話番号 自宅・勤務先・携帯

収入金額等	事業	営業等	㋐	2 0 0 0 0 0 0 0
		農業	㋑	
	不動産		㋒	
	利子		㋓	
	配当		㋔	
	給与 区分		㋕	
	雑	公的年金等	㋖	
		業務 区分	㋗	
		その他	㋘	
	総合譲渡	短期	㋙	
		長期	㋚	
	一時		㋛	

所得金額等	事業	営業等	①	△ 5 0 0 0 0 0 0
		農業	②	
	不動産		③	
	利子		④	
	配当		⑤	
	給与 区分		⑥	
	雑	公的年金等	⑦	
		業務	⑧	
		その他	⑨	
		⑦から⑨までの計	⑩	
	総合譲渡・一時 ③+{(㋙+㋚)×½}		⑪	
	合計 ①から⑥までの計+⑩+⑪		⑫	

所得から差し引かれる金額	社会保険料控除	⑬	9 1 0 0 0 0
	小規模企業共済等掛金控除	⑭	1 8 0 0 0 0
	生命保険料控除	⑮	
	地震保険料控除	⑯	5 0 0 0 0
	寡婦、ひとり親控除 区分	⑰〜⑱	0 0 0 0
	勤労学生、障害者控除	⑲〜⑳	0 0 0 0
	配偶者（特別）控除 区分 区分	㉑〜㉒	3 8 0 0 0 0
	扶養控除 区分	㉓	0 0 0 0
	基礎控除	㉔	4 8 0 0 0 0
	⑬から㉔までの計	㉕	2 0 0 0 0 0 0
	雑損控除	㉖	
	医療費控除 区分	㉗	
	寄附金控除	㉘	
	合計 （㉕+㉖+㉗+㉘）	㉙	2 0 0 0 0 0 0

税金の計算	課税される所得金額 （⑫−㉙）又は第三表	㉚	0 0 0
	上の㉚に対する税額 又は第三表の㉗	㉛	1 5 0 0 0 0
	配当控除	㉜	
	区分	㉝	
	住宅借入金等特別控除 区分	㉞	0 0
	政党等寄附金等特別控除	㉟〜㊲	
	住宅耐震改修特別控除等 区分 区分	㊳〜㊵	
	差引所得税額 （㉛−㉜−㉝−㉞−㉟−㊱−㊲−㊳−㊵）	㊶	1 5 0 0 0 0
	災害減免額	㊷	
	再差引所得税額（基準所得税額） （㊶−㊷）	㊸	1 5 0 0 0 0
	復興特別所得税額 （㊸×2.1%）	㊹	3 1 5 0
	所得税及び復興特別所得税の額 （㊸+㊹）	㊺	1 5 3 1 5 0
	外国税額控除等 区分	㊻〜㊼	
	源泉徴収税額	㊽	4 5 9 4 5 0
	申告納税額 （㊺−㊻−㊼−㊽）	㊾	△ 3 0 6 3 0 0
	予定納税額 （第1期分・第2期分）	㊿	
	第3期分の税額 （㊾−㊿） 納める税金	51	0 0
	還付される税金	52	△ 3 0 6 3 0 0

㊹・㊺・㊾・51又は52の記入をお忘れなく。

その他	公的年金等以外の合計所得金額	53	
	配偶者の合計所得金額	54	
	専従者給与（控除）額の合計額	55	
	青色申告特別控除額	56	0
	雑所得・一時所得等の源泉徴収税額の合計額	57	4 5 9 4 5 0
	未納付の源泉徴収税額	58	
	本年分で差し引く繰越損失額	59	
	平均課税対象金額	60	
	変動・臨時所得金額 区分	61	

| 延納の届出 | 申告期限までに納付する金額 | 62 | 0 0 |
| | 延納届出額 | 63 | 0 0 0 |

還付される税金の受取場所
銀行・金庫・組合・農協・漁協　本店・支店・出張所・本所・支所
郵便局名等
預金種類　普通 当座 納税準備 貯蓄
口座番号記号番号

| 整理欄 区分 | A | B | C | D | E | F | G | H | I | J | K |
| 異動 | | | | | | 年 | 月 | 日 | L | | |

管理
補完　名簿　確認

税理士署名押印電話番号　　　　　−　　　　−
30条 33条の2

納管 事業 住民 資産 総合 分離 検索 通信日付印 年月日 口 番号

239

令和 02 年分の 所得税及び 復興特別所得税 の 確定 申告書 (分離課税用)

FA2400

住所　東京都千代田区神田神保町１丁目31番２号
屋号
フリガナ　チュウオウタロウ
氏名　**中央太郎**

整理番号	1 2 3 4 5 6 7 8	一連番号

特 例 適 用 条 文

法	条	項	号
所法 措法 震法	条の の	項	号
所法 措法 震法	条の の	項	号
所法 措法 震法	条の の	項	号

(単位は円)

収入金額

分離課税			
短期譲渡	一般分	㋟	
	軽減分	㋜	
長期譲渡	一般分	㋝	
	特定分	㋟	
	軽課分	㋠	
一般株式等の譲渡		㋡	
上場株式等の譲渡		㋣	3 5 0 0 0 0 0 0
上場株式等の配当等		㋬	
先物取引		㋨	
山　林		㋤	
退　職		㋥	

所得金額

分離課税			
短期譲渡	一般分	64	
	軽減分	65	
長期譲渡	一般分	66	
	特定分	67	
	軽課分	68	
一般株式等の譲渡		69	
上場株式等の譲渡		70	3 0 0 0 0 0 0
上場株式等の配当等		71	
先物取引		72	
山　林		73	
退　職		74	

税金の計算

総合課税の合計額 (申告書B第一表の⑫)	12	△ 5 0 0 0 0 0 0
所得から差し引かれる金額 (申告書B第一表の㉙)	29	2 0 0 0 0 0 0

課税される所得金額	⑫ 対応分	75	0 0 0
	64 65 対応分	76	0 0 0
	66 67 68 対応分	77	0 0 0
	69 70 対応分	78	1 0 0 0 0 0 0 0 0
	71 対応分	79	0 0 0
	72 対応分	80	0 0 0
	73 対応分	81	0 0 0
	74 対応分	82	0 0 0

税金の計算

税額	75 対応分	83	0
	76 対応分	84	
	77 対応分	85	
	78 対応分	86	1 5 0 0 0 0
	79 対応分	87	
	80 対応分	88	
	81 対応分	89	
	82 対応分	90	
83から90までの合計 (申告書B第一表の㉛に転記)		91	1 5 0 0 0 0

その他

株式等	本年分の69、70から差し引く繰越損失額	92	
	翌年以後に繰り越される損失の金額	93	
配当等	本年分の71から差し引く繰越損失額	94	
先物取引	本年分の72から差し引く繰越損失額	95	
	翌年以後に繰り越される損失の金額	96	

○ 分離課税の短期・長期譲渡所得に関する事項

区　分	所得の生ずる場所	必要経費	差引金額 (収入金額－必要経費) 円	特別控除額 円

差引金額の合計額	97	
特別控除額の合計額	98	

○ 上場株式等の譲渡所得等に関する事項

上場株式等の譲渡所得等の源泉徴収税額の合計額	99	4 5 9 4 5 0

○ 退職所得に関する事項

収 入 金 額 円	退職所得控除額 円

整理欄	A B C	申告等年月日
	D E F	通算
	取得期限 資産	入力	特例期間
			申告区分

第三表 (令和二年分以降用) ○第三表は、申告書Bの第一表・第二表と一緒に提出してください。

240

記載例 12
記載例 13
記載例 14
記載例 15
記載例 16
記載例 17
記載例 18
記載例 19
記載例 20
記載例 21
記載例 22

| 令和2年確定申告分 | 令和2年分 確定申告書　第四表（一） |

令和 [0][2] 年分の 所得税及び復興特別所得税 の 確定 申告書（損失申告用）　[F A 0 0 5 4]　第四表（一）（令和二年分以降用）

| 住所又は事業所事務所居所など | 東京都千代田区神田神保町1丁目31番2号 | フリガナ　氏名 | チュウオウタロウ　中央太郎 |

整理番号 [1][2][3][4][5][6][7][8]　一連番号

1 損失額又は所得金額

A	経常所得（申告書B第一表の①から⑥までの計＋⑩の合計額）								⑥④	△5,000,000

	所得の種類		区分等	所得の生ずる場所等	Ⓐ収入金額	Ⓑ必要経費等	Ⓒ差引金額（Ⓐ－Ⓑ）	Ⓓ特別控除額	Ⓔ損失額又は所得金額	
B	譲渡	短期 分離譲渡					㋐		⑥⑤	
		短期 総合譲渡					㋑		⑥⑥	
		長期 分離譲渡					㋒		⑥⑦	
		長期 総合譲渡					㋓		⑥⑧	
	一時								⑥⑨	
C	山林								⑦⑩	
D	退職								⑦①	
E	一般株式等の譲渡								⑦②	
	上場株式等の譲渡				35,000,000				⑦③	3,000,000
	上場株式等の配当等								⑦④	
F	先物取引								⑦⑤	

⑦⑥ 分離課税の譲渡所得の特別控除額の合計額　⑦⑦ 上場株式等の譲渡所得等の源泉徴収税額の合計額　特例適用条文

2 損益の通算

	所得の種類		Ⓐ通算前		Ⓑ第1次通算後		Ⓒ第2次通算後		Ⓓ第3次通算後	Ⓔ損失額又は所得金額
A	経常所得	⑥④	△5,000,000	第1	△5,000,000	第2	△5,000,000	第3	△5,000,000	△5,000,000
B	譲渡 短期 総合譲渡	⑥⑥								
	長期 分離譲渡（特定損失額）	⑥⑦	△							
	長期 総合譲渡	⑥⑧								
	一時	⑥⑨							㋬	
C	山林	⑦⑩		算						
D	退職	⑦①				算				
損失額又は所得金額の合計額								⑦⑧	△5,000,000	

手順2-1
総所得金額の純損失の金額⑦⑧△500万円を還付請求書（243頁）の②欄に転記。

資産　整理欄

241

令和 |0|2| 年分の 所得税及び 復興特別所得税 の 確定 申告書 （損失申告用）　|F A 0 0 5 9|

3 翌年以後に繰り越す損失額

整理番号 |1|2|3|4|5|6|7|8|　一連番号

青 色 申 告 者 の 損 失 の 金 額						㉗⑨	（住民税△5,000,000）円 △4,638,000	
居 住 用 財 産 に 係 る 通 算 後 譲 渡 損 失 の 金 額						⑧⓪		
変 動 所 得 の 損 失 額						⑧①		

被災事業用資産の損失額	所得の種類		被災事業用資産の種類など	損害の原因	損害年月日	Ⓐ 損 害 金 額	Ⓑ 保険金などで補填される金額	Ⓒ 差引損失額 （Ⓐ－Ⓑ）	
	山林以外	営業等・農業			・ ・	円	円	⑧②	円
		不 動 産			・ ・			⑧③	
	山 林				・ ・			⑧④	
山 林 所 得 に 係 る 被 災 事 業 用 資 産 の 損 失 額								⑧⑤	円
山 林 以 外 の 所 得 に 係 る 被 災 事 業 用 資 産 の 損 失 額								⑧⑥	

4 繰越損失を差し引く計算

年分		損　失　の　種　類		Ⓐ前年分までに引ききれなかった損失額	Ⓑ本年分で差し引く損失額	Ⓒ翌年分以後に繰り越して差し引かれる損失額（Ⓐ－Ⓑ）
A 29年 （3年前）	純損失	29年が青色の場合	山林以外の所得の損失	円	円	円
			山林所得の損失			
		29年が白色の場合	変動所得の損失			
			被災事業用資産の損失			
		居住用財産に係る通算後譲渡損失の金額				
	雑損失					
B 30年 （2年前）	純損失	30年が青色の場合	山林以外の所得の損失			
			山林所得の損失			
		30年が白色の場合	変動所得の損失			
			被災事業用資産の損失 山林以外			
			資産の損失 山林			
		居住用財産に係る通算後譲渡損失の金額				
	雑損失					
C 1年 （前年）	純損失	1年が青色の場合	山林以外の所得の損失			
			山林所得の損失			
		1年が白色の場合	変動所得の損失			
			被災事業用資産の損失 山林以外			
			資産の損失 山林			
		居住用財産に係る通算後譲渡損失の金額				
	雑損失					

本年分の一般株式等及び上場株式等に係る譲渡所得等から差し引く損失額	⑧⑦	円
本年分の上場株式等に係る配当所得等から差し引く損失額	⑧⑧	円
本年分の先物取引に係る雑所得等から差し引く損失額	⑧⑨	円

雑損控除、医療費控除及び寄附金控除の計算で使用する所得金額の合計額	⑨⓪	3,000,000 円

5 翌年以後に繰り越される本年分の雑損失の金額	⑨①	円
6 翌年以後に繰り越される株式等に係る譲渡損失の金額	⑨②	円
7 翌年以後に繰り越される先物取引に係る損失の金額	⑨③	円

手順1-3
㉙欄（翌年以降に繰り越す純損失の金額）には、純損失の金額の繰戻し額362,000円を差し引いた金額の△4,638,000円を下段に記載。
なお、住民税の翌年に繰り越す純損失額は、500万円なので（住民税△500万円）と上段に記載。

資産	整理欄	

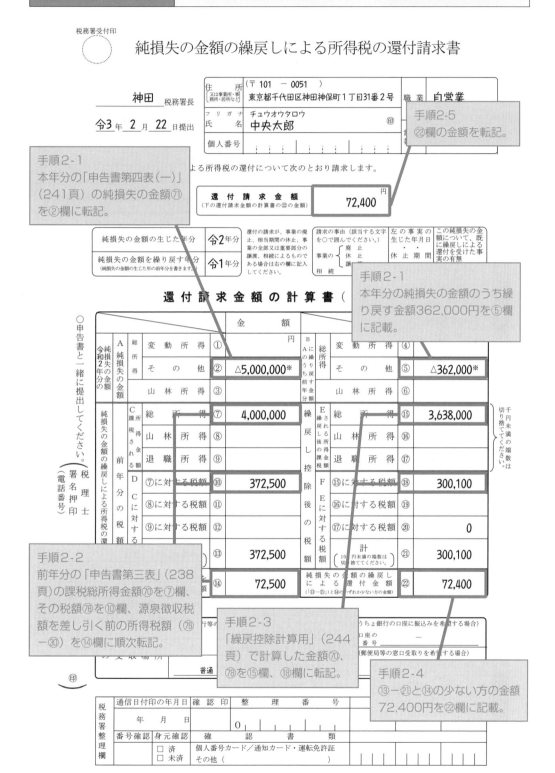

記載例12
記載例13
記載例14
記載例15
記載例16
記載例17
記載例18
記載例19
記載例20
記載例21
記載例22

令和2年確定申告分　　　純損失の金額の繰戻しによる所得税の還付請求書

税務署受付印

純損失の金額の繰戻しによる所得税の還付請求書

神田　税務署長

令3年 2月 22日提出

住所（又は事業所・事務所・居所など）	（〒 101 － 0051 ）東京都千代田区神田神保町1丁目31番2号	職業	自営業
フリガナ 氏名	チュウオウタロウ 中央太郎 ㊞		
個人番号			

手順2-5
㉒欄の金額を転記。

手順2-1
本年分の「申告書第四表（一）」（241頁）の純損失の金額⑦を②欄に転記。

による所得税の還付について次のとおり請求します。

| 還付請求金額（下の還付請求金額の計算書の㉒の金額） | 72,400 | 円 |

| 純損失の金額の生じた年分 | 令2年分 | 還付の請求が、事業の廃止、相当期間の休止、事業の全部又は重要部分の譲渡、相続によるものである場合は右の欄に記入してください。 | 請求の事由（該当する文字を○で囲んでください。） | 左の事実の生じた年月日 | この純損失の金額について、既に繰戻しによる還付を受けた事実の有無 |
| 純損失の金額を繰り戻す年分（純損失の金額の生じた年の前年分を書きます。） | 令1年分 | | 事業の 廃止 休止 譲渡 相続 | 廃止・休止期間 ・・ | |

手順2-1
本年分の純損失の金額のうち繰り戻す金額362,000円を⑤欄に記載。

還付請求金額の計算書（

○申告書と一緒に提出してください。
（電話番号）
税理士署名押印

			金　額						
A 令和2年分の純損失の金額	純損失の金額	総所得	変動所得	①	円	B Aに繰り戻す前年分金額	総所得	変動所得	④	
			その他	②	△5,000,000※			その他	⑤	△362,000※
		山林所得	③				山林所得	⑥	
C 前年分の課税される所得金額	課税される所得金額	総所得	⑦	4,000,000	E 繰戻し後の所得税 繰戻し後の課税される所得金額	総所得	⑮	3,638,000	
		山林所得	⑧			山林所得	⑯		
		退職所得	⑨			退職所得	⑰		
D 前年分の税額	C に対する税額	⑦に対する税額	⑩	372,500	F Eに対する税額	⑮に対する税額	⑱	300,100	
		⑧に対する税額	⑪			⑯に対する税額	⑲		
		⑨に対する税額	⑫			⑰に対する税額	⑳	0	
			⑬	372,500		計（100円未満の端数は切り捨ててください。）	㉑	300,100	
			⑭	72,500		純損失の金額の繰戻しによる還付金額（「⑬－㉑」と⑭のいずれか少ない方の金額）	㉒	72,400	

千円未満の端数は切り捨ててください。

純損失の金額の繰戻しによる所得税の還付請求

手順2-2
前年分の「申告書第三表」（238頁）の課税総所得金額⑦を⑦欄、その税額㉘を⑩欄、源泉徴収税額を差し引く前の所得税額（㉘－㉚）を⑭欄に順次転記。

手順2-3
「繰戻控除計算用」（244頁）で計算した金額⑦、㉘を⑮欄、⑱欄に転記。

手順2-4
⑬－㉑と⑭の少ない方の金額72,400円を㉒欄に記載。

（ゆうちょ銀行の口座に振込みを希望する場合）口座の 記号番号

（郵便局等の窓口受取りを希望する場合）

普通

㊞

税務署整理欄	通信日付印の年月日	確認印	整理番号		
	年　月　日		0		
	番号確認 身元確認	確認書類			
	□ 済 □ 未済	個人番号カード／通知カード・運転免許証その他（　　　）			

※記載例では分かりやすさの点から純損失の金額をマイナス表記しています。

令和 [0][1] 年分の 所得税及び 復興特別所得税 の 確定 申告書（分離課税用）

FA0037

第三表（令和元年分以降用）

整理番号 [1][2][3][4][5][6][7][8]　一連番号

特 例 適 用 条 文			
法	条	項	号
所法 措法 震法	条の の	項	号
所法 措法 震法	条の の	項	号
所法 措法 震法	条の の	項	号

手順2-3
前年分の課税総所得金額から繰り戻した純損失の金額362,000円を差し引いた金額㋭を還付請求書（243頁）の⑮欄に転記し、その金額に対する税額㋾を⑱欄に転記する。

単位は円

収入金額

分離課税

長期譲渡	軽 減 分	㋜	
	一 般 分	㋝	
短期譲渡	特 定 分	㋠	
	軽 課 分	㋡	
一般株式等の譲渡		㋔	
上場株式等の譲渡		㋟	10 000 000
上場株式等の配当等		㋓	
先 物 取 引		㋣	
山 林		㋢	
退 職		㊁	

所得金額

分離課税

短期譲渡	一 般 分	59	
	軽 減 分	60	
長期譲渡	一 般 分	61	
	特 定 分	62	
	軽 課 分	63	
一般株式等の譲渡		64	
上場株式等の譲渡		65	1 000 000
上場株式等の配当等		66	
先 物 取 引		67	
山 林		68	
退 職		69	

繰戻控除計算用

税金の計算

課税される所得金額

総合課税の合計額（申告書B第一表の⑨）		⑨	6 000 000
所得から差し引かれる金額（申告書B第一表の㉕）		㉕	2 000 000
⑨ 対応分		㋭	3 638 000
59 60 対応分		㋱	000
61 62 63 対応分		㋲	000
64 65 対応分		㋳	1 000 000
66 対応分		㋴	000
67 対応分		㋵	000
68 対応分		㋶	000
69 対応分		㋷	000

税金の計算

税額

㋭ 対応分	78		300 100
㋱ 対応分	79		
㋲ 対応分	80		
㋳ 対応分	81		150 000
㋴ 対応分	82		
㋵ 対応分	83		
㋶ 対応分	84		
㋷ 対応分	85		
78から85までの合計（申告書B第一表の㉗に転記）	86		450 100

その他

株式等

本年分の64、65から差し引く繰越損失額	87	
翌年以後に繰り越される損失の金額	88	
引 損 失 の 金 額	91	

○ 分離課税の短期・長期譲渡所得に関する事項

区 分	所得の生ずる場所	必 要 経 費	差引金額（収入金額−必要経費）	特別控除額
		円	円	円
差引金額の合計額		92		
特別控除額の合計額		93		

○ 上場株式等の譲渡所得等に関する事項

上場株式等の譲渡所得等の源泉徴収税額の合計額	94	153 150

○ 分離課税の上場株式等の配当所得等に関する事項

種目・所得の生ずる場所	収入金額	配当所得に係る負債の利子	差引金額
	円	円	円

○ 退職所得に関する事項

所得の生ずる場所	収 入 金 額	退職所得控除額
	円	円

整理欄

A	B	C	申告等年月日	
D	E	F	通算	
取得限度資産		入力		特例期間 申告区分

○ 第三表は、申告書Bの第一表・第二表と一緒に提出してください。

記載例12
記載例13
記載例14
記載例15
記載例16
記載例17
記載例18
記載例19
記載例20
記載例21
記載例22

参考資料	純損失の金額の繰戻しによる所得税の還付請求書

【純損失の金額400万円を繰り戻した場合の計算用】

税務署受付印

純損失の金額の繰戻しによる所得税の還付請求書

_____税務署長

___年___月___日提出

住 所 (又は事業所 事務所・居所など)	(〒 101 － 0051) 東京都千代田区神田神保町1丁目31番2号	職 業	自営業
フリガナ 氏 名	チュウオウタロウ 中央太郎 ㊞	電 話 番 号	03 － 3333 － 1234
個人番号			

純損失の金額の繰戻しによる所得税の還付について次のとおり請求します。

還 付 請 求 金 額 (下の還付請求金額の計算書の㉒の金額)	72,500 円

純損失の金額の生じた年分	令2年分	還付の請求が、事業の廃止、相当期間の休止、事業の全部又は重要部分の譲渡、相続によるものである場合は右の欄に記入してください。	請求の事由（該当する文字を○で囲んでください。）	左の事実の生じた年月日	この純損失の金額について、既に繰戻しによる還付を受けた事実の有無
純損失の金額を繰り戻す年分 (純損失の金額の生じた年の前年分を書きます。)	令1年分		事業の 廃 止 休 止 譲 渡 相 続	休 止 期 間 ・ ・ ・ ・ ・ ・	有・無

還 付 請（参考資料）

○申告書と一緒に提出してく…

					金 額
令和2年分の純損失の金額	A 純損失の金額 総所得	変 動 所 得 ①	円	Bに繰り戻す前年分金額 総所得	変 動 所 得 ④ 円
		そ の 他 ②	△5,000,000		そ の 他 ⑤ △4,000,000
		山 林 所 得 ③			山 林 所 得 ⑥
純損失…	C 課所税額得	総 所 得 ⑦	4,000,000	E 繰り戻し後の課税総所得金額 繰戻し控除後の税額	総 所 得 ⑮ 0
					山 林 所 得 ⑯
					退 職 所 得 ⑰
			372,500	F Eに対する税額	⑮に対する税額 ⑱ 0
					⑯に対する税額 ⑲
得税の還付金額の計算	税額 対する税額	⑨に対する税額 ⑫			⑰に対する税額 ⑳ 0
		計 (100円未満の端数は切り捨ててください。) ⑬	372,500		計 (100円未満の端数は切り捨ててください。) ㉑ 0
		源泉徴収税額を差し引く前の所得税額 ⑭	72,500	純損失の金額の繰戻しによる還付金額 (「⑬－㉑」と⑭のいずれか少ない方の金額) ㉒	72,500

千円未満の端数は切り捨ててください。

繰り戻す金額を400万円にしても還付金額は100円多くなるが3,638,000円の繰戻し効果は大部分が無駄になる。

還付される税金の受取場所	(銀行等の預金口座に振込みを希望する場合) 銀行 金庫・組合 農協・漁協 日本 本店・支店 出 張 所 本所・支所 普通 預金 口座番号 1234567	(ゆうちょ銀行の口座に振込みを希望する場合) 貯金口座の 記号番号 ___ － ___ (郵便局等の窓口受取りを希望する場合) ___

㊞

税務署整理欄	通信日付印の年月日 年 月 日	確 認 印	整 理 番 号 0		一 連 番 号
	番号確認	身元確認 □ 済 □ 未済	確 認 書 類 個人番号カード／通知カード・運転免許証 その他（ ）		

245

令和1年分の確定申告の概要

(1) 課税標準
　① 総所得金額　　　　　　　　　　　　　　　6,000,000円
　　イ 事業所得　　　　　　　4,500,000円
　　ロ 給与所得　　　　　　　1,500,000円
② 上場株式等の譲渡所得の金額　　　　　　　2,000,000円
(2) 所得控除額　　　　　　　　　　　　　　　2,000,000円
(3) 課税総所得金額等　　　　　　　　　　　　6,000,000円
　① 課税総所得金額　　　　　　　　　　　　4,000,000円
　② 上場株式等の課税譲渡所得等の金額　　　　2,000,000円
(4) 各種所得の税額　　　　　　　　　　　　　672,500円
　① 課税総所得金額　　　　　　　　　　　　372,500円
　② 上場株式等の課税譲渡所得等の金額　　　　300,000円
(5) 復興特別所得税　　　　　　　　　　　　　14,122円
(6) 所得税及び復興特別所得税の額　　　　　　686,622円
(7) 源泉徴収税額　　　　　　　　　　　　　　456,300円
(8) 納付税額　　　　　　　　　　　　　　　　230,300円

令和2年分の申告所得の概要

(1) 課税標準
　① 総所得金額　　　　　　　　　　　　△5,000,000円（純損失の金額）
　　イ 事業所得　　　　　　　△5,000,000円
　② 上場株式等の譲渡所得等の金額　　　　　　3,000,000円
　③ 分離課税の譲渡所得の金額　　　　　　△45,000,000円
(2) 所得控除額　　　　　　　　　　　　　　　2,000,000円
(3) 課税総所得金額等　　　　　　　　　　　　1,000,000円
　① 課税総所得金額　　　　　　　　　　　　　　0円
　② 上場株式等の課税譲渡所得等の金額　　　　1,000,000円
　③ 課税長期譲渡所得金額　　　　　　　　　　　　0円
(4) 各種所得の税額　　　　　　　　　　　　　150,000円

①	課税総所得金額	0円
②	上場株式等の課税譲渡所得等の金額	150,000円
③	課税長期譲渡所得金額	0円
(5)	復興特別所得税	3,150円
(6)	所得税及び復興特別所得税の額	153,150円
(7)	源泉徴収税額	459,450円
(8)	還付税額	△306,300円

【申告書作成手順】

手順１　令和２年分の確定申告書の作成（251～256頁）

1　申告所得の内容に従って、申告書第一表、申告書第二表、申告書第三表を作成します。

所得金額を計算すると500万円の純損失の金額が生じるので、申告書第四表を作成します。

2　前年の課税総所得金額が400万円あるので、純損失の金額500万円のうち400万円を繰り戻し、残額100万円を繰り越すものとします。

3　申告書第四表㈡の(79)欄の下段には、翌年以降に繰り越す純損失の金額100万円を記載します。

なお、地方税法には純損失の繰戻しによる還付の制度がないので、純損失の金額が全額翌年に繰り越され、(79)欄の上段に（住民税△500万円）と記載します。

また、特定居住用財産の譲渡損失の繰越控除の対象となる金額は計算書（255頁）により2,000万円と計算されますので、申告書第四表㈠に転記します。

手順２　純損失の金額の繰戻しによる所得税の還付請求書の作成（257頁）

1　本年分の純損失の金額500万円を②欄に転記し、そのうち前年分に繰り戻す金額400万円を⑤欄に記載します。

2　前年分の課税総所得金額400万円を⑦欄、それに対する税額372,500円を⑩欄、源泉徴収税額を差し引く前の所得税額（課税総所得金額に対応する税額）のうち372,500円を⑭欄にそれぞれ転記します。

3　前年の課税総所得金額400万円⑦から前年分に繰り戻す金額400万円⑤を差し引いた金額０円を⑮欄に記載し、それに対する税額０円を⑱欄に記載します（「繰戻控除計算用」258頁を参照）。

4　⑬欄－㉑欄と⑭欄の少ない方の金額372,500円を㉒欄に記載します。

5　還付請求金額欄に372,500円を転記します。

各種損失の金額の損益通算順序

区　分	各種損失の金額				
	事業所得 不動産所得	総合譲渡 所得	居住用財産 の譲渡所得	山林所得	上場株式の 譲渡所得
経常所得の金額	①	②	④	①	－
総合短期譲渡所得の金額	②		①	②	－
総合長期譲渡所得の金額	③		②	③	－
一時所得の金額	④	①	③	④	－
山林所得の金額	⑤	③	⑤		－
退職所得の金額	⑥	④	⑥	⑤	－
上場株式等配当所得の金額	－	－	－	－	①

（注）〇数字は、損失の金額の区分ごとの損益通算の順番を表します。

記載例12
記載例13
記載例14
記載例15
記載例16
記載例17
記載例18
記載例19
記載例20
記載例21
記載例22

FA0125

神田　税務署長
令和 2 年 3 月 10 日　令和 [01] 年分の 所得税及び復興特別所得税 の 確定 申告書B

第一表（令和元年分以降用）

復興特別所得税額の記入をお忘れなく。

住所 又は 事業所 事務所 居所など
〒 101-0051
東京都千代田区神田神保町１丁目31番２号

令和 2 年 1 月 1 日 の 住所　同上

個人番号

フリガナ　チュウオウタロウ
氏名　中央太郎　㊞

性別（男）女　職業 自営業　屋号・雅号　　世帯主の氏名　　世帯主との続柄 本人

生年月日 3 . 29 . 01 . 03

電話番号 自宅・勤務先・携帯

整理番号 1 2 3 4 5 6 7 8

受付印　（単位は円）種類 ○○○○○○ 損失 修正 特農の表示 特農

収入金額等				税金の計算			
事業	営業等	㋐	3 5 0 0 0 0 0 0	課税される所得金額 (⑨-㉕)又は第三表	㉖		0 0 0
	農業	㋑		上の㉖に対する税額 又は 第三表の㊵	㉗	6 7 2 5 0 0	
	不動産	㋒		配当控除	㉘		
	利子	㋓			㉙ 区分		
	配当	㋔		（特定増改築等）住宅借入金等特別控除	㉚ 区分	0 0	
	給与	㋕	2 4 0 0 0 0 0	政党等寄附金等特別控除	㉛~㉝		
雑	公的年金等	㋖		住宅耐震改修特別控除 住宅特定改修・認定住宅 新築等特別税額控除	㉞~㊲ 区分		
	その他	㋗		差引所得税額 (㉗-㉘-㉙-㉚-㉛-㉜-㉝-㉞-㊲)	㊳	6 7 2 5 0 0	
総合譲渡	短期	㋘		災害減免額	㊴		
	長期	㋙		再差引所得税額（基準所得税額）(㊳-㊴)	㊵	6 7 2 5 0 0	
	一時	㋚		復興特別所得税額 (㊵×2.1%)	㊶	1 4 1 2 2	
事業	営業等	①	4 5 0 0 0 0 0	所得税及び復興特別所得税の額 (㊵+㊶)	㊷	6 8 6 6 2 2	
	農業	②		外国税額控除	㊸ 区分		
	不動産	③		源泉徴収税額	㊹	4 5 6 3 0 0	
	利子	④		申告納税額 (㊷-㊸-㊹)	㊺	2 3 0 3 0 0	
	配当	⑤		予定納税額（第1期分・第2期分）	㊻	0	
	給与 区分	⑥	1 5 0 0 0 0 0	第3期分の税額 (㊺-㊻)	納める税金 ㊼	2 3 0 3 0 0	
雑		⑦			還付される税金 ㊽ △		
総合譲渡・一時 ⑦+{(㋘+㋙)×½}		⑧					
合計		⑨	6 0		6 5 0 0 0 0		

所得金額

所得から差し引かれる金額

社会保険料控除	⑩	4		3 0 6 3 0 0
小規模企業共済等掛金控除	⑪	3		
生命保険料控除	⑫			
地震保険料控除	⑬			
寡婦、寡夫控除	⑭			
勤労学生、障害者控除	⑮~⑯	0 0 0 0		
配偶者（特別）控除 区分	⑰~⑱	3 8 0 0 0 0		
扶養控除	⑲	3 8 0 0 0 0		
基礎控除	⑳	3 8 0 0 0 0		
⑩から⑳までの計	㉑	2 0 0 0 0 0 0		
雑損控除	㉒			
医療費控除 区分	㉓			
寄附金控除	㉔			
合計 (㉑+㉒+㉓+㉔)	㉕	2 0 0 0 0 0 0		

変動・臨時所得金額 区分 ㊶
申告期限までに納付する金額 ㊷ 0 0
延納届出額 ㊸ 0 0 0

還付される税金の受取場所
銀行・金庫・組合 農協・漁協　本店・支店 出張所 本所・支所
郵便局 名等
預金種類 普通 当座 納税準備 貯蓄
口座番号 記号番号

整理欄 区分 A B C D E F G H I J K
異動
管理 名簿
補完 確認

税理士 署名押印 電話番号 — — ㊞
税理士法書面提出 30条 33条の2

手順2-2
課税総所得金額に対する源泉徴収税額を差し引く前の所得税額372,500円（申告書第三表㊼欄（250頁））を「繰戻し還付請求書」（257頁）の⑭欄に転記。

納番
事業
住民
資産
その他
分離
検査
適信日付印
異動
上記以外

249

令和 [0][1] 年分の 所得税及び復興特別所得税 の 確定 申告書 （分離課税用）

FA0037

第三表（令和元年分以降用）

| 整理番号 | 1 2 3 4 5 6 7 8 | 一連番号 | |

特 例 適 用 条 文			
法	条	項	号
所法 措法 震法	条の の	項	号
所法 措法 震法	条の の	項	号
所法 措法 震法	条の の	項	号

住 所
屋 号　東京都千代田区神田神保町１丁目31番２号
フリガナ　チュウオウタロウ
氏 名　中央太郎

（単位は円）

収入金額

分離課税	短期譲渡	一般分	シ	
		軽減分	ス	
	長期譲渡	一般分	セ	
		特定分	ソ	
		軽課分	タ	
	一般株式等の譲渡		チ	
	上場株式等の譲渡		ツ	10 000 000
	上場株式等の配当等		テ	
	先物取引		ト	
	山林		ナ	
	退職		ニ	

所得金額

分離課税	短期譲渡	一般分	59	
		軽減分	60	
	長期譲渡	一般分	61	
		特定分	62	
		軽課分	63	
	一般株式等の譲渡		64	
	上場株式等の譲渡		65	2 000 000
	上場株式等の配当等		66	
	先物取引		67	
	山林		68	
	退職		69	

税金の計算

課税される所得金額	総合課税の合計額（申告書B第一表の⑨）	9	6 000 000
	所得から差し引かれる金額（申告書B第一表の㉕）	25	2 000 000
	⑨ 対応分	70	4 000 000
	59 60 対応分	71	000
	61 62 63 対応分	72	000
	64 65 対応分	73	2 000 000
	66 対応分	74	000
	67 対応分	75	000
	68 対応分	76	000
	69 対応分	77	000

税金の計算

税額	70 対応分	78	372 500
	71 対応分	79	
	72 対応分	80	
	73 対応分	81	300 000
	74 対応分	82	
	75 対応分	83	
	76 対応分	84	
	77 対応分	85	
78から85までの合計（申告書B第一表の㉗に転記）		86	672 500

その他

株式等	本年分の64、65から差し引く繰越損失額	87	
	翌年以後に繰り越される損失の金額	88	
配当等	本年分の66から差し引く繰越損失額	89	
先物取引	本年分の67から差し引く繰越損失額	90	
	翌年以後に繰り越される損失の金額	91	

○ 分離課税の短期・長期譲渡所得に関する事項

区 分	所得の生ずる場所	必要経費	差引金額（収入金額－必要経費）	特別控除額

手順2-2
課税総所得金額⑦及びそれに対する税額⑦を還付請求書（257頁）の⑦欄、⑩欄に転記。

○ 上場株式等の譲渡所得等に関する事項

| 上場株式等の譲渡所得等の源泉徴収税額の合計額 | 94 | 306 300 |

○ 分離課税の上場株式等の配当所得等に関する事項

種目・所得の生ずる場所	収入金額	配当所得に係る負債の利子	差引金額
	円	円	円

○ 退職所得に関する事項

所得の生ずる場所	収入金額	退職所得控除額
	円	円

整理欄	A B C	申告等年月日	
	D E F	通算	
	取得期限 資産	入力	特例期間 申告区分

第三表は、申告書Bの第一表・第二表と一緒に提出してください。

記載例12
記載例13
記載例14
記載例15
記載例16
記載例17
記載例18
記載例19
記載例20
記載例21
記載例22

令和2年確定申告分　　令和2年分 確定申告書　第一表

FA2200

神田 税務署長
令和 3 年 2 月 22 日　令和 02 年分の 所得税及び 復興特別所得税 の 確定 申告書B

第一表 （令和二年分以降用）

住所 又は事業所事務所居所など	〒 101-0051	個人番号		生年月日	3 29.01.03
	東京都千代田区神田神保町1丁目31番2号	フリガナ	チュウオウタロウ		
		氏名	中央太郎		

令和3年1月1日の住所	同上	職業 自営業	屋号・雅号	世帯主の氏名	世帯主との続柄 本人

（単位は円）

種類 ○ ○ ○ ○ ○ 修正 | 特農の表示 特農 | 整理番号 1 2 3 4 5 6 7 8 | 電話番号 自宅・勤務先・携帯

収入金額等

事 営 業 等	㋐	20000000
業 農 業	㋑	
不 動 産	㋒	
利 子	㋓	
配 当	㋔	
給 与 区分	㋕	
雑 公的年金等	㋖	
業務 区分	㋗	
その他	㋘	
総合譲渡 短 期	㋙	
長 期	㋚	
一 時	㋛	

所得金額等

事 営 業 等	①	△5000000
業 農 業	②	
不 動 産	③	
利 子	④	
配 当	⑤	
給与 区分	⑥	
雑 公的年金等	⑦	
業 務	⑧	
その他	⑨	
⑦から⑨までの計	⑩	
総合譲渡・一時 ㋙+｛(㋚+㋛)×½｝	⑪	
合 計 (①から⑥までの計+⑩+⑪)	⑫	

所得から差し引かれる金額

社会保険料控除	⑬	910000
小規模企業共済等掛金控除	⑭	180000
生命保険料控除	⑮	
地震保険料控除	⑯	50000
寡婦、ひとり親控除 区分	⑰~⑱	0000
勤労学生、障害者控除	⑲~⑳	0000
配偶者（特別）控除 区分 区分	㉑~㉒	380000
扶養控除 区分	㉓	0000
基 礎 控 除	㉔	480000
⑬から㉔までの計	㉕	2000000
雑 損 控 除	㉖	
医療費控除 区分	㉗	
寄附金控除	㉘	
合 計 (㉕+㉖+㉗+㉘)	㉙	2000000

税金の計算

課税される所得金額 (⑫-㉙)又は第三表	㉚	000
上の㉚に対する税額 又は第三表の�91	㉛	150000
配 当 控 除	㉜	
区分	㉝	
（特定増改築等）住宅借入金等特別控除 区分1 区分2	㉞	00
政党等寄附金等特別控除	㉟~㊲	
住宅耐震改修特別控除等 区分	㊳~㊵	
差引所得税額 (㉛-㉜-㉝-㉞-㉟-㊱-㊲-㊳-㊵)	㊶	150000
災害減免額	㊷	
再差引所得税額（基準所得税額） (㊶-㊷)	㊸	150000
復興特別所得税額 (㊸×2.1%)	㊹	3150
所得税及び復興特別所得税の額 (㊸+㊹)	㊺	153150
外国税額控除等 区分	㊻~㊼	
源泉徴収税額	㊽	459450
申告納税額 (㊺-㊻-㊼-㊽)	㊾	△306300
予定納税額 (第1期分・第2期分)	㊿	
第3期分の税額 (㊾-㊿) 納める税金	51	00
還付される税金	52	△306300

㊹・㊺・㊾・51又は52の記入をお忘れなく。

その他

公的年金等以外の合計所得金額	53	
配偶者の合計所得金額	54	
専従者給与（控除）額の合計額	55	
青色申告特別控除額	56	0
雑所得・一時所得等の源泉徴収税額の合計額	57	459450
未納付の源泉徴収税額	58	
本年分で差し引く繰越損失額	59	
平均課税対象金額	60	
変動・臨時所得金額	61	
延納の届出 申告期限までに納付する金額	62	00
延納届出額	63	000

還付される税金の受取場所

銀行 金庫・組合 農協・漁協		本店・支店 出張所 本所・支所
郵便局 名等	預金種類 普通 当座 納税準備 貯蓄	
口座番号 記号番号		

整理欄 区分 A B C D E F G H I J K / 異動 / 管理 名簿 / 補完 確認

税理士署名押印 電話番号 － － 印 税理士法第30条の書面提出 30条 33条の2

251

令和 02 年分の 所得税及び復興特別所得税 の 確定 申告書（分離課税用）

FA2400

住　所 / 屋　号	東京都千代田区神田神保町１丁目31番２号
フリガナ	チュウオウタロウ
氏　名	中央太郎

整理番号	1 2 3 4 5 6 7 8	一連番号	

特 例 適 用 条 文

法	条	項	号
所法 ○ 措法 震法	41 条の 5 の 2	項	号
所法 措法 震法	条の の	項	号
所法 措法 震法	条の の	項	号

（単位は円）

収入金額

分離課税				
	短期譲渡	一般分	㋜	
		軽減分	㋛	
	長期譲渡	一般分	㋞	3 0 0 0 0 0 0 0
		特定分	㋠	
		軽課分	㋡	
	一般株式等の譲渡		㋣	
	上場株式等の譲渡		㋥	3 5 0 0 0 0 0 0
	上場株式等の配当等		㋣	
	先 物 取 引		㋤	
山　林			㋥	
退　職			㋦	

所得金額

分離課税				
	短期譲渡	一般分	64	
		軽減分	65	
	長期譲渡	一般分	66	△ 4 5 0 0 0 0 0 0
		特定分	67	
		軽課分	68	
	一般株式等の譲渡		69	
	上場株式等の譲渡		70	3 0 0 0 0 0 0
	上場株式等の配当等		71	
	先 物 取 引		72	
山　林			73	
退　職			74	

税金の計算

総合課税の合計額（申告書Ｂ第一表の⑫）	12	△ 5 0 0 0 0 0 0
所得から差し引かれる金額（申告書Ｂ第一表の㉙）	29	2 0 0 0 0 0 0

課税される所得金額	⑫ 対応分	75	0 0 0
	64 65 対応分	76	0 0 0
	66 67 68 対応分	77	0 0 0
	69 70 対応分	78	1 0 0 0 0 0 0 0 0
	71 対応分	79	0 0 0
	72 対応分	80	0 0 0
	73 対応分	81	0 0 0
	74 対応分	82	0 0 0

税金の計算

税額	75 対応分	83	0
	76 対応分	84	
	77 対応分	85	0
	78 対応分	86	1 5 0 0 0 0
	79 対応分	87	
	80 対応分	88	
	81 対応分	89	
	82 対応分	90	
83 から 90 までの合計（申告書Ｂ第一表の㉛に転記）		91	1 5 0 0 0 0

その他

株式等	本年分の69、70から差し引く繰越損失額	92	
	翌年以後に繰り越される損失の金額	93	
配当等	本年分の71から差し引く繰越損失額	94	
先物取引	本年分の72から差し引く繰越損失額	95	
	翌年以後に繰り越される損失の金額	96	

○ 分離課税の短期・長期譲渡所得に関する事項

区 分	所得の生ずる場所	必 要 経 費	差引金額（収入金額 － 必要経費）	特別控除額
		円 75,000,000	円 △45,000,000	円

差引金額の合計額	97	△45,000,000
特別控除額の合計額	98	

○ 上場株式等の譲渡所得等に関する事項

上場株式等の譲渡所得等の源泉徴収税額の合計額	99	4 5 9 4 5 0

○ 退職所得に関する事項

収 入 金 額	退職所得控除額
円	円

整理欄	A	B	C	申告等年月日	
	D	E	F	通算	
	取得期限 資産		入力	特例期間 申告区分	

記載例12
記載例13
記載例14
記載例15
記載例16
記載例17
記載例18
記載例19
記載例20
記載例21
記載例22

令和２年確定申告分　　令和２年分 確定申告書　第四表（一）

令和 ⓪２ 年分の 所得税及び復興特別所得税 の 確定 申告書（損失申告用）　FA0054

第四表（一）（令和二年分以降用）

| 住所又は事業所事務所居所など | 東京都千代田区神田神保町１丁目31番２号 | フリガナ 氏名 | チュウオウタロウ 中央太郎 |

整理番号 1 2 3 4 5 6 7 8　一連番号

1 損失額又は所得金額

| A | 経 常 所 得 （申告書B第一表の①から⑥までの計＋⑩の合計額） | | | | | | 64 | △5,000,000 |

所得の種類			区分等	所得の生ずる場所等	Ⓐ 収入金額	Ⓑ 必要経費等	Ⓒ 差引金額（Ⓐ−Ⓑ）	Ⓓ 特別控除額	Ⓔ 損失額又は所得金額
B 譲渡	短期	分離譲渡			円	円	㋐ 円		65 円
		総合譲渡					㋑	円	66
	長期	分離譲渡	一般分		円 30,000,000	円 75,000,000	㋒ △45,000,000		67 △20,000,000
		総合譲渡					㋓	円	68
									69
					円				70
						円		円	71
									72
E	の 譲 渡								
	上場株式等の 譲 渡			35,000,000				73 3,000,000
	上場株式等の配当等				円	円		74
F	先物取引								75

⑦6 分離課税の譲渡所得の特別控除額の合計額

> **手順1-3**
> 特定居住用財産の譲渡損失の損益通算及び繰越控除の対象額の計算書（255頁）から△2,000万円を転記。

> **手順2-1**
> 本年分の総所得金額の純損失の金額△500万円を還付請求書（257頁）の②欄に転記。

2 損益の通算

所 得 の 種 類				Ⓐ 通 算 前	Ⓑ 第１次通算後	Ⓒ 第２次通算後	Ⓓ 第３次通算後	Ⓔ 損失額又は所得金額
A	経 常 所 得	64		円 △5,000,000	円 △5,000,000	円 △5,000,000	円 △5,000,000	円 △5,000,000
B 譲渡	短期	総合譲渡	66		第1次通算	第2次通算	第3次通算	
	長期	分離譲渡（特定損失額）	67	△ 20,000,000	△20,000,000	△20,000,000	△20,000,000	△20,000,000
		総合譲渡	68					
	一 時		69					
C	山 林	——————→	70				㋠	
D	退 職	——————→	71					
損 失 額 又 は 所 得 金 額 の 合 計 額							78	△25,000,000

| 資産 | | 整理欄 | |

令和 02 年分の 所得税及び 復興特別所得税 の 確定 申告書 (損失申告用)　FA0059

3 翌年以後に繰り越す損失額

整理番号 1 2 3 4 5 6 7 8　一連番号

青 色 申 告 者 の 損 失 の 金 額		⑲	(住民税△5,000,000) △1,000,000
居住用財産に係る通算後譲渡損失の金額		⑳	△20,000,000
変 動 所 得 の 損 失 額		㉑	

被災事業用資産の損失額	所得の種類		被災事業用資産の種類など	損害の原因	損害年月日	Ⓐ 損 害 金 額	Ⓑ 保険金などで補塡される金額	欄	Ⓒ 差引損失額 (Ⓐ-Ⓑ)
	山林以外	営業等・農業			・ ・	円	円	㉒	円
		不 動 産			・ ・			㉓	
	山 林				・ ・			㉔	
山 林 所 得 に 係 る 被 災 事 業 用 資 産 の 損 失 額								㉕	
山 林 以 外 の 所 得 に 係 る 被 災 事 業 用 資 産 の 損 失 額								㉖	

4 繰越損失を差し引く計算

年分			損 失 の 種 類	Ⓐ前年分までに引ききれなかった損失額	Ⓑ本年分で差し引く損失額	Ⓒ翌年分以後に繰り越して差し引かれる損失額(Ⓐ-Ⓑ)
A 29 年 (3年前)	純損失	29年が青色の場合	山林以外の所得の損失	円	円	円

> **手順1-3**
> ⑲欄（翌年以降に繰り越す純損失の金額）には、純損失の金額の繰戻し額400万円を差し引いた金額△100万円を下段に記載。なお、住民税の翌年に繰り越す純損失額は、(住民税△500万円)と上段に記載。特定居住用財産の譲渡損失の繰越控除額は⑳欄に転記。

年分			損 失 の 種 類	Ⓐ	Ⓑ	Ⓒ
A 29 年 (3年前)	純損失	29年が青色の場合	山林所得の損失			
		29年が白色の場合	居住...			
	雑損失					
B 30 年 (2年前)	純損失	30年が青色の場合	山林以外の所得の損失			
			山林所得の損失			
		30年が白色の場合	変動所得の損失			
			被災事業用資産の損失 山林以外			
			被災事業用資産の損失 山林			
		居住用財産に係る通算後譲渡損失の金額				
	雑損失		損 失			
C 1 年 (前年)	純損失	1年が青色の場合	山林以外の所得の損失			
			山林所得の損失			
		1年が白色の場合	変動所得の損失			
			被災事業用資産の損失 山林以外			
			被災事業用資産の損失 山林			
		居住用財産に係る通算後譲渡損失の金額				
	雑損失		損 失			

本年分の一般株式等及び上場株式等に係る譲渡所得等から差し引く損失額	㉝	円
本年分の上場株式等に係る配当所得等から差し引く損失額	㉞	円
本年分の先物取引に係る雑所得等から差し引く損失額	㉟	円
雑損控除、医療費控除及び寄附金控除の計算で使用する所得金額の合計額	㊵	3,000,000 円

5 翌年以後に繰り越される本年分の雑損失の金額　㊶　円

6 翌年以後に繰り越される株式等に係る譲渡損失の金額　㊷　円

7 翌年以後に繰り越される先物取引に係る損失の金額　㊸　円

資産　　整理欄

整理番号

特定居住用財産の譲渡損失の損益通算及び繰越控除の対象となる金額の計算書（令和　2　年分）【租税特別措置法第41条の５の２用】

住所（又は事業所事務所居所など）	東京都千代田区神田神保町１丁目31番２号	フリガナ／氏名	チュウオウタロウ 中央太郎

この計算書は、本年中に行った特定居住用財産の譲渡で一定のものによる損失の金額があり、その損失の金額について、本年分において、租税特別措置法第41条の５の２第１項(特定居住用財産の譲渡損失の損益通算の特例)の適用を受ける方及び翌年分以後の各年分において租税特別措置法第41条の５の２第４項(特定居住用財産の譲渡損失の繰越控除の特例)の適用を受けるために、本年分の特定居住用財産の譲渡損失の金額を翌年分以後に繰り越す方が使用します。

詳しくは、「譲渡所得の申告のしかた(記載例)」(国税庁ホームページ【www.nta.go.jp】からダウンロードできます。なお、税務署にも用意してあります。)をご覧ください。

○この計算書は、申告書と一緒に提出してください。

特定居住用財産の譲渡損失の損益通算及び繰越控除の対象となる金額の計算

（赤字の金額は、△を付けないで書いてください。）

項目		番号	金額（円）
特例の計算の基礎となる特定居住用財産の譲渡損失の金額 (「特定居住用財産の譲渡損失の金額の明細書《確定申告書付表》(特定居住用財産の譲渡損失の損益通算及び繰越控除用)」の⑦の合計欄の金額を書いてください。)		①	45,000,000
分離課税の対象となる土地建物等の譲渡所得の金額の合計額 (①の金額以外に土地建物等の譲渡所得の金額がある場合は、その金額と①の金額との通算後の金額を書いてください(黒字の場合は０と書きます。)。また、①の金額以外にない場合は、①の金額を書いてください。)		②	45,000,000
譲渡契約締結日の前日における住宅借入金等の金額から特定居住用財産の譲渡価額を控除した残額 (「特定居住用財産の譲渡損失の金額の明細書《確定申告書付表》(特定居住用財産の譲渡損失の損益通算及び繰越控除用)」の①から②を控除した金額を書いてください。なお、控除した金額が赤字の場合は０と書いてください。)		③	20,000,000
損益通算の特例の対象となる特定居住用財産の譲渡損失の金額(特定損失額) (①から③の金額のいずれか少ない金額を書いてください。)		④	20,000,000
本年分の純損失の金額 (上記④(※1)、申告書Ｂ第一表⑫及び申告書第三表(73)・(74)の金額の合計額又は申告書第四表(78)の金額を書いてください。なお、純損失の金額がないときは０と書きます。)		⑤	25,000,000
本年分が青色申告の場合	**不動産所得の金額、事業所得の金額(※2)、山林所得の金額又は総合譲渡所得の金額(※3)のうち赤字であるものの合計額** (それぞれの所得の金額の赤字のみを合計して、その合計額を書いてください。)	⑥	5,000,000
本年分が白色申告の場合	**変動所得の損失額及び被災事業用資産の損失額の合計額** (それぞれの損失額の合計額を書いてください。なお、いずれの損失もないときは０と書きます。)	⑦	
特定居住用財産の譲渡損失の繰越基準額 (⑤から⑥又は⑦を差し引いた金額(引ききれない場合は0)を書いてください。)		⑧	20,000,000
翌年以後に繰り越される特定居住用財産の譲渡損失の金額 (④の金額と⑧の金額のいずれか少ない方の金額を書いてください。)		⑨	20,000,000

※１　「上記④の金額」は、総合譲渡所得の黒字の金額(特別控除前)又は一時所得の黒字の金額(特別控除後、２分の１前)がある場合は、「上記④の金額」からその黒字の金額を差し引いた金額とします(「上記④の金額」より、その黒字の金額が多い場合は0とします。)。
※２　「事業所得の金額」とは、申告書Ｂ第一表の「所得金額」欄の①及び②の金額の合計額をいいます。
※３　「総合譲渡所得の金額」は、申告書第四表(損失申告用)の「１損失額又は所得金額」の㋝、㋟の金額の合計額とします。

（令和元年分以降用）

【令和　2　年分】

名簿番号

特定居住用財産の譲渡損失の金額の明細書《確定申告書付表》
（ 特 定 居 住 用 財 産 の 譲 渡 損 失 の 損 益 通 算 及 び 繰 越 控 除 用 ）

【租税特別措置法第41条の5の2用】

住　所 （又　は 事業所 事務所 居所など）	東京都千代田区神田神保町 １丁目31番２号	フリガナ 氏　名	チュウオウタロウ 中央太郎	電話 番号	（　　　）

　この明細書の記載に当たっては、「譲渡所得の申告のしかた（記載例）」（国税庁ホームページ【www.nta.go.jp】からダウンロードできます。税務署にも用意してあります。）を参照してください。
　なお、国税庁ホームページの「確定申告書等作成コーナー」の画面の案内に従って収入金額などの必要項目を入力することにより、この明細書や確定申告書などを作成することができます。

○ この明細書は、申告書と一緒に提出してください。

【譲渡した資産に関する明細】

		合　計	建　物	土地・借地権
資 産 の 所 在 地 番				
資産の利用状況　面　積			㎡	㎡
居 　住 　期 　間			平成１年 １月 ～令和２年 ９月	
譲渡先　住 所 又 は 所 在 地				
氏 名 又 は 名 称				
譲 渡 契 約 締 結 日			令和２年 ９月 １日	令和２年 ９月 １日
譲渡契約締結日の前日における 住宅借入金等の金額及びその借入先	①		借入先 神田銀行	50,000,000 円
譲 渡 し た 年 月 日			令和２年 ９月 ９日	令和２年 ９月 ９日
資 産 を 取 得 し た 時 期			平成１年 ５月 １日	平成１年 ５月 １日
譲　渡　価　額	②	30,000,000 円	10,000,000 円	20,000,000 円
取得費　取　得　価　額	③	80,000,000 円	20,000,000 円	60,000,000 円
償 却 費 相 当 額	④	10,000,000 円	10,000,000 円	
差引（ ③ － ④ ）	⑤	70,000,000 円	10,000,000 円	60,000,000 円
譲 渡 に 要 し た 費 用	⑥	5,000,000 円	2,000,000 円	3,000,000 円
特 定 居 住 用 財 産 の 譲 渡 損 失 の 金 額 （②－⑤－⑥）	⑦	△45,000,000 円	△2,000,000 円	△43,000,000 円

→この金額を「特定居住用財産の譲渡損失の損益通算及び繰越控除の対象となる金額の計算書」の①欄に転記してください。

関 与 税 理 士 名	
	（電話　　　　　　　　）

税務署 整理欄	資産課税部門	個人課税部門
		純損失 （有・無）

（令和元年分以降用）

| 令和2年確定申告分 | 純損失の金額の繰戻しによる所得税の還付請求書 |

純損失の金額の繰戻しによる所得税の還付請求書

税務署受付印 ○

神田 税務署長	住所（又は事業所・事務所・居所など）	（〒 101 － 0051 ） 東京都千代田区神田神保町１丁目31番２号	職業 自営業
令3年 2月 22日提出	フリガナ 氏名	チュウオウタロウ 中央太郎 ㊞	
	個人番号		

手順2-5 ㉒欄の金額を転記。

手順2-1 本年分の「申告書第四表（一）」（252頁）の純損失の金額（㊿Ｅ）を②欄に転記。

……による所得税の還付について次のとおり請求します。

| 還付請求金額 （下の還付請求金額の計算書の㉒の金額） | 372,500 円 |

純損失の金額の生じた年分	令2年分	還付の請求が、事業の廃止、相当期間の休止、事業の全部又は重要部分の譲渡、相続によるものである場合は右の欄に記入してください。	請求の事由（該当する文字を○で囲んでください。）	左の事実の生じた年月日・休止期間	この純損失の金額について、既に繰戻しによる還付を受けた事実の有無
純損失の金額を繰り戻す年分 （純損失の金額の生じた年の前年分を書きます。）	令1年分		事業の 廃止 休止 相続		

手順2-1 本年分の純損失の金額のうち繰り戻す金額△400万円を⑤欄に記載。

還付請求金額の計算書

○申告書と一緒に提出してください。				金額					金額	
	A 純損失の金額	総所得	変動所得	①	円	B Aに繰り戻す前年分	総所得	変動所得	④	
			その他	②	△5,000,000※			その他	⑤	△4,000,000※
		山林所得		③			山林所得		⑥	
純損失の金額の繰戻による所得税 前年分の税	C 課税される所得金額	総所得		⑦	4,000,000	繰戻し控除後の税額	E 繰戻しする所得の課税金額	総所得	⑮	0
		山林所得		⑧				山林所得	⑯	
		退職所得		⑨				退職所得	⑰	
	D Cに対する税	⑦に対する税額		⑩	372,500		F Eに対する税額	⑮に対する税額	⑱	0
		⑧に対する税額		⑪				⑯に対する税額	⑲	
		⑨に対する税額		⑫				⑰に対する税額	⑳	
		計		⑬	372,500			計	㉑	0
		源泉徴収税額を差し引く前の所得税額		⑭	372,500		純損失の金額の繰戻しによる還付金額		㉒	372,500

千円未満の端数は切り捨ててください。

手順2-2 前年分の「申告書第三表」（250頁）の課税総所得金額㊲を⑦欄、その税額㊼を⑩欄、源泉徴収税額を差し引く前の所得税額㊼を⑭欄に順次転記。

手順2-3 「繰戻控除計算用」（258頁）で計算した金額㊲、㊼を⑮欄、⑱欄に転記。

手順2-4 ⑬－㉑と⑭の少ない方の金額372,500円を㉒欄に記載。

税務署整理欄	通信日付印の年月日	確認印	整理番号		0
	年 月 日				
	番号確認	身元確認 □済 □未済	確認書類 個人番号カード／通知カード・運転免許証 その他（ ）	

※記載例では分かりやすさの点から純損失の金額をマイナス表記しています。

257

令和 [0][1] 年分の 所得税及び復興特別所得税 の 確定 申告書 (分離課税用)

FA0037

繰戻控除計算用

整理番号 [1][2][3][4][5][6][7][8] 一連番号

第三表 (令和元年分以降用)

特 例 適 用 条 文			
法	条	項	号
所法 措法 震法	条の の	項	号
所法 措法 震法	条の の	項	号
所法 措法 震法	条の の	項	号

手順2-3
前年分の課税総所得金額から繰り戻した純損失の金額を差し引いた金額⑦を還付請求書の⑮欄に転記し、その金額に対する税額⑱を⑱欄に転記する。

単位は円

収入金額

分離課税	短期譲渡	一般分	㋛	
		軽減分	㋜	
	長期譲渡	一般分	㋝	
		特定分	㋞	
		軽課分	㋟	
	一般株式等の譲渡		㋠	
	上場株式等の譲渡		㋡	10000000
	上場株式等の配当等		㋢	
	先物取引		㋣	
山 林			㋤	
退 職			㋥	

所得金額

分離課税	短期譲渡	一般分	59	
		軽減分	60	
	長期譲渡	一般分	61	
		特定分	62	
		軽課分	63	
	一般株式等の譲渡		64	
	上場株式等の譲渡		65	2000000
	上場株式等の配当等		66	
	先物取引		67	
山 林			68	
退 職			69	

税金の計算

課税される所得金額	総合課税の合計額 (申告書B第一表の⑨)	⑨	6000000
	所得から差し引かれる金額 (申告書B第一表の㉕)	㉕	2000000
	⑨ 対応分	⑦	000
	⑤⑥ 対応分	⑦	000
	⑥②⑥③ 対応分	⑦	000
	⑥④⑥⑤ 対応分	⑦	2000000
	⑥⑥ 対応分	⑦	000
	⑥⑦ 対応分	⑦	000
	⑥⑧ 対応分	⑦	000
	⑥⑨ 対応分	⑦	000

繰戻控除後の金額

税金の計算

税額	⑦ 対応分	⑱	0
	⑦ 対応分	⑲	
	⑦ 対応分	⑳	
	⑦ 対応分	㉑	300000
	⑦ 対応分	㉒	
	⑦ 対応分	㉓	
	⑦ 対応分	㉔	
	⑱から㉕までの合計 (申告書B第一表の㉗に転記)	⑱	300000

その他

株式等	本年分の⑥④・⑥⑤から差し引く繰越損失額	㉗	
	翌年以後に繰り越される損失の金額	㉘	
	損 失 の 金 額	㉙	

○ 分離課税の短期・長期譲渡所得に関する事項

区 分	所得の生ずる場所	必要経費	差引金額 (収入金額－必要経費)	特別控除額
		円	円	円
差引金額の合計額	㉜			
特別控除額の合計額	㉝			

○ 上場株式等の譲渡所得等に関する事項

上場株式等の譲渡所得等の源泉徴収税額の合計額	㉞	306300

○ 分離課税の上場株式等の配当所得等に関する事項

種目・所得の生ずる場所	収入金額	配当所得に係る負債の利子	差引金額
	円	円	円

○ 退職所得に関する事項

所得の生ずる場所	収 入 金 額	退職所得控除額
	円	円

整理欄	A B C	申告等年月日	
	D E F	通算	
	取得期限資産	入力	特例期間 申告区分

記載例
12

記載例
13

記載例
14

記載例
15

記載例
16

記載例
17

記載例
18

記載例
19

記載例
20

記載例
21

記載例
22

記載例22	本年分の純損失の金額の一部を前年分に繰り戻し、残額を翌年分に繰り越す場合（前年分に外国税額控除がある場合）

令和１年分の確定申告の概要

(1) 課税標準
　① 総所得金額　　　　　　　　　　　　　　　6,000,000円
　　イ 事業所得　　　　　　　　4,500,000円
　　ロ 給与所得　　　　　　　　1,500,000円
(2) 所得控除額　　　　　　　　　　　　　　　2,000,000円
(3) 課税総所得金額等　　　　　　　　　　　　4,000,000円
　① 課税総所得金額　　　　　　　　　　　　4,000,000円
(4) 各種所得の税額　　　　　　　　　　　　　 372,500円
　① 課税総所得金額　　　　　　　　　　　　 372,500円
(5) 復興特別所得税　　　　　　　　　　　　　　 7,822円
(6) 所得税及び復興特別所得税の額　　　　　　 380,322円
(7) 外国税額控除　　　　　　　　　　　　　　 126,773円
(8) 源泉徴収税額　　　　　　　　　　　　　　 150,000円
(9) 納付税額　　　　　　　　　　　　　　　　 103,500円

令和２年分の申告所得の概要

(1) 課税標準
　① 総所得金額　　　　　　　　　 △5,000,000円（純損失の金額）
　　イ 事業所得　　　　　　　　 △5,000,000円
(2) 所得控除額　　　　　　　　　　　　　　　 480,000円
(3) 課税総所得金額等　　　　　　　　　　　　　　 0円
　① 課税総所得金額　　　　　　　　　　　　　　 0円
(4) 各種所得の税額　　　　　　　　　　　　　　　 0円
　① 課税総所得金額　　　　　　　　　　　　　　 0円
(5) 復興特別所得税　　　　　　　　　　　　　　　 0円
(6) 所得税及び復興特別所得税の額　　　　　　　　 0円
(7) 源泉徴収税額　　　　　　　　　　　　　　　　 0円
(8) 納付税額　　　　　　　　　　　　　　　　　　 0円

【申告書作成手順】

手順1　令和２年分の確定申告書の作成（264～266頁）

1　申告所得の内容に従って、申告書第一表、申告書第二表を作成します。

　申告所得の内容に従って、申告書第一表、申告書第二表を作成します。

　所得金額を計算すると500万円の純損失の金額が生じるので、申告書第四表を作成します。

2　前年分の課税総所得金額が400万円あるので、純損失の金額500万円のうち1,783,000円について繰り戻し、残額3,217,000円を繰り越すものとします。

　課税総所得金額400万円と同額を繰り戻さないのは、外国税額控除（復興特別所得税に係る金額は除きます（以下同じ））があるため、還付可能額が前年分の源泉徴収税額を差し引く前の所得税額248,334円（前年分「申告書第一表」（261頁㊵欄372,500円から263頁⑫欄124,166円を差し引いた金額））が限度となるためです（269頁参照）。

　　　※　400万円を繰り戻した場合の「純損失の金額の繰戻し還付請求書」の記載例は269頁を参照してください。

3　申告書第四表㈡の㊴欄下段には、翌年以降に繰り越す純損失の金額3,217,000円を記載します。

　なお、地方税法には純損失の繰戻しによる還付の制度がないので、純損失の金額が全額翌年に繰り越され、㊴欄上段に（住民税△500万円）と記載します。

手順2　純損失の金額の繰戻しによる所得税の還付請求書の作成（267頁）

1　本年分の純損失の金額500万円を②欄に転記し、そのうち前年分に繰り戻す金額1,783,000円を⑤欄に記載します。

2　前年分の課税総所得金額400万円を⑦欄、それに対する税額372,500円を⑩欄、源泉徴収税額を差し引く前の所得税額（外国税額控除後）248,334円（㊵欄－263頁⑫欄）を⑭欄にそれぞれ転記します。

3　前年の課税総所得金額400万円⑦から前年分に繰り戻す金額1,783,000円⑤を差し引いた金額2,217,000円を⑮欄に記載し、それに対する税額124,200円を⑱欄に記載します（「繰戻控除計算用」268頁を参照）。

4　⑬欄－㉑欄と⑭欄の少ない方の金額248,300円を㉒欄に記載します。

5　還付請求金額欄に248,300円を転記します。

神田　税務署長
令和 ２ 年 ３ 月 10 日　令和 ０１ 年分の 所得税及び 復興特別所得税 の 確定 申告書Ｂ

FA0125

第一表 （令和元年分以降用）

住所 〒 101-0051
又は事業所事務所居所など 東京都千代田区...

個人番号

...ウ タロウ

屋号・雅号　　世帯主の氏名　　世帯主との続柄
本人

令和 ２ 年
１月１日
の住所　同上

電話番号 自宅・勤務先・携帯

整理番号 1 2 3 4 5 6 7 8

（単位は円）　種類　分離　国出　損失　修正　特農　特農

収入金額等	事 業 営 業 等 ⑦	3 5 0 0 0 0 0
	農 業 ⑦	
	不 動 産 ⑦	
	利 子 ⑦	
	配 当 ⑦	
	給 与 ⑦	2 4 0 0 0 0 0
	雑 公的年金等 ⑦	
	その他 ⑦	
	総合譲渡 短期 ⑦	
	長期 ⑦	
	一時 ⑦	
所得金額	事 業 営 業 等 ①	4 5 0 0 0 0 0
	農 業 ②	
	不 動 産 ③	
	利 子 ④	
	配 当 ⑤	
	給与 区分 ⑥	1 5 0 0 0 0 0
	雑 ⑦	
	総合譲渡・一時 ⑦+{(⑦+⑦)×½} ⑧	
	合 計 ⑨	6 0 0 0 0 0 0
所得から差し引かれる金額	社会保険料控除 ⑩	4 3 0
	小規模企業共済等掛金控除 ⑪	3 4 0
	生命保険料控除 ⑫	4 0
	地震保険料控除 ⑬	5 0
	寡婦、寡夫控除 ⑭	0
	勤労学生、障害者控除 ⑮~⑯	0 0 0 0
	配偶者(特別)控除 区分 ⑰~⑱	3 8 0 0 0 0
	扶 養 控 除 ⑲	3 8 0 0 0 0
	基 礎 控 除 ⑳	3 8 0 0 0 0
	⑩から⑳までの計 ㉑	2 0 0 0 0 0 0
	雑 損 控 除 ㉒	
	医療費控除 区分 ㉓	
	寄 附 金 控 除 ㉔	
	合 計 (㉑＋㉒＋㉓＋㉔) ㉕	2 0 0 0 0 0 0

税金の計算		
課税される所得金額 (⑨－㉕)又は第三表 ㉖	4 0 0 0 0 0
上の㉖に対する税額 又は第三表の⑨ ㉗	3 7 2 5 0 0
配 当 控 除 ㉘	
区分 ㉙	
(特定増改築等) 区分 住宅借入金等特別控除 ㉚	0 0
政党等寄附金等特別控除 ㉛~㉝	
住宅耐震改修特別控除 住宅特定改修・認定住宅 新築等特別税額控除 ㉞~㊲	
差引所得税額 (㉗－㉘－㉙－㉚ －㉛－㉜－㉝－㉞) ㊳	3 7 2 5 0 0
災 害 減 免 額 ㊴	
再差引所得税額 (基準所得税額) (㊳－㊴) ㊵	3 7 2 5 0 0
復興特別所得税額 (㊵×2.1%) ㊶	7 8 2 2
所得税及び復興特別所得税の額 (㊵＋㊶) ㊷	3 8 0 3 2 2
外国税額控除 区分 ㊸	1 2 6 7 7 3
源 泉 徴 収 税 額 ㊹	1 5 0 0 0 0
申 告 納 税 額 (㊷－㊸－㊹) ㊺	1 0 3 5 0 0
予 定 納 税 額 (第１期分・第２期分) ㊻	0
第３期分の税額 (㊺－㊻) 納める税金 ㊼	1 0 3 5 0 0
還付される税金 ㊽	
配偶者の合計所得金額 ㊾	
専従者給与(控除)額の合計額 ㊿	6 5 0 0 0 0
変動・臨時所得金額 区分 56	
申告期限までに納付する金額 57	0 0
延納届出額 58	0 0 0

復興特別所得税額の記入をお忘れなく。

手順2-2
課税総所得金額及びそれに対する税額を還付請求書（267頁）の⑦欄、⑩欄に転記。

手順2-2
源泉徴収税額控除前の税額（㊵欄－263頁⑫欄）を還付請求書（267頁）の⑭欄に転記。

延納の出

還付される税金の受取場所　銀行 金庫・組合 農協・漁協　本店・支店 出張所 本所・支所

郵便局 名 等　　預金種類 普通 当座 納税準備 貯蓄

口座番号 記号番号

区分 A B C D E F G H I J K
異動
管理
補完

税理士署名押印 電話番号

税務署整理欄 30条 33条の2

整理欄

納	申
付	
住	
還	
紹	
分	
確	
通信日付印	
年月日	
普	視

外国税額控除に関する明細書（居住者用）
（平成 30 年分以降用）

（令和　1　年分）　　　　　　　　　　　　　　　　　　　氏　名　中央太郎

1　外国所得税額の内訳

○　本年中に納付する外国所得税額

国　　　名	所得の種類	税種目	納付確定日	納付日	源泉・申告（賦課）の区分	所得の計算期間	相手国での課税標準	左に係る外国所得税額
米国		所得税	令和 1・8・8	令和 1・10・10	源泉	令和 1・1・1 令和 1・6・30	（外貨ドル 20,000.00）2,000,000 円	（外貨 2,000.00）200,000
			・　・	・　・		・　・ ・　・	（外貨　　）円	（外貨　　）
			・　・	・　・		・　・ ・　・	（外貨　　）円	（外貨　　）
計							2,000,000	Ⓐ 200,000

○　本年中に減額された外国所得税額

国　　　名	所得の種類	税種目	納付日	源泉・申告（賦課）の区分	所得の計算期間	外国税額控除の計算の基礎となった年分	減額されることとなった日	減額された外国所得税額
			・　・		・　・ ・　・	年分	・　・	（外貨　　）円
			・　・		・　・ ・　・	年分	・　・	（外貨　　）円
			・　・		・　・ ・　・	年分	・　・	（外貨　　）円
計								Ⓑ 円

Ⓐの金額がⒷの金額より多い場合（同じ金額の場合を含む。）

Ⓐ 200,000 円 － Ⓑ 円 ＝ Ⓒ 200,000 円　→ 6 の「⑪」欄に転記します。

Ⓐの金額がⒷの金額より少ない場合

Ⓑ 円 － Ⓐ 円 ＝ Ⓓ 円　→ 2 の「Ⓓ」欄に転記します。

2　本年の雑所得の総収入金額に算入すべき金額の計算

前　3　年　以　内　の　控　除　限　度　超　過　額			
年　　分	⑦　前年繰越額	⑧　⑦から控除すべきⒹの金額	⑨　⑦－⑧
平成 28 年分（3年前）	円	円	Ⓖ 円
平成 29 年分（2年前）			Ⓗ
平成 30 年分（前　年）			Ⓘ
計		Ⓔ	

Ⓖ、Ⓗ、Ⓘの金額を 5 の「⑦前年繰越額及び本年発生額」欄に転記します。

本年中に納付する外国所得税額を超える減額外国所得税額		
本　年　発　生　額	Ⓓに充当された前３年以内の控除限度超過額	雑所得の総収入金額に算入する金額（Ⓓ－Ⓔ）
Ⓓ 円	Ⓔ 円	Ⓕ 円

雑所得の金額の計算上、総収入金額に算入します。

提出用　○この明細書は、申告書と一緒に提出してください。

3 所得税の控除限度額の計算

所　得　税　額	①	372,500 円
所　得　総　額	②	6,000,000
調整国外所得金額	③	2,000,000
控除限度額（①×③／②）	④	124,166

2の(F)の金額がある場合には、その金額を雑所得の総収入金額に算入して申告書により計算した税額を書きます（詳しくは、控用の裏面を読んでください）。

2の(F)の金額がある場合には、その金額を雑所得の総収入金額に算入して申告書より計算した所得金額の合計額を書きます（詳しくは、控用の裏面を読んでください）。

2の(F)の金額がある場合には、その金額を含めて計算した調整国外所得金額の合計額を書きます。

5の「(一)」欄及び6の「⑨」欄に転記します。

4 復興特別所得税の控除限度額の計算

復興特別所得税額	⑤	7,822 円
所　得　総　額	⑥	6,000,000
調整国外所得金額	⑦	2,000,000
控除限度額（⑤×⑦／⑥）	⑧	2,607

3の「①」欄の金額に2.1%の税率を乗じて計算した金額を書きます。

3の「②」欄の金額を転記します。

3の「③」欄の金額を転記します。

5の「(ホ)」欄及び6の「⑩」欄に転記します。

5 外国所得税額の繰越控除余裕額又は繰越控除限度超過額の計算の明細

本年分の控除余裕額又は控除限度超過額の計算

控除限度額	所　得　税（3の④の金額）	(一)	124,166 円	控除余裕額	所　得　税（(一)−(リ)）	(ヌ)	円
	復興特別所得税額（4の⑧の金額）	(ホ)	2,607		道府県民税（(ロ)+(ハ)+(ニ)−(ヌ)とのいずれか少ない方の金額）	(ル)	
	道府県民税（(一)×12%又は6%）	(ハ)	7,449		市町村民税（(ル)−(ヲ)と(ト)のいずれか少ない方の金額）	(ヲ)	
	市町村民税（(一)×18%又は24%）	(ニ)	29,799		計（(ヌ)+(ル)+(ヲ)）	(ワ)	
	計（(一)+(ホ)+(ハ)+(ニ)）	(チ)	164,021	控除限度超過額（(リ)−(チ)）		(カ)	35,979
外国所得税額（1の(C)の金額）		(リ)	200,000				

前 3 年 以 内 の 控 除 余 裕 額 又 は 控 除 限 度 超 過 額 の 明 細 等

年　分	区　分	控除余裕額			控除限度超過額			所得税の控除限度額等
		(ヨ)前年繰越額及び本年発生額	(タ)本年使用額	(レ)翌年繰越額((ヨ)−(タ))	(ソ)前年繰越額及び本年発生額	(ツ)本年使用額	(ネ)翌年繰越額((ソ)−(ツ))	
平成28年分（3年前）	所　得　税	円	円		(G) 円	円		翌年1月1日時点の住所 □指定都市 □一般市
	道府県民税							
	市町村民税							
	地方税計							
平成29年分（2年前）	所　得　税		円		(H) 円	円	円	翌年1月1日時点の住所 □指定都市 □一般市
	道府県民税							
	市町村民税							
	地方税計							
平成30年分（前　年）	所　得　税				(I)		円	翌年1月1日時点の住所 □指定都市 □一般市
	道府県民税							
	市町村民税							
	地方税計							
合　計	所　得　税		(J)		(M)			
	道府県民税							
	市町村民税							
	計		(K)					
本年分	所　得　税	(ヲ)	(L)					
	道府県民税	(ハ)			26,979	26,979		
	市町村民税	(ソ)						
	計	(タ)	(M)					

所得税の外国税額控除額。

6 外国税額控除額の計算

所得税の控除限度額（3の④の金額）	⑨	124,166 円	復興財確法第14条第1項による控除税額（⑨が⑪より小さい場合に（⑨−⑪）と⑩とのいずれか少ない方の金額）	⑬	2,607 円
復興特別所得税の控除限度額（4の⑧の金額）	⑩	2,607	所法第95条第2項による控除税額（5の(J)の金額）	⑭	
外　国　所　得　税　額（1の(C)の金額）	⑪	200,000	所法第95条第3項による控除税額（5の(L)の金額）	⑮	
所法第95条第1項による控除税額（⑨と⑪とのいずれか少ない方の金額）	⑫	124,166	控　除　税　額（⑫+⑬+（⑭又は⑮））	⑯	126,773

⑬の金額がある場合には、申告書第一表「税額の計算」欄の「外国税額控除」欄（申告書Aは㉗欄、申告書Bは㊸欄）の「区分」の□に「1」と記入します。

記載例12
記載例13
記載例14
記載例15
記載例16
記載例17
記載例18
記載例19
記載例20
記載例21
記載例22

FA2200

神田 税務署長
令和 3 年 3 月 10 日

令和 02 年分の 所得税及び復興特別所得税 の 確定申告書B

第一表（令和二年分以降用）

住所（又は事業所 事務所 居所など）	〒101-0051 東京都千代田区神田神保町１丁目31番２号	個人番号	
		生年月日	3 29.01.03
		フリガナ	チュウオウタロウ
		氏名	中央太郎
令和3年1月1日の住所	同上	職業	自営業
		屋号・雅号	
		世帯主の氏名	
		世帯主との続柄	本人

（単位は円）　種類　青色（○）　分離　国出　損失（○）　修正　特農の表示　特農　整理番号 12345678　電話番号 自宅・勤務先・携帯 − −

受付印

区分		項目	番号	金額
収入金額等	事業	営業等	㋐	20000000
		農業	㋑	
	不動産		㋒	
	利子		㋓	
	配当		㋔	
	給与	区分	㋕	
	雑	公的年金等	㋖	
		業務 区分	㋗	
		その他	㋘	
	総合譲渡	短期	㋙	
		長期	㋚	
	一時		㋛	
所得金額等	事業	営業等	①	△5000000
		農業	②	
	不動産		③	
	利子		④	
	配当		⑤	
	給与 区分		⑥	
	雑	公的年金等	⑦	
		業務	⑧	
		その他	⑨	
		⑦から⑨までの計	⑩	
	総合譲渡・一時 ㋙＋{(㋚＋㋛)×½}		⑪	
	合計（①から⑥までの計＋⑩＋⑪）		⑫	
所得から差し引かれる金額	社会保険料控除		⑬	
	小規模企業共済等掛金控除		⑭	
	生命保険料控除		⑮	
	地震保険料控除		⑯	
	寡婦、ひとり親控除 区分		⑰～⑱	0000
	勤労学生、障害者控除		⑲～⑳	0000
	配偶者(特別)控除 区分1 区分2		㉑～㉒	0000
	扶養控除 区分		㉓	0000
	基礎控除		㉔	480000
	⑬から㉔までの計		㉕	480000
	雑損控除		㉖	
	医療費控除 区分		㉗	
	寄附金控除		㉘	
	合計（㉕＋㉖＋㉗＋㉘）		㉙	480000

区分	項目	番号	金額
税金の計算	課税される所得金額（⑫−㉙）又は第三表	㉚	000
	上の㉚に対する税額 又は第三表の(91)	㉛	0
	配当控除	㉜	
	区分	㉝	
	(特定増改築等)住宅借入金等特別控除 区分1 区分2	㉞	00
	政党等寄附金等特別控除	㉟～㊲	
	住宅耐震改修特別控除等 区分	㊳～㊵	
	差引所得税額（㉛−㉜−㉝−㉞−㉟−㊱−㊲−㊳−㊴−㊵）	㊶	0
	災害減免額	㊷	
	再差引所得税額（基準所得税額）（㊶−㊷）	㊸	0
	復興特別所得税額（㊸×2.1%）	㊹	0
	所得税及び復興特別所得税の額（㊸＋㊹）	㊺	0
	外国税額控除等 区分	㊻～㊼	
	源泉徴収税額	㊽	
	申告納税額（㊺−㊻−㊼−㊽）	㊾	0
	予定納税額（第1期分・第2期分）	㊿	
	第3期分の税額（㊾−㊿） 納める税金	(51)	00
	第3期分の税額（㊾−㊿） 還付される税金	(52)	△
その他	公的年金等以外の合計所得金額	(53)	
	配偶者の合計所得金額	(54)	
	専従者給与(控除)額の合計額	(55)	
	青色申告特別控除額	(56)	0
	雑所得・一時所得等の源泉徴収税額の合計額	(57)	
	未納付の源泉徴収税額	(58)	
	本年分で差し引く繰越損失額	(59)	
	平均課税対象金額	(60)	
	変動・臨時所得金額 区分	(61)	
延届納の出	申告期限までに納付する金額	(62)	00
	延納届出額	(63)	000

㊹・㊺・㊾・(51)又は(52)の記入をお忘れなく。

還付される税金の受取場所：銀行 金庫・組合 農協・漁協　本店・支店 出張所 本所・支所　郵便局名等　預金種類 普通 当座 納税準備 貯蓄　口座番号 記号番号

整理欄：区分 A B C D E F G H I J K　異動 年 月 日 L　管理　名簿　補完　確認

税理士 署名押印 電話番号 − −　印　税理士法書面提出 30条 33条の2

納 管　事 業　住 民　資 産　総 合　分 離　検 算　通 信 日付印　年月日 . .　一 連 番 号

記載例12
記載例13
記載例14
記載例15
記載例16
記載例17
記載例18
記載例19
記載例20
記載例21
記載例22

令和2年確定申告分 | **令和2年分 確定申告書 第四表（一）**

令和 02 年分の 所得税及び復興特別所得税 の 確定 申告書（損失申告用）　F A 0 0 5 4

第四表（一）（令和二年分以降用）

住所（事業所事務所居所など）	東京都千代田区神田神保町1丁目31番2号	フリガナ	チュウオウタロウ
		氏名	中央太郎

整理番号 1 2 3 4 5 6 7 8　一連番号

1 損失額又は所得金額

A	経 常 所 得　（申告書B第一表の①から⑥までの計＋⑩の合計額）								⑭	△5,000,000 円

	所得の種類		区分等	所得の生ずる場所等	Ⓐ 収 入 金 額	Ⓑ 必要経費等	Ⓒ 差 引 金 額（Ⓐ－Ⓑ）	Ⓓ 特別控除額	Ⓔ 損失額又は所得金額	
B	譲渡	短期	分離譲渡			円	円	㋐ 円		⑥⑤
			総合譲渡					㋡	円	⑥⑥
		長期	分離譲渡			円	円	㋦		⑥⑦
			総合譲渡					㋤	円	⑥⑧
	一　時									⑥⑨
C	山　林				円					⑦⑩
D	退　職				円	円				⑦①
E	一般株式等の譲渡									⑦②
	上場株式等の譲渡									⑦③
	上場株式等の配当等				円	円				⑦④
F	先物取引									⑦⑤

⑦⑥ 分離課税の譲渡所得の特別控除額の合計額

> 手順2-1
> 総所得金額の純損失の金額㉘△500万円を還付請求書（267頁）の②欄に転記。

2 損益の通算

	所 得 の 種 類			Ⓐ 通 算 前		Ⓑ 第 1 次通算後		Ⓒ 第 2 次通算後		Ⓓ 第 3 次通算後		Ⓔ 損失額又は所得金額
A	経 常 所 得		⑭	△5,000,000 円	第	△5,000,000 円	第	△5,000,000 円	第	△5,000,000 円		△5,000,000 円
B	譲渡	短期	総合譲渡 ⑥⑥		1		2		3			
		長期	分離譲渡（特定損失額） ⑥⑦	△	次		次		次			
			総合譲渡 ⑥⑧		通		通		通			
	一　時 ⑥⑨				算		算		算			
C	山　林		⑦⑩								㋧	
D	退　職		⑦①									
	損 失 額 又 は 所 得 金 額 の 合 計 額									㉘	△5,000,000	

資産		整理欄	

265

令和 $\boxed{02}$ 年分の $^{所得税及び}_{復興特別所得税}$ の 確定 申告書（損失申告用） $\boxed{\text{F A 0 0 5 9}}$

3 翌年以後に繰り越す損失額

整理番号 $\boxed{1|2|3|4|5|6|7|8}$ 一連番号

青 色 申 告 者 の 損 失 の 金 額							⑦	（住民税△5,000,000）円 △3,217,000
居住用財産に係る通算後譲渡損失の金額							⑧	
変 動 所 得 の 損 失 額							⑧	

被災事業用資産の損失額	所 得 の 種 類		被災事業用資産の種類など	損害の原因	損害年月日	Ⓐ 損 害 金 額	Ⓑ 保険金などで補填される金額		Ⓒ 差 引 損 失 額 （Ⓐ－Ⓑ）
	山林以外	営業等・農業			・ ・	円	円	⑧	円
		不 動 産			・ ・			⑧	
	山 林				・ ・			⑧	
山 林 所 得 に 係 る 被 災 事 業 用 資 産 の 損 失 額								⑧	
山 林 以 外 の 所 得 に 係 る 被 災 事 業 用 資 産 の 損 失 額								⑧	

4 繰越損失を差し引く計算

年分	損 失 の 種 類			Ⓐ前年分までに引ききれなかった損失額	Ⓑ本年分で差し引く損失額	Ⓒ翌年分以後に繰り越して差し引かれる損失額（Ⓐ－Ⓑ）
A 29年（3年前）			山林以外の所得の損失	円	円	円
B 30年（2年前）	純損失	30年が青色の場合	山林以外の所得の損失			
			山林所得の損失			
		30年が白色の場合	変動所得の損失			
			被災事業用資産の損失 山林以外			
			被災事業用資産の損失 山林			
		居住用財産に係る通算後譲渡損失の金額				
	雑 損 失					
C 1年（前年）	純損失	1年が青色の場合	山林以外の所得の損失			
			山林所得の損失			
		1年が白色の場合	変動所得の損失			
			被災事業用資産の損失 山林以外			
			被災事業用資産の損失 山林			
		居住用財産に係る通算後譲渡損失の金額				
	雑 損 失					

> 手順1-3
> ⑦欄（翌年以降に繰り越す純損失額の金額）には、純損失の金額の繰戻し額1,783,000円を差し引いた金額△3,217,000円を下段に記載。なお、住民税の翌年に繰り越す純損失額は、（住民税△500万円）と上段に記載。

○第四表は、申告書Bの第一表・第二表と一緒に提出してください。

本年分の一般株式等及び上場株式等に係る譲渡所得等から差し引く損失額	⑧	円
本年分の上場株式等に係る配当所得等から差し引く損失額	⑧	円
本年分の先物取引に係る雑所得等から差し引く損失額	⑧	円
雑損控除、医療費控除及び寄附金控除の計算で使用する所得金額の合計額	⑨	0 円

5 翌年以後に繰り越される本年分の雑損失の金額	⑨	円
6 翌年以後に繰り越される株式等に係る譲渡損失の金額	⑨	円
7 翌年以後に繰り越される先物取引に係る損失の金額	⑨	円

資産		整理欄	

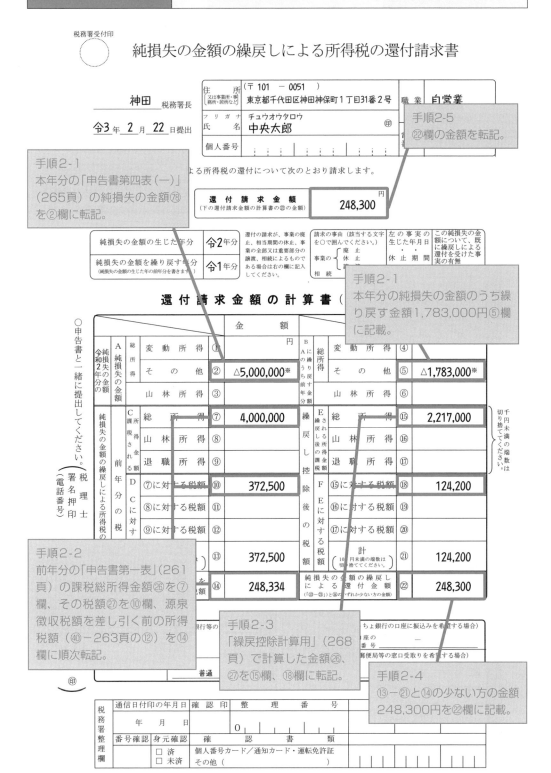

令和2年確定申告分　　純損失の金額の繰戻しによる所得税の還付請求書

純損失の金額の繰戻しによる所得税の還付請求書

税務署受付印

神田　税務署長

令3年 2月 22日提出

住所（又は事業所・事務所・居所など）（〒 101 － 0051 ）東京都千代田区神田神保町1丁目31番2号

職業 自営業

フリガナ　チュウオウタロウ
氏名　中央太郎　㊞

個人番号

手順2-5
㉒欄の金額を転記。

手順2-1
本年分の「申告書第四表（一）」（265頁）の純損失の金額㊼を②欄に転記。

による所得税の還付について次のとおり請求します。

還付請求金額（下の還付請求金額の計算書の㉒の金額）　248,300 円

| 純損失の金額の生じた年分 | 令2年分 |
| 純損失の金額を繰り戻す年分（純損失の金額の生じた年の前年分を書きます） | 令1年分 |

還付の請求が、事業の廃止、相当期間の休止、事業の全部又は重要部分の譲渡、相続によるものである場合は右の欄に記入してください。

請求の事由（該当する文字を○で囲んでください。）　廃止／休止／相続

左の事実の生じた年月日・休止期間

この純損失の金額について、既に繰戻しによる還付を受けた事実の有無

手順2-1
本年分の純損失の金額のうち繰り戻す金額1,783,000円⑤欄に記載。

還付請求金額の計算書（

○申告書と一緒に提出してください。（税理士署名押印）（電話番号）

				金 額					金 額
純損失の金額令和2年分の純損失の金額	A 総所得	変 動 所 得	①	円	Bに繰り戻すうち前年分金額	総所得	変 動 所 得	④	円
		そ の 他	②	△5,000,000※			そ の 他	⑤	△1,783,000※
		山 林 所 得	③				山 林 所 得	⑥	
純損失の金額の繰戻しによる所得税の前年分の税	C 課税される金額	総 所 得	⑦	4,000,000	E 繰戻しされる所得後の課税金額	総 所 得	⑮	2,217,000
		山 林 所 得	⑧				山 林 所 得	⑯	
		退 職 所 得	⑨				退 職 所 得	⑰	
	D Cに対す	⑦に対する税額	⑩	372,500	F Eに対する税額	⑮に対する税額	⑱	124,200
		⑧に対する税額	⑪			⑯に対する税額	⑲	
		⑨に対する税額	⑫			⑰に対する税額	⑳	
		計	⑬	372,500		計（10円未満の端数は切り捨ててください。）	㉑	124,200
		額	⑭	248,334		純損失の金額の繰戻しによる還付金額（（⑬-㉑）と⑭のいずれか少ない方の金額）	㉒	248,300

千円未満の端数は切り捨ててください。

手順2-2
前年分の「申告書第一表」（261頁）の課税総所得金額㉖を⑦欄、その税額㉗を⑩欄、源泉徴収税額を差し引く前の所得税額（㊵-263頁の⑫）を⑭欄に順次転記。

手順2-3
「繰戻控除計算用」（268頁）で計算した金額㉖、㉗を⑮欄、⑱欄に転記。

手順2-4
⑬-㉑と⑭の少ない方の金額248,300円を㉒欄に記載。

銀行等の　　　　　　　　　ちょ銀行の口座に振込みを希望する場合）
普通　　　　　　　　　座の番号
郵便局等の窓口受取りを希望する場合）

㊞

税務署整理欄	通信日付印の年月日	確認印	整 理 番 号	
	年　月　日		0	
	番号確認	身元確認	確　認　書　類	
		□ 済 □ 未済	個人番号カード／通知カード・運転免許証 その他（　　　）	

※記載例では分かりやすさの点から純損失の金額をマイナス表記しています。

神田　税務署長
令和_2_年_3_月_10_日　令和 **01** 年分の 所得税及び 復興特別所得税 の 確定 申告書B　　FA0125

〒 **1 0 1 - 0 0 5 1**

第一表（令和元年分以降用）

個人番号

フリガナ　チュウオウタロウ
氏　名　中央太郎

手順2-3
前年分の課税総所得の金額から繰り戻した純損失の金額を差し引いた金額㉖を還付請求書の⑮欄に、その金額に対する税額㉗を⑱欄に転記する。

性別　職業　自営業　　屋号・雅号　　世帯主の氏名　中央太郎　世帯主との続柄　本人
男 ⑨ 女

生年月日　3 29.01.03　電話番号　自宅・勤務先・携帯

			繰戻控除後の金額
	課税される所得金額 (⑨-㉕)又は第三表	㉖	2 2 1 7 0 0 0
	上の㉖に対する税額 又は第三表の㉚	㉗	1 2 4 2 0 0

収入金額等

事 営 業 等	㋐	3 5 0 0 0 0 0 0
業 農 業	㋑	
不 動 産	㋒	
利 子	㋓	
配 当	㋔	
給 与	㋕	2 4 0 0 0 0 0
雑 公的年金等	㋖	
その他	㋗	
総合譲渡 短 期	㋘	
長 期	㋙	
一 時	㋚	

繰戻控除計算用

所得金額

事 営 業 等	①	4 5 0 0 0 0 0
業 農 業	②	
不 動 産	③	
利 子	④	
配 当	⑤	
給与 区分	⑥	1 5 0 0 0 0 0
雑	⑦	
総合譲渡・一時 ㋗+{(㋘+㋙)×½}	⑧	
合 計	⑨	6 0 0 0 0 0 0

所得から差し引かれる金額

社会保険料控除	⑩	4 3 0 0 0 0
小規模企業共済等掛金控除	⑪	3 4 0 0 0 0
生命保険料控除	⑫	4 0 0 0 0
地震保険料控除	⑬	5 0 0 0 0
寡婦、寡夫控除	⑭	0 0 0 0
勤労学生、障害者控除	⑮~⑯	0 0 0 0
配偶者(特別)控除 区分	⑰~⑱	3 8 0 0 0 0
扶 養 控 除	⑲	3 8 0 0 0 0
基 礎 控 除	⑳	3 8 0 0 0 0
⑩から⑳までの計	㉑	2 0 0 0 0 0 0
雑 損 控 除	㉒	
医療費控除 区分	㉓	
寄 附 金 控 除	㉔	
合 計 ㉑+㉒+㉓+㉔	㉕	2 0 0 0 0 0 0

税金の計算

配 当 控 除	㉘	
区分	㉙	
(特定増改築等) 住宅借入金等特別控除 区分	㉚	0 0
政党等寄附金等特別控除	㉛~㉝	
住宅耐震改修特別控除 住宅特定改修・認定住宅 新築等特別税額控除	㉞~㊲	
差引所得税額	㊳	1 1 8 5 0 0
		1 1 8 5 0 0
復興特別所得税額 (㊵×2.1%)	㊶	2 4 8 8
所得税及び復興特別所得税の額 (㊵+㊶)	㊷	1 2 0 9 8 8
外国税額控除 区分	㊸	4 0 3 2 8
源泉徴収税額	㊹	1 5 0 0 0 0
申告納税額 (㊷-㊸-㊹)	㊺	△ 6 9 3 4 0
予定納税額 (第1期分・第2期分)	㊻	0
第3期分の税額 (㊺-㊻) 納める税金	㊼	0 0
還付される税金	㊽	△ 6 9 3 4 0

その他

配偶者の合計所得金額	㊾	
専従者給与(控除)額の合計額	㊿	
青色申告特別控除額	51	6 5 0 0 0 0
雑所得・一時所得等の 源泉徴収税額の合計額	52	
未納付の源泉徴収税額	53	
本年分で差し引く繰越損失額	54	
平均課税対象金額	55	
変動・臨時所得金額 区分	56	

延納の届出

申告期限までに納付する金額	57	0 0
延 納 届 出 額	58	0 0 0

還付される税金の受取場所

銀行・金庫・組合 農協・漁協　　本店・支店 出張所 本所・支所
郵便局 名等
預金種類　普通 当座 納税準備 貯蓄
口座番号 記号番号

整理欄　区分 A B C D E F G H I J K
異動　　L
管理
補完　名簿
確認

税理士署名押印 電話番号
税理士法書面提出 30条 33条の2

復興特別所得税額の記入をお忘れなく。

268

| 記載例12 |
| 記載例13 |
| 記載例14 |
| 記載例15 |
| 記載例16 |
| 記載例17 |
| 記載例18 |
| 記載例19 |
| 記載例20 |
| 記載例21 |
| 記載例22 |

参考資料 　　純損失の金額の繰戻しによる所得税の還付請求書

【純損失の金額400万円を繰り戻した場合の計算用】

税務署受付印

純損失の金額の繰戻しによる所得税の還付請求書

住所 (又は事業所 事務所・居所など)	(〒 101 － 0051 　) 東京都千代田区神田保町1丁目31番2号	職業	自営業
フリガナ 氏名	チュウオウタロウ 中央太郎　　㊞	電話 番号	03 － 3333 － 1234
個人番号			

_____税務署長

____年____月____日提出

純損失の金額の繰戻しによる所得税の還付について次のとおり請求します。

還付請求金額 (下の還付請求金額の計算書の㉒の金額)	248,334	円

純損失の金額の生じた年分	令2年分	還付の請求が、事業の廃止、相当期間の休止、事業の全部又は重要部分の譲渡、相続によるものである場合は右の欄に記入してください。	請求の事由(該当する文字を○で囲んでください。) 　　　廃　止 事業の　休　止 　　　譲　渡 相　続	左の事実の生じた年月日 休止期間 ・・・	この純損失の金額について、既に繰戻しによる還付を受けた事実の有無 有・無
純損失の金額を繰り戻す年分 (純損失の金額の生じた年の前年分を書きます。)	令1年分				

還付請求... (参考資料 ...)

○申告書と一緒に提出してください。

(税理士署名押印)

(電話番号)

㊞

						金　額	
令和2年分の純損失の金額	A純損失の金額	総所得	変動所得①		円	Bに繰り戻すうち前年分金額 総所得	変動所得④	円
			その他②	△5,000,000			その他⑤	△4,000,000
		山林所得③			山林所得⑥		
純損失の金額の繰戻しによる所得税の還付金額の計算 前年分の税額	C課税される所得金額	総所得⑦	4,000,000	繰戻し控除後の税額	E繰戻しした後の課税所得金額	総所得⑮	0
		山林所得⑧				山林所得⑯	
		退職所得⑨				退職所得⑰	
	DCに対する税額	⑦に対する税額⑩	372,500		FEに対する税額	⑮に対する税額⑱	0
		⑧に対する税額⑪				⑯に対する税額⑲	
		⑨に対する税額⑫				⑰に対する税額⑳	
		計 (100円未満の端数は切り捨ててください。)⑬	372,500			計 (100円未満の端数は切り捨ててください。)㉑	0
	源泉徴収税額を差し引く前の所得税額⑭		248,334		純損失の金額の繰戻しによる還付金額 (「⑬－㉑」)と⑭のいずれか少ない方の金額)㉒		248,334

千円未満の端数は切り捨ててください。

還付される税金 の受取場所	(銀行等の預金口座に振込みを希望する場合) 　　　　　　　　　　銀　行 日本　金庫・組合　　　　本店・支店 　　　農協・漁協 神田　　出張所 　　　　　　　　　　　　　本所・支所 普通 預金　口座番号 1234567	(ゆうちょ銀行の口座に振込みを希望する場合) 貯金口座の 記号番号 _____ (郵便局等の窓口受取りを希望する場合) _____

㊞

税務署整理欄	通信日付印の年月日 　　年　　月　　日	確認印	整理番号 0		一連番号
	番号確認 身元確認 □ 済 □ 未済	確認書類 個人番号カード/通知カード・運転免許証 その他(　　　　　　　)			

［協力］

天池＆パートナーズ税理士事務所

代表税理士　天池健治

　天池＆パートナーズ税理士事務所は、国税庁や国税局で法律通達の審理、調査、訴訟などの経験や実績のある国税出身の税理士と提携して、税理士や会計士などの方々からの税務相談や申告書の審査などをお受けしています。

【本書購読者への特典】

　新型コロナウイルスの影響により、事業所得等に純損失が発生したり、廃業を余儀なくされた方々のために、 税理士の社会貢献の一環として当事務所及び提携先の国税OBの方々と共同して「純損失の金額の繰戻しによる所得税の還付請求書」の作成及び相談を通常５万円のところ、本書の読者に限り１万円（税別）でお引き受けいたします。

　なお、お引き受けするのは「純損失の金額の繰戻しによる所得税の還付請求書」の作成ですので、令和２年分の確定申告書及び青色決算書や医療費控除の明細書等の提出書類が作成されていることが前提となりますのでご留意ください。

　また、「純損失の金額の繰戻しによる所得税の還付請求書」は、申告期限内に提出することが要件となっていますので、お引き受けするのは申告期限の１週間前までとさせていただきます。

　「純損失の金額の繰戻しによる所得税の還付請求書」の作成及び相談をご希望される方は、当事務所までご連絡ください。

【事務所概要】

〒120-0083　東京都千代田区麹町５-２　K-WINGビル６階
　　　　　　TEL：03-5215-7580／FAX：03-6666-0037
　　　　　　MAIL：amaike@amaiketax.com

著者紹介

天 池 健 治（あまいけ けんじ）

昭和57年、東京国税局配属。資産税、所得税、法人税調査、土地評価、審理事務に従事。平成19年川崎北税務署を最後に退職。同年に税理士登録（東京税理士会所属）。天池＆パートナーズ税理士事務所開設、証券アナリスト協会検定会員、宅地建物取引士、税務会計研究学会会員、社団法人日本租税研究会会員　政治資金監査人、公認不動産コンサルティングマスター。

【主な著作】 税経通信2007年11月号「信託活用事例と税務」（税務経理協会）、税務弘報2008年2月号「「著しく低い価格」の判定」（中央経済社）、税務弘報2008年6月号「営業権評価の改正と問題点」（中央経済社）、別冊宝島1383号『税務署員が教える！バッチリ税金を取り戻せる方法』（宝島社）、『図解・表解　確定申告書の記載チェックポイント』（中央経済社）

【事務所】 〒102-0083　東京都千代田区麹町5-2　K-WINGビル6階
http://amaiketax.com/

佐 々 木 信 義（ささき のぶよし）

昭和52年、東京国税局配属。東京国税局、税務大学校、国税不服審判所等で所得税事務、審理事務、審査事務、訴訟事務等に従事。令和元年税務署長を最後に退職。同年に税理士登録（東京税理士会所属）。

【主な著作】「図解所得税」（共同執筆：大蔵財務協会）、「所得税質疑応答集」（共同執筆：大蔵財務協会）、所得税確定申告の手引（共同執筆：税務研究会）など

【事務所】 〒160-0022　東京都新宿区新宿2-8-1-205　佐々木信義税理士事務所

図解・表解

純損失の繰戻しによる還付請求書の記載チェックポイント
Withコロナ時代に知っておくべき還付請求手続

2020年12月10日　第1版第1刷発行

著　者　天　池　健　治
　　　　佐　々　木　信　義
発行者　山　本　　　継
発行所　㈱中　央　経　済　社
発売元　㈱中央経済グループ
　　　　パ ブ リ ッ シ ン グ

〒101-0051　東京都千代田区神田神保町1-31-2
電　話　03（3293）3371（編集代表）
　　　　03（3293）3381（営業代表）
http://www.chuokeizai.co.jp/
印刷／文唱堂印刷㈱
製本／誠　製　本㈱

©2020
Printed in Japan

頁の「欠落」や「順序違い」などがありましたらお取り替えいたしますので発売元までご送付ください。（送料小社負担）

ISBN 978-4-502-36341-2　C3034

JCOPY〈出版者著作権管理機構委託出版物〉本書を無断で複写複製（コピー）することは、著作権法上の例外を除き、禁じられています。本書をコピーされる場合は事前に出版者著作権管理機構（JCOPY）の許諾を受けてください。

JCOPY〈http://www.jcopy.or.jp　eメール：info@jcopy.or.jp〉

「第2部 記載例編」で取り上げる事例

一般的な事例

事例No	事例の内容	平成30年	令和1年		令和2年	
1	本年分の純損失の金額の全部を前年分に繰り戻す場合		課税総所得 600 100	←①繰戻 ▲500	総所得 ▲500 0	
2	本年分の純損失の金額の一部を前年分に繰り戻して、残額を翌年分に繰り越す場合		課税総所得 367 0	←①繰戻 ▲367	総所得 ▲700 ▲333 0	繰越②→ ▲333

事業廃止、事業譲渡、事業休止の事例

事例No	事例の内容	平成30年	令和1年		令和2年	
3	総所得金額から生じた純損失の金額の全額を前年分に繰り戻す場合		課税総所得 600 100	←①繰戻 ▲500	総所得 ▲500 0	
4	総所得金額から生じた純損失の金額の一部を前年分に繰り戻して、残額を翌年分に繰り越す場合		課税総所得 367 0	←①繰戻 ▲367	総所得 ▲700 ▲333 0	繰越②→ ▲333
5	本年分の純損失の金額を繰り越して、前年分の純損失の金額を前前年分に繰り戻す場合	課税総所得 727 427 ←①繰戻 ▲300	総所得 ▲300 0		総所得 ▲700 0	繰越→ ▲700
6	前年分の純損失の金額を前前年分に一部繰り戻し、残額を本年分に繰り越した場合	課税総所得 727 427 ←①繰戻 ▲300	総所得 ▲600 0	繰越②→ ▲300	総所得 700 400	
7	前年分の残りの純損失の金額（既に前年分に一部繰戻し済み）を前前年分に繰り戻した場合	課税総所得 727 427 127 ←①繰戻 ▲300 ←②繰戻 ▲300	総所得 ▲600 ▲300 0		総所得 300	

相続（準確定）の事例

事例No	事例の内容	平成30年	令和1年		令和2年	
8	総所得金額から生じた純損失の金額の全部を前年分に繰り戻す場合		課税総所得 600 100	←①繰戻 ▲500	総所得 ▲500 0	
9	総所得金額から生じた純損失の金額の一部のみ前年分に繰り戻す場合		課税総所得 367 0	←①繰戻 ▲367	総所得 ▲700 ▲333 0	
10	本年分の所得が損失であるので、前年分の純損失の金額を前前年分に繰り戻す場合	課税総所得 727 427 ←①繰戻 ▲300	総所得 ▲300 0		総所得 ▲700	
11	前年分の純損失の金額を前前年分に一部繰り戻し、残額を本年分に繰り越した場合	課税総所得 727 427 ←①繰戻 ▲300	総所得 ▲600 0	繰越②→ ▲300	総所得 700 400	
12	前年分の純損失の金額（既に前年分に一部繰戻し済み）を前前年分に繰り戻した場合	課税総所得 727 427 127 ←①繰戻 ▲300 ←②繰戻 ▲300	総所得 ▲600 ▲300 0		総所得 300	

は、「第2部 記載例編」の該当事例の番号になります。